U0153066

半透明鏡

A TRANSLUCENT MIRROR

HISTORY AND IDENTITY IN QING IMPERIAL IDEOLOGY

柯嬌燕
PAMELA KYLE CROSSLEY
賴芊曄——譯　蔡偉傑——審定

清帝國意識形態下的歷史與身分認同

目次

謝詞　4

緒論　9
意識形態、治權，以及歷史　17
征服與過去的庇佑　38
帝國普世主義與身分認同界線　45

第一部　長城

第一章　身分認同的試煉　67
祖源論述　68
奴兒干的政治名稱　83
遼東人　92

第二章　忠的特質　97
早期尼堪的政治光譜　98
征服與區異　107
忠誠的擬人化　123

第二部　父家

第三章　統治的邊界　141
汗權的起源　144
合議共治的刺激　164
謀逆罪的重塑　174

第四章　帝國與身分認同　185
屈從與平等　186
帝國權威的生發　193
真實性　200
跨越限制　213

第三部　天柱

第五章　轉輪王　231
中心　232
爭辯過往　253
言語的力量　267

第六章　普世前景　285
八旗菁英　289
隱蔽的過去　293
滿洲性　298
追尋成吉思汗　311
虛空的帝國成員　326

後　記　帝國末年的種族與革命　335

參考書目　358

謝詞

本書脫胎於一個長期計畫，此計畫始於一九八三年，於一九九三年一度中斷，直至一九九五年才重啟。這讓我的謝詞只要稍有不慎，就會變成冗長的人名大全，我當然要盡全力避免冗贅，同時向以下提到的各界賢達致上應有的敬意。

在我還是大學生的時候，史景遷（Jonathan Spence）的《曹寅與康熙》（*Ts'ao Yin and the K'ang-hsi Emperor*）首次映入我的眼簾，諸多共鳴、抽象概念、人格特性和身分認同問題構成本研究的基礎。長遠來看，正是史景遷的引導與智慧成就了本書。我先前就提到過，一九八二年偶然一次與魏而思（John E. Wills Jr.）的交談，啟發我仔細審視佟氏一族，如此，支撐本研究的許多問題才得以解決。魏教授用更謹小慎微的方法，終其一生支持此計畫，他對於此計畫假設的中期形式（intermediate form）所耗費的關注，惠我良多。

其他的人給予我的指導和鼓勵，雖然較為因循常規，但影響力同樣深遠，正是他們讓清史在我心中萌芽：李明珠（Lillian M. Li）、史景遷、余英時（Yü Ying-shih）、傅禮初（Joseph Francis Fletcher Jr.）、韓書瑞（Susan Naquin）、白彬菊（Beatrice S. Bartlett）、羅友枝（Evelyn Sakakida Rawski）和艾爾曼（Benjamin Elman）。這些良師益友帶來諸多挑戰和支持，推動了此研究的成形。數年來的批評和鼓勵使我逐漸茁壯，從羅威廉（William T. Rowe）、羅沙比（Morris Rossabi）、蓋博堅（R. Kent Guy）、杜磊（Dru Gladney）、卡西維特（Gene R. Garthwaite）、艾高民（Dale F. Eickelman）、狄宇宙（Nicola.

Di Cosmo）、馮客（Frank Dikötter），一直到為出版社閱讀並評論此書稿的萬志英（Richard von Glahn），無不傾囊相授。不論是回應本研究的部分闡釋、答覆我的詢問，或僅僅是無償的熱心幫助，我時常收到來自以下人士的重要評論、讀後感或建議，感謝艾蘭（Sarah Allan）、貝克（Harold Baker；以及SEELANGS的參與者）、波切爾（Cheryl Boettcher）、包弼德（Peter Bol）、包蕾（Dorothy Borei）、包筠雅（Cynthia Brokaw）、卡洛威（Colin G. Calloway）、賈寧（Ning Chia）、金安平（Ann-ping Chin）、鄧爾麟（Jerry Dennerline）、鄧如萍（Ruth Dunnell）、艾卡特（Carter Eckert）、歐立德（Mark Elliott）、厄馬斯（Michael Ermarth）、斯塔布魯克（Carl Estabrook）、杜敬軒（Jack Dull）、福格林（Robert Fogelin）、傅雷（Philippe Forêt）、高翔（Gao Xiang）、郭曼（Shalom Goldman）、葛魯伯（Samuel Martin Grupper）、哈瑞爾（Stephen Harrell）、張灝（Chang Hao）、何義壯（Martin Heijdra）、赫斯（Laura Hess）、何偉亞（James Hevia）、夏樂南（Roland Higgins）、希倫布蘭德（Robert Hillenbrand）、夏伯嘉（R. Po-chia Hsia）、熊秉真（Hsiung Pingchen）、黃克武（Max Ko-wu Huang）、甘德星（Kam Tak-sing）、康樂（Kang Le）、高心怡（Hsin-i Kao，音譯）、克萊曼（Richard Kremer）、孔飛力（Philip A. Kuhn）、賴惠敏（Lai Hui-min）、李鴻賓（Li Hongbin）、李學智（Li Hsüeh-chih）、曼茲（Beatrice Forbes Manz）、梅維恒（Victor Mair）、梅歐金（Eugenio Menegon）、摩根（David O. Morgan）、納瓦羅（Marysa Navarro）、濮德培（Peter Perdue）、陸西華（Gertraude [Roth] Li）、史華慈（Benjamin I. Schwartz）、蕭鳳霞（Helen Siu）、席文（Nathan Sivin）、斯登（Justin Stearns）、蘇堂棟（Donald Sutton）、司徒琳（Lynn Struve）、魏斐德（Frederick E. Wakeman Jr.）、衛周安（Joanna Waley-Cohen）、林霨（Arthur Waldron）、王佩環（Wang Peihuan）、王鍾翰（Wang

Zhonghan）、魏愛蓮（Ellen Widmer）、居蜜（Mi-chu Wiens）、王國斌（R. Bin Wong）、汪榮祖（Wong Young-tsu）、伍德拉夫（Phillip Woodruff）、伍塞德（Alexander Woodside）、閻崇年（Yan Chongnian）、葉山（Robin Yates），以及司徒安（Angela Zito）。

本研究初稿的體例與內容，有賴伍德（Charles Tuttle Wood）和雷諾茲（Susan Reynolds）不遺餘力的縝密檢查，他們既是專業人士，也作為我書寫的評論家，他們成就了本研究，帶給我珍貴的啟發。我期盼這些字裡行間能展現出他們辛勤的成果。他們的協調直接造就了本書現在的樣貌，儘管仍有缺陷，但比起之前，有了大幅的進步。

在成書期間，手邊仍有其他工作進行，感謝維納薩（Gail Vernazza）、達特茅斯學院的友人和同事，以及P.N.、G.B.和G.L.等人，如果沒有他們的支持，我不可能完成。感謝邀請我分享這項研究的部分並促進其成書的機構：亞洲研究學會（Association for Asian Studies，1981、1984、1988、1989、1990、1991、1993、1994、1996、1997）、美國歷史學會（American Historical Association，1982、1991、1997），以及美國民族學會（American Ethnological Society，1991）。此外，從一九八四年起，依照時間順序列出：康乃爾大學「中日學程」（China-Japan Program）、哈佛大學東亞語言及文明學系「文武工作坊」（Workshop on Wen and Wu）、加州大學洛杉磯校區「南加州中國研討會」（Southern California China Seminar）、美國學術團體聯合會「帝制中國晚期的教育與社會」會議（Education and Society in Late Imperial China）、北京人民大學清史研究所、耶魯大學惠特尼人文中心「海軍與軍事歷史座談」（Naval and Military History Circle）、安納波利斯「四週年」中國會議（“Four Anniversaries” China Conference）、哥倫比亞大學東亞語言與文化學系、華盛頓大學傑克遜國際研究院、哈佛大學「近世中國研討會」（Premodern China Seminar）、衛斯理大學曼斯菲爾德弗里曼東亞研究中心、紐約州立大學「亞洲研究專題」（Program in Asian Studies）、哈佛大學東亞語言及文明學系、哥倫比亞大學「現代中國專題研討」（Modern China Seminar）、紐約大學歷史學系教師研討會、約翰霍普金斯大學歷史學系教師研討會、德州大學奧斯汀校區「種族與族群教師研討會」、位於美國華盛頓的威爾遜國際學人中心「亞洲專題」（一九九一及一九九二年）、普林斯頓大學歷史學系、賓州大學「種族與科學教師研討會」、檀香山東西方中心（East-West Center）舉辦的「傳統中國制度與價值在現代中國的延續性」（Continuing Relevance of Traditional Chinese Institutions and Values in Modern China）研討會、英國雪菲爾大學東亞研究院、達特茅斯學院「中國的邊緣」（China's Margins）研討會、倫敦大學亞非學院當代中國研究所、牛津大學漢學研究中心、臺灣中央研究院近代史研究所於臺北舉辦的「發明過去．想像未來：晚清的『國族』建構，一八九五至一九一二年」（Inventing the Past and Imagining the Future: The Construction of 'Nationhood' in Late Qing China, 1895-1912）學術研討會、哈佛大學「新英格蘭中國專題研討」（New England China Seminar），以及由派特與約翰．羅森華德研究獎助金（Pat and John Rosenwald Research Professorship）與特克研究獎助金（Tuck Research Professorship）贊助的第五十二屆和五十三屆達特茅斯學院「修訂研討會」（Revisions Seminar）。

本研究也有賴以下各單位人員的專業與熱心相助：耶魯大學斯特林紀念圖書館（Sterling Memorial Library）、臺灣國立故宮博物院圖書館、康乃爾大學華氏圖書館（Wasson Collection）、達特茅斯學院貝克圖書館（Baker Library）、哈佛燕京圖書館（Harvard-Yenching Library）、位於巴黎的法國國家圖書館（Bibliotheque Nationale）、普林斯頓大學蓋斯特東方圖書館（Gest Oriental Library）、美國國會圖書館（Library of Congress）、美國沙可樂美術館的亞洲藝術圖書館（Library of the Arthur M. Sackler Museum of Asian Art）、北京故宮博物院、第一歷史檔案館，以及位於臺灣南港的中央研究院人文社會科學聯合圖書館。

讓讀者有機會留意到多年來贊助本研究的機構，我備感榮幸。這不僅是出於感激，更因為這些機構能提供學界可觀的資源，可惜現已不可得。在耶魯大學求學期間（耶魯是本研究觀念的啟蒙之所）有：耶魯大學獎學金、國防外語獎學金（National Defense Foreign Languages Fellowship）、芮沃壽紀念獎學金（Arthur F. Wright Memorial Fellowship）、耶魯大學東亞研究委員會（Yale Council for East Asian Studies）及國際與區域研究委員會（Concilium for International and Area Studies），以及懷廷夫人獎學金（Mrs. Giles Whiting Fellowship）。而隨後幾年有：美國學術團體聯合會（American Council of Learned Societies）、美隆大學漢學研究獎學金（Mellon Fellowship in Chinese Studies）、中國國際學術交流委員會（中國科學院）、雷德克里夫學院（Radcliffe College）邦汀研究所（Mary Ingraham Bunting Institute）、王氏研究所漢學研究獎學金（Wang Institute Fellowship in Chinese Studies）、達特茅斯學院青年教職員獎學金、馬里昂與賈斯柏・懷廷基金會（Marion and Jasper Whiting Foundation）、威爾遜國際學人中心（Woodrow Wilson International Center for Scholars）、達特茅斯學院資深教職員獎學金、古根漢紀念基金會（John Simon Guggenheim Memorial Foundation），以及達特茅斯學院派特與約翰・羅森華德研究獎助金。

最後，由衷感謝加州大學出版社的編輯，特別要向海涅曼（Sue Heinemann）致謝。本研究耗時甚久，感謝李汶（Sheila Levine）超乎常人的耐心，李汶集敏銳、善良、寬厚、堅定於一身，是催生《半透明鏡》的靈魂人物，謹以此成串的讚美致上最深的感謝。

感謝四面八方的朋友，有些在前頭已經提到，有些則未指名道姓，他們激盪出的火花遠遠超過他們所知與我在此所能表達的。一如既往，所有對事實、詮釋或判斷上的頑疾錯漏皆應歸咎於我。

緒論

長久以來，共同體、團結與共同利益等概念似乎滋生出了現代「民族」（national）和「族群」（ethnic）認同，這些概念在幾百年間以不同的形式呈現，並在過去一百年不斷受到印刷與數位媒體的精雕細琢，以及帝國主義衰退的推波助瀾。對此，我們不能完全以謬誤視之，畢竟套句班納迪克・安德森（Benedict Anderson）的名言，十九和二十世紀的許多人群確實將自我想像成「共同體」。此解釋之所以流於浮濫，在於其幾乎能強行扣在各種不同的民族歷史之上。然而，在詮釋共同體概念如何被宣傳成民族認同時，不管這個典範（paradigm）有多好用，仍然無法釐清每個民族敘事的本質。鋪墊這些身分認同的文化元素起源各異，而且這些元素在理論上並非中性，也無法互相代換。有鑑於此，史家試圖爬梳出現代民族主義運動中所能取得的各種偶像，能體現出多少過往權威的存續。對一些現今仍存在的民族而言，所謂「過往」是由征服帝國所統治的幾個世紀，其治權亟需構建出一套隸屬類別，以因應並體現出政權合法性與合璧性（編按：下文會加以解釋）的多樣符碼。清帝國（一六三六至一九一二年）就是如此運行其治權，多樣的歷史認同便是其歷史結果，所造就的特殊影響不僅反映在十九世紀萌芽的民族和族群概念，更反映在身分認同的基本概念上。

有清一代，「統治者」與「被統治者」的觀念互相形塑。同樣在十七世紀，努爾哈赤汗（一六一六至一六二六年在位）[1]與治下各族人群關係的表述方式，就與清朝首位皇帝皇太極（一六三六至一六四三年在位）的從屬概念大相逕庭。十八世紀，特別在乾隆朝（一七三六至一七九五年），統治者與被統治者的意識形態關係又歷經另一次翻轉。由於征服的腳步日益趨緩，並逐漸深根於文人統治，此轉變不僅讓關係變得更為複雜，對有抱負的官員與在野知識分子菁英的教化，也有了新的支點。為方便介紹，這些轉變的本質可粗略簡化成以下典範：努爾哈赤打造的汗權之下、象徵性的主奴規範（我幾經思考後決定使用這些詞彙，並會在第二章和第三章進一步解釋），在十七世紀中後期的大清皇權治下，被修正成一種高度區異的文化與道德認同體系。十八世紀間，皇權擔負著扮演治下各族人群的重責大任，這成為普世統治中歷史、文學、意識形態、建築和個人的表述主題；但由於治權未能加以定界，當中的朝廷表述日益抽象，亟需對其內部領域定界，因而身分認同的標準必然會植入此種意識形態中。

對於大眾讀者來說，上述的說法似乎不證自明，但對專家來說，可能就流於說教且問題重重。對所有研究清代及清史所涵蓋的眾多學科的學者而言，接下來的說法都失之偏頗，畢竟所有人都試圖在某些

1 Nurgaci（努爾哈赤）的英譯更常譯成Nurhaci或Nurhachi，在滿文文獻中，很少出現努爾哈赤與皇太極的名字，但時常出現於當時中國與朝鮮的紀錄中；在十七世紀初，努爾哈赤與皇太極已經名滿天下，但為了避諱（或許還包括精神上的考量）而從帝國文獻中刪除。這兩個名字的滿文形式只出現於「老」滿文中，其並未針對一六三二年改革後字母中的某些子音與母音加以區分，因此在行文時，這個名字可發音成Nurgachi、Nurghachi、Nurhachi或Nur'achi。我選用目前所知的拼字系統，雖然我認為作者本人在寫這個名字的時候，要怎麼想像其發音，都應該是合情合理的。至於Hung Taiji（皇太極），要將其拼音羅馬化為Hong Taiji或Hongtaiji都可以；然而Huang Taiji則不然，因為這個拼音依循的漢譯本身就出了錯。另可參見本書第三章的注釋八十、八十一及八十二。（編按：除特別標示，本書所有隨頁注釋皆為作者注。）

要點上，提出與常見歷史敘事不盡相同的觀點。話雖如此，清史研究中的某些基本觀點仍是廣為接受的。一般認為，清帝國是十七世紀初由滿人建立、或說受滿人控制，抑或是由滿人賦予其特定的政治與文化布景。在「滿洲」（Manchu）之名制度化之前，清的前身金國（通常稱為後金）主要由「女真人」組成，在西元八〇〇至一六三六年左右的泰半時期，他們的名字都能找到漢字佐證。一六三五年，女真正式成為滿洲。除卻女真／滿洲，清廷還招徠了一些蒙古人，於一六四四年攻占明朝首都北京，征服中國。在此同時，清廷已經透過徵募或強行將許多漢人劃為清朝軍事組織「八旗」下的「漢軍旗人」。八旗主導了一六四四年的北京進攻行動，並在隨後的四十年鞏固了清廷對華中與華南的控制。十七、十八世紀之交的清統治者中，最重要的當屬開創不朽盛世的康熙帝（一六六一至一七二二年在位），他大刀闊斧，調和朝廷與既定的漢人價值觀，以賦予朝廷穩定性和正當性，而這是單靠征服難以企及的。清朝在十八世紀迎來頂峰，包括在政治控制上如統御滿洲、蒙古、東突厥斯坦（新疆）、西藏和中國，以及那些承認清朝在朝廷視察制度上具有權威的國家，有時亦稱「朝貢體系」。朝貢體系是指在經濟實力上以茶葉、瓷器、絲綢與其他商品等出口品，使歐洲陷入貿易逆差。在軍事擴張上，則持續於東南亞開戰，並鎮壓「叛亂群體」，無論該群體是由「族群」或帝國內的社會所定義。此等黃金時代在乾隆治下達到鼎盛，乾隆帝是清統治者中最「儒家」、最「漢化」，或可說是最輝煌的統治者。當乾隆帝於一七九六年退位、一七九九年駕崩後，清帝國陷入「衰退」，處處受制於歐洲、美國，乃至日本的擴張主義、殖民主義與帝國主義行動。

相較於一般對大清起源與征服的理解，本書最大的殊異之處，在於並未將「滿洲」、「蒙古」與「中國人」（漢人）的整體身分認同，看作是新秩序的基本要素、來源或基石。我認為，這些身分認同是一八〇〇年之前，帝國集權過程中的意識形態產物。日漸茁壯的帝國制

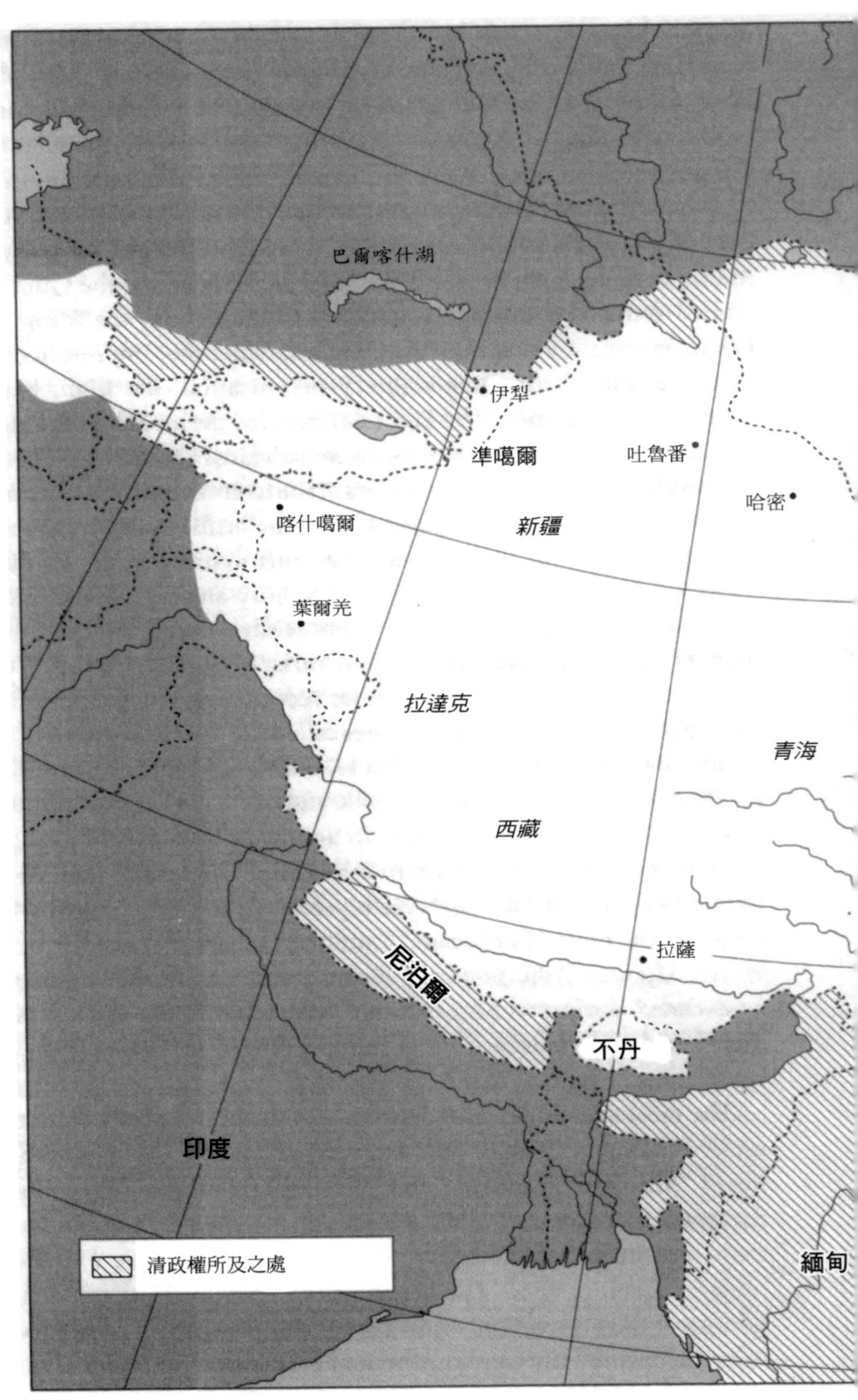

乾隆時期的清帝國邊界，1736至1795年

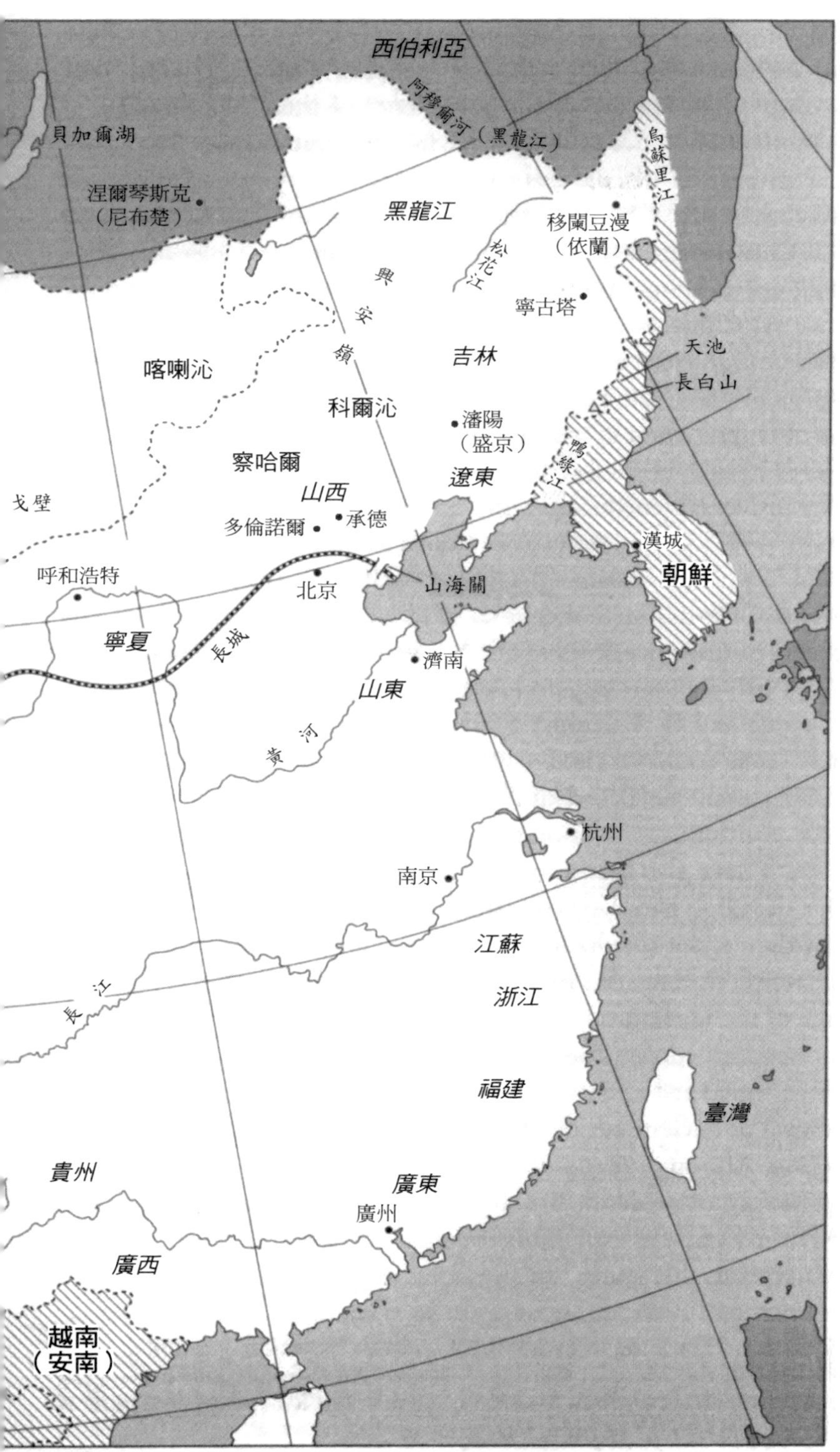

西伯利亞
阿穆爾河（黑龍江）
烏蘇里江
貝加爾湖
涅爾琴斯克
（尼布楚）
黑龍江
移闌豆漫
（依蘭）
松花江
興
安
嶺
寧古塔
吉林
天池
長白山
喀喇沁
科爾沁
瀋陽
（盛京）
鴨綠江
察哈爾
遼東
山西
戈壁
多倫諾爾
承德
漢城
朝鮮
呼和浩特
北京
山海關
寧夏
長城
濟南
山東
黃河
杭州
南京
江蘇
長江
浙江
福建
臺灣
貴州
廣東
廣州
廣西
越南
（安南）

度仰賴地方治權意識形態的抽象概念、忽視與整合，有利於在帝國出版、建築、儀式與個人表述中構建並傳播，此處以「帝國成員」（constituencies）稱之，但通常會具體稱之為「人群」（peoples）、「族群群體」（ethnic groups），以及那些曾被稱為「種族」（races）的事物。如若這些身分認同的先在性（precedence）不再被視為動機，那一般史書常見敘事中的其他層面也必須重新審視。這種先在性尤其適用於解釋康熙朝的特色，也就是戮力展現「漢人」或「儒家」面貌，以抑制漢人菁英對清統治者的反感，以及對於乾隆時期輝煌的理解，將其解釋成「漢人」文化或漢人「世界秩序」勢力與影響下的鼎盛。相較於一般對清帝國治下各種人群的研究方式，本書指出，如果接受這些身分認同的古老性，反而會模糊歷史化身分認同的產生過程。

針對理論上具普遍性（文化上不存在）的皇權與理想化的身分認同符碼化之間的關係，我從一九八三年開始發表一些綜合性的想法。[2]其衍生出的就是試圖更詳細闡釋這些征服、帝國意念構成與建立身分認同標準的同步性，希望找出其方式，如果可能的話，也希望找出原因。本書整體故事與以十八世紀中國為背景的其他作品有許多共通點，例如一九九〇年魏丕信（Pierre-Étienne Will）的《十八世紀中國的官僚制度與荒政》（*Bureaucracy and Famine in Eighteenth-Century China*, Stanford）與孔飛力的《叫魂》（*Soulstealers*, Harvard），不勝枚舉，這些作品指出政府菁英無法忍受社會、文化與政治上的現象，而這些現象在國家權勢的大傘下的相對位置極為模糊。當然我也意識到，清治下的帝國敘事的次要情節，與其他近世（early modern）帝國系出同源，這提醒我們在多大程度上，可將許多所謂十九與二十世

2 可參見Crossley, "The Tong in Two Worlds"; idem, "*Manzhou yuanliu kao* and the Formalization of the Manchu Heritage"; idem, "An Introduction to the Qing Foundation Myth"; idem, *Orphan Warriors*; idem, "The Rulerships of China: A Review Article"; and idem, *The Manchus*, 112-30。

紀的新事物，看作是歐亞帝國意識形態遺緒的反射或幽魂。

但我們不應將對於近世連續性的重視，詮釋成某種一般命題（general proposition），也就是將遠至中古或古代的現象，詮釋成清初帝國表述的源頭。雖然許多帝國語言或儀典的元素在時空上與清代相去甚遠，但我們從任何層面都無法解釋它們在本研究所針對時期中的用途、效力或意涵。[3]本書的論述當然也時常會留意到與其他近世帝國的相似之處，但寫一本比較性的著作並非我的初衷，書中對類似現象的觀察也不是為了解釋這些相似之處。最後，我認為本書所論嚴格限制在清帝國經由幾種媒介展現出來的意識形態，以及清帝國與身分認同概念的關係，至於重新闡釋清史的各個層面，則沒有明顯的著墨。「身分認同」一詞本就極為籠統，在於身分認同有千百種，有的牽涉民族（nationalty），有的關乎宗教，有的涉及性別，有的攀扯階級，不勝枚舉。儘管現代觀察者會認為這些似乎是不同的現象，但沒理由設想它們代表不同的歷史過程（十八世紀對清朝朝貢人群的記載恰恰反映了這點，當中無論男女的服飾幾乎都帶有用作身分認同的特殊符號）。[4]此外，這些身分認同中的任何一種，都不符合十七、十八世紀清帝國脈絡下的「身分認同」。首先，其所指涉的身分認同是「民族」

---

3 涉及「皇帝」（emperor）一詞的時候，尤須留意這點。這一詞（拉丁文 *imperator*）首次用來指涉具備最高世俗權威與特殊超自然認可的個人，可能是在奧古斯都統治時期（西元前二七至西元一四年），但此處之所以使用這個語詞，是基於合理的相似性與連續性，並不代表認為羅馬皇帝是東方皇權的起源，抑或是要抹除羅馬或中國制度各自的殊異性。

4 見本書第六章，《皇清職貢圖》。在現代學術中，性化（sexualizing）與「東方化」過程的關係十分常見，薩伊德（Edward Said）的《東方主義》（*Orientalism*）就已有所著墨，但與此論述更相關的研究，可參見 Rey Chow, *Woman and Chinese Modernity*, esp. 3-33; Millward, "A Uyghur Muslim"; Dikötter, *Sex, Culture, and Modernity in China*, esp. 8-13；以及高彥頤（Dorothy Ko）論性別與滿洲「族群」的一致性標記的研究，可參見"The Body as Attire: The Shifting Meanings of Footbinding in Seventeenth-Century China," *Journal of Womens History* 8, no. 4 (Winter 1997)。

或「族群」認同的前身，而非當事者明確的民族或族群；[5]其次，正如那些涉及其他類型身分認同的史家所多次論述的那樣，在帝制時期結束時，民族與族群的認同形式受限於公共論述（public discourse）中所能假設的所有其他類型的身分認同。諷刺的是，本書的組織雖圍繞各種身分認同的類別，卻不得不質疑其真實性；歷史論證少有選擇，只能假設當代是個開端，倒述每一段故事。

本書有更多的局限應當留意。作為政治因素的皇權（或治權）、社會，或者是一般的清代歷史，本書並未談論太多。針對本書該涵蓋多少一八〇〇年前的清朝統治時期，所必須做出的選擇，加劇了其難度。我也減少了早期研究中所涵蓋的康雍時期（一六六一至一七三五年）的比重，讓位給更早與更晚的時期。[6]我在《孤軍》（*Orphan Warriors*）中探討了十九與二十世紀初的一些社會與意識形態的身分認同機制，為了探詢其源頭，必須避免重疊太多。本書許多主題與一些個人的記述被分成兩個或多個章節，為了讓本書得以定錨在治權與身分認同這兩個端點上，這種做法無可厚非。我計畫讓它們在章節結構中互為反射，且為顧及整體論述的明晰，一些記述的順序也會有所斷裂。我期盼注釋有助於闡明這種選擇所導致的混淆。讀者還會發現一些清史研究的中心題材是被裁減的、甚至是偏頗的，例如八旗與駐

5 我所討論的帝國成員現象，不同於杜磊以當代脈絡為背景所指出的「過度建構的身分認同」，但似乎時間較早且激發出此種現象（見“Relational Alterity,” 466-68，已有大量的文化人類學研究以此為主題）；另可參見Crossley, “Thinking about Ethnicity in Early Modern China”與本書後記。

6 論康熙一朝，可參見Spence, *Ts'ao Yin and the K' ang-hsi Emperor*; idem, *Emperor of China: Self-Portrait of K'ang-hsi*; Kessler, *K'ang-hsi and the Consolidation of Ch'ing Rule*；論雍正朝時期，可參見Pei Huang, *Autocracy at Work*, and Silas Wu, *Passage to Power*; Zelin, *The Magistrate's Tael* and Beatrice S. Bartlett, *Monarchs and Ministers*都是研究雍正與乾隆兩朝帝國行政的經典著作，此外還有許多論十八世紀初朝廷政策制定的傑出專業研究。

防、[7]朝貢體系、[8]對蒙古領地的管理、[9]生活在清邊界的眾多穆斯林群體的歷史，[10]以及西南人群。[11]幸好其他作品都研究過這些題材，我只需在它們觸及我的主題時，再做處理。

意識形態、治權，以及歷史

大清皇權收受資訊，並賦予其聯想的形式後，再將其發送回去，沒有哪個機構在執行時是空穴來風的。在理想上，我們能將思想轉型

---

7 孟森的《八旗制度考實》（一九三六年）是現代研究的基礎，陳文石、岡田英弘、劉家駒等人也有論八旗或駐防制的重要研究。更全面的研究，可參見Sudō, "Shinchō ni okeru Manshū chūbō no toku shusei ni kansuru ichi kō satsu"; Wu Wei-ping, "The Development and Decline of the Eight Banners" (Ph.D. diss., University of Pennsylvania, 1969); Im, *The Rise and Decline of the Eight-Banner Garrisons in the Ch'ing Period (1644-1911)*; Crossley, *Orphan Warriors*；王鍾翰主編，《滿族史研究集》；滕紹箴，《清代八旗子弟》；以及歐立德與路康樂（Edward JM Rhoads）即將發表的作品。

8 Pelliot, "Le Sseu-yi-kouan et le Houei-t'ong-kouan"; Fairbank, ed., *The Chinese World Order*; Wills, *Pepper, Guns*, and *Parleys*; Crossley, "Structure and Symbol in the Role of the Ming-Qing Foreign Translation Bureaus"; Chia, "The Lifan Yüan in the Early Ch'ing Dynasty"; Hevia, *Cherishing Men from Afar*; Howland, *Borders of Chinese Civilization*, esp. 11-18; Wills, "Maritime China from Wang Chih to Shih Lang," esp. 204-10.

9 論蒙古社會史最好的簡潔介紹，當屬傅禮初的"The Mongols: Ecological and Social Perspectives"，雖然這篇文章幾乎僅著重成吉思汗至蒙哥汗的帝國時期。論通史，另可參見Morgan, *The Mongols*; Grousset, *The Empire of the Steppes*; Jagchid and Hyer, *Mongolia's Culture and Society*；論近代的帝國時期，可參見Allsen, *Mongol Imperialism*; Togan, *Flexibility and Limitations*；論清代，可參見Bawden, *The Modern History of Mongolia*; Bergholz, *The Partition of the Steppe*; Chia, "The Lifan Yuan in the Early Ch'ing Dynasty"; Fletcher, "Ch'ing Inner Asia, c. 1800"; Crossley, "Making Mongols"。中文世界最清晰全面的研究，應該是趙雲田的《清代蒙古政教制度》。

10 特別是Rossabi, "Muslim and Central Asian Revolts"; Fletcher, "Ch'ing Inner Asia, c. 1800"; Lipman, *Familiar Strangers*; Gladney, *Muslim Chinese*, esp. 36-63; Millward, *Beyond the Pass*。

11 論背景，可參見Herman, "Empire in the Southwest"。

與傳播的每一時刻都分離出來，但這實際上並不可能，讀者應謹記，清代沒有哪個時期是靜止不變的，更別說是整個清代。我們只能暗示朝廷有重塑其歷史知識的動能，但整個行動（包括接收與輸出）是「意識形態的」，下文則會探討。此處的必然性是個偶然的案例，因為宣稱其存在及其意圖的意識形態並非是意識形態。意識形態的主體無法被看見或被聽見，難以被計算或以任何符合需求的方式驗證，只能從語言、儀禮、政治結構與教化過程的塑造中推斷出來。我已經深切體認到研究此種問題的疑慮，但我也相信，充分的證據證實了清朝中後期的世系化歷史用語，可連結至十八世紀時皇權的普世性。目前研究昔日的理論，始終堅信「歷史」不存在於史料之外，而我認為，這似乎是在堅持歷史研究僅能是意識形態研究的延伸。但這些史料的製造過程，會賦予史料概念性的輪廓（conceptual contour），並成為製造進一步文獻的母體，通常會被遺留在抽象概念中。[12]由於在帝國意識形態的案例中，意識形態與權力之間的關係十分明確，故此研究可將長期以來對此關係的思辨拋諸腦後。且更重要的是，十八世紀時帝國秩序與其自身過去的意識形態之間所存在的張力，以及此張力在史料中（無論是儀禮、法律、文學，抑或是建築的史料）的痕跡。

將意識形態視作理論的探討雖然未竟，但我想先敘述歷史生產的原初：治權。統治者得是一個人，這點十分重要（在某些情勢裡，比人們最初預想的更為重要），但此處的治權包括所有將統治者的統御人格加以延伸的工具，諸如精神、儀式、政治、經濟和文化手段。[13]

---

12 通常但並非總是如此。長期以來，漢學研究探索歷史建構與文學類別的關係。十八世紀的「四庫全書」計畫充分反映出此連結，但其源頭至少可追溯至唐朝（根據其定義，或許還更早），學者試圖將文化的歷史啟示的文體歸為改革派。針對這點，可參見Bol, "*This Culture of Ours*;" Wilson, *Genealogy of the Way*; and Elman, *Classicism, Politics*, and *Kinship*。

13「治權」（Rulership）在文法上相當於「君主制」（monarchy），既是觀念，亦是制如同我在其他地方發表的，或可將治權視為在統御過程中所扮演、或被賦予的動態角色的工具集合。它不僅精心編排統治者，更編排其世系中的近親；其展演的儀式；負責管理其教育、健康、性生活、服制、財產與日程安排的官員；如同其耳目的內閣機構，職掌收集情報與迅速執行報告或提案；殿閣大學士作為其言說的延伸機構，生產軍事命令、民事詔令，以及重印或新委製文學作品的御製序文。在許多情況中，我會把最核心的階層稱為「朝廷」，這也是多數清史研究者的用法。[14]若將治權視為這些精心編排的各個部分，無論它們能否被調和，我們都能勾勒出當中的可能性。在清帝國的案例中，這種統治絕對是皇權：一種對部分組成領域的統御機制。[15]清代皇權的表述方式就是我所說的「合璧性」（simultaneous，滿文「*kamcime*」）。[16]舉例

度。可參見Crossley, "The Rulerships of China."我對治權的用法有部分受到培瑞．安德森（Perry Anderson）在*Lineages of the Absolutist State*中「君主制」用法的啟發。論中國治權（理論與實踐）的比較研究（主要是清朝之前），可參見Chan Hok-lam, *Legitimation in Imperial China*; Ames, *The Art of Rulership*; Rule, "Traditional Kingship in China"; Taylor, "Rulership in Late Imperial Chinese Orthodoxy"; and Woodside, "Emperors and the Chinese Political System"。

14 我認為這與羅友枝的定義（*The Last Emperors*, 8）大致相同，儘管與我的研究相比，朝廷的世系基礎對她的研究更為重要。白彬菊的*Monarchs and Ministers*中有提到重要的例外，此處暫且不論，不過在十八世紀官僚職能中區分「內廷」與「外廷」，此例外是絕佳的理由。這在中國的政治書寫中能找到先例，特別是明末，從東林到匡社（見第一章）的改革派主張「外」廷（其老師、中級官僚與言官）應戮力反抗「內」廷（以宦官為主），以根除弊端並重振皇帝的道德平衡。我不認為這兩種用法與我此處提出的「朝廷」一詞相牴觸。

15 在涉及與歐洲史上的「帝國」十分類似的秩序時，我盡量不用「皇朝」（dynasty）一詞；皇朝僅為人群的集合（通常是家族），是構成所有秩序的主要行動來源（一種「動態力量」〔dynamo〕），無論是極為地方性抑或極其廣闊、官僚抑或皇室、法律或犯罪、藝術或經濟的秩序。愛新覺羅世系的內部分支即清帝國內部的皇朝，而且在單一帝國中有好幾個皇朝輪替的例子也很多。

16 此意義截然不同於喬治．馬庫斯（George Marcus）討論民族誌時提及的「套疊性」（nested）、「等級化」、「對話」與「親屬」身分認同的現代現象（完全不同，但類

來說，皇帝的詔令、日記與紀念碑皆刻意設計成多種語言的皇帝言論（至少會有滿文和漢文，且多半是滿文、漢文與蒙古文同時出現。十八世紀中葉後，經常會有滿文、漢文、蒙古文、藏文，以及許多中亞穆斯林使用的，通常稱為「回文」〔Uigur〕的阿拉伯文並行），可見帝國意圖在多種文化框架內呈現的合璧性表述。[17]合璧性不僅關乎實用。皇帝所用的每種正式書寫語言，都代表一種特殊的美學感知與區異的倫理規範。在各個語言中，皇帝皆宣稱既是這些語言的發聲者，更是感知與規範的客體。不同的文法最終必然會帶有相同的意涵，也就是皇權的正義性。或者，套用十八世紀談論皇權時常見的車輪隱喻，一根根單獨的輻條必須指向一個單一的輪轂；任何偏離中心輪轂的美學與倫理動向，都無異於實際與隱喻層面上的革命載體。

大清皇權的此種合璧性，類似許多早期歐亞帝國採用的表述方式，我們最早可追溯至阿契美尼德王朝（Achaemenids），但最著名的當屬蒙古大汗。[18]我的意思並不是說近世前的陸地帝國（land empire）是清帝國的先驅，也不是要說它們可以與清帝國代換；相反地，我認

似）。如同我期待此研究反映的，這種身分認同很可能早就存在於十八世紀的中國（實際上也必然存在），但並非「帝國成員」歷史化過程在制度化時的重要組成。另可參見Gladney, "Relational Alterity," 466。

17 論符合本研究詮釋框架內的研究，可參見Waley-Cohen, "Commemorating War in Eighteenth-Century China"，當中描述實勝寺的石碑，實勝寺是紀念性寺廟，曾興建於北京香山以西及承德（熱河），石碑上刻有滿漢兩文，有時也刻有蒙文與藏文；北京近郊處的石碑則刻有回文。當地還豎立一些紀念碑，用來慶祝清朝在金川的假想性勝利、征服新疆，以及桂林與拉薩的戰事。我希望能區分此處的帝國表述形式與功利性的多語銘文，在西亞、地中海及中國都曾發現時代更古老的銘文，以紀念八世紀的當地宗教社群。（編按：經查實勝寺興建於北京香山以西及盛京，不含承德。此外石碑上僅有漢、滿、蒙、藏四種文字，沒有回文。）

18 貫穿本書的「蒙古」帝國與「蒙古」政治傳統的脈絡，僅建構於對這些計畫的後見之明，特別是在清朝早期。不可能每個案例都能指出此後見之明背離清代或現今的已知事實。

為清帝國的運作方式在近世的意義非凡，它弭除了早期政治權威中「世俗／神聖」的二分法，建立起文化上的超驗存在，這便成為新普世主義（new universalism）的基礎。縱然如此，清朝對早期帝國的理論建構，尤其是唐（六一八至九〇七年）、金（一一二一至一二三四年），以及元（一二七二至一三六八年），成為十七與十八世紀帝國意識形態的重要元素。當然，合璧性表述的元素確實在中古時期、可能古代就已出現，而清朝是承繼、闡釋，並採行此做法的帝國之一，雖然其採行的脈絡造就出與早期不同的影響。作為一種政治與文化機制，「人格面具」（persona）這個語詞似乎準確捕捉到帝國的合璧性，我在使用這個語詞的時候，會將其視為一種傳達帝國意志的外在形式。若是忽略了大清皇權的這個特性，就很有可能對形塑出清朝史料的脈絡有所誤解。

不過，對清朝治權表述模式的謬誤，倒也不像假設「種族」或「族群」情況可用來解釋近世所發生的轉變那般冒險。這樣的想法持續刺激早期學者認為清代政治文化是更偏「漢人」，還是更偏「滿洲」。[19]最具影響力的當屬梅谷（Franz Michael），其著作《滿洲統治中國的起源》（*The Origin of Manchu Rule in China*）[20]試圖推翻魏復古（Karl Wittfogel）[21]提出的流行概念，即滿人統治絕對是「外來」血統。以梅谷這一代學者（以及出身於早期民族主義時期的中國學者）的研究為基礎，將清朝當作「漢化」（sinicization）政權，清代前後的相關差異也只是雞毛蒜皮的小事，往往不受重視。直至最近，中國史

19 另可參見Crossley, *Orphan Warriors*, 224-27。

20 初版為*The Origin of Manchu Rule in China: Frontier and Bureaucracy as Interacting Forces in the Chinese Empire*, by Johns Hopkins University Press, 1942，後由Octagon Books於一九六五年再版。

21 Wittfogel and Feng Chia-sheng, History of Chinese Society, “Introduction.”

家認為「漢化」一詞早已板上釘釘，但如我在其他地方[22]所指出的，此概念並不具體，非但無法釐清漢文、漢人習俗與社會結構傳播至東亞各地的因果，更抑制了對相關論點的質疑。「同化」（assimilation）與「涵化」（acculturation）這兩個語詞或概念，中國史家皆未予以否認；這樣一來，「漢化」缺乏其他目的，不過是個強加意識形態的容器，將同化與涵化都視為具備與中國相關的特殊原因和意涵。[23]若只將「漢化」當成中國思想史研究中的一個想法來看待，仍然十分有意思，也非常重要；但若將「漢化」視為當代論述中的一個定理，就反映出對於東亞文化變遷，充其量只能提出無法證明、過度感情用事的解釋。本書花了不少篇幅來闡釋雍正帝一七三〇年頒行的《大義覺迷錄》中的轉型理論思想，但此處所說的這種「轉型理論」，並非漢化論述的早期形式。雍正帝與其先祖的意識形態，著重於讓人民暴露在文明之下，促進道德轉型；而「漢化」的觸發點，有時反而只是採用漢文這微不足道的事實。

漢化假說流於套套邏輯且歷史感薄弱，讓學者逐漸厭煩，於是之後的詮釋傾向將清代劃分得更為「滿洲」。[24]且有段時間，學者都用種族效忠（racial allegiances）與種族緊張（racial tensions）來解釋十八世紀的清廷政局；延續同個脈絡，也會有人試圖將鴉片戰爭（一八三九至一八四二年）的失利，歸咎於中國社會原先就存在的「種族」衝

22 "Thinking about Ethnicity" and *Orphan Warriors*.

23 對此的反駁，可參見何炳棣的文章"In Defense of Sinicization"，他認為中國在歷史上與其周圍一帶產生過同化與涵化，即能得證「漢化」。但其中並未提到現今對漢化的批評。「漢化」既是文化變遷的特徵，也是其解釋，接受「漢化」的論點，就表示接受何炳棣所支持的歷史因果關係意識形態（將其歸因於非漢文化的弱點、漢文化的優勢，以及古代中國的「包容精神」）。事實容許其他人提出異議。

24 最近且最特別的當屬Rawski, *The Last Emperors.* Bartlett, Monarchs and Ministers強調了十八世紀軍機處的政治重要性，其由滿洲主宰，以及乾隆帝對滿洲的「偏愛」，部分基於滿洲文獻。另可參見Hevia, *Cherishing Men from Afar*, 29-49。

突。[25]為何要將「種族」現象當作出發點，這點十分重要。[26]因為種族差異，所以事情發生在清代，這種論點假設此差異在清代之前就已存在；縱觀歷史，有些群體會區分自我與他者，群體之間互相敵對屢見不鮮。但我認為，這兩種現象都非關種族。就算在史料中出現對群體間體質差異的評論，也不作數。更有甚者，將體質差異歸因於世系的從屬關係，抑或是到了現代，將體質差異歸因於某種遺傳機制，也不能算是種族性的。然而，將固有的道德或文化特徵，明確歸因於祖先的從屬關係，且導致個人或群體難以同化或無法轉型，絕對會符合我的「種族」標準。可見，種族主義與種族思想必定只存在於未來，且永遠都僅止是理論。不管怎麼說，本研究中的「種族」都只是一種社會、文化與思想史的現象。[27]

在宣稱存在一個十八世紀清帝國意識形態的「種族」產物時，隱含了一種對比，如同主張清廷的行為中存在意識形態一樣。本書使用「意識形態」一詞時，採取的是基礎的意涵，或許並不成熟；即大衛・休謨（David Hume）針對「印象」（impressions）與「觀念聯結」

---

25 論鴉片戰爭前的種族政治，可參見最近出版的Polachek, *The Inner Opium War*。論種族衝突如何造成清朝在鴉片戰爭中失利，可參見Crossley, *Orphan Warriors*, 259 n 127, and Elliott, "Bannermen and Townsmen"。

26 更全面的論點，可參見Crossley的文章"Thinking about Ethnicity"及本書後記。另可參見Sollors, *Beyond Ethnicity*；論中國，可特別參考Dikötter, *The Discourse of Race in Modern China*。

27 這一點似乎已經再清楚不過。我之前發表過一篇簡要研究"Thinking about Ethnicity in Early Modern China"，如其標題所指出，本文研究現行「漢化」作品中推論的謬誤，許多研究者視「漢化」為同化與涵化的歷史過程，且至少有一名研究者擔心我會「混淆」種族與族群。無論是這篇文章的爭論點，抑或是其他地方，我早就把這種混淆看成學術論述的特色。為表明態度，我得重申，我並不認為種族是歷史現象，但種族論述在許多社會的存在與重要性確實已經過多次證實；且我認為，就算沒有在「漢化」的公認論述中特別區分同化與涵化，同化與涵化也依舊會發生。討論我這個觀點的其他論點，可參見Brown, "Becoming Chinese," 42-44, and Shepherd, *Statecraft and Political Economy on the Taiwan Frontier, 521*。

（association of ideas）那段劃時代的討論。有些休謨的理論源於洛克（John Locke）的思想，但我認為，現代對意識形態的相關討論，皆是師從休謨對語言所抱持的懷疑主義（skepticism）。德塔西（Destutt de Tracy）將「意識形態」一詞賦予了休謨所定義的聯結過程（並將「感受」〔sensations〕賦予「印象」），這個補充對後世甚有助益。從康德（Immanuel Kant）一路到托多洛夫（Tzvetan Todorov），後進學者探討了社會與政治意識形態對個人或社會的影響，針對意識形態的運作模式提出許多合理的解釋與具體的見解，但皆未偏離休謨的基本推論。休謨對身分認同的論述雖然有限，已能完全涵蓋現今研究的理論基礎：「……所有關乎個人身分認同的微妙問題皆難以下定論，且此困境應當在文法層面，而非哲學層面。身分認同取決於觀念之間的關係；而這些關係的易於轉化便製造出身分認同。」[28]如同近世作者持續的分析，歷史認同的強加是近世的現象，貫穿整個近世帝國的集權過程。當然，休謨的「身分認同」本質上是從周遭事物體驗出自我的區異問題，而現代的身分認同研究，則多半在討論與社會或文化結構相對立的自我定位。但並非所有意識形態與身分認同的當代理論，都受到此種差異的形塑（抑或無法證明二十世紀思考這些問題的人對個體化〔individuation〕的理解，以及現今所關注的團結過程，兩者之間是否存在實際差異）。不管怎麼說，與其強行用二十世紀的理論解釋清代，休謨的「身分認同」討論可能更貼近當時的情勢。批評我引用休謨過於牽強，這是反對的理由當中最糟糕的一個：休謨認為道德形塑出的文化進步（即歷史）為歐洲人所獨有，因此其對身分認同的觀點一定將亞非人群排除在外，僅適用於歐洲人。無論如何，休謨哲學的某些層面仍持續滋養了身分認同、記憶、情感和詮釋等相關現代

28 *A Treatise of Human Nature*, Book 1:321.

理論；[29]特別是皇權的作用，帕森斯（Talcott Parsons）指出，意識形態內容的汲取與輸出，不但會影響民族或跨民族層級的多個集體（collectivities），還會影響到「子集體」（sub-collectivities），甚或可下探到「個體」的子集體。清代皇權應該不至於需要依賴「個體」，但我們不妨將皇權視為一個意識形態的「子集體」，此有助於一窺十八世紀清帝國的意識形態樣貌。

不過，此種將過去的感受（或過去的殘餘）視為客觀現象的方法，當然也並非良方。奧姆斯（Herman Ooms）點評當代史家與其研究對象之間的關係時說：「他們會為了建構出有利自己理論的情況，將一個歷史人物或時代精神（Zeitgeist）與另一個歷史人物或時代精神相對照。」[30]雖然奧姆斯接下來的重點在於舉出反對的理由，但這也恰好反映出此情況「經常」發生，不僅僅是在試圖建構過去的現代史家，過往的史家也往往試圖建構自己的過去。我認同奧姆斯的論點，[31]即史家的任務是在當代作者與讀者之間懸而未決的原始脈絡中，嘗試理解書寫的意義，畢竟即便作家能預知未來讀者的存在，仍然無法預料到這些讀者的語言。再者，我的研究與奧姆斯有共同目

29 高德維（David Theo Goldberg）在*Racist Culture*中提出重要觀點：對十八世紀的歐洲來說，種族主義和理性主義是互為表裡、缺一不可的，而在我的書寫中，此評論不僅針對內容，也是針對功能：對於歐洲帝國與其非歐洲受害者之間的主客體關係，種族主義是必要基礎，同時也提供一種隱晦的希望，即重新整合正在瓦解的宇宙觀，與此相關，彼得．柏克（Peter Burke）也針對路易十四的公開演講有所評述（見下文）。如同我在其他地方指出的，此種普遍性的觀察也十分有助於理解十八世紀的清朝；此外，經必要修正之後，或多或少會擔心，高德維與其餘某些學者一樣本末倒置，將產物錯認為方法。十八世紀的歐洲思想在觀點與論證上或多或少都失之於單一，但皆未能回答此問題。這種同質性是否主要是由後來的時代選擇將這些作品奉為「經典」、代表作和前一個時代的縮影所導致的。

30 *Tokugawa Ideology*, 6.

31「這樣一來，史家的任務就是找到文獻中現存涵義的次要細節。」（*Tokugawa Ideology*, 11）

標，即將不斷轉變的治權視為更大的框架，而文本與個人則置於其中。我期許這段討論能提醒大家，「歷史主義」（historicism）的基本概念機制，並非是局限於「西方」的議題。薩伊德對此的論述在一九七八年與一九八五年發表，指出基於時間與變遷的概念，歷史化（historicizing）的方向即西方理性主義（rationalism）的勝利（歷史化本身便是其中一部分）；且對他者文化的感知偏差，則是史家難以掙脫的結構（縱使自詡為「新」史家也仍是如此）。或許薩伊德自己也有意為之，但主因還是在於無條件相信其著作能適用於所有時空；薩伊德的思想被解讀成唯有西方帝國主義才能靠著自我參照（self-referential）完成歷史化，且許多人文學科的認識論領域也受到扭曲。十九與二十世紀皆籠罩在歐美歷史主義的陰影下，此程度不管哪一個過往的文化中心都無法企及。但歷史主義是否為「西方」所獨有，抑或其他秩序的歷史化也曾有過局部或短促的影響，再再都發人省思。[32]中國在二十世紀初所進行的歷史化，也就是「東方化」，試圖疏

32 我同樣質疑德希達（Jacques Derrida）「邏輯中心主義」（logocentrism）作為歐洲思想中特有的偶像，以及作為「西方」理性、優越性和中心性迷思中，獨特自我參照程度的狹隘性。其他傳統的史學理論與文化正當性皆缺乏「語言中心主義」的概念（除卻最狹隘與最嚴格的定義），我認為這點始終困擾著研究伊斯蘭帝國的學者。在中亞與以中國為根本的各個帝國中，要想從早期與持久的政治表述裡提煉出「語言中心主義」是不可能的（這就是「道」字面上的涵義，意指「表述」、「表達」、「通道」，以及最常見的「方式」）。後帝國時期中國雖然問題重重，但十分發人省思：列文森將毛澤東治下的中國描述成「一種世界的典範，影響所有如玻利維亞的國家」，我認為這雖然是種隱喻，但十分真切（*Revolution and Cosmopolitanism*, 25）。我們當然可以堅守一種毫無例外的本體或理想性溯源方式，來將德希達的邏輯中心主義再次西方化，但同樣地，若是仔細考察中國政治與文化意識形態的起源，這點就很容易面臨挑戰。至於理性主義與帝國主義的關聯性，在近世中國思想中也不乏相似之處，似乎唯有堅定的將其限縮，才能駁斥與德希達的「理性」之比較。羅伯特．揚（Robert C. Young）就曾指出此理論的內部矛盾（參見 *White Mythologies*, 9-11; 63-68），但並未提及在其他帝國或後帝國文化中，是否缺乏真正可比較的辯證批評。論印度與中國晚近針對歷史主義與民族主義的論述問題，另可

遠尚不久之前的過去，即所謂「傳統」，這正是列文森（Joseph Levenson）極為關注的現象之一。[33]話雖如此，薩伊德所觀察到的第二部分確實與本書的研究相關：我認為就算沒有歐洲帝國主義或十九、二十世紀技術傳播效應的規模之巨，許多案例研究都能證明，歷史主義與帝國主義必將相輔相成。

因此，一八〇〇年前的皇權，便是十七世紀至十八世紀初的眾多史料來源的創作者。若想將皇權視為史料的創作者，就不能跳過認識論、意識形態和身分認同。有些讀者只需知道清代皇權如同天下所有的政權，亟需確認其正當性，可能的時候柔性勸說之，但仍在其統轄範圍內維持對暴力工具的支配權。這或可解釋為何所有政府都需要意識形態，卻無法解釋為什麼所有的政府意識形態、甚至所有的帝國意識形態，都不相同。針對清代意識形態的研究，本書從許多層面補充了康無為（Harold Kahn）一九七一年的《帝王眼中的君主統治》（*Monarchy in the Emperor's Eyes*）。[34]這本康無為的著作是唯一針對乾隆帝的英文長篇研究，將焦點擺在歷史建構與帝王意識形態（「自我形象」），既為建構的主體，也是客體。有鑑於乾隆一朝文學議題的占比之重，探討歷史如何影響皇權「人格面具」的創造，或許是個明確的研究主題。然而，康無為從中指出，清代皇帝並不在乎傳統哲學著作的研究成果，我更發現皇帝根本也不在乎哲學本身；康無為闡述皇帝根據中國歷史中的抽象形象，涵養出一種慣常化的帝王風範，我

參見Duara, *Rescuing History from the Nation*。

33 列文森首次出版專書發表其「儒家」／「現代」論點，是一九五八年的《儒家中國及其現代命運》（*Confucian China and Its Modern Fate*），歷經幾次重整、擴充與修訂，一九六四年再版成《現代中國及其儒家過去：思想延續性問題》（*Modern China and Its Confucian Past: The Problem of Intellectual Continuity*）。原書之後擴充成「三部曲」，一九六八年由加州大學出版社出版。

34 康無為在"A Matter of Taste"一文中以乾隆帝對展示的熱愛，來補充其所研究的乾隆朝統治特色。另可參見張春樹在〈清乾隆帝之帝王論〉中對帝國表述的簡要研究。

則闡述在「中國」身分認同的歷史化進程中，如何打造與運用中國取向的帝王人格面具，並試圖將此進程與其他一系列同樣對大清統治至關重要的過程等同視之；從皇帝種種的佛教意象、異教儀式和薩滿[35]活動中，康無為並未找到意識形態的作用，但我認為這些對帝王權威的一致性與境內特定帝國成員的逐漸形塑至關重要。不過，針對大清皇權的意識形態層面，康無為的研究面面俱到，我幾乎找不著尚待商榷之處。

歷史書寫中的意識形態總是來回擺盪。如上所述，意識形態的傳播工具包括對過往作者的看法或評述，更形塑了後世的史書語言。事

---

35 清廷薩滿教與藏傳佛教（難以區別）的背景，可參見Rawski, *The Last Emperors,* 231-63。雖然研究通古斯或者特別是滿洲薩滿教的學者，幾乎僅會參考史祿國的作品，但在使用史祿國與凌純聲等人對二十世紀初黑龍江人群的學術研究時，仍須非常謹慎（可參見Hoppāl, *Studies on Shamanism*, 13-40中提出的例子）。不可忽視的是，史祿國堅信滿洲薩滿教是薩滿教研究的中心，並視其為推動薩滿教理論討論的樞紐；事實上，最近對國際發表薩滿教紀錄片的熱情大幅仰賴中國社會科學院民族研究所的研究，此研究所自一九五〇年代以來拍攝過不少表面是「滿洲」（有時可能涵蓋鄂溫克、赫哲族、鄂倫春以及其他東北人群）薩滿教行為的電影（對這些研究的討論，可參見Siikala and Hoppál, *Studies on Shamanism*, 191-96）。富育光與孟慧英的《滿族薩滿教研究》是針對他們自己及前人在東北、蒙古與中國部分地區對薩滿教存續現象的田野調查的綜合成果，十分有價值，可惜歷史視角仍無法跳脫早期可用資訊的局限。乾隆朝下令製作並出版針對皇家禮儀與物品的評述，當中許多皆源於或應用於薩滿教，可參見*manjusai wecere metere kooli bithe*，之後定名為《欽定滿洲祭神祭天典禮》。對清代滿人而言，有明確的跡象顯示，有一些家族保留了自己的守護神，舉例來說，舒穆祿氏持續供奉貂神。不過二十世紀初的遼寧，在家中供奉神鵲也十分常見。參見莫東寅，《滿族史論叢》，頁一七八至一七九。考慮到清帝國對東北民族薩滿教習俗與民間傳說的影響不斷增強，韓芙蕾（Caroline Humphrey）在討論達斡爾族（Daur）神話後評論：「帝制王朝在試圖定義其身分認同並重申其權力時，往往須仰賴邊陲，當然也包括邊境居民，他們縱使不是滿人，也至少具備薩滿教對自我定義的習慣用語，藉由無需花費心力旅行與自我轉型的隱喻，來跨越村莊與都城之間的距離；因此若認為面對面社會群體中的薩滿教習俗僅限於地方性的關注或是限制了想像，是錯誤的想法。」（"Shamanic Practices and the State in Northern Asia," 223）；另可參見本書第四章。

實上，意識形態所亟需的就是要控制過去與現在的區異，時而將一方的主要觀念滲透至另一方，時而創造出「當時」（then）與「現在」（now）的新接點。從清朝的脈絡中，我試圖梳理出帝國意識形態的這些層面，是基於過往文獻證據與完備於乾隆朝的那些被強加的敘事間的區異；重點在於如何看待十八世紀前的十七世紀，抑或是如何區辨出覆蓋於十七世紀殘存之上的十八世紀。乾隆的朝廷靠著出眾的表述能力，遮蓋了過往清廷意識形態的殘餘，但仍或多或少可看出過往意識形態的蛛絲馬跡。儘管令人費解，仍然可以合理認為清代史家在詮釋帝國的起源與過往歷史時，依舊難逃十八世紀的窠臼。此現象在歐美學者看來愈發明顯，他們的研究仰賴乾隆朝編寫或修訂的出版文獻；相較之下，中國和其他亞洲地區的史家更容易取得乾隆朝之前的「原始」史料。此種差異當然其來有自。乍看之下，歐美讀者可能會覺得以下案例無傷大雅，但對現今許多中國、俄國，以及東北亞無國籍的人群而言，卻意義重大。

中國東北[36]有兩個相似的地名，分別是位於今遼寧省的「寧古達」與吉林省的「寧古塔」。[37]在十七世紀初，兩地沒有絲毫關聯。寧古達是一個小聚落，曾是努爾哈赤先祖的原鄉，毗鄰明朝（一三六八至一六四四年）領土的邊界。寧古塔則是現代吉林省的一個孤懸之地，以狩獵、毛皮、採集與貿易營生。十七世紀末，清廷在書寫自身歷史時，開始影射兩地的身分認同，就近採用寧古塔的漢字來作為努爾哈赤的祖先「寧古塔六貝勒」的發源地（他們其實並非貴族，

36 現稱為「東北」的地區橫跨遼寧、吉林與黑龍江三省，當中包括延邊朝鮮族自治州與聯合國教科文組織列入保護區的長白山。西方人傳統上將此區的一部分稱為「滿洲利亞」（Manchuria）。

37 此漢語拼音出自《滿文老檔》中的慣例（可參見《滿文老檔》天命十年八月二十三日，與其他幾處）。現代地理學家時常選用「寧古塔」這個地名（可能就是為了避免此處討論的混亂），依照慣例，我認為這沒有錯。

也並不生活在寧古塔附近）。[38]有多少人誤信不是重點，因為這並非為了偽冒，而是想打造出我所指出的「形象一致性」（a consistency of figuration），即大清皇室發祥於傳統東北的白山黑水。這雖然滿足了十八世紀的清廷，寧古達與寧古塔卻讓現代歐美學者困惑不已。[39]

至於對俄中兩國而言，此二地名的區異也非同小可，兩地存在的爭議，也是清廷希望立即推動兩地身分認同的原因之一。俄羅斯學者（由梅利霍夫〔Georgii Vasil'evich Melikhov〕主持）[40]與中國學者（由紀平主持）[41]在黑龍江整體區域的歷史主權脈絡之下，針對此問題進

38 寧古塔貝勒，出自《滿洲實錄》。這個詞彙的各個層面都十分有趣，因為以語言學來說，不太可能將之用在努爾哈赤的祖先身上。「寧古達」（Ninggūda）這個地名源自女真詞彙「Ninggū」（六）與「da」（首領）。在為這些祖先發明的頭銜中，「da」被保留了下來（變形成「ta」，以對應漢文「寧古塔」中的「塔」），但之後所接的「貝勒」一詞雖更顯宏偉，卻因為意思重複而顯得無甚意義（見第三章）。這六位首領不僅成為地名的靈感來源，更抬升此地成為「王」。因此，十七世紀末之時，不但努爾哈赤祖先的地位得以提升，也暗示其發源地與其所在地相距甚遠。

39 恆慕義（Hummel A. W.）主編的《清代名人傳略》（*Eminent Chinese of the Ch'ing Period*）將遼東周遭拼寫成「Ningguta」，並在〈何和禮傳〉（二九一）中準確指認出它，但在〈綱古里傳〉（四一〇）中，同樣的拼字指的是吉林的Ningguta；另外還有兩處也確實提及Ningguta。魏斐德的索引僅提到Ningguta，此為轉譯吉林漢文地名後的正確漢語拼音。與索引相同，對此Ningguta的引用在無意中將這兩個地方當作同一地點處理。因此，頁四十七的注釋五十八顯然意圖表明「虎攔哈達」（見第三章）是Ningguta的另一個稱呼（從字面意思上來看並不正確，但若確實是在指Ninggūda，那這兩個地方也非常接近）。下一個注釋中的Ningguta（頁三七〇、注釋一六三）是洪承疇的流放地，而此處確實是寧古塔，位於吉林。接下來是Ningguta，奇妙的是，它這次位於黑龍江，康熙年間征服南京時，會將受俘婦女流放至此，在虐待中度過餘生。最後，再次提到Ningguta（頁一〇〇〇，注釋二十八），這次是張縉彥的流放地，同樣位於吉林。據我所知，吉林寧古塔首次出現在大清史書中是一六二六年，當時有些「守兵」（*tuwakiyara coohai niyalma*，之後成為滿文對「駐防」的一般稱呼）被派往寧古塔（《滿文老檔》天命十年二月十八日）。

40 梅利霍夫對此主題的研究主要發表在*Man'chzhury na Severo-Vostoke*。另可參見第四章注釋四十六。

41 這些回應主要發表在一九七四與一九七五年的《歷史研究》期刊中。除了紀平，史

行辯論。紀平一干人指出，基於大清皇室原本就是黑龍江地區文化人口的一員，在此生活了數千年，且因為他們將中國與東北置於同一個政權之下，故此處是中國的合法領土。梅利霍夫等人則回應，吉林省與黑龍江省（從黑龍江[42]上游彎至朝鮮北界，涵蓋清代聖山長白山）根本不是大清先祖的領地，只是十七、十八世紀清朝官方文書中如此編造；清代之前，此區的人群承認羅曼諾夫皇室（Romanovs）的宗主權，他們在十七世紀中葉的納稅或進貢即體現出這點；且在十七世紀末的血腥征服後，清軍只在表面上控制黑龍江一帶。

我們現在經常會援引標記邊界、名物化（nominalizing）、歷史化與增值化（valorizing）等作為「中心」（centers）、「霸主」（hegemons）與其他權力秩序的能力。本書將這些潛力更具體地與清初的帝國表述相聯繫。[43]「寧古塔」難題不僅反映出，在現今史家的不同視野中，關乎邊界的歷史事實孰輕孰重，更凸顯出解開清代層層包覆的歷史權威有多迫切；理論上應該很少有讀者會對此持反對意見，儘管實作時根本不可能讓現在完全不受過去習慣的思維與表述所影響。話雖如此，如果試都不試，那些在十七世紀晚期之前並不費解的資訊，在今天將仍然晦澀不明，也會因此無法釐清十八世紀帝國意識形態的運作方式，更遑論要推測其動機。倒也不需將幽微精深的全面性掌控一股歸因於乾隆朝廷；重點在於此時期治權表述方式（史家從中推導出一種觀點）的重大轉變。[44]大清崛起、征服中國，以及清帝國正當性的起

宇新、梁效、余繩武等人皆有發表，當時《歷史研究》上的文章有時是由委員會撰寫並以假名發表的。

42 在現代中國，黑龍江既能稱呼一個省，也能稱呼一條河流。為避免混淆，英文中用「Amur」來指稱河，用「Heilongjiang」來指稱省。

43 我發現我在此處的論點與喬迅（Jonathan Hay）清楚論述的觀點相同，可參見 Hay, "Introduction," esp. 6-23, in Hay, ed., *Boundaries in China*。

44 針對此，我認為意圖並非重點，這點與彼得．柏克看法相同（*The Fabrication of Louis XIV*, 49）：「無論馬薩林（Mazarin）時代是否存在對於國王形象展示的整體計

源，這些歷史都因為十八世紀的轉變而亟需重塑。公共論域與儀式之間的差距，以及另一方面，與隱蔽的歷史、儀式、宗教和家族制度之間的差距，在十八世紀形成一股趨勢，即運用朝廷的文化權威對文化、時間與空間加以分類。

本書的命名由來，即源自十七與十八世紀的證據缺乏一致性。以乾隆朝的視角來看，可將歷史視為一面「半透明的鏡子」，其中不僅映照出光亮的現在，更反映出背後晦暗的過去。從古代到近世、從歐洲到亞洲，「鏡子」的隱喻都是一種具啟示性、道德教化或黨派置入的歷史敘事；在此脈絡中，「鏡子」也可以是統治者，無論生前或死後，都能為繼任者指點江山。「夫以銅為鏡，可以正衣冠；以古為鏡，可以知興替；以人為鏡，可以明得失。」[45]唐太宗[46]這段名言充分點出這面具備歷史啟發性的鏡子之意義。「鏡子」與「自我反射」的關聯，我們不該視為理所當然，雖然現代學術理論讓我們習慣將所有事物都視為我們自身的投射，並將自我敘說（self-narrative）視為唯一的良心事業。無論是歷史敘事、過去的統治典範，抑或是用於自省，「鏡子」在早期的用法，都牽涉到「觀看」、尤其是「光亮」的相關詞語。獲取光亮的能力源自其至高無上、最原始起源的化身（emanation），這可能是為什麼早期會認為鏡子表面具有神力的原因。比起自我反射，「光亮」的意象更適合拿來解釋清代對「鏡子」的運用：「光亮」是知識與思想（也意指乾隆帝個人信仰中心的異教主題「凡夫心」〔*sems*〕）、是時間，是所有形象與感知的母體。用來理想化治權的歷史之鏡，本應是不透明的；其起源、動機和手段皆受

畫，其後的紀錄都證實了這點。」

45 引用自 Wechsler, *Mirror to the Son of Heaven*, frontispiece，出自唐太宗對魏徵的讚美。

46 李世民（西元六二七至六四九年在位）是唐朝第二位皇帝，也是唐朝軍事擴張與版圖鞏固的奠基者，特別是在中亞。如同第五章所討論的，唐太宗是清代意識形態特別關注的焦點。

到隱匿，卻反而更明晃晃地映照出當時的主旋律。我期盼本書能讓背後的層面顯露出來（雖然可能仍是朦朦朧朧），進而讓形象變成半透明的。

這有助我們找到清代文獻理論的取徑。我之前曾提及，最好將皇權視為一個鬆散但可操作的有機體，或是交響樂團，抑或是子集體，但此仍然反映出這個實體如何將自己的意識形態傳輸予同時代的觀眾和繼承人。可行的話，也同時可以感受到此意識形態對社會或在其勢力範圍之下的社會的影響，但這只是具備一些重要例外的任務，遠遠超出了本研究的範圍。我們必須根據常識和所有普遍的理論，來檢驗文獻的過程，我想換個說法來比喻：皇權的子集體變成了一個客體，一顆發光發熱的星星。它存在於重力場中，不管此重力場是由質量所生成，抑或質量是由重力場所生成，這是未解之謎，且在其最深處的元素亦難以測知。我認為不應將文獻分成「官方」或「非官方」，[47]將其分為「主序帶」（main sequence）與「離序」（off-sequence）會更有助益；「主序帶」一詞從天文學領域而來，用以描述質量足以產生高溫、高亮度的恆星。[48]以此脈絡思考，恆星會在星雲中誕生，接著因質量不足而夭折，或開始消耗內部資源進而併至主序帶；最後，它們會在萎縮、冷卻和黑暗之中死去，抑或爆炸而終。

我認為清代歷史意識形態的「主序帶」，指的是用來滋養十八世

---

47 此為康無為針對十八與十九世紀的歷史敘事取徑提出的二分法（*Monarchy in the Emperors Eyes*, 37-64），當中劃分朝廷、官僚領域與「私人」空間，有些史家的著作內容亦關係到此隱含類別。這對在朝廷直接監督之下所產生的歷史來說足夠有效，但未能解釋許多「私人」歷史遵循帝國模式的事實，同時隨著時間推移，帝國的作品也受到朝廷意識形態觀點轉變的影響。我在下文所討論的記錄模式，會讓史家的個人地理位置與朝廷的關係，以及其書寫的觀點之間的聯繫要微弱許多。

48 無論是業餘或專業的天文學家都可以很容易認出，我所說的「恆星」結合了原恆星（Protostar）的動能（如引進哈伯太空望遠鏡之前的描述），並融合了主序帶類型的變化。這正是隱喻的作用。

紀普世皇權的中心思想（國家文獻之後意識形態力量的穩定生成）的材料，而「離序」則指涉那些不適用於此目的，抑或因其他原因而遭忽略的材料（因質量不足而夭折）。「主序帶」與「離序」的概念，可對應至由朝廷生成或受朝廷控制的材料（因某些原因採納朝廷敘事的私人著作亦囊括在內），可能普遍適用於許多種類的歷史文獻。延續同一個脈絡，一個重大或「正統」敘事的形成之中，存在一股重力，將新的資訊和經驗的認知與組織加以形塑。[49]重點不在於真假，而是可視化的過程，即主序帶的增生如何成為帝國優勢的有力文獻基礎，而帝國優勢又如何反過來掌控文獻後續的生成。本書所要檢視的正是這種掌控並加以審查感知組織轉譯為語言、歷史與從屬關係的形塑模式。

在當代作品中，許多形式的帝國文獻都運用了這些思想，包括但不限於從努爾哈赤[50]至其曾曾孫雍正帝胤禛之中歷朝的《實錄》、十八世紀晚期的《皇清開國方略》[51]、《八旗通志》、《八旗滿洲氏族通

49 在清代的脈絡下，針對「正統」的持久性英文討論，主要集中在劉廣京所編的 *Orthodoxy in Late Imperial China* 論文集當中。幾位作者輪番提出「正統」的種種涵義，但最具說服力的當屬劉廣京的導言，其將正統描述成既「接受」又「強制」的社會與政治應用觀念。劉廣京的論述捕捉到詮釋的原則如何在統治中心對教育、鑑定、出版、裁決與恐嚇機構的持續壓力之下，被塑造與重塑的過程。劉廣京將漢語詞彙「禮教」與正統聯繫起來，我認為這確實是我們所能找到的最接近的表述（不同的觀點可參見同書中陳啟雲的文章）。劉廣京的定義有一點十分重要，即可區分意識形態與正統觀念。

50 皇太極朝曾對努爾哈赤時期的史書進行滿漢雙語的校勘、編輯與修訂，初版為一六三六年十二月的《清太祖武皇帝實錄》，康熙時期於一六八六年修訂為《清太祖高皇帝實錄》。乾隆年間曾於一七四〇與一七八一年兩度再版為《滿洲實錄圖》與《太祖實錄圖》（插圖為之後擔任安徽寧國府知府的旗人門應兆所重繪）。一九三二年日本扶植的滿洲國出資重印了一六三六年的版本。

51《皇清開國方略》於一七七四年開始製作，一七八六年完成，一七八九年付梓。可參見《清代名人傳略》，頁六八五及第六章。一九二六年由豪爾（Erich Hauer）翻譯並注釋的德文版出版。

譜》[52]、《滿洲源流考》、《滿洲祭神祭天典禮》[53]、《貳臣傳》，以及二十世紀時從這些材料所衍生出的《清史稿》。總歸而言，此些作品體現出的帝國敘事，不但自我參照且在意識形態上相連貫，畢竟它們的體例是由「國史館」所刊行或直接從國史館衍生而來的作品，因此這點十分正常。與此相呼應的政府製作體例，則包括地圖、辭書、語文教材與百科全書，部分的內容源自「四夷館」等相關機構所累積的材料，以及所出版的概略；這些官方機構不斷重塑帝國對邊境異族人群的「知識」，以及那些位於帝國內部，但直至十九世紀初都仍是「儒家」或「漢」文化未竟之處的真空地帶。[54]有些私人著作也互為補充，像是愛新覺羅．昭槤的《嘯亭雜錄》、大型叢書《清朝野史大觀》，以及蘇完瓜爾佳．金梁的一系列歷史散文，當中一些奠基於其對瀋陽早期滿文文書的研究。[55]

此外，還有大量「離序」的材料（以後見之明來說更容易察覺），讓主序帶的成形更清晰可見。當中還包括東北地區的明代民族誌學者（絕大部分作品遭乾隆帝的典籍叢書《四庫全書》所查禁），[56]《李朝實

52《八旗滿洲氏族通譜》於一七三九年開始製作，一七四五年完成，一七四七年付梓。由於滿漢兩個語言的書名意思並不完全相同，且家譜也不完全是滿文，所以要想出合適的英文書名愈發困難。不管怎麼樣，比起我在《孤軍》頁二十一和頁三十七中使用的冗長書名，我覺得現在這個更好。

53 直到三十年後，才下令把一七四七年的滿文原著譯成漢文。更廣泛的討論可參見 Zito, *Of Body and Brush*。

54 此處所用的史料是《皇清職貢圖》，以一七九〇年的《朝貢圖》為基礎，清廷在一八〇五年刊行出版。《四庫全書》的編纂者將其分類成地理作品的插畫。

55 昭槤（一七八〇至一八三三年）是代善一支的努爾哈赤後裔（見第三章），算是皇室的旁系。證據顯示，《嘯亭雜錄》成書於一八一四或一八一五年，並曾私下流通，且直到一八二五年前後，昭槤似乎都還在為《嘯亭續錄》編寫注釋。此作品直到一八七五年左右才付梓，由醇親王奕譞旗下的印刷廠出版，不久之後，上海的《申報》也出版了類似的版本。

56《四庫全書》既反映出乾隆朝長期以來審查與修訂文學的過程，亦能指涉其出版的成果。仿效幾位中國早期的皇帝（很可能還包括歐亞其他地方的皇帝），乾隆帝建

錄》[57]，申忠一的著名報告等十六、十七世紀朝鮮旅人的紀錄，[58]清代私人著作，像是十九世紀旗人薩英額的作品，其保存了獨立的歷史傳統，以及可能還有其他尚未發現的史料。滿文史料，特別是通稱的《滿文老檔》[59]與《滿洲實錄》，我認為是清代意識形態體系過熱的原生質體；其或多或少在意識形態上是相互映襯的（無聲的），但當中所包含可汗政治特性的初期表述，就並非是帝國中的所有人都希望聽到的。這些文獻的問題最為嚴峻，因為它們一方面很接近原始史料，但卻在之後遭到修訂。但能找到像《滿洲實錄》這樣當中留有修訂處的

立一個平行的官僚機構，執掌新版歷史的編撰，其中包括未完成的明史，中國各地區、臺灣、蒙古與中亞的大清征服史，以及帝國成員的發源史；同時還負責審查「所有」的現有文學作品，利用「考證」技術（見第六章注釋十五）來辨別真偽，確立文學好壞的標準，並搜查反叛思想。這本文學類百科全書出版後，存放於中國與東北建造的七座皇家圖書館。近期最知名的研究是Guy, *The Emperor's Four Treasuries*；另可參見Goodrich, *The Literary Inquisition of Ch'ien-lung*; Elman, *From Philosophy to Philology*, 65-66；吳哲夫，《四庫全書纂修之研究》。論旗人生活中的《四庫全書》，可參見Crossley, *Orphan Warriors*, 123-24。

57 朝鮮李朝的實錄曾以多種形式出版，並加上日文與中文注釋。整個系列由李離和編輯，最初由民族古典研究所（Minjok kojôn yôn'guso）在平壤出版（一九七五至一九九一年），之後由驪江出版社（Yŏgang Ch'ulp'ansa，首爾：一九九一至一九九三年）再版。《純祖大王》至《純宗》系列（卷三七三至四〇〇）涉及清朝初年及其前身。（編按：李朝純祖及純宗的在位年分別為一八〇〇至一八三四年、一九〇七至一九一〇年，都不是在清代初期。）

58 對申忠一報告的簡單總結，可參見Giovanni Stary, "Die Struktur der Ersten Residenz des Mandschukhans Nurgaci"；一九三八年，李仁榮發現申忠一的原稿，隔年發表於奉天的滿洲國建國大學所出版的《興京二道河子舊老城》當中。隨後在韓國以《建州紀程圖錄》（*Kônju jichông dorôk*）為名出版。一九七七年，徐恆晉校注並部分重新修復成《建州紀程圖記校注》（簡中版）。原始的手稿似乎早已散佚，但文字被收錄進《李朝實錄》（宣祖朝）。另一份較少受到研究的著名史料，出自與申忠一同時代的李民寏，他在一六一九至一六二〇年向李朝朝廷呈交了對赫圖阿拉及附近地區的紀錄。狄宇宙的介紹、翻譯與注釋可參見"Nuove fonti sulla formazione dello stato mancese"。

59 另可參見Fletcher, "Manchu Sources"; Crossley and Rawski, "Profile"。

原始史料，還是十分令人欣喜，不過此歷史過程中的可視化時刻則十分罕見。

帝國意識形態的過渡，常常僅在現存史料及相關記載中隱晦出現。本研究著重於爬梳清朝第一種皇權（從皇太極到雍正時期）及乾隆治下的第二種皇權的意識形態轉型與持續的緊張關係。其劃分出一個早期階段，呈現出努爾哈赤與皇太極前期治下，國家建設和身分認同的分界；表面上的評判尺度是現存史料的缺乏，但更深入的癥結點，是實際產出的文獻相對稀少，以及負責產出這些文獻的機構的發展不足。第二階段的主要特徵，是皇太極後期統治直至十八世紀中葉的征服與占領。值此之際，國家對當代與過去文獻的管控能力不僅急速擴增，對所謂身分認同「轉型理論」意識形態的闡連（articulation）更是如此。到了清代皇權的第三階段，在征服停滯不前的同時，朝廷的意識形態從「轉型理論」轉向，逐漸開始接受帝國各地「本質主義式」（essentialist）的身分認同，以及皇帝獨有的普世身分認同。然而，此種普世、自我參照的乾隆式的皇權未能持久，一七九九年乾隆帝駕崩後（此時他已退位成太上皇），其表述能力迅速下滑，此機構在十九世紀初也開始轉型。但直到至一八六〇年代、亦即太平天國後期（一八五〇至一八六四年），此種帝國風格才宣告終結。其被一系列微妙的排他（particularist）、過分講究的「儒家化」[60]攝政及貴族聯盟所取代，這些聯盟沿用了清帝國之名與部分象徵符碼，直至一九一

60 由於本書並非思想史研究，沒必要為「儒學」下定義。這樣也好，畢竟以思想史的視角來看，也不存在這樣的事。但從政治意識形態與修辭學的視角來看，「儒學」、「孔子」、「新儒學」等都是可辨識的客體。本篇緒論之後，我將不會特別把「儒家」相關語詞加注引號，但讀者仍不妨自行代入。第五章進一步評論如何利用選定的詞彙與注釋來創造國家修辭，我稱其為「帝國儒學」，其他人應該也是如此。大致說來，是藉由公共媒體傳達以下思想：任何帝國的正當性，皆基於其致力將國家關係建立於（規範性的）家庭關係之上，經由執行（自然、公正、明智的）等級來穩定社會，並要求政體中所有人皆須按照分配到之地位的道德要求來行事。

二年。[61]本研究對於此最後一個階段，沒有太多置喙空間，因為其意識形態基礎與前幾個階段不同，且由於皇權的結構與功能皆式微，晚清朝廷既不奢望、也難以達到與前幾個階段相當的文獻觀與權威性。然而，我在後記將指出，此排他性、後太平天國皇權的敵人，卻在十七、十八世紀的普世皇家用語中扮演有力要角。

征服與過去的庇佑

近來的清代研究已經習於淡化帝國的征服政權色彩；理由形形色色，且都值得讚賞。例如，幾個世代前的日本學界經常將清朝與遼、金、元等中華帝國，一同歸類為「征服王朝」。這是較為輕描淡寫地對應中文（英文亦然）中的「非漢王朝」類別（相較以往將其視為「蠻族」王朝，算是有所改善）。此導致了對整體性的假設，即認為「漢人」朝代並非征服王朝，與「征服」王朝相對立，而所有的「征服」王朝都是外族（野蠻、非漢、異族）造的孽，這種觀點當然不足為信。自西元前二二一年建立的秦朝起，綜觀中國所有帝國，無論皇室的出身為何，顯然都是征服帝國。有相關的異議認為，不該持續將重點擺在將「滿洲」視為征服者。這是種非常古老的迷思，首見於十七世紀歐洲傳教士衛匡國（Martino Martini）和白晉（Joachim Bouvet）的歷史著作（實際上是新聞報導）中，二十世紀初的中國民族主義者更大力鼓吹此理論（請參閱後記）。即使在學術論述中，這個議題也十分不討喜，特別是中華人民共和國所推行的「民族團結」政策，其竭力避免指涉到「漢人」和那些可連結到某個現存「少數民

61 可參見Wright, *The Last Stand of Chinese Conservatism*; Bastide, "Official Conceptions of Imperial Authority at the End of the Qing Dynasty"；小野川秀美，《清末政治思想研究》；Dikötter, *The Discourse of Race in Modern China* (esp. 61-163)；以及路康樂與沙培德（Peter Zarrow）即將發表的作品。

族」的異族之間的歷史紛爭。既然滿人是中國人群之一，也就不會是征服者，是故清帝國（「滿洲王朝」）不能被視為是征服帝國；《公孫龍子》中著名的邏輯問題（「白馬非馬」）可放諸現代，滿洲征服不是征服。

就此產生了兩個難題。一是完全抹去了「滿人」與征服的既定連結，而非有所限定的保留；其二是清史的書寫脈絡往往不具有明顯的征服與占領。我先梳理第一個難題，學界早已確定，在清軍征服華北至清廷完全控制華南之間，「滿人」在兵力中只占極小比例（此難題本身就是個涉及定義的複雜問題，將在第二、四、六章中討論）。此征服是由多樣化的人群所完成，絕大多數可簡單定義成漢人，其中大部分曾在明朝的軍隊或民兵部隊中服役，他們的領袖主要是大清旗人，但不完全是旗人，當中有部分的（比例逐漸下降）旗人被劃為「滿人」。如此說來，征服主要是漢人對抗漢人的現象。鑑於現代與近世文獻的差別，有人可能會主張將「征服」視為「滿洲」，而並非戰場上的士兵，且指涉的是帝國本身，或者更精確地說，是指統治家族。愛新覺羅當然如同其他人一樣是「滿人」，幾個世紀以來，他們政權中的某些層面依然在表面上延續了滿洲的統治風格。但他們是個人，或一個家族，而非一個帝國。如上頭所推演的，將清帝國以「滿洲」名之就是個謬誤，而在此處，這個謬誤再次對歷史研究產生重要的意義。因為清朝的征服雖非滿洲的征服，卻是實實在在的征服。

征服政權有其特殊的意識形態需求。無論是中國的清帝國，還是身處南非的大英帝國，抑或是美國對北美大陸中部的征服，其動能都至少有兩個要件。第一，征服者與被征服者之間身分認同的區異需具備可塑性，亦即隨國家需求的變化，以及其從對地方的征服到占領、再到治理的方針改變而隨時轉型（若此過程已完成）。其次，身分認同的任意轉型，須仰賴一個公理上的主張來實現其正當性，即身分認同或說是「差異」，實際上是自然存在的。國家並非創造者，而是發現者，並從此發現出發，強制執行區異，不論是要求其參戰、不平等的特權和資源分配，抑或是以領土、經濟或文化限制隔離某群體。從中可見，此二需求中的第一個是戰略性的，第二個則是意識形態的。再者，第二個需求的中心思想直接與第一個需求相矛盾，僅僅是其意識形態的特徵的投射。不過，征服政權中身分認同的意識形態與征服動能的事實之間的衝突，並不足以釐清其情況（隨著對案例歷史的研究，這些情況日益具體）。若能假設在征服政權之下，身分認同的意識形態絕對是「種族上」的，那麼便能借鑑前述觀點，即認為征服政權亟需表面上自然存在的身分認同，以賦予其帝國事業未來性；唯有在自然或「世界」終結時，征服才能宣告終結，而這恰好正是清朝劃定其道德權威界線之處。但若再次將目光轉向事件的背後，而非鏡中的反射（亦即回溯事件的過去、而非未來），或許能找到一個更站得住腳的情境。近世的條件在整個歐亞非及美洲創造出許多文化，包括經濟民生、宗教、語言，以及許多文化中的基因庫（gene pool）甚至沿著商業、戰爭與朝聖的共同路線散布，並隨商品及人群的流動而融合。這些文化多半存在於由地方政治組織壟斷的環境中；過去五百年間，所有這些地區要不是屬於這個帝國，就是被另一個帝國控制。在此過程中，征服的動能與占領的行政實務徹底釐清了這些區域的身分認同；這時常產生對世系的美化，無論是作為社會或政治文獻的類型，抑或是作為隱喻。[62]我認為原因並不在於世系所顯示出祖先的深度或廣度（顯然舉世皆然）。而是在帝國的背景下，能連結至一個書面（或最好是公開發布的）族譜，代表這個人的祖先（無論是真是假）已受確立，經歷過一些受朝廷認可的地位（無論是土地所有權、

62 世系論述存在一種特殊但相關的現象，以回應帝國強加其上的身分認同與地位。杜磊在其中一個例子中將此描述成「遊牧式鄉愁」（nomadic nostalgia，參見"Relational Alterity," 461-66）。這些複雜的反應似乎是在我此處提出的「美化」之後出現的，即便口耳相傳的世系在中亞與內亞的許多文化中皆享有崇高的地位。

軍職或進入官僚體系）正規化過程。族譜是代表個人身分認同經帝國文獻化過程加以客體化的符碼；而帝國總有辦法說服臣民相信客體化是種榮譽。

此過程的影響如此深遠，導致我們現在除非使用「混雜」（hybrid）[63]或「跨境」（transfrontier，由於帝國的動能往往傾向在邊境處促進這樣的社會）之類的曲解性語詞，幾乎找不到其他語詞能用來描述前帝國的社會。[64]這些語詞指涉了兩個或更多不同文化或政治取向的分層，可能非常適合拿來描述帝國或殖民化結束時的社會文化環境（milieu）；我們希望避免將這些情況與前帝國或非帝國化的生活相混淆。區分征服者與被征服者，以及必要時跨越這些界線轉譯個人與群體，是至關重要的。這方面意識形態的母體是文化上的，在某些案例中是被構建出的種族。這些特殊的形式不斷出現在促成帝國中心與其征服和占領的地方代理人之間的身分認同中。第一個原因，我認為是由於無法免除地需要維繫帝國政權與其征服和占領地區之間的主客關係。這種需求之所以無法免除，在於此時期的每個帝國都是未經提煉的社會之產物，而這樣的社會要出現征服國家，先決條件便是身分認同的建構與相對位置；若無法確立國家能施以明定、甚至虛構的身分認同上的特權，將阻礙主客角色的提煉，進而妨礙組織、語言、等

63 阿巴斯（Ackbar Abbas）將類似的想法稱為「連字號」（hyphenation，「後文化」情況的前身）；可參見*Hong Kong: Culture and the Politics of Disappearance* (Minneapolis: University of Minnesota Press, 1997)；但可參見羅伯特．揚在《殖民欲望》（*Colonial Desire*）中對普遍存在的「混雜」所提出的異議，以及杜磊在"Relational Alterity"中更廣泛的批評。針對不同的脈絡，可參見Barlow, "Colonialism's Career in Postwar China Studies," 386-94裡對費正清（John King Fairbank）作品中「混雜性」的精闢論述，若能將其推廣，則可為當代學術研究指出從「混雜性」困境中脫身的幾條可能途徑。

64 可參見Wakeman, *The Great Enterprise*, 44 n，其中解釋自己如何改編科廷（Philip Curtin）作品中的詞彙。

級、侵略、忠誠與歸順等基本要素的成形。至此，我們只談及「他異性」（alterity）的效益，即識別出「他者」（the Other）以識別「自我」（Oneself）、用「他者」賦予自我行為正當性，並將「自我」置於一種擴張中的政治、文化或性別基模（schema）中。已經不需要和現代讀者解釋「他異性」。「他異性」確實對理解帝國（重點不在於他者而是多個他者）沒有太大的用處，更何況我們還要更深入區異帝權與其他形式的征服統治。如後記所言，征服意識形態在後帝權環境之下的運作方式，與在帝權統治之下有明顯不同。但俯瞰近世歐亞，會發現帝國意識形態趨向於一種普世的表述方式，其並不奠基在「全體如一」的基礎上（all-as-one，如許多現代共和主義意識形態），而是在「一如全體」（one-as-all）的基礎上，且這個「一」就是皇帝。這樣的政治宇宙觀我認為是同心圓式（concentric）的，且在表述方式上也是合璧性的。

探討征服如何影響清帝權發展的研究中，最具啟發性的研究（或對於主要研究可能達到的結果的建議）或許當屬傅禮初（一九三四至一九八四年）。[65] 直至過世，傅禮初都仍埋首於歐亞後蒙古政權的君主制發展；針對那些與蒙古政治傳統相連結的帝國，傅禮初將焦點擺在大清與鄂圖曼帝國，其在治權擴張的過程中日趨形式化，統治者的個人權力亦日趨制度化。值此分水嶺，正當性從需由一群政治同夥認可，轉向僅依賴個人的超然統治，而此個人僅憑藉與前輩征服者的從

---

65 傅禮初生平最知名的著作，可參見“China and Central Asia, 1368-1884”、“Ch’ing Inner Asia c. 1800”，以及“The Mongols: Ecological and Social Perspectives”；傅禮初去世之時，大部分作品都仍在草稿階段，此後才由其他作者加以修訂並出版。請特別參見Beatrice Manz, *Studies on Chinese and Islamic Inner Asia* (Aldershot, U.K.: Variorum, 1995)，本書經曼茲（Beatrice Manz）修訂、重塑與編輯，首次完整呈現出傅禮初對十八、十九世紀西亞與中國宗教文化之間聯繫的驚人發現。另可參見“A Bibliography of Published and Unpublished Work” printed in the issue of *Late Imperial China* dedicated to Fletcher-vol. 6, no. 2 (December 1985)。

屬關係，傅禮初指出這便是從「可汗」到「皇帝」的過渡。[66]我認為這與其他學者論及的（可能是持續性的）意識形態時刻相一致：治權扎根於自身構建的過去，而非當代政治肯定的機制，以自我合法化。傅禮初對大清與鄂圖曼政權的比較非常重要，點出了不管是大清還是鄂圖曼，都是由蒙古汗權傳承下來的統治元素引發制度發展上的衝突；因此應將合議共治（collegial rule）與征服姿態，以及制度化的君權與被征服傳統的適應性政治技術聯結在一起。而集權化和官僚化秩序的相互作用所引發的嶄新轉型，則是必然的結果。在傅禮初對十七世紀的鄂圖曼與清帝國的簡明研究中，他提到這兩個國家原本要歷經長期權力鬥爭與相應的不穩定，才會承認可汗作為征戰領袖，發展成單一統治者藉由掌控官僚系統、軍隊、貴族及王朝統治工具，來避免繼承之爭。無論傅禮初的觀點有多少事實支持（目前已飽受鄂圖曼史研究者質疑，[67]且某些清史研究者的隨意引用，也引發質疑聲浪）；可以肯定的是，清廷的史家非常在意從較集體到較具個人化統治的過渡過程，他們致力於為金和清國創造出一個回溯性的帝國遺產，並希冀其能用來因應十八世紀早期帝國趨向集權所引發的政治文化壓力。

我們須以完整的歷史脈絡來理解皇權——其具有內在的起源、動力與結局。在此種敘事中（需持續修訂），皇權遠比其統治的帝國還要早上許多（皇帝確實常被歌頌為「過去」征服者的轉世，同時也是當代的統治者，所羅門王、阿育王、亞歷山大大帝、凱撒、君士坦丁、克洛維一世與唐太宗皆是如此），並都明確指出其未來在帝國中

66 Fletcher, "Turco-Mongolian Tradition in the Ottoman Empire," 251。另可參見Crossley, "The Rulerships of China," 1473-74。

67 口頭上的批評十分常見，論傅禮初的更廣泛觀點與鄂圖曼案例的書面批評，可參見Heywood, " Turco-Mongolian Kingship? "；相較之下，受傅禮初影響而產生的對中古內亞突厥／早期蒙古政治歷史的詮釋，可參見Togan, *Flexibility and Limitations*, 109-11。

的化身。[68]因此，在普通的官僚紀錄及詳細的線性敘事之外（或交織在一起），還存在帝國的非時間（另一種合璧性）、即「曾經與未來」（once-and-future）的皇帝概念，這與乾隆帝的個人宗教觀相同。彼得・柏克在《製作路易十四》（*The Fabrication of Louis XlV*）中精闢分析了此種合併（conflation），比較了「帝制時代」（或稱「紋章時代」〔medallic time〕）與「事件時代」（the time of events）。[69]然而，帝國敘事並不僅止於將一個帝國形象與另一個形象兜在一起；帝權甚至產生出自己的歷史進程，與路易十四的「國王的歷史」（l'histoire du roi）[70]系出同源，此並非民族史，而是統治者（或王朝）意圖強調的史詩，將自我抬高成具備目的性、普世性的征服者。[71]在何種境況之下，那些渴望領導「民族」共和國的人會挪用這些帝國敘事及事項，向來是十九世紀末至二十世紀的首要大戲之一。[72]

---

68 論波斯薩法維帝國（Safavid empire）的建立，可參見Garthwaite, *The Persians*。

69 Burke, *The Fabrication of Louis XlV*, 3.

70 Burke, *The Fabrication of Louis XlV*, 6-13.

71 要抵抗此種時間主導性，可以採取多種形式。本書會在許多不同地方討論呂留良這類時間反叛者的議題。他們的關注焦點，確實是將時間紀律視為正當性的標記，關於其影響，可參見Hay, "The Suspension of Dynastic Time"；至於中國，尤其是清代，這方面的理論變得有些混亂。例如，喬迅提到利科（Paul Ricoeur）的「軸心時刻」（axial moment）概念，這是一個所有其他事件皆以此為標記的事件（頁一七二）。並指出對於作家、藝術家與遺民等希望藉由延續明朝紀年以表忠誠的人，一六四四年就是個時間／空間標記（意思就是一六四四年是能供他們誇耀的軸心時刻）。如同本書第二與第六章所指出的，乾隆朝偶爾會把一六四四年（也就是入關）當作標記，但這確實只是偶爾的。較早的標記是一六一八年（「七大恨」與努爾哈赤建國號為金）、一六三四年（察哈爾汗國併入後金）、一六三六年（清帝國建立），之後會再出現新的標記。此種浮動的軸心時刻似乎不符合利科的標準，事實上，在二十世紀的中國歷史當中，並沒有單一的軸心時刻；隱士逸民在時間反叛中，最多只能維持對前朝末代皇帝的忠誠（這正是清代遺民在帝國滅亡後所遵循的做法）。我所知唯一的軸心時刻，是臺灣（意即中華民國）自認為中國人的人群，他們的世俗時間仍始於一九一一年的辛亥革命。

72 相關討論，見Duara, *Rescuing History*, 17-50。

在十七、十八世紀期間，清皇權的當務之急便是同時修正其「合璧性」的組成與其帝國敘事。這些轉型有些是漸進的，且所有變化在幾十年前都有例可循。但隨著乾隆帝統治的鞏固，特別是自一七四〇年代起，發生了重大的轉型。原初征服菁英的身分認同原本就十分複雜曖昧，而在歷經一六七〇年代三藩之亂、文化習俗與征服武力與區域關係的轉變，以及朝廷將觸角從中國延伸至蒙古、中亞和西藏的野心，清朝對此的容忍便不斷受到挑戰。早期清帝國認為須靠皇權來引領文化（及道德）意識形態的轉型，一七三〇年的曾靜案無疑是對此的考驗；從雍正帝對其處理之深沉幽微，到一七三五年雍正才剛駕崩，尚未正式繼承大統的乾隆帝立即決議翻案，都讓此案備受矚目。乾隆一朝（一七三六至一七九五年）的普世性（universalistic）與理想性（idealist）發展，最終取代了原初政權的區域主義、排他主義及轉型理論，並引發現代中國和東亞其他地區的身分認同相關議題的深遠迴響。

帝國普世主義與身分認同界線

「普世主義」（universalism）的使用有時十分曖昧，服膺此理念的人認為，所有其他人皆以或應以他們的方式來思考。多數學者提出的「儒家普世主義」（Confucian universalism）即是如此：「儒家」認為他們的道德體系適用於所有地方，且應該要普及至全世界。同樣脈絡的還有「西方」普世主義（理性讓所有人幸福）或「美國普世主義」（所有人都應該擁護民主與資本主義）。普世主義會站在誰的對立面，目前尚不明朗。不妨假設所有哲學體系皆具備普世性，由於多數哲學體系皆有宇宙觀基礎，且據我所知，沒有哪個哲學體系會假設人類社會中存在與其原理悖離的領域。就算是一般認為反普世主義的相對主義（relativism），也具備普世性，畢竟無論何時何地，所有一切皆為相對。若將普世主義拿來指涉對現實結構中不存在「不連續性」（discontinuities）的假設（即與「理性主義」、「客觀主義」或「科學主義」的論點一致），且認為在澳洲艾爾斯岩（Ayer's Rock）陰影下所發現的真理，透過歸納法後，亦能與紐約第十二街、第六大道路口的真理相一致，那麼其就仍然忠於「普世」的涵義，意即所有事物都會轉向同一個方向。

這些簡化的評論不僅僅是玩笑話；這有助我定義普世主義的哲學觀，或普世主義的意識形態如何闡明問題的某些層面，但仍不夠全面。普世主義當然有更有效的運用方式。列文森就做到了，他比較了「傳統」儒家的普世主義與民族主義思想的排他主義。列文森所採用的是奠基於普世歷史典範的晚清儒家思想：憑藉中國的政治轉型與隨後的引領世界，儒家文明及其價值觀便能讓人道、秩序與創造力普及於世人。列文森的詮釋留待後記補充，此處焦點在於，比較普世信念的能力與分裂、排他、自衛和自我異化（self-alienating）的民族主義警言之後，列文森創立出其著名的「天下」與「國家」比較。早期意識形態中的「仁」、「義」、「孝」成為「中國」專有。列文森指出，並非所有政治哲學甚或個人意識形態都具有普世性。[73]

以大清皇權為例，若能爬梳出一個稍微不同的脈絡，就能讓普世主義的運用更有成效。在提及漢人或儒家普世主義時，往往緊接著會影射「天下」的某種概念。[74]英文著作通常會將「天下」譯成「universe」，我認為這會造成誤導，因此改譯成「world」。[75]這兩個譯

73 有些宋代學者特別指出此種轉型發生得更早，但在此情況下，其涵義與列文森所指出的不同；他的討論劃分出「現代性」與「民族主義」之間的分水嶺，與「傳統」作為民族主義思想中的偶像的概念相吻合。

74 要從另一個視角思考，可參見 Duara, "Knowledge and Power in the Discourse of Modernity," 70。

75 此處使用的「world」，是意識到英文語詞（*wer-eald, woruld*）、中文的「天下」及其滿文同源詞 *abkai fejergi*，以及藏文的 *nödchöd*（乾隆帝個人理解的一部分），對比

法截然不同。「world」不僅與「universe」相異，更是與之對立：「universe」如同近世皇權，將「world」囊括其中；因此「world」的有限、局部與一致性，正好能與「universe」的無限異質性相對立。如此討論乾隆帝時，不妨留意與清朝有接觸的幾個延伸性宗教，諸如祆教、佛教、基督教與伊斯蘭教的各個教派，這些教派可說區異了當代「world」（當中他們的教義蔚為主流）與未定界的未來「universe」（當中沒有真理的相互競爭）；一個普世性統治者的使命，就類似此種宗教領袖的目的論（teleology），如若統治者與宗教領袖相互賦予正當性（鄂圖曼皇權確實同時以蘇丹〔*sultān*〕與哈里發〔*khalifa*〕的頭銜統御穆斯林世界，而更具普世性的人格面具則將非穆斯林也納入其治下）。至乾隆一朝，皇權顯然已經開始宣稱能兼容天下。至於皇權在天下的位置，常見的隱喻是將天下比為車輪——從不同方位出發的輪輻，最終匯聚於中心的輪轂。俯瞰歐亞，此種皇權表述的共同特徵是追求微縮（miniaturize），將微縮的事物置於百科全書、動物園、花園，抑或是珍奇櫃中；微縮事物的抽象和具體層面將於第五章討論。此觀點須與近世的一個「全人」（universal man）價值相連結，此為普世統治者與普世皇帝的世俗源頭。若為個人，全人渴求所有的藝術與科學，普世統治者贊助所有的藝術與科學，普世皇帝則為所有藝術與科學的表述。「全人」之所以從歐洲用語進入清朝皇帝的表述，主要是靠白晉到郎世寧（Giuseppe Castiglione）之間的耶穌會教士。不過，清代普世主義形象還可追溯至另一個源頭，即中古後期的中亞統治者與蒙古帝國大汗向後世統治者展現出的超驗姿態；清代不僅建構出這樣的遺緒，更直接宣稱對其的所有權。

傅禮初很看重大汗所引發的普世主義如何影響清代的政治文化，

神聖的領域，這些都指向人類的領域，其中存在時間與形式（或由佛教資料給予存在的幻覺）。

切尼亞夫斯基（Michael Cherniavsky，一九二〇至一九七三年）[76]的早期研究也是如此，同樣關注可汗傳統對歐亞大陸帝國政治發展的形塑。切尼亞夫斯基研究的案例是羅曼諾夫王朝時期的俄羅斯，對「可汗」的理解也與傅禮初有所不同。切尼亞夫斯基認為「可汗」是凌駕於法律和風俗之上的所有者，視國家為財產。此種可汗形象在俄羅斯政治傳統中揮之不去，讓彼得大帝（Peter the Great）得以將國家從神權政治的君主國（principality）轉型為世俗帝國。傅禮初所見的是可汗轉型為皇帝，切尼亞夫斯基則指出近世俄羅斯統治權的爭奪，正是「可汗」與「國王」（*basileus*）的競爭；可汗勝出，[77]「彼得大帝的皇權」成為新的統治秩序。

儘管有所差異，切尼亞夫斯基與傅禮初仍然存在共同點：兩人都觀察到在具備可汗世系的近世歐亞大陸帝國之中，權力正日趨集中，最後讓君主統治區異並凌駕在國內其他文化權威之上；兩人也都留意到統治者依照自我意識轉型成皇帝——在鄂圖曼與俄羅斯的情況裡，「*imperator*」[78]一詞便標示出此轉型。君權的性質與自生自足的神話相

---

76 在切尼亞夫斯基的生涯中，最初是致力於研究政治文化與傳統統治制度。此主題的首次提出，是在他一九五二年的柏克萊大學博士論文“The Concept of the Prince in Medieval Russia, 1300-1500”，並在其一九五九年所發表的極具開創性的文章“Khan or Basileus”中繼續探討。*Tsar and People: Studies in Russian Myths*，一九六一年由耶魯大學首次出版，蘭登書屋（Random House）再版；一九六九與一九七一年的研究是切尼亞夫斯基最後一次針對此主題的延伸研究，之後研究者就愈來愈少了。

77 Cherniavsky, “Khan or Basileus,” 459-76；對切尼亞夫斯基的評論，另可參見Grupper, “The Manchu Imperial Cult of the Early Ch’ing Dynasty,” 4, 28。

78 突厥文是「*imperator*」，俄文則是「*gosudar’ imperator*」。在這兩種情形裡，此君銜在字面上都是指拜占庭皇權（其權力基於對羅馬帝國的後見之明來構建，一般認為，羅馬帝國是上帝所建，以結束人間政局分裂所導致的混亂）。一四五三年，穆罕默德二世（Mehmet II）征服君士坦丁堡後即採用了此君銜，而之後彼得大帝擊敗鄂圖曼帝國後，亦同樣採用此君銜。路易十四雖然沒有直接牽涉進君士坦丁堡的爭奪，但他確實在遠方挪借了拜占庭普世皇帝的風範：他重製拜占庭史家的作品，改造普世皇權的頭銜（monarque de l’univers，此處的univers相當於拜占庭的

輔相成。以鄂圖曼帝國來說，這反映在對君銜「帕迪沙」（*pādishāh*）的選擇上，伊利汗國的可汗能自我正當化統治權，與仰賴哈里發認可的蘇丹有所不同。[79]此君銜指涉不向轄下群體之外求取正當性的統治者，早在蒙古統治前，操突厥語的中亞人群就已經很習慣這一套，蒙古統治後則更廣為使用；永樂帝（一四〇三至一四二四年在位）對蒙古大汗的仿效是明代諸帝中數一數二，他用「大明帕迪沙」（*Dāyming pādishāh*）這個君銜宣稱自己同時在中國與中亞擁有至高無上的世俗地位。[80]以彼得大帝來說，他用自我正當化來削弱神職人員的相關功能，這使他凌駕於羅曼諾夫王朝之前的君主。他不再是服從教會的君王，而是現世的、自我完滿的神（之前的拜占庭皇帝就曾如此，基於同樣的理由，彼得與鄂圖曼諸帝亦向拜占庭挪用了此一君銜）。[81]皇權

oikumene）；Burke, *The Fabrication of Louis XIV*, 184；清代對君士坦丁堡的陷落與想像中的重新征服幾乎一無所知，自然也毫不關心，但他們仍意識到歐洲帝國敘事中的一些「紋章」元素，並將之納入對嶺國格薩爾王的崇拜中。參見本書第五章。

79 塞爾柱帝國位於之後波斯伊利汗國的位置，他們採用蘇丹之稱，並倚賴阿拔斯哈里發以獲得正當性；但在一二五八年，蒙古人殺了巴格達的最後一位哈里發，當地的伊利汗國便開始採用「帕迪沙」以賦予自己政權的正當性，此頭銜意指「最終、至高無上」的王，此做法被之後的鄂圖曼帝國沿用（並保留了蘇丹的功能）。簡明扼要的論述，可參見Gibb and Bowen, *Islamic Society and the West*, vol. 1, *Islamic Society in the Eighteenth Century*, 33-35。

80 一四一八年，永樂帝給沙哈魯（Shahrukh；有「領土有限的蘇丹」之稱）的國書，可參見Fletcher, “China and Central Asia,” 212-13。

81 早期治權的出現遠在本書討論的時期之前，當時的意識形態尚未形成自我完滿的皇權，因此聖俗領域之間的區異更為明確，其運作方式似乎從未出現在之後的時代（以本書使用的史料來說，或許可在蒙古人中古《白史》〔*Chaghan Teüke*〕的二元論述「*khoghar ghosun*」與晚明及清代的轉輪王大黑天信仰中的普世主義〔以葛魯伯的說法，是『絕對主義』〕，這兩者的意識形態之間做出區異）。在第五章中，《白史》中的聖俗區異被稱為「藏人」（相對於中亞），並與之後的清代意識形態形成鮮明對比。「神聖裝飾」（sacred accoutrement）的先例早已存在於中古正當性的意識形態中，並任由其繼承者選用，而拜占庭體系（雖然其在羅馬及其他地方也有先例）則是羅曼諾夫與鄂圖曼宮廷重要形象的直接來源。此外，對大清、鄂圖曼，

通常假設自己與臣民之間有直觀的連結，這不僅可排除宗教與道德中介，更排除了官僚機構中的代理人。鄂圖曼挪用了拜占庭的「博愛」（*philanthropia*）概念（類似中華帝國概念中的「仁」），並詮釋出帝國性的「鄂圖曼之愛」（love of Ottoman）：皇帝天生便能洞悉人民（即臣民）的感受、需求與欲念，此為皇帝獨有的能力。在這種帝國自生意識形態的發展中，鄂圖曼、大清及羅曼諾夫帝國都在自我參照中取得肯定。「其力量發源於自身，在於自身的征服能力，而非俄羅斯的特色或神話。」[82]

此皇權在敘事與道德上的專制，明顯受到其表述或投射自我的抽象觀念所影響。這部分展現在統治者的原型繪畫及雕像中，從鄂圖曼和清朝諸帝的制式肖像，可看出其服飾與姿勢是依照畫中人的皇權地位所定，而非個人的特質。但皇權仍會嘗試突破從屬於單一文化的限制。鄂圖曼帝國以阿拉伯與波斯語為朝廷用語，藉此將自己與突厥身分認同的距離拉開。[83]路易十四以拉丁文而非其他方言來書寫其銘

以及蒙兀兒帝國的研究者來說，聽到曼戈（Cyril Mango）對拜占庭諸位皇帝禁宮的描述（*Byzantium*, 219），肯定會覺得十分熟悉：「其宮殿同樣神聖，稱為神聖宮（*domus divina*），周圍環繞著『隔離』保護區（*nam imperio magna ab universis Secreta debentur*）。他的每次公開現身，都是經由儀式作為媒介，此種儀式反映出宇宙的和諧運轉，本身就與『秩序』（*taxis*）同義。其臣民以具備一定節奏並重複的頌詞與他交流，如同聖禮中的禱文，而在被君王接受之後，臣民會跪伏在地。」（論這些思想在鄂圖曼帝國建築中所反映出的圖像，可參見Necipoglu, *Architecture, Ceremonial, and Power*）根據早期學者如奧斯夫斯基（George Ostrogorsky）的說法，是亞歷山大大帝將「磕頭」（滿文*hengkilembi*）從波斯傳入歐洲（Mango, *Byzantium*, 192-93）。

82 Cherniavsky, *Tsar and People*, 89.

83 征服安納托利亞之後，鄂圖曼帝國使用多種語言，包括希臘語。通常會將十五世紀初的穆罕默德一世描述成受到突厥式的熱情（在他的歷史項目中表現得尤為明顯）與某種穆斯林的虔誠所驅使，從而禁止拜占庭文化影響朝廷。雖然在十五世紀的最後幾年，帝國戰略重心重新回到中亞，穆罕默德一世及後來的繼位者都不再將突厥文設為官方語言。根據塞爾柱人所建立的傳統（並在伊利汗國治下以某種形式延

文，彼得大帝或許是有意仿效，所有牽涉到其皇帝身分的銘文，都堅持以拉丁文、而非希臘文或俄文寫成。我們的重點並不在於這些語言政策的相似，而在於其達到了同樣的效果。鄂圖曼帝國與彼得治下的世俗化排除了宗教的殊異性（以及對教會命令的服從），使皇權的創新更加趨於抽象與不受控制。在彼得大帝的皇權之下，這種抽象變得更加極端，如切尼亞夫斯基所言：「任何一個日耳曼女人都能擔此大位。」[84]

此皇權的超越性意識形態，不僅讓國家在掌控與展現文化時，擁有廣大的寬容度（latitude），更讓治權本身也擺脫文化上的限制。彼得大帝就是藉由保留一些具備有力文化共鳴的古老形象來達成此目標；如此一來，即便彼得貴為九五之尊又具有神性，仍能聲稱在其擴展出的自我中，仍不脫東正教神父的傳統情操。無獨有偶，鄂圖曼帝國的「帕迪沙」和自封的皇帝亦聲稱同時具備蘇丹和哈里發的傳統功能，在其更大的帝國自我當中，兩者都為其獨有又與生俱來。對於近世帝國制度的運作，這些同心圓式的人格面具功不可沒，也經常被地方掌權者仿效，以求被認可為新皇權。賽里姆二世（Selim II）的自述，充其量只能算是對此種稱號恭維之語的稍微誇飾版本：「……這個世界上至高真主的哈里發，澤被天地；是詩篇『人生在世能有何益』的證明；偉大的所羅門、戰功赫赫的亞歷山大；由勝利的光環所環繞，凱旋歸來的法利多恩（Fārīdūn）；手刃邪惡者和異教徒、守護高尚者和信徒；正途的戰士、信仰的捍衛者；勇士、征服者；雄獅，雄獅的子孫；正義公正的領袖，就是偉大的賽里姆二世。」[85]這些常見的稱謂並非只是對皇室角色的隱喻描繪，而是對帝國現實的如實列舉。

續），阿拉伯文仍然是宗教與法律的用語，波斯文則用於某些行政與藝術。

84 Cherniavsky, *Tsar and People,* 91.

85 McNeill and Waldman, *The Islamic World*, 338-39.

在這些意識形態抽象化與文化折射的過程當中，清帝國開始走向自我正當化和意識形態自生，這與鄂圖曼和羅曼諾夫帝國異曲同工。十七、十八世紀之交，清帝國完成從可汗至帝制的轉型。如同鄂圖曼與羅曼諾夫帝國，清代諸帝在其帝國自我中，保留了早期的君主制結構，包括地方的可汗傳統。韋伯（Max Weber）與史家皆如此評論，清代的治權（相較於唐代，有人如此說）並未出現與政治盤根錯節的宗教權威的公然抗爭，清代社會也未經歷近世歐洲的文化重組。在十九世紀之前，確實沒有「儒家」的神職人員或教宗，抑或是其他替代機構，可以集結異議者或作為古老權威任其引用。然而，清朝治權也不乏道德敵人，他們時而喧囂，時而疲弱，就像世界各地的近世異議者一樣，他們拿自己所創造的過去權威，作為語言與正當性的依據。重回上述的類比，這些人只是在當下為朝廷所蒙蔽，直至十九世紀之前，朝廷都擁有原始的權力與意識形態的資源，能將受審者加以孤立、轉變或瓦解（依需求單獨或逐一擊破）。身分認同的修辭從這些抗爭中應運而生。

帝國敘事在不同時期需塑造不同歷史，以支撐皇權所仰賴的價值觀。在乾隆意識形態的研究中，康無為引用白芝浩（Walter Bagehot）的觀點，指出對皇帝地位的定義映照出對平民地位的定義。提升皇帝的地位為其創造出價值，並強烈影射其下臣民無差別「平等」的現實（此觀察實際上更貼近努爾哈赤治下的國家，而非乾隆朝）。[86]切尼亞夫斯基的觀點有些相似，但他的著眼點是歷史身分認同，而非政治地位的範疇。定界內的受眾滋養了每個帝王的人格面具，而此人格面具的意義也取決於這些受眾。此觀察有助找出皇權意識形態的抽象化與近世民族身分認同基礎之間的接點。「進入十八世紀後，統治者神話已獲取足夠的複雜性、足夠的不同面向、層面與可能的詮釋，以展現

86 *Monarchy in the Emperors Eyes*, 8 n 1.

神話的功能：讓個人及群體得以用日益多樣的方式，在框架內表述個人與集體問題及野心。」[87]羅曼諾夫王朝時期的皇權投射在教會眼中，是虔誠君王的傳統形象；而在農奴眼中，是勤懇的家長形象；仕紳階級則在彼得大帝身上找到俄羅斯人的原型概念。切尼亞夫斯基指出，人群的「神話」是統治者「神話」的必然結果。隨著皇權的抽象化，人們對其所象徵的身分認同產生日趨理想化的想像。在彼得大帝治下，「羅斯國土」（the land of the Rus）成為抽象的俄羅斯，彼得則為自己創造出「祖國之父」（Father of the Fatherland；*Otets Otechestva*）一詞來擴展原型的民族實體。[88]清廷神話的過程十分類似，只是有著不同的內裡，清廷在後征服時期所製造出的歷史明顯反映出這一點。

對於清廷在十七、十八世紀積極推動的帝國建設來說，這些神話是必須的機制，但光有神話還不夠；皇權如何被觀看、被稱呼、被分級、被言說，在此過程中皆亟需轉型。此過程會創造、鼓勵或確立出新的身分認同，但同時也有其他的身分認同遭到忽視、削弱或被消失。我將皇權的多重人格面具所面向的被建構出的受眾稱為「帝國成員」（constituencies）。雖然稱為「人民」（peoples）也並無不可，但可能會讓讀者誤以為，在這些結構中的歷史或文化內容都是可靠的，我不想冒此風險。我之後會強調，每個皇權的人格面具都一定要面向一個帝國成員；征服皇權的主要功能之一，就是將這些帝國成員名物化與歷史化。事實上，對帝國成員的認可並賦予其外顯特質，是皇權表述與日俱增的重要課題。「合璧性」治權的文化元素並非隨機選擇的。與歐亞大陸的前人與同時代人一樣，清代使用不同的用語，來表現差異且有限文化領域之間的關係；這些關係並不見得以地理位置分界，也很少牽涉到個人的實際生活，只是與征服過程中的皇權元素交

87 Cherniavsky, *Tsar and People,* 95.

88 Cherniavsky, *Tsar and People*, 80-81, 93, 99.

織在一起。在清朝統治下，有助征服的人群、統治者、文化或修辭系統被加以表述，對其他多數的文化卻略而不提。乾隆朝的一大特徵是對帝國成員施加以更高度的理想化與刻板化，且愈來愈無法容忍與他人缺乏外在顯著（或明顯可供表述）系統性差異（systematic difference）的群體。

讓特定的身分認同標準正當化與否，是近世皇權亟需掌握的能力。有些帝國成員須具備符碼化區異（codified distinction），才能成為皇權表述的對象，並在帝國敘事中發揮作用；而不符合此種表現方式的群體則會遭到限縮或清除。由於此面向的行動直接反映出皇權的動機，而在某些帝國制度的形成時期，有些群體身分認同未能存續下來，若能將之找出應該能引為案例。八旗漢軍中就不乏這類例子，[89] 此為本書第一部分欲梳理之處。近期的研究和八旗漢軍的議題出現驚人的相似之處——內塔尼亞胡（Benzion Netanyahu）在《十五世紀西班牙宗教法庭的起源》（*The Origins of the Inquisition in Fifteenth-Century Spain*）認為「新基督徒」（New Christians）受到斐迪南（Ferdinand）與伊莎貝拉（Isabella）時代的新興皇權所推崇的種族化標準所壓迫。有些敘事將猶太人刻劃成宗教法庭的受害者，認為猶太人私下堅持猶太信仰與風俗以抵制對基督教改宗壓迫，內塔尼亞胡將此束之高閣。[90] 內塔尼亞胡採用猶太社群的史料，總結受到宗教法庭迫害的多半並非表面上改宗的猶太人；相反地，他指出宗教法庭的目標是某些西班牙猶太人的後裔，像是改宗基督教的猶太人（Conversos）、表面上改宗基督教的猶太人（Marranos）以及新基督徒，我們不該以「地下猶太人」（crypto-Jews）、「猶太化者」（Judaizer）或「異端」（heretic）的

89 此詞彙的解釋，可參見本書第二章注釋二十三。

90 阿姆斯特丹「新基督徒」的討論，可參見Miriam Bodian, *Hebrews of the Portuguese Nation: Conversos and Community in Early Modern Amsterdam* (Bloomington: Indiana University Press, 1997)。

概念來理解他們。[91]內塔尼亞胡指出，皇權為了支持城市菁英，將反猶主義滲透進與新基督徒的經濟競爭，故清除新基督徒為皇權之必要。藉由落實宗教法庭後的種族原則，新皇權以捍衛正統及守護和平自詡，歷經心懷不滿的商人所造成的動盪後，塑造出西班牙的身分認同，這種認同表現在皇權中則是卡斯提亞王國（Kingdom of Castile）和亞拉岡王國（Kingdom of Aragon）的聯合，並在其他動亂中加速了一四九二年對猶太人的全面驅逐。[92]內塔尼亞胡延伸研究了一個身分認同群體如何在帝國進程中被破壞殆盡，當然還有許多其他案例可供探討。[93]

與內塔尼亞胡筆下西班牙對「新基督徒」的暴力、戲劇性與猝不及防相較，清廷對八旗漢軍身分認同的翦除要溫和許多。但兩段歷史仍有共通之處，都是一個現有的文化群體被新疊加的家族聯盟一分為二——皇權迫使「新基督徒」做出猶太人或基督徒（西班牙人）的抉擇，八旗漢軍最終也須在滿漢之間選邊站。更深入的說法或許是，在皇權持續高漲的壓力下，這些身分認同遭到粉碎，史家直到最近仍在以靜態的身分認同詞彙來詮釋這些時代所歷經的轉型與文化毀滅，而這些詞彙正是首要的破壞工具。八旗漢軍需要的或許不是重新被發現；而是他們的歷史與文化身分認同需要重新下定義。在本書前一部分所探討的在於不管怎麼說，八旗漢軍身分認同的消亡（即強加無差別的「漢人」身分認同）的起因都是「滿人」與「蒙古」身分認同的

91 Netanyahu, *The Origins of the Inquisition in Fifteenth-Century Spain*, xvii.

92 Netanyahu, *Origins of the Inquisition*, 925-1094.

93 歷經基督教反攻後，西班牙在斐迪南與伊莎貝拉的帝國時期達到鼎盛，提供的豐富案例有助研究治權變遷與身分認同概念之間的關係。我們絕對有理由將處於大陸階段的西班牙帝國視為歐亞征服、世系化與種族化過程的先驅。另可參見L.P. Harvey的*Islamic Spain, 1250-1500*，我認為此書所論的不僅是此時期的歷史，更是針對穆斯林社群在基督教政治領域擴張過程中，逐漸轉型成「少數民族」的研究。論西班牙的帝國意識形態遺緒，另可參見本書第五章。

建構。直到十七世紀末，清廷才發現遼東與之後納入的華北人口之間的區異；並在十八世紀中葉，藉口因需要更貼切地反映出轉型中的帝國意識形態，消弭了此一區異。後果就是在清帝國末期，「漢人」出現了一個被建構且整體的身分認同。[94]滿人、蒙古人和其他被視為帝國成員的人群也經歷類似的過程。我在《孤軍》討論過滿洲身分認同的歷史，特別是漢人民族主義崛起時對滿人身分認同的形塑，我就不多加贅述。在目前的討論中，蒙古史在清帝國演進中占有一定的篇幅，不過仍應先提醒讀者，絕大部分的近世與現代蒙古史都遠超出清帝國意識形態史的範疇，且應被放在具備更廣闊歷史視角的作品中深入探討。

雖然在十八世紀，大清皇權在神話中自我正當化，但前期的大清治權卻無法如此自給自足；其政治修辭的源頭或多或少來自遼東和吉林地區的人群，他們被半哄半騙半強迫地接受了努爾哈赤的統治。最早加入的是建州女真，他們有段時間以努爾哈赤的家族為首，緊接著是操漢語的遼東和吉林西部的人群，之後加入的是部分的喀喇沁和科

---

94 近來有許多學者指出，使用「Chinese」（中國人）可能會造成混淆，例如在二十世紀的時候，一個人可能是「中國人」，但不是「漢人」（Han）。相對來說，毋須太多解釋，現代讀者很容易就能理解這個說法，不需要過多解釋。對現今大多數生活於中國的人群來說，這種區異方法十分清楚易懂，但即便只在區區兩代之前，亦即二十世紀初，大多數生活於中國（以及其他地方）的人群，就很難理解這種區異有什麼意義。大清的皇帝經常會在漢文書寫中區分「中國人」與「漢人」。本書時常引用的史料文獻，雍正帝的《大義覺迷錄》就使用「中國之人」，而非「中國人」。另可參見本書第二章對滿文語詞「尼堪」的論述。我們可以假設，此種措辭受到滿文及其前身的影響，比漢語更常用屬格來辨識來自特定地區的人（如「明人」〔*Ming i niyalma*〕）。類似我們現在對「中國人」與「漢人」的區異方式，但不完全一樣。本書我依循與共同作者在即將發表的另一篇清初族群問題的導論中所訂定的慣例。「中國人」可隨意指稱與中國地區一般文化風格有關係的人，「漢人」則影射基於表面世系標準上的區異。為了精確起見，我有時會使用「明人」，意指在明帝國治下成形並與之相關的文化複合體（以及那些被認為被包含其中的人）。

爾沁聯盟，以及在吉林、黑龍江上游一帶以狩獵為生的人群。努爾哈赤政權日益成形，最終在一六一六年躍升為汗國，並獲取了一種複雜但並非井然有序交織的政治文化。到了努爾哈赤的繼承者皇太極，國家嘗試以更系統化的方式來檢視其治下的合璧性符碼。此前期秩序化在一六三六年清朝首位皇帝宣告登基時達到鼎盛，這是為了防患於未然，但並非良方，仍須面對征服中國所引發的忠誠與身分認同模式的極度混亂。此範例反映出征服中的皇權亟需創造帝國成員，只求能在動盪的時局中確立從屬關係。

此段故事的開頭完全不讓人意外，不過就是十七世紀遼東和吉林的可替換的身分認同。拉鐵摩爾（Owen Lattimore）推測此區域相當於明清之交時的「蓄水池」，漢、蒙古、朝鮮與當地文化的流動性元素都在政經巨浪中翻騰。[95]因此他推測女真（之後的滿人）一定得成為「文化變色龍」（cultural chameleons），才能因勢利導，輪流與蒙古、漢人或朝鮮人融合。自拉鐵摩爾發起的歷史研究，詳細闡述了十六、十七世紀遼東與吉林的文化特徵；研究未竟之處在於此過程與治權轉型之間的互動。針對這個女真「變色龍」的說法，我認為這反映出拉鐵摩爾試圖為我們現有詞彙難以準確命名的事物找到一個名稱——類似「跨境」（transfrontier）或「混合」（creole）那樣。再回到十八世紀的脈絡，現代作家對十七世紀身分認同的研究非常受限，因為對我們來說實在過於曖昧、複雜且難以定位。將現代的「種族」（現以「族群」稱之，但也沒有細緻多少）[96]身分認同套用在不適用此概念的時代，這種情況已是常態。清末的端方（一八六一至一九一一

95 可參見*Inner Asian Frontiers of China*，一九四〇年由國家地理學會（National Geographic Society）出版，一九九八年由牛津大學出版社（Oxford University Press）再版（加入蘭姆〔Alastair Lamb〕所寫的導論）。對中古中國的類似想法，可參見Eberhard, *Conquerors and Rulers*, esp. 5-11。

96 Crossley, "Thinking about Ethnicity."

年）是個常作為研討題材的旗人，他在一九一一、一九一二年間的革命中壯烈犧牲。他屬於托闊羅氏家族，自稱先祖為姓陶的[97]漢人，明萬曆年間（一五七三至一六二〇年）自中國沿海的浙江省移居至遼東（遼東位於長城以外、山海關以北，主要使用漢語）。基於這一點，替其作傳的百瀨弘在《清代名人傳略》中指出，雖然端方為滿籍，但他並非「純正滿人」。[98]陶／托闊羅家族這樣的故事在清代早期並非個案，且不會損害其滿人身分。將「血緣」與滿人身分視為全有全無的觀念，是將晚清的種族分類回推至一個完全不存在此種觀念的時空；令人惋惜的是，這並非早期學術界的過時觀念，仍然活躍在現今對清史的某些研究中。[99]

八旗漢軍被賦予的「介中性」（betweenness）長期以來占據此領域的想像力。史景遷在一九六六年出版的《曹寅與康熙》中細細爬梳了曹氏一族的文化。他們據稱發源於山東，但未經證實，世居遼東省。在十七世紀初的國家建設過程中，清帝國的崛起讓曹氏一族成為滿洲的「包衣」，或說是清皇室隨侍在側的管家。史景遷並不把曹氏完全看作漢人，而是將其文化特質歸因於世代以來與清廷的密切接

---

97 本書我用「surnamed」來英譯中文「姓」作為動詞的用法。

98《清代名人傳略》，頁七八〇。論此案例對理解清末「滿漢關係」的可能意義，可參見路康樂即將發表的作品。

99 遼寧道義居民「族群」的特殊二元論述，可參見 James Lee and Cameron Campbell, *Fate and Fortune*, 7；重點在於，十八世紀移民至道義軍屯的人被清廷「看作」是「漢人」，但外地居民眼中，卻將他們視為「滿人」，而他們的後代在現在都自認是「漢人」。事實上，清廷並不會將任何人「看作」是某個「族群」，此處顯然指的是十八世紀的清廷有意將一些八旗漢軍遷徙至道義，他們當中所有或大多數人的祖先皆可追溯至中國北方；抑或這也可能僅代表所涉及的這些旗人都是在籍的漢軍，這又是另一個問題了。民眾經常以「旗人」的身分認同囊括整個八旗，而這在十九世紀的日常用語中確實可以等同「滿洲」（較少用）。我希望本書有助釐清（正如“The Qianlong Retrospect on the Chinese-martial Banners”一文中所論證的），這些是早期帝國中正常且意料之中的安排，與「族群」無涉，與身分認同也無甚相關。

觸；套句史景遷的話，最知名的清代小說家曹霑（也就是曹雪芹，一七一五至一七六三年）的家族祖先「介於」滿漢文化「之中取得平衡」（balanced between）。[100]一九八五年魏斐德出版的《洪業》（*The Great Enterprise*）當中，其核心分析仍不離此「介中取得平衡」的概念。魏斐德引用史景遷對曹氏一族的評論，作為他討論整個官僚階級（「貳臣」，指明代入仕，並繼續出任清廷官職的官員）的開場。[101]雖然魏斐德發現其中許多人其實是跟隨清廷來到中國，但仍將此部分人描述為「跨境者」（transfrontiersmen），或說是想像中的漢人——他們從長城以東進入明代治下的遼東，加入努爾哈赤與皇太極統一東北的征戰，然後再跟隨新政權重返中國。在魏斐德的脈絡中，他們是「漢」旗人，是八旗中漢人的代表；他們一如史景遷筆下的曹氏，「介中」求生存。

自史景遷的《曹寅與康熙》問世以來，我們討論文化的方式幾乎一成不變。我相信我不是唯一一個反對此觀念的人，即將任何一個文化看作是兩個或更多其他文化的平衡、混合或融合體。以曹氏所處的文化脈絡來看，曹家所顯示出的文化並非是「介中」或「混雜」的；而是具備歷史與獨特地理輪廓且呈現連貫性的文化。只不過，這個文化不再有未來能期待。十七世紀末至十八世紀，清代修辭無情侵蝕了曹氏與許多其他家族所處的歷史脈絡。在曹霑所生之年歲，乾隆朝廷將遼東的區域文化純化成兩個涇渭分明的領域，一邊是「漢」、一邊是「滿」。因此，「介中取得平衡」反映的並非兩個先祖文化的確實融合，而是將後設的不連貫性，強行套用在當時雖不同質但連貫的社會文化環境上。許多現代讀者可能會認為一些無以名狀（且亟需被命

100 Spence, *Ts'ao Yin and the K'ang-hsi Emperor*, 53；這與魏復古將遼代漢人看作「第三文化」（既非契丹、亦非「中國」文化）有異曲同工之妙；可參見 Wittfogel and Feng, "Introduction" to *History of Chinese Society*。

101 *The Great Enterprise*, 1016 n 62；另可參見本書的第二與第六章。

名）的事物，在當時同樣難以名狀（且亟需命名那個狀態）；但將此群體命名為「漢」八旗，是在混淆十七世紀的用詞，就好像刪改語言中的「水」，只能用「氫」和「氧」來代替。[102]

此處所指作為本研究概念源頭的作者群，他們堅持有更大範圍的社會、政治和文化變遷，導致了普世皇權意識形態的生成與接納；而我認為這些針對近世帝國的普世主義取徑並不互斥，也不只有這些作者所關注的帝國才適用。傅禮初認為皇權之所以出現在大清與鄂圖曼帝國的脈絡中，在於從征服到政權鞏固的過渡期；切尼亞夫斯基認為彼得大帝治權的興起，標誌出俄羅斯國家的世俗化，此與內塔尼亞胡對斐迪南與伊莎貝拉的皇權建立論述不謀而合。而針對路易十四所展現出的普世主義，柏克的詮釋過於複雜且不夠精確；總括而言，他認為在路易十四的時代，本土（歐洲）的認識論正經歷重組，重點在於過往時代特有的「有機類比」（organic analogy）習慣逐漸式微。[103]（在占星學、靈數學、醫學和歷史思維中）因果概念取代了對應原理。正如文學、哲學和科學史家所指出的，此伴隨對隱喻的意識與理論；已經可讓現實脫離其表述，亦即韋伯所說的「除魅」（disenchanted），

---

102 此些討論幾乎皆由凱斯勒（Lawrence Kessler）所開啟，他對中國八旗官員制度史的研究非常重要。凱斯勒警告，切勿將費正清針對清代是滿漢「共治」的觀點過早地追溯至十九世紀之前，因為許多被視為是「漢人」的官員實際上都是「八旗漢軍」，可參見*K'ang-hsi and the Consolidation of Ch'ing Rule*, 117-18；但凱斯勒對「八旗漢軍」的定義有些斷章取義，他的定義是「與滿洲人在政治上結盟，並受其控制的漢人」。因此，每一個「八旗漢軍」都被視作滿洲政治控制的一部分，凱斯勒認為早期更偏向「滿洲」，而非「共治」。然而，白彬菊指出十八世紀初官僚政府的最高層級中，存在滿漢「共治」；可參見*Monarchs and Ministers*, 33-37及其他地方。有鑑於定義與時期上的差異，這些觀點並不矛盾；其與本書取徑不同之處在於，允許假設的「族群」現象來控制對清史大範圍的描述。

103 史密斯（Antony D. Smith）援引相同主題來檢視近世民族主義的興起（並未特別提及治權），可參見*The Ethnic Revival*, 87-104；高德維也用類似的概念來解釋種族概念的制度化（參見*Racist Culture*）。

排除了治權實踐中的「魔法」。而在柏克的解釋中，宗教機構加上民間信仰的式微，強化了皇權的中心性。此論述強調了近世皇權將其與「天下」的關係加以化約（schematized）的諷刺性——皇權包含了天下，相當於天下由皇權組成。

在此情境中，近世普世皇權的意識形態，試圖加以容納並理想化地重整那些看似分裂的文化、社會及政治體系。若將宇宙比為機器，皇權就能比為其中樞、轉軸，以及定位與整合的支點。統治者能同時容納非理性（如路易十四的御觸）與理性，正如他們贊助大學、百科全書與哲學家。[104]對掌控的迫切渴望凌駕一切，而經由教育、出版、圖書館與國際交流來涵養知識的普遍能力，也成為壓制知識的力量（例如，路易十四禁止教授笛卡兒的有害二元論）。就算是對十八世紀的清皇權無甚概念的讀者，也能看出比較下的潛在觀點。我希望釐清這些觀點，並將其連結至扎根於十八世紀的身分認同觀念（雖然並未開花），之後更影響十九、二十世紀中國及相關區域的政治發展。並且，我會盡可能避免僅僅將這些主題解讀成「民族主義」的序曲；但我很有可能做不到，畢竟不管「民族主義」意義何為，讀者也不可能忘記歷史的下一篇章就是「民族主義」。太多問題層層交織。馮客等人的研究皆已質疑其中一個問題，即能否明確區分本世紀之交的東亞激進言論中的種族主義和民族主義？這可說幾乎完全取決於定義，但也取決於能否推測出這些名詞在十七、十八世紀所指為何，並與十九世紀所宣稱的定義相比較。在後記中，我挑選出梁啟超和章炳麟（章太炎），他們是二十世紀初最常被研究且著作等身的兩位作家，並將他們相關的思想挑出，並連結至清朝意識形態的本質與效應。值得注

---

104 Burke, *The Fabrication of Louis XIV*, 127-29. 此處極其類似杜蒙（Louis Dumont）所論述的「傳統」階序（其中涵蓋帝國體系），其能包容矛盾，且未受到「現代」政治社會組織（邊境導向而非中心導向）的形式加以限制（*Essays on Individualism*）。

意的是，他們兩人都體認並證實了個人形塑群體的趨勢，不能拿來解釋或合理化種族主義或民族主義；對此，亟需更靠近史料，乾隆朝編定的史書更是不可或缺。深入本研究之中，他們兩人也都體認到（且在當時屬於少數）從有皇帝的帝國，轉型成沒有皇帝的帝國，所代表的歷史意義及複雜度遠遠超乎想像，且可能以災難告終。儘管他們提出的解決方案各有千秋，但也都躲不過十八世紀皇權意識形態的影響。

第一部

長城

THE GREAT WALL

十八世紀末，乾隆帝下令編纂《貳臣傳》，重新評價那些在十七世紀征戰時叛明投清的軍將官員，長城遂成為一道由新採納的身分認同所衍生出的道德邊界。長城山海關內的本土漢人（關內），因背叛在其年輕時栽培他們，並授予功名的明朝而受譴責；但那些出身於長城之外的東北人（關外），則隱含其特殊的地位，而發源於遼東東部貿易城鎮的古老氏族群體，則在此特殊的分類中被賦予了獨特的身分。大清的先祖國是個區域性的政權，宣稱此區所有本地人，不論出身背景，皆受其統治。依循帝國的邏輯，與之後才變節降清的中原本土人士相比，遼東人（就算也曾入仕明朝）的罪責較輕。

一旦乾隆帝做出此歷史評斷，就掩蓋了其中的歷史脈絡。清帝國的前身汗國發跡於遼東東沿，為明朝士兵及女真商人所控制區域的心臟地帶。這種早期的劃分是文化層面的，將汗國與漢人的領域區異出來。從女真領土內居民的視角來看，所謂「漢人」（他們稱作「尼堪」）即具備漢人行為的人。隨著世代交替，人口不斷從明朝領土遷入移出，群體之間的界線經常被跨越；講漢文的農民和士兵持續湧進女真人的土地，女真商人和傭兵則不斷湧入遼東西部城鎮。家戶間的文化十分複雜，親緣關係與聯盟多半分散在中國西北，一路延伸至東方的女真領土奴兒干。帶有此區域特徵的氏族，越過遼東與奴兒干交界，成為努爾哈赤與皇太極治下汗國的支柱；當中最重要的是撫順佟氏一族，本為地名，位處遼東的一座軍鎮，是這些文化和政治世系匯集的樞紐。

在十七世紀末清廷有「佟半朝」之稱，意思是「構成半個朝廷」，恰如其分地描述出有多少佟氏族人擔任文武要職；也帶有「坐擁半個朝廷」的意思，畢竟康熙帝玄燁之母孝康章皇后就出身佟氏。「佟半朝」所指之人從屬好幾個以撫順為原鄉的氏族。在十七世紀初的明朝政權不絕若線，部分佟氏族人因而以軍功著稱；但佟養真和佟養性等其他族人，則在同一時期追隨努爾哈赤，加入了一個由來已久且具備政治意涵的漢語人群，女真人稱之為「尼堪」。清初之時，那些生活於長城之外的「尼堪」對於帝國建立舉足輕重，而生活於長城之內的人群則在一六四四年後成為被征服者。一六一八至一六四五年間，多數的撫順佟氏都入籍八旗漢軍。一六八八年，康熙帝特將部分佟氏族人抬籍至八旗滿洲，從此無論過去抑或未來皆被視為滿人；但多數的佟氏族人直至一七四一年乾隆帝下令後才轉為滿人（但仍並非全部）。這些行政舉措背後隱含的是乾隆朝的明確意識形態，即八旗漢軍無論是在文化或世系起源上皆不應與漢人平民有所區隔；乾隆帝對於這些事務的清晰表述（utterance）成為將八旗漢軍劃分到「漢人」身分認同的歷史意識形態基礎，不僅影響了之後的清帝國文獻，國家及私人的相關歷史作品也採用此意識形態，並一直延續至今。

撫順佟氏的歷史反映出十七世紀的清廷正戮力管控，並強加身分認同於特定人群。明代以血緣定義身分認同（與罪惡感）的概念，導致明末擔任軍事要職的佟卜年身陷囹圄。而努爾哈赤與皇太極政權為求建國，必將駁斥此概念；他們會運用文化與政治功能來彰顯身分認同。「尼堪」遂從此光譜脫穎而出，他們對建國的貢獻亦獲得認可；但身分認同標準改變之後，「尼堪」的政治地位在清廷之後的觀點中也產生轉型，到了十八世紀，新的世系標準重述了他們過往的歷史，從而抹去許多（雖然並非全部）曾引領清帝國與文化意識形態的歷史意識。

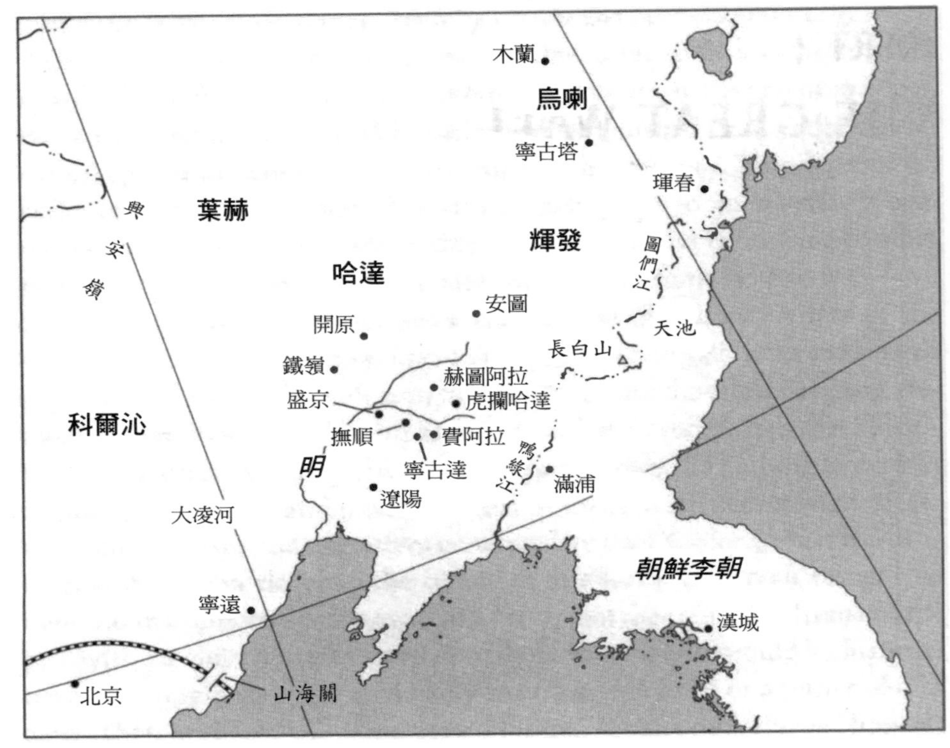
木蘭
烏喇
寧古塔
琿春
葉赫
輝發
興安嶺
圖們江
哈達
安圖
開原
天池
長白山
鐵嶺
赫圖阿拉
盛京
虎攔哈達
科爾沁
撫順
費阿拉
明
寧古達
鴨綠江
滿浦
遼陽
大凌河
朝鮮李朝
寧遠
漢城
北京
山海關

十七世紀，遼東

第一章

身分認同的試煉

明帝國（一三六八至一六四四年）在北境與各族人群間的爭鬥持續未消。十七世紀初之後，明廷多次援引古代選定的哲學和歷史文獻，以一系列縝密的思想來證明自我對抗外敵的正當性，同時也合理化對北境不願臣服的人群的征討與邊境政策。在哲學界興起的唯物主義（materialism）往往與針對文明與身分認同等議題的國家修辭一拍即合，進而與血緣、環境和不變的道德性格等議題相結合，使邊境與中國的從屬關係日趨嚴格，蠻夷的政治與經濟組織亦遭到貶抑。身為明朝在遼東地區的競爭對手，建州女真政權發展出一套截然不同的從屬觀；身分認同即從屬。對建州女真統治者的誓死效忠遠遠凌駕於先祖與發源地之上。在十七世紀初明與金／清征戰中，這些對立的意識形態直接相互碰撞。佟卜年的命運以及與其相關的「家族」歷史也觸發了強烈的論爭。

在明代官方的地理區劃中，遼東即長城之外、山海關以東、西朝鮮以北之間的區域；清代則設奉天府管轄遼東的大部分地區。但遼陽之名十分普遍，亦可指涉遼東的一個城鎮，還能回溯至女真金帝國（一一二一至一二三四年）的行政區劃。十七及十八世紀的文獻隨機稱此地區為「遼東」或「遼陽」。其位處一道約莫呈半圓形的屏障與衛哨網內，標示出明代的東北亞邊界：正北是因位處經濟文化樞紐而欣欣向榮的海西領土；[1]遼東以東至東北的土地廣袤，稱為「奴兒干」，當地的女真人與明廷以及朝鮮李朝的關係十分複雜，主宰了原料貿易。「遼東」與「奴兒干」不僅是地理實體，更分別彰顯出政治與文化層面的領地，大清征服中國之前，對治權及其帝國成員的定義至關重要；而在征服之後，「遼東」與「奴兒干」的幽魂持續影響大清如何定義其皇室、歸附者，以及統治形式和風格。

祖源論述

撫順鎮位於明代軍事勢力範圍，是與奴兒干互市的中心。[2]佟卜年生存年代約為十七世紀初期，字八百，號觀瀾，祖籍撫順。其父佟養直，曾任遼東開原軍官。佟卜年出生年不詳，只知其於一六一六年中進士，而明末登進士第的平均年齡約莫為三十四歲。金榜題名顯示其家境富裕，足以讓他全心準備科舉；其家族也能資助佟卜年前往瀋陽，他必須先在瀋陽的鄉試中舉，隨後才能在明代首都北京停留數週或數月的時間，通過會試後才能進入最後的殿試。登進士第後，佟卜年短暫返回撫順等待其第一個官職。他迎娶了撫順另一個家族的陳

1 論背景，可參見Rossabi, *The Jurchens in the Yuan and Ming*; Robert Lee, *The Manchurian Frontier in Ch'ing History*。

2 十七世紀的明代邸報將奴兒干視為海西、建州與「野人」女真（涵蓋尼夫赫〔Nivkhs〕、烏爾奇〔Ulch〕、赫哲〔Golds〕、鄂溫克〔Evenks〕、鄂倫春〔Orochons〕、吉利亞克〔Giliaks〕等族，以及其他東北亞人群）的居住地，顯示奴兒干位於遼東東北與朝鮮以北的未定界領土。萬曆年間（一五八八至一六二〇年）的作家馬文升認為奴兒干的居民分布相當零散，距離黑龍江、松花江往北須一個月的路程（《撫安東夷記》，頁二）。這與早期稱奴兒干鄰近永寧寺的紀錄一致；早在十五世紀，吉利亞克人便已在此定居，但在十四世紀時，此處是元帝國設定的流放地。可參見Grupper, "The Manchu Imperial Cult," 37。此地名之所以日益廣泛，可能與明朝在此以奴兒干之名建立「衛所」（見下文）有關，並與這些衛所在規模與位置的變化趨勢有關。（編按：馬文升的生卒年是一四二六至一五一〇年，不是萬曆年間。）

氏，可能也開始在比撫順更大、更靠近中央的遼陽鎮規劃新房。一六一八年任命到來，隔年先任直隸南皮縣知縣，後改任北京一帶的直隸河間縣知縣。據我們所知，除了遼東以外，這些享有聲譽的先後職位是佟卜年唯一長居過的地方。應該是在擔任直隸知縣期間，唯一的兒子佟國器出生於遼陽。

一六二一年，佟卜年返鄉接受危險的重要任務——受命輔佐明朝遼東經略熊廷弼（一五六九至一六二五年）。[3]一六一八年，明朝與建州女真的戰事於遼東爆發。建州女真的酋長努爾哈赤自命可汗，並建立政權「金」，此為四百年前同樣定都此區域的女真帝國之名。四百年後，努爾哈赤攻下撫順。鎮中所有人，包括佟卜年家族的許多旁系成員，都被劃入了奴兒干的管轄範圍。[4]

之所以徵召佟卜年，是因為熊廷弼希望有助打破明軍在遼東守衛的惡性循環。自一六〇八年起，熊廷弼就斷斷續續駐守遼東。初來乍到之時，建州女真在此區所積累的財富與軍備讓他驚懼不已。當地的女真群體都或多或少與明廷有封貢關係。他們會按時入京覲見，而明朝皇帝也會回之以禮，予以封賞與進入明朝邊境的互市權。明代記錄將此簡略以虛幻的「衛所制」稱之，並視為朝貢體系下的軍事制度，授予其領袖官職——但實際運作時，可能會根據某些政治、經濟或交戰事件而改變其所處地位。[5]女真人對此虛幻制度的濫用可想而知。熊廷弼認為政治天平過於偏向地方權貴，包括但不限於遼東一帶女真群體的領袖；同時指出女真人擄掠邊境的農民，收編成主要的農業勞動

3　《清代名人傳略》，頁三〇八。

4　《清太祖武皇帝實錄》，卷一，頁十二。

5　可參見楊暘（等），《明代流人在東北》。論女真與遼東的貿易，另可參見Serruys, *Sino-Jurched Relations in the Yung-lo Period*; Rossabi, *The Jurchens in the Yuan and Ming*；滕紹箴，〈試論明與後金戰爭的原因及其性質〉；楊余練，〈明代後期的遼東馬市與女真族的興起〉。

力。熊廷弼力圖向朝廷澄清，囚犯間的忠誠度可能比明朝官員所想的還要能屈能伸：

> 往虜故窮餒，又馬於冬春草枯時，瘦如柴立，故我猶得一閒。近所掠人口，築板升居之。大酋以數千計，次千計，又次數百計。皆令種地納糧，料人馬得食，無日不可圖我。……（腐敗的明朝邊軍）今又驅飢寒之眾，置之鋒鏑之下，憤怨之極，勢且離叛。嘗密聞，外間人言：「向特怕虜殺我耳。今聞虜築板升以居我，推衣食以養我，歲種地不過粟一囊草數束，別無差役以擾我。而又舊時虜去人口，有親戚朋友，以看顧我。我與其死於飢餓，作枵腹鬼；死於兵刃，作斷頭鬼，而無寧隨虜去，猶可得一活命也。」不祥之語，以為常談，而近益甚。[6]

此段敘述言簡意賅，不僅一針見血點出遼東社會的基本特徵，更預言明金兩國將在效忠議題上激烈交鋒。

熊廷弼的言論過於刺耳，朝廷遂將其調離遼東，改任南京督學。直至一六一八年努爾哈赤攻陷撫順，各路明軍紛紛瓦解，部分反映出熊廷弼過往在遼東的政績不俗。鑑於熊廷弼的聲望高漲，政敵迅速將其調回遼東前線，要求其導正明朝在遼東十年無所作為所導致的亂象。[7]熊廷弼在遼東的施政雷厲風行，亦積極彈劾朝中朋黨。一六二一年，他再次遭到罷黜。佟卜年回鄉就任之時，正逢熊廷弼受命與愚昧剛愎的遼東巡撫王化貞（死於一六三二年）[8]並行作戰。努爾哈赤的勢

---

6 引用自 Serruys, "Two Remarkable Women in Mongolia," in *The Mongols and Ming China*, 8:244-45。另可參見其對和田清作品的引用。（編按：引文出自〔明〕程開祜編，《籌遼碩畫》，卷一，熊廷弼，〈務求戰守長策疏〉。）

7 另可參見 Woodruff, "Foreign Policy and Frontier Affairs along the North-eastern Frontier of the Ming Dynasty"。

8 《清代名人傳略》，頁八二三。

力急速成長，更已攻占前明的省城瀋陽。若伐金失敗，熊廷弼將面臨攻訐、拷訊、下獄，甚至可能處以極刑。但遼東人民既不在乎北京黨爭的盤根錯節，也沒有動力響應明軍對抗努爾哈赤。熊廷弼孤注一擲，提拔佟卜年為登萊的監軍僉事，此軍隊可激勵地方士氣，也能利用佟卜年在遼東的地緣關係與撫順佟氏的聲望，籠絡當地人心。[9]若是失敗，遼東會落入建州女真之手，熊廷弼更將被斬首示眾。

然而，熊廷弼在佟卜年身上所看到的一線曙光，卻被其他人視為眼中釘、肉中刺。朝中有人懷疑，佟卜年之所以能位及登萊監軍僉事，並非因為他是遼東人，而是因為他其實是女真人。任命佟卜年時，劉宗周（一五七八至一六四五年）上奏說：「身坐虜族，不自歸里，反以知縣陞僉事者佟卜年也。」[10]直到一六二二年三月廣寧之戰慘敗之前，熊廷弼都還有辦法閃避對佟卜年的批評。這場潰敗顯示出努爾哈赤及其說客的區域主義說辭有多成功——順利讓以蒙古人為主的傭兵在廣寧之戰時背叛明朝。明軍的大陣仗已經穿過山海關返回長城以內，廣寧城破之時，熊廷弼手下的少量兵力叛變後逃竄，迫使他和佟卜年一起撤退。退守至長城山海關內後，熊廷弼、王化貞、佟卜年三人被押回北京受審。熊王二人因出逃而治罪，死刑判決迅速下達，因為各自所屬黨派的角力才延緩實行。一六二五年九月二十七日，熊廷弼遭棄市，傳首九邊。直到一六二九年，崇禎帝才詔許長子將首級帶回安葬，並諡號「襄愍」；[11]王化貞則於一六三二年伏誅。

---

9 《明史》，卷二四一，頁九下。《清代名人傳略》，頁七九二。牟潤孫，〈明末西洋大砲由明入後金考略〉，第二部分，收錄於《明報月刊》（一九八二年十月）：頁八十九，張鶴鳴奏報引用自《兩朝從信錄》，卷九，天啟元年十月。

10 牟潤孫，〈明末西洋大砲由明入後金考略〉，頁八十九。

11 這與一四八九年李秉的諡號相同，他也有類似的死因：李秉被派往遼東鎮壓充善（努爾哈赤祖先猛哥帖木兒之子）的叛變，是對其批評朝廷的懲罰。可參見Goodrich and Fang, *Dictionary of Ming Biography*, 495；另可參見《皇清開國方略》，卷一，頁九下。（編按：李秉的諡號是「襄敏」，熊廷弼則是「襄愍」。根據諡法，闢土有德一六二二年，佟卜年雖與熊王二人一同下獄，但罪名不同；佟卜年所犯並非出逃之罪，而是煽動叛亂。一六二二年四月，已定罪為叛徒的杜茂在供詞中聲稱，佟卜年私通原擔任明朝撫順游擊，之後轉投努爾哈赤的李永芳。[12]嚴刑逼供之下，兩名證人不堪折磨而死，但仍無佟卜年通敵的證據，就這樣被關押了三年。負責審訊的官員認為沒有犯罪的證據，但有沒有證據已無關緊要，就算沒有證據，佟卜年仍有可能是間諜；他們更進一步指出，佟卜年很可能根本沒有接觸過敵軍，但這也已經無關緊要，因為佟卜年族中長輩確實叛明，所以也並非全然無辜。他的族人佟養性（死於一六三二年）和佟養真（死於一六二一年）早已投靠努爾哈赤，且受命督造火砲，並掌管砲兵。兵部尚書張鶴鳴奏報：「臣昨審解到佟養真，云佟卜年之曾祖即養真之祖也，與逆賊佟養性近族何疑？」[13]顧大章（一五七六至一六二五年）負責調查佟卜年是否通敵，雖未發現罪證，但仍基於其為佟氏一族，建議判以流放。[14]錢謙益（一五八二至一六六四年）分析當時對佟卜年的構陷之詞為：「一則曰，（佟卜年）公為養性逆族，法當坐，不

曰「襄」，在國逢難曰「愍」，熊廷弼保家衛國、因戰事而犧牲故諡「襄愍」。）

12 牟潤孫，〈明末西洋大砲由明入後金考略〉，頁八十九。論李永芳，參見《清代名人傳略》，頁四九九。努爾哈赤與李永芳的對話，可參見本書三、四章。

13 牟潤孫，〈明末西洋大砲由明入後金考略〉，頁八十九。（編按：佟養性、佟養真投靠努爾哈赤的時間應為一六一九年，兩年後的一六二一年佟養真就戰敗被明軍抓捕，遭到處死，他並沒有協助鑄砲的紀錄。至於佟養性，根據《清史稿．佟養性傳》：「是歲（天聰五年，一六三一年），初鑄砲，使養性為監。砲成，銘其上曰『天祐助威大將軍』，凡四十具。」要到一六三一年才有佟養性的鑄砲紀錄。此外關於兵部尚書張鶴鳴的上奏時間，經查牟潤孫所引史料來源為《兩朝從信錄》的卷九，但時間應為天啟元年〔一六二一年〕，而非天啟六年〔一六二六年〕，結合張鶴鳴提到他「審解佟養真」，佟養真被抓是在一六二一年，因此得知牟氏的文章有誤植，作者也跟著有誤。張鶴鳴的奏疏疑跟佟卜年下獄後〔一六二二年〕，他是否通敵的討論無關，而是前一年他的親族被補，連帶讓他遭受牽連。）

14《明史》，卷二四一，同上。顧熊二人之間的齟齬，可參閱陳鼎，《東林列傳》，卷三，頁十八上至二十三下。

待叛；一則曰，公於建州為同姓，不但養性逆族。」、「楊東明（一五四八至一六二四年）署事，奏卜年實奴酋族〔建州〕，每歲拜金世宗墓，當伏誅。」[15]

佟卜年在獄中寫下《幽憤錄》以自清，除宣誓對明朝的忠心，並否認佟氏與奴兒干有什麼關係：佟姓十分常見，不能說天下所有佟姓之人都是一家人，並提到幾個世紀以來，他所屬的世系皆效忠於明。而近來投奔女真陣營的堂兄弟與他的共同祖先遠在四代之前。「遼東二十五衛，姓佟者不下數十家，已非一族，即北直山東淮浙亦皆有佟姓，而武為世職，文列宦林者，何獨於卜年而疑之，且節見塘報，謂『彼〔努爾哈赤〕以孫女妻佟養性李永芳稱為駙馬』，又何以說也。」[16]佟卜年確信世系歸屬的說服力，並提出自己對祖先身分認同的表述（之後將詳加討論），並聲明稱其至金世宗墓前跪拜云云的奏報皆是誹謗。他的忠心日月可鑑。

這些論述只是徒勞。一六二五年，佟卜年在布置下於獄中自縊。[17]他的妻子陳氏帶著年幼的兒子國器離開遼東，投靠浙江省的親戚。

佟卜年案正值明末內外夾攻之時：北境的政治管理日益鬆懈，朝中政爭也逐漸危及根本。政治近因當屬「東林黨爭」，隨著萬曆末年（約莫一六二〇年代）宦官由於長伴皇帝左右而建立起自己的勢力，

15 朱希祖，《後金國汗姓氏考》，頁四十九。朱希祖的原文是：「李東明署事⋯⋯」我認為此處的李東明，應是楊東明的誤植；而在顧大章的證詞中，也以非常相似的措詞重複了女真人的指控。女真金世宗（一一六一至一一八九年在位）的陵寢位於房山（現為大北京都會區的一部分）。孟森在一九三六年發表的〈建文遜國事考〉（收錄於《明清史論著集刊》，一九六一年，頁二），情感豐沛地描述了當地的遺址。皇太極在一六二九年首次入侵北京一帶時，確實曾在世宗陵寢前叩首，此事實或許可反映出此項指控的成效。可參見本書第四章。

16 朱希祖，《後金國汗姓氏考》，頁四十九，《幽憤錄》引用自〈附錄一〉。論讓新歸附者成為「額駙」，可參見本書第一與四章。

17《明熹宗實錄》，卷十二。（編按：這段記載應出自於《東林列傳》卷末，而非《明熹宗實錄》。）

更開始「迫害」東林黨。東林黨是地方知識分子中興起的幾個改革派之一。他們群起公開批評服膺王陽明（一四七二至一五二九年）思想的士人，譴責陽明學派在有志臣僚和地方領袖間推行一種祕密佛教，使其與實際事務脫節，導致政府機構崩壞。[18]政治結構瀕臨瓦解，宦官獲得遊走內廷的權力，藉由對皇帝的影響力與對政策的掌控腐化政府。東林黨等改革派致力於肅清內部受陽明學影響的理想主義和分心行為，並剷除明廷中的腐敗元素。他們在書院中論述和講學以達成此目標，同時利用自己的政治網絡來謀求皇帝賞識，並在朝廷中立足。他們確實有所建樹，特別是在一六二〇年之後。改革派在追求自身政治目標時所表現出的陰險狡詐不亞於其政敵，一六二〇年代的北京政壇遂為政治謀略所籠罩。在此權力平衡轉換的時機點，熊廷弼與佟卜年等人的命運也隨之擺盪。熊廷弼與東林黨的關係讓朝臣如鯁在喉，這讓他的鎮守遼東之途變得更加坎坷。在同情東林黨的人（或許熊廷弼也是如此）眼中，由馮銓（一五九五至一六七二年）把持的朝廷黨派正在利用遼東危機來打擊東林黨支持者。[19]一六一九年，馮銓與其父因保衛遼東不力而遭罷黜，遂百般討好宦官魏忠賢（一五六八至一六二七年）以恢復在朝中的地位。此軍事挫敗直接導致熊廷弼與佟卜年被捕，更適逢東林黨領袖失勢，使兩人成為魏忠賢一派的俎上肉，尤其馮銓還是熊廷弼的主審。

同情東林黨的人雖試圖拯救熊廷弼，卻不沾染佟卜年（或許想將罪責歸咎給佟卜年，以換取對熊廷弼的赦免）。例如，彈劾佟卜年最

---

18 小野川秀美將清朝批判研究的開端歸因於改革派；可參見《清末政治思想研究》，頁九十九至一〇一。

19《清代名人傳略》，頁二四〇至二四一。明熹宗駕崩後，朝廷開始全面清算魏忠賢一派，馮銓得以全身而退，可見他也十分擅長對其他贊助者逢迎拍馬。當多爾袞在一六四四年率領清軍攻入北京時，馮銓迅速投靠新政權，官拜弘文院與吏部。儘管馮銓在生前深諳政治紛爭的躲避之道，但仍無法逃過乾隆帝史觀中的評判。如下文（本書第二與第五章）所述，他在《貳臣傳》中受到譴責，並遭剝奪諡號。

力的顧大章是著名的東林黨，顧大章最終更以身殉道。佟卜年一案的「真相」為何已不再重要，他之所以死於獄中，最有可能是因東林黨的政敵忌憚遼東的守將，而東林黨人則急於找尋代罪羔羊以解救更重要且交情更甚的同僚。然而，這並不能完全解釋為什麼會選中佟卜年。即便沒有絲毫證據顯示佟卜年曾煽動叛亂，但可以輕鬆將其捲入並定罪，顯然兩個派系都受這一點而吸引。佟卜年之所以千夫所指，在於東林與魏忠賢兩派都深陷一種宇宙觀的思維，迫使他們推論出佟卜年天性就會反叛（或必將反叛）。佟卜年所面臨的指控，顯然並非出於中國法律常見的集體責任（collective responsibility）概念；親戚或假定親戚的罪過都沒有禍及佟卜年，而是其先祖的相關證據，是他被安上了一個情感形象（affective profile），即認為他未來必將煽動叛亂。不僅是佟卜年的指控者，就連他本人對於其族譜都沒有絲毫同情，僅針對族譜的詮釋提出異議。鑑於明末充斥多種涉及血緣、道德和身分認同的論述，因此敵對雙方對此的意見一致，十分引人揣測。十六世紀末、十七世紀初的漢文作品中，確實不乏針對帝國與其邊境各地人群的文化、地理、經濟和政治相互作用的多種論述與推論。[20]但對於志在朝廷的知識分子（包括佟卜年），特別是沒有野心成為哲學大儒的官員來說，與明朝皇權修辭恰相一致的哲學元素蔚為主流。

在新帝國政治修辭的形塑過程中，宋濂與方孝孺等明代文人為重要推手，首要之務即在於塑造出蒙元帝國（一二八〇至一三六八年）

20　像是蕭大亨、茅瑞徵、鄭曉、葉向高（一五六二至一六二七年）與馬文升等作家，雖然他們的政治觀點迥異，但多半曾出仕為官，留下對邊境生活的詳細紀錄，以及對當地政治組織的深入分析。其中最知名的作家當屬蕭大亨，鮑登（Charles Bawden）在《現代蒙古史》（*Modern History of Mongolia*）中多次引用其作品，司律思（Henry Serruys）更對其最著名的著作《北虜風俗》多加引用及分析，《北虜風俗》也曾多次再版（最具威信的應該是廣文書局，臺北：一九七二年）。如同本書後記將提到的，在十九世紀「民族主義」或「遺民」作家復興時期對王夫之與其他哲學家較為吹捧，這些作家則往往遭到忽視。

在中華的道德無效性，以正當化明朝的統治。[21]明廷急於培植並引領此種思想與表述方式，其有力結合了對非漢人群政治權威的憤慨、對所有漢人親族關係的相對寬鬆理論，並將明皇權塑造成中華的德行化身，為朝廷言論注入新的活水。明朝皇帝的道德境界也涵蓋至離開明帝國地理界線的漢人；一四〇七年，蘇門答臘一個原籍漢人的社群拒絕向永樂帝臣服，鄭和的水師便幾乎將之摧毀，此事件即是絕佳的例證。直至一六二〇年代初期，蒙古與東北的強勢領袖仍公然反抗明朝統治其地區的主張，朝廷便認為亟需制定並宣傳明朝對邊境軍事統治的論據。用（穩定的）世系來詮釋漢人的身分認同就是相關舉措中的一環，漢人能在邊境安身立命，即是將邊境視為中華世界一部分的重要依據。一六二〇年萬曆帝駕崩之時，身分認同與主權的爭鬥不僅在修辭上激烈交鋒，在現實中亦是危機重重。

在此思想脈絡中，有個民族學理論的範本，將文化、歷史及道德身分認同交織在一個類似魔法圈（magic circle）的結構中。所有當代人的祖先，都可以靠歷史文獻來確立，並以此為基準來評估他們當前的道德性格。此一假定不僅能拿來論證中華聯繫的永久性，反之亦然：即便仿效中華皇室服儀，不論外在改變了多少，蠻夷的內在品行仍根深柢固、難以改變。在明代意識形態中，祖先即身分認同；不具備正當性的蠻夷皇朝才需要試圖掩蓋，招募漢人叛徒進入其政權便是其策略。此時期有許多作家都能用來概括這個影響深遠的思想複合體，但最足以闡明當屬王夫之（一六一九至一六九二年），本書第五章將會研究其著作。王夫之出生於明朝末年，大清征服華北時其尚年少，他承繼兩代學者發展出的「唯物主義」論述，嚴加批判王陽明及

21 宋濂與方孝孺（《後正統論》）。需留意的是，方孝孺反對在其時代當中與「法家」緊密連結的集權工具，也批評威權主義者王莽與蒙古。另可參見Fincher, “China as a Race, Culture, and Nation”。

其追隨者的「唯心主義」。為求明確，在此脈絡中引用王夫之可能稍嫌時代錯置（anachronism），但畢竟王夫之認為哲學只能靠後見之明來理解：「言之當時，世莫我知。聊懫寤而陳之，且亦以勸進於來茲也。」[22]

王夫之信奉一個大原則，即：華夷之辨在於德。此推導出一套一致的根據規範：華夏崇敬長輩與祖先；通曉文字；會記錄歷史並以此為鑑；溝通方式井然有序（無論是文字、儀式或音樂）以協調人與人及人與天之間的關係；建立國家並以法律與理智治之（此標準成為十八世紀初清雍正帝的論述核心）。蠻夷為貪婪與欲望左右；不在乎歷史；不知或不敬畏祖先（因而混淆世系和世代間的婚姻關係）抑或神聖力量；無法維持穩定的國家，亦不在乎法律。王夫之認為，「環境」即造就此種區異的直接源頭：華夏即「中國」的人群，繼承華夏傳統、生於中國，受到其溫和氣候、肥沃土地、豐沛水源與宜人風景的陶冶；蠻夷則出自其他地方——大地乾旱多濕、嚴寒貧瘠，因而缺乏能發展出農業、家族倫理、文學、哲學與政治藝術等的模式化生活。王夫之還有個更為宇宙觀的詮釋，會在下一章繼續討論。

如同許多十七世紀的思想家，王夫之採用廣泛的世系基模以鞏固其對道德身分認同的分類：「然而清其族，絕其畛，建其位，各歸其屏者，則函輿之功所以為慮至防以切。」[23]正如其於《黃書》所評述的，物之定法（王夫之希望藉此壓抑「心學」中個人主觀的殘餘）需根據知識所感知到的差異，來區分環境的相似及本質的差異，將人、物、華、夷加以區異，並明確反對用外在的生理差異來劃分身分認同。「夫人之於物，陰陽均也，食息均也，而不能絕乎物。華夏之於

22 McMorran, *The Passionate Realist*, 162，出自《黃書．後序》，頁一下。

23 出自《讀通鑑論》。當中有篇文章簡述了王夫之對於華夷關係的看法，並附有對重要原文段落的評述與引用，可參見嵇文甫，《王船山學術論叢》。另可參見McMorran, “Wang Fu-chih and His Political Thought”; Wiens, “Anti-Manchu Thought during the Ch’ing”; Black, *Man and Nature in the Thought of Wang Fu-chih*。

夷狄，骸竅均也，聚析均也，而不能絕乎夷狄。所以然者何也？人不自畛以絕物，則天維裂矣。華夏不自畛以絕夷，則地維裂矣。天地制人以畛，人不能自畛以絕其黨，則人維裂矣。」[24]這段文字認可國家能作為代理人，有意識地去感知這些差異，並確保其界線，而這些差異本身可分為「物質的」與固有的。

王夫之堅持以物之定法來區異文化和道德身分認同，顯示其認為這些差異是本質上的，不因時空推移而改變。此處列出一些條件。[25]王夫之和一些學者假設現象界（phenomenal world）和實在界（noumenal world）是連續的道德主體；文明是德，疾病飢餓或事物下墜的態勢也是德。此外，這些哲學家的研究背景是對明末哲學潮流的反抗，時人認為此種思潮削弱了政治文化，因為其讓知識分子過度關注自我的內心生活與感知，進而忽視對歷史、經濟、訓詁學、醫學和數學（某些案例中）的實務探索。這些新興的批評家認為現象界無所不包，形上學不過是一種經由探究歷史與現在而獲得的道德知識。

王夫之等學者時常以《春秋》或《左傳》為理據來論辯夷夏之防。但古典文獻中指涉社會或文化群體的「類」和「群」等字，可用來分類，卻不具承繼、不變的意涵，已被「族」和「倫」等虛構親族關係的字所取代。此轉變至關重要，首次導入區異的因果關係。早期的表述靠著對文化差異的描繪，來劃定不同人群之間的分界。[26]此區異衍生出思想與情感上的第二層差異，但卻無絲毫理據能解釋環境差

24《黃書》，卷二十四。

25 儘管馮客的告誡在前：「拋棄了種族標準而贊成一個所有野蠻人都絕對可以參與的文化普世主義的概念，這一中國古代虛緲的神話，已經吸引了一些現代學者……」（*The Discourse of Race in Modern China*, 3）。現代學者確實應該讓自己戒掉對此種「神話」的上癮，但不該忽視此事實：此確實存在於某些文獻當中，並對某些帝國及其學術支持者產生吸引力。

26 例如《左傳》第十四卷中有一段著名的對話，一名羌戎首領總結了自己與華夏之間的差異，包括食衣、習俗與語言的不同。

異的成因。新的字詞卻影射固有的差異會代代相傳，而在從一類人群傳承至其後代時，不會立即受到環境的影響。[27]王夫之認為夷夏之防肇因於生物、飲食與氣候，這些區異無可消除，如同族譜無法討價還價。在十七世紀明初的文人圈中，幾乎人人都將族譜與身分認同綁在一起看待。在佟卜年獲罪的過程中，並無一人對此基本原則表示異議，就連佟卜年本人亦是如此——他自始至終都在編撰族譜，為自己據理力爭。

然而佟卜年的祖籍撫順已是如此確鑿，撫順過往的歷史讓佟卜年無法自稱擁有完美的漢人血統。撫順早先被認為是明代向東北亞輸出中華文化與政治影響力的典型「跨境」環境；撫順的此一特徵是佟卜年自辯的基礎，他將之寫在《幽憤錄》當中，並由其子佟國器在十七世紀末加以延續，或多或少影響了十八世紀清廷的意識形態。但當代文獻（主要是明政府的紀錄，但亦見於野史）所顯現出的，卻是撫順文化史的另一個面向，這對佟卜年來說相當不利：撫順是女真移民所幫助建立的遼東城鎮中，最西且最南的聚落。清廷之後將撫順視為大清政權組織與意識形態資源的主要源頭；但帝國文獻未明言的是，撫順是努爾哈赤祖先聚攏財富的關鍵所在，更是其功業的起點。

十七世紀初，在明朝於遼東的衛所與防禦工事網中，撫順只是一個偏東的小據點，但同時也是女真領土的西界；不同於北方的開原和西方的鐵嶺，撫順在明軍來此駐守之前，連城鎮都稱不上。[28]有明一

27 另可參見熊秉真，〈十七世紀中國政治思想中非傳統成份的分析〉，頁十四至十五；三十至三十一。

28 撫順一帶向來是研究古代與中古東北文化的豐富考古資源。可參見池內宏，《滿鮮史研究》（一九四九年），頁一六一至一七六，以及三宅俊成，《東北アジア考古学の研究》（一九四九年），頁四〇三至四六九各處。與東北其他區域一樣，此處也有黑龍江人群扶餘人（Puyŏ）定居的歷史，他們約莫在西元前幾個世紀末，在現今的遼寧與吉林一帶定居。此後，渤海在八至十世紀之間占領此處，他們與女真一樣是靺鞨的後裔。女真金帝國將撫順以北及以東劃為其統治中心。

代，互市與守邊就是撫順的命脈。如同北方的開原身兼遼東與海西、[29]廣順關與哈達貿易的門戶，撫順則是東部與建州的接口；因此，許多女真人前往定居，女真社群遍布遼東。無人知曉撫順是何時建的鎮（編按：根據《全遼志》卷一，撫順建於一三八四年。），但建鎮的緣由卻十分明確：撫順之名寓意「撫綏邊疆、順導夷民」，是與建州接壤的實際門戶，因此需要建鎮以安置鎮守撫順關的兵士。撫順原本是遼東瀋陽中衛轄下的一個千戶所；[30]根據記載，城牆總長約三里（近一英里），城外就是千戶所的營區、糧倉和教場。[31]城外設有集市，從女真領土運來的珍珠、人參、貂皮、松子、獵隼、犬隻等珍稀物品充斥其中，用來交換撫順居民的絲綢、現金或製成品。一四六四年，撫順成為官方的馬市。[32]此處同時也交易半成品；建州發明了新的人參加工方法，[33]遼東北部與吉林的輝發則以染布工藝聞名。[34]女真靠互市與工業所創造出的財富，絕大多數都流入聯盟首領的口袋，他們多將錢花在撫順、鐵嶺、開原、廣順等地的城鎮中。從一五七〇直到一五八〇年代初期，建州女真人覺昌安（Giocangga，努爾哈赤的祖父）所率領的隊伍就時常途經撫順。史料記載努爾哈赤於一五七八年與祖父一道造訪撫順，[35]以及從撫順順流而下即可抵達的覺昌安家族聚落。

---

29 針對《明實錄》中海西與開原的論述及引用，可參見朱誠如，〈清入關前後遼瀋地區的滿（女真）漢人口交流〉，頁七十四至七十五。

30《遼東志》，卷二，頁四下。

31《遼東志》，卷二，頁十五下。

32 楊余練，〈明朝後期的遼東馬市與女真族的興起〉，頁二十九。

33 女真語「*orhoda*」（金啟孮，《女真文辭典》，頁一五四，意指「草根」）。

34「染青水」（*Hoifan*），意指「由野生茶樹的莖葉製成的染料，稱為*wence moo*」，其動詞為「染青」（*hoifalambi*），意指「用同一株植物的莖葉製成的混合物將東西染黑」（Norman, *A Concise Manchu-English Lexicon*, 133-34，摘自《清文總彙》）。

35 楊余練，〈明朝後期的遼東馬市與女真族的興起〉，頁三十，引用一五七八年撫順的一份稅務文件。努爾哈赤當時年方十九或二十，剛與吉林佟佳氏的哈哈納扎青結束他的第一次婚姻。可參見本書第三章。（編按：根據楊余練的文章，文中所引史十四世紀時，女真商旅經常途經遼東各個城鎮，並就此定居；另外則是遼東「衛所」的一部分，他們受命（大多是受到威逼利誘）在漢人或漢化女真人武官麾下守衛一些城鎮。願為明廷效力的女真語與蒙古語士兵一度從奴兒干的移闌豆漫（三姓）地區被遷往明朝境內的開原定居。這些士兵的後代有些棄武從商，沿著商道抵達鐵嶺、撫順、廣寧、遼陽城、寧遠和瀋陽等城鎮。他們安頓下來，與城鎮中的居民通婚，改說漢文，前往大城市甚至求得一官半職。朝鮮官員申忠一於一五九六年呈給李朝朝廷的奏報指出：「不出榆關（山海關）三五步，而虜（女真人）在吾目中矣。」[36]從中可知女真人在十六世紀末就已遍布遼東。

撫順位處要衝，為從奴兒干前往北京的女真使節提供食宿和娛樂。說白了，女真前往明首都「歲貢」，不過是一場對明廷及宦官的壓榨之旅，用貨品和現金行賄以確保來年的邊境安寧，並讓馬價得以居高不下。[37]這些酋長及其隨從可能會與撫順鎮民分享他們的生財之道，即如何利用女真及蒙古的明朝「朝貢」體系，合法敲詐到最多的利益。所謂的朝貢國通常會事先上書給朝廷，說明他們的需求，像是具體的頭銜（一定會伴以現金）、絲綢匹數和某些特殊的服飾。女真酋長素來喜歡帶一些低階侍從和親屬來擴充朝貢團；還有首領會帶著母親一起來收取戰利品。[38]這讓明帝國原就有限的資源日漸窘迫，對撫順而言卻不啻是種利多。覺昌安和其子塔克世（Taksi）好幾次途

料僅提到覺昌安三次到撫順做買賣，但都沒有提到努爾哈赤有同行。）

36 申忠一，《建州紀程圖錄》，頁三十八。

37 馬文升於萬曆年間曾抱怨建州女真濫用朝貢體系：「夷人不過數千，然亦歲遣使各百人入貢，以為常。」（《撫安東夷記》，頁二）女真濫用體制的方法與蒙古類似——原本百人使團就已足夠，蒙古卻派遣數千人。（編按：馬文升非萬曆年間人。）

38 在努爾哈赤時期，依然有妻子母親等家庭成員一起出席分配戰利品或封賞儀式的習俗。《滿文老檔》天命十年元月二日中，敘述太子河畔的新年封賞儀式，就是很典型的例子。

經北京的驛館。努爾哈赤率領過至少一支大規模的朝貢團，於一五九〇年春末抵達撫順，以在六月一日覲見皇帝。（編按：史料中並無記載覺昌安跟塔克世有進京，但努爾哈赤卻至少有八次進京的紀錄。）撫順的女真人普遍可能早就對明朝在東北的軍事活動心懷怨懟，努爾哈赤在一六一八年宣誓，他對明朝的不滿起於一五八〇年代，一五九〇年代出使努爾哈赤領地的朝鮮使者，就曾聽聞他巨細靡遺地抱怨遼東的明朝官員，如何濫用女真的經濟與政治權利。我們可以合理推測，努爾哈赤著名的「七大恨」（見第三章）對十六世紀末的撫順人民來說或許並不陌生。

在建州幾個大家族的眼中，明朝官員十分傲慢，他們自以為稱霸東北，卻是靠女真人的隱忍才能維持對遼東的統治。女真對互市的依存度一日不消，就只能對明朝官員忍氣吞聲，只要影響到女真人的經濟活動，無論是漁獵、採集、農事、採礦、珍珠或人參加工，戰事就會一觸即發。對於戰爭，女真人沒有絲毫準備。女真人村落之間的小型戰事頻傳，爭奪農地、獵場和礦藏的控制權，迫使愈來愈多的女真人遷徙至相對安全（儘管也是暫時的）的遼東。[39]奴兒干的混亂並非孤例；一五七〇到一五八〇年代之間，以奴兒干為巢穴的劫匪經常侵擾遼東中部，甚至遠至遼陽。但十六世紀末，還沒有到與明朝兵戎相見的時候。事實上，當時主要的幾個首領，包括建州右衛的王杲、哈達的王台（萬汗），葉赫的揚吉努，以及建州左衛的索長阿與覺昌安，都曾與明廷有所交涉，試圖削弱或推翻其女真競爭對手的勢力。十六世紀末至十七世紀初，明朝與建州女真之間的敵意漸漲，撫順人民面臨雙重危機：因休市而貧困和因戰爭而傷及性命。不管這場大規模衝突會持續多久或最終結果為何，女真對撫順的反抗都是大勢所趨，這代表傷亡和遭俘的人數會相當可觀。

撫順與遼東其他城鎮雖然一度成為大清政治與經濟實力的主要來

39 朱誠如，〈清入關前後遼瀋地區的滿（女真）漢人口交流〉，頁七十六。

源，但當十八世紀歷經再歷史化（rehistoricizing）之時，這些城鎮的遺緒幾乎不堪一擊。通曉漢文、也熟悉女真語、宗教信仰多元、[40]具備商業，但知識分子菁英較少、從西部遷徙而來的女真移民是主要或次要人口、因市場和驛站而持續仰賴與女真聯盟的密切接觸，這些城鎮在一六一八至一六二五年間為努爾哈赤占領後，成為建國的物質與社會基礎。在殫精竭慮為族譜辯護之時，撫順就是佟卜年的軟肋。

奴兒干的政治名稱

錢謙益曾說佟卜年「於建州為同姓」。所謂「建州」，指的是以佟佳江流域四周為基地的強盛女真聯盟，也是其首領努爾哈赤的家族。[41]努爾哈赤和其祖先以佟為姓，這在中國和朝鮮都不是新聞，因此奴兒干也經常稱作「佟奴兒干」，反映出建州聯盟在當地的影響力。佟姓首次出現於五世紀的鮮卑北魏時期，文學家佟萬和將軍佟壽，兩人都是遼東人。[42]十二世紀鄭樵所著的〈氏族略〉稱「佟」只

40 以下將討論耶穌會對佟氏一族的明顯影響。韓書瑞的觀察也十分重要，其論述旗人前往妙峰山朝聖，此為「玉女」碧霞元君信仰的一部分，而碧霞元君廟在十七世紀的遼東得到充分的證明。碧霞元君信仰反映出十七世紀遼東城鎮文化與清初和中葉駐防文化之間的眾多連續性。可參見“The Peking Pilgrimage to Miao-feng Shan,” 371，其中韓書瑞引用《奉天通志》（一九三四年），卷九十三，頁十八及三十二。

41 建州之名的由來與涵義尚不明朗。徐中舒以《新唐書》為本，認為建州可能出自渤海某區的地名，可能在松花江與淩河的源頭一帶，即現今吉林市與長白山之間（徐中舒，〈明初建州女真居地遷徙攷〉，頁一六三）。日本學者認為女真人北上至移闌豆漫時，也一起帶來了「建州」之名；徐中舒則予以反對，他指出在元代文獻中，建州位於綏芬河流域，靠近現今的中韓邊界。且根據明代與朝鮮李朝的記載，徐中舒概述了十五世紀建州「衛」的執掌與劃分。

42 朱希祖，《後金國汗姓氏考》，頁四十九，引用《燕北錄》。（編按：根據《晉書·慕容皝載記》：「（咸和八年）皝遣其弟建武（將軍）幼、司馬佟壽等討之（慕容仁）。仁盡眾距戰，幼等大敗，皆沒於仁。」以及〈佟壽墓誌〉：「（卒於）永和十三年十月戊子朔廿六日癸丑……」咸和八年為三三三年，永和十三年為三五七年，可

是北方人群常見姓氏的一部分。[43]十五世紀初，佟氏已在吉林的女真人中確立，特別是猛哥帖木兒一系，其在與朝鮮李朝自我介紹時，和其他相繼從北方遷徙而來的女真聯盟首領一同以童氏為姓。佟姓在遼東僅限於來自撫順的佟達禮後裔，之後遍布（正如佟卜年所指出的）整個遼東和中國北方。但在奴兒干的女真領地上，「佟」這個姓氏是歷史地理與政治從屬的複雜相互作用下的一環，由十三、十四世紀女真人大舉南遷和西遷，以及十五世紀的北遷所塑造。

十三世紀女真金帝國滅亡之後，蒙元帝國將留在東北的女真人組織為開元路，隸屬遼陽行省。[44]開元路是奴兒干地區在地理上的前身，涵蓋現代黑龍江省的移闌豆漫（中古時期的三姓），當時是三大女真聯盟的聚落，據《元史》所載為斡朵憐、胡里改和桃溫。[45]明初沿襲了元代在東北的行政區劃，元明兩朝的目標都是要讓東北行政區劃的地理與文化輪廓相符：遼東一詞逐漸開始指涉女真和漢人移民所占據的領地，奴兒干則意指東北的故土。移闌豆漫的漢譯為「三萬」，衛所則於一三八八年開始駐守此地。為爭奪邊境城鎮的互市壟斷權與明廷的賞賜，女真內鬥不已。一四二〇年代初，開原鎮因女真叛變（顯然是建州女真）而陷入混亂，明軍加以鎮壓後，繼續攻打毛憐女真（可能是兀良合的殘餘），最後將其逐出明朝領土。一四四九年衛拉特（Oyirod）圍攻北京時，衛拉特主帥脫脫不花及阿剌率軍入侵遼東，女真在遼東一帶的勢力遂受到威脅。十五世紀後，在女真從移闌豆漫往奴兒干以東、吉林以南、遼東，以及朝鮮的遷徙中，聯盟最後一點殘餘也幾乎全部消融。

這是女真第二次往朝鮮北方遷徙，規模也較小。女真與朝鮮之間

見佟壽是四世紀的前燕將領，而非五世紀的北魏將領。此處疑作者有誤。）

43《通志》，卷二十五，頁一上至二下。

44《元史》，卷五十九，頁三。

45《元史》，卷五十九，頁四。

亦敵亦友的關係由來已久：十二世紀初，自稱女真的人群於朝鮮中北部以南的咸興定居下來。自一三九二年朝鮮李朝建國以來，一直都視某些女真首領為盟友，且十分尊敬女真人李豆蘭（或稱李之蘭），他在之後也成為李朝建立者李成桂的開國功臣。[46]一三八〇年代女真南遷後不久（於元朝滅亡、明朝試圖控制開元／奴兒干地區之後），此時正值朝鮮李氏一族欲推翻高麗王朝並取而代之，倖存的斡朵憐（後稱俄朵里[47]或建州）便謀求與李氏一族聯盟。新的李朝朝廷中共出現三位女真首領，分別是俄朵里酋長猛哥帖木兒，[48]以童為姓；虎爾哈酋長阿哈出，以古倫為姓；托溫（窩集）酋長卜兒閼，以高為姓。卜兒閼的資訊極少，這可能是由於其帶領的女真人群十分鬆散，故旋即成為猛哥帖木兒與阿哈出部眾底下傭兵的襲擊目標。

十五世紀初期之前，猛哥帖木兒率領俄朵里的部眾從圖們江南

46 朝鮮李朝太祖（一三九二至一三九八年在位）。論朝鮮李朝意識形態中朝鮮與女真關係的正統敘事，可參見Peter H. Lee, *Songs of Flying Dragons*, 154-55；論李豆蘭對征服的影響，可參見*Songs of Flying Dragons*, 209-10; 236。

47 俄朵里（斡朵里、斡朵憐）之名同樣源由不詳。朝鮮李朝的探子回報，俄朵里、虎爾哈與桃溫都是移闌豆漫的「城」；每個城都各有一個主要的聚落，因此它們更可能是聯盟（徐中舒，〈明初建州女真居地遷徙攷〉，頁一六六）。根據《元史》，徐中舒推測俄朵里最初位於吉林，可能十分接近薩爾滸河，且靠近婆豬江（佟佳江）。若真如此，努爾哈赤的祖先應該早在這裡住了數百年之久，這與已經部分證實的朝鮮李朝的記載不符，即猛哥帖木兒的弟弟凡察在十五世紀初從朝鮮北部（大清傳統認為俄朵里位於此處）大舉遷徙至佟佳江流域。徐中舒的推斷出了一些差錯，其中之一是其似乎是從明代文獻反推，其中提到一些吉林相關的地方或聯盟名稱。

48 明代文獻稱其為猛哥帖木兒（Möngke Temür），大清則稱其為孟特穆（Mengtemu）。猛哥帖木兒的英文傳記，可參見*Dictionary of Ming Biography*, 1065-66；中文則可參見《清史稿》，卷二二二，頁四下至五上（一九七七年版，頁九一一六至九一一七，阿哈出傳附錄）。《李朝實錄》的太宗（一四〇一至一四一八年在位）與世宗（一四一八至一四五〇年在位）二朝經常提及猛哥帖木兒；參見第五至十九章。《李朝實錄》涉及女真的內容，輯錄進王鍾翰主編的《朝鮮李朝實錄中的女真史料選編》（一九七九年九月）；可特別參見頁一至四十八。

下，進入朝鮮半島北方的俄漠惠地區。[49]李氏一族在朝鮮的崛起也引發激烈的軍事行動，把不願與新政權合作的女真人一路往北方趕，趕到鴨綠江以北、甚至更遠之處；這些舉措部分可能是為了在半島北部宣誓李朝的主權。而明朝在十四世紀初以女真人為「衛所」，也是要利用女真聯盟領地的模糊不清，主張其在鴨綠江以南擁有潛在的主權。女真領袖之中，猛哥帖木兒與阿哈出的勢力較強，他們與朝鮮李朝同一陣線，消滅未被同化的女真聚落。這兩位酋長皆在尋求明朝與李朝的承認，建州衛約莫是在永樂年間、一四〇三年設立。[50]創立之時，指揮權似乎落在阿哈出之子釋加奴手中。阿哈出獲賜漢名李誠善，釋加奴則是李顯忠。[51]在猛哥帖木兒領導俄朵里（東建州）女真這段期間，幾乎長期壟斷了女真與朝鮮之間的互市，為之後瓦解婆豬江流域的李朝聯盟勢力奠定了基礎。（婆豬江〔渾河〕是鴨綠江的一條東北向的支流，北往遼東流經現在的中國吉林省。）[52]自抵達琿春後，俄朵里女真就打著對抗「野人」的旗號，建立了自己的軍事和商業產業。[53]釋加奴（李顯忠）之子李滿住繼承了婆豬建州聯盟的領導

---

49 明代文獻稱為鄂謨和，《清實錄》則稱為俄漠惠。此後數年，猛哥帖木兒持續盤踞在此，但偶爾也會因野人、朝鮮或蒙古的壓力而被迫暫時放棄。幾次撤離，可參見 *Dictionary of Ming Biography*, 1066。

50 奴兒干衛的建立，可參見《明史・奴兒干都司》（一七三九年）卷九十，頁九下至十三下。Serruys, *Sino-Jürched Relations*, 73ff從《永樂實錄》中找到一份衛所紀年表，其中顯示最接近的日期。

51 講述建州衛的最一致著作當屬吳晗的〈關於東北史上一位怪傑的新史料〉，收錄於《燕京學報》第十七期（一九三一年），特別請參見頁六十至六十二。《清史稿》，卷二二二，頁一下中針對阿哈出被賜名李成梁的記載，與已知的明代文獻不同，可能是誤植。另可參見《明代滿蒙史料・明實錄抄》，頁二十三至二十五。

52 這在《清代一統地圖》（一九六六年）中清晰可見，此圖是一七六〇年皇家輿圖的重印本，頁一〇三，緯度四二至四三，經度一〇至一一。

53 *Woji*〔*niyalma*〕，女真語*udi-e*〔*nialma*〕，「林中（人）」，明代與朝鮮李朝有時會用稱呼「野人」（朝鮮語*ya'in*）的詞彙來泛指「女真人」。女真語詞顯然在生成字母e之前會有一個喉塞音或摩擦音，這分別反映在明代與朝鮮李朝的轉譯*wudiha*和

權。在以猛哥帖木兒與阿哈出為首的兩個聯盟對峙期間，在政治效忠議題上，逐漸以「童」（傾向猛哥帖木兒及俄朵里聯盟）與「李」（傾向阿哈出及虎爾哈聯盟）這兩個姓氏來代表。

繼原本的建州衛取得特權後，明廷似乎對釋加奴及其李氏同族青眼有加，經常讓他們造訪北京。但在一四二〇年代，釋加奴的李氏開始遭遇東部「童氏」建州的政治與經濟排擠，在邊境的朝鮮李朝當局眼中，猛哥帖木兒的勢力遠勝釋加奴，李氏建州遂遭排除於與朝鮮的互市之外。與此同時，猛哥帖木兒開始在北京上書要求指揮權。一四二六年，釋加奴過世不久後，明廷在一場隆重典禮上冊封猛哥帖木兒為建州衛的都督僉事，並賞賜他和其隨從許多金銀財寶，多半是紙鈔，其中一位隨從的母親（童氏）甚至親自前來領賞。兩個月後，釋加奴之子李滿住僅被授予一個威望不高的軍銜。一四二八年，猛哥帖木兒的建州左衛（東衛）成立，大部分的軍職皆由佟氏子弟擔任。[54] 建州左衛持續派遣使節前往明廷接受賞賜，而如同被排除在與朝鮮的互市之外，李氏一族與北京的聯繫也屢遭中斷。一四二九年，李滿住請求入朝為侍衛，但未獲得北京批准；隔年，他前往北京抱怨朝鮮互市遭猛哥帖木兒壟斷；再隔年，他的母親親自上朝聲援，但似乎皆徒勞無功。（編按：根據《明宣宗實錄》，李滿住抱怨的是朝鮮不跟他貿易，「建州衛都指揮李滿住等奏欲於朝鮮市易而朝鮮不納。」跟猛哥帖木兒無關。另外上奏的隔年，李滿住的母親的確有進京朝貢，但沒有為兒子聲援的相關記載。）李滿住持續試圖在朝鮮站穩腳跟，但一四三四年他在婆豬的勢力卻遭到李朝軍隊

udika 中。窩集包括現在的尼夫赫、烏爾奇、赫哲、吉利亞克、鄂倫春、鄂溫克與東北亞其他人群的祖先。

54 例如，可參見《明代滿蒙史料．明實錄抄》，頁三十。（編按：根據《明宣宗實錄》，一四二六年猛哥帖木兒應是從「建州左衛指揮僉事」升為「建州左衛都督僉事」。此外建州左衛早在一四一六年已設置，並非到一四二八年才因猛哥帖木兒而設置。）

壓制。值此節骨眼，明廷愈發看重猛哥帖木兒及其弟凡察，一四三二年猛哥帖木兒受封為右都督。隔年，猛哥帖木兒和其子阿古在俄漠惠與七姓野人打鬥時身亡。[55]或許是震懾於李朝的軍力，也可能是因為俄朵里的叛亂，凡察渡過圖們江往北撤退，他將目光投向李滿住的根據地婆豬江流域。[56]凡察及其部眾可能是在一四三六年抵達，緊接而來的權力鬥爭讓李滿住及其後代在建州聯盟內永遠只能屈居人下。[57]李氏一族受挫後，婆豬江流域在中國改稱為「佟佳」地區，婆豬江也改稱佟佳江。不久後，建州衛再次分裂，分為猛哥帖木兒之子充善[58]所掌控的左衛及凡察手下的右衛；兩衛很快西移，抵達遼東周遭的一處丘陵地。

55《明代滿蒙史料．明實錄抄》，頁五十四；《明實錄》宣德九年二月庚申日（十四日）。猛哥帖木兒的弟弟（名不詳）可能也一同喪生；可參見《皇清開國方略》與本章注釋四十七。《清史稿》，卷二二二，頁四記載猛哥帖木兒死於七姓野人之手。明代與朝鮮李朝的文獻經常將這個群體寫成「七星」，但《皇清職貢圖》以滿漢雙語寫作「七姓」（滿文為 *ilan nadan*），應該更具可信度。這些情況皆顯示，此時猛哥帖木兒聽命於朝鮮李朝。不過也有可能是，明代的報告掩蓋了猛哥帖木兒其實是死於與朝鮮李朝的作戰之中。與此同時，朝鮮軍隊正在設法將女真趕出俄漠惠；猛哥帖木兒與其子阿古之死適逢朝鮮將李滿住從其南部基地驅逐並壓制其在鴨綠江北部勢力之時。

56 李滿住好幾次被迫離開；論李滿住生平的幸與不幸，可參見 Rossabi, *The Jurchens in the Yüan and Ming*, 41-42，以及吳晗，〈關於東北史上一位怪傑的新史料〉，各處。若按直線距離計算，此距離約莫約二百二十五英里。這群人應該是沿圖們江往西前往天池，接著到鴨綠江，最遠應有抵達現代的凌江，即佟佳江東岸邊緣。此段艱苦的跋涉至少三百四十英里。

57 如若申忠一的資訊屬實，凡察或充善甚至可能侵占了李氏一族的家族莊園。可參見本書第三章。（編按：根據《朝鮮世宗實錄》，凡察是在一四四〇年抵達，而非一四三六年。）

58《清史稿》（頁二二二各處）稱其為「董山」；《清實錄》則稱其為「充善」。朱希祖推測猛哥帖木兒後代的姓氏可能是受到其以「童」為姓的啟發，可參見朱希祖，《後金國汗姓氏考》，頁三十六。這當然有可能，但也要留意的是，「充善」這個女真名十分常見據載，猛哥帖木兒曾以「童」為姓。[59]他當然不曾掩飾這個姓氏，畢竟早已眾所皆知且經常出現於紀錄之中；但猛哥帖木兒或其部眾似乎也並未想讓人認為他們有個漢姓，他或曾拒絕說明究竟是哪一個字，因為史料中其姓氏的用字各有不同，並發展出各自的區域標準化慣例。如同三田村泰助所推斷，某些史料將「童」轉寫成「同」，這可能是對猛哥帖木兒家族的略稱，因其出身於虎爾哈聯盟，且希望利用虎爾哈曾出過金國皇室完顏氏的嬪妃的事實。[60]可以肯定的是，以「同」稱呼猛哥帖木兒家族絕非標新立異；早在金亡國後，在東北定居的女真人就確立了此觀念，十四世紀陶宗儀著述的《輟耕錄》即指出，「同」為女真後裔的姓氏，可寫成「夾谷」二字。[61]猛哥帖木兒所生之時，此姓氏用現在的中文發音為「夾文」或「覺文」；而在《金史・金國語解》[62]中，夾谷氏被注為「仝」；清代則統一為「覺羅」。[63]

59 引用的範例，可參見朱希祖，《後金國汗姓氏考》，頁三十四及其後。其後代直到努爾哈赤對姓氏的使用，可參見陳捷先，《清史雜筆》（臺北：一九七七年），輯二，頁一五五至一五六。論世系對佟氏的使用，可參見三田村泰助，《清朝前史の研究》，頁九十九至一〇三。清代文獻並未完全證實此姓氏，但明代與朝鮮李朝的記載卻能充分證實。令人玩味的是，清代的記載也與此十分接近。《皇清開國方略》，卷一，頁九上敘述永樂年間建州衛的起源，並提到「是時建州衛指揮及子皆以有功賜姓名」，隨後（頁九下）簡述一名建州衛都督「為七姓野人所害，其弟及長子避之朝鮮」。這極有可能是指一四三四年猛哥帖木兒、其弟與其子阿古死於俄漠惠——只差沒有提及主角的姓名、日期或其他細節。猛哥帖木兒已經搖身一變，成為史書中極富神祕色彩的肇祖原皇帝，有鑑於史書的中心思想是要讓猛哥帖木兒成為努爾哈赤政治權威的來源，就不可能再將他與史實相提並論。

60 三田村泰助，《清朝前史の研究》，頁九十九至一〇一。

61《輟耕錄》，卷一：〈世祖志〉。金啟孮（《女真文辭典》，頁七十九）將其重建為女真文中的「夾谷」。

62 國風出版社版本的《金史》予以省略，而是補上與陶宗儀幾乎相同的文字；但中華書局重印的乾隆版本（隨後的卷一一六）仍予以保留。

63 論其語音的引用與討論，可參見朱希祖，《後金國汗姓氏考》，頁二十五至二十六。

到了十八世紀的乾隆朝，試圖追溯並建構出滿洲帝國成員最早的地理源頭，此為遼東文化之所以曖昧不清的關鍵。專名學（Onomastics）試圖完善且重新定義「與政權起源相關的稱謂」，遂成為清廷重要的意識形態工具。一七四五年刊行的《八旗滿洲氏族通譜》即確立滿洲名為「地名」，以地為氏。此分類法則流於表面，導致一些氏族名稱大為混淆，有些被視為是古老或純正的，其他則被視作是新的、甚或是人為的。[64]後者顯然是以漢人姓氏為基底，並在其後添加代表家族的「家」字。[65]大清有許多以此方式形成的姓氏，例如「馬家」、「高家」、「張家」、「趙家」、「李家」、「佟家」等。許多案例都是八旗漢軍希望讓自己原本的漢姓看起來像是滿人姓氏，這顯然就不屬於上述所謂的「滿洲以地為氏」法則。但此類別中的大多數姓氏都無法將之視為修改後的漢姓。此外，有的看似源於中華的姓氏，其實並非新創的滿洲姓氏，而是傳統的女真姓氏，像是瓜爾佳氏（關家）及其旁支，以及十二世紀女真金帝國的皇室完顏氏（Wanggiya），[66]應該都屬於此類。

即便如此，《八旗滿洲氏族通譜》所言的「滿洲以地為氏」仍然是爬梳遼東及吉林一帶社會史的線索。女真／滿洲血統（將於第三章討論）並非亙古不變的實體，女真土地上的社經生活歷程會不斷將之打磨重塑。有鑑於此些家族的社經影響力，稱呼當然也需要與時俱進。許多女真家族開始採用姓氏。甫在新地點定居的人，可能會選用山川或聚落名稱來當自己的姓氏。舉例來說，一五九六年申忠一造訪

64 此差異出現在御製序文之中，我在一九八三年時曾經誤引；可參見”Historical and Magic Unity”。

65 清代的漢語文獻並不認可女真或滿洲家族名中的這種字源；例如《皇清開國方略》將滿洲家族名中的*giya*音譯成「佳」，《八旗滿洲氏族通譜》用這個字來指「柱」，不管怎麼樣都不會用「家」這個字。

66 金啟孮（《女真文辭典》，頁八十二、一三二）將其重建為女真文中的Wanggiya（王家）。

引介的軍事技藝，而佟卜年之子佟國器之後也與福建、浙江和北京耶穌會士交好。[79]佟氏一族縱使人丁興旺、舉足輕重，但以發源於東方，並在十七世紀遼東占據領導地位的家族來說，他們並非唯一。當中較知名的有崔氏、[80]廣寧石氏，以及鐵嶺李氏；鐵嶺李氏是從鴨綠江以南遷徙至遼東北部的移民後裔。如之前提過的，在十四世紀末、朝鮮李朝開始將女真人往北趕之前，女真人已經在涵蓋俄漠惠在內的朝鮮北方生活了數百年。李朝和明朝一樣，用軍事占領與農業殖民相輔相成的策略來保全此區。許多女真人投靠在鴨綠江一帶駐紮的李朝守軍，其他人則做起生意，通常會採用朝鮮姓氏。李成梁的祖上李膺尼與佟達禮、猛哥帖木兒可能是同時代人。[81]李膺尼從朝鮮北方前往遼東，在鐵嶺衛擔任文職，亦即他與佟達禮都是在女真和朝鮮人大量投奔明軍時歸順明朝，他的角色也與佟達禮類似。鑑於李膺尼時代的朝鮮北方人口結構，比起朝鮮人，他更有可能是女真後裔，他的生涯發展也和佟達禮相似（無論是投機或迫於朝鮮入侵的壓力），他棄農也棄商，非法遷徙至遼東。

鐵嶺李氏與撫順佟氏的共同點還不只這些：李膺尼的後代李成梁之子李如柏（一五五三至一六二一年）和佟卜年同為明朝將領，身陷囹圄後自裁（努爾哈赤在薩爾滸之戰中大勝之後）；他的弟弟李如楨（死於一六三一年）也在同年因延誤救援鐵嶺而下獄。[82]鐵嶺陷落後，李如柏的姪子（編按：根據《明史．李成梁傳》應為姪孫）李遵祖與李思忠仿效遠親李永芳（其棄守撫順）歸附努爾哈赤，並鼓勵其他宗族中人叛

79 論康熙帝舅舅佟國維與耶穌會的關係，可參見楊珍，《康熙皇帝一家》，頁三六一至三六三。

80 此家族的姓氏可能受到朝鮮的影響。對其感興趣的讀者，一開始不妨先參考黃維翰，《黑水先民傳》，卷十六至二十四。

81《清代名人傳略》將他算作李成梁的前「五代」。

82 一六一八年，李如柏接替其弟李如梅任遼東總兵，但在明軍試圖進攻赫圖阿拉，進而導致薩爾滸之役慘敗後，與經略楊鎬一同下獄；李如柏不久後在獄中自裁。

明。房兆楹如此評價鐵嶺李氏：「這些人不僅沒有遵照習俗為先人報仇，還積極投奔滿人，更擔任高官。」[83]此話十分中肯，如同撫順佟氏與廣寧石氏，鐵嶺李氏在征服中國的政府中嶄露頭角，清廷為之加官晉爵，並經常改從滿姓且迎娶滿人為妻。由於十七世紀末至十八世紀之間，這些家族史經歷大幅的改寫，故難以準確估算此文化階層的規模；但能確定的是，佟、李、崔、石四大家族反映出晚明遼東文化的盤根錯節，同時也是大清建國的一大基石。

努爾哈赤在東北的勢力讓明朝戒慎恐懼。明廷就算不知道努爾哈赤有多善於拉攏遷徙或遭擄至遼東的人轉而支持他，更了解努爾哈赤的朝鮮也會提供豐富的資訊。一六二〇年代初期，遼東不斷有奏報指出努爾哈赤在當地的間諜活動，這些奸細可能是漢人、女真、蒙古人，抑或是其中一種血統但冒充其他身分。[84]正如熊廷弼所點出的，一般的百姓根本不在乎遼東是由明朝還是努爾哈赤統治，自然不可能為明朝賣命，軍中官員也就愈發怠忽職守。李如柏、李如楨和佟卜年等少數真的或被誣陷叛國的人，即使下獄問審，也不足以嚇阻他人。多數人效法李永芳、佟養性和佟養真轉投努爾哈赤的陣營，明廷不僅對此鞭長莫及，且據說他們在努爾哈赤的王國裡吃香喝辣。遼東長期苦於明代宦官與官員的需索無度和疏於管理，社會文化的盤根錯節讓努爾哈赤得以趁虛而入，明廷卻依舊裝聾作啞。最終，後金征服遼東（雖仍未達治理層面），或許努爾哈赤也沒想到會如此輕而易舉，而明廷依舊將邊關告急歸咎於間諜、巫術與叛徒。

83《清代名人傳略》，頁四五一。

84 史料文獻出自閻崇年，《努爾哈赤傳》，頁一二六至一二八。

第二章

忠的特質

皇帝賜予名臣的謚號，也或多或少反映出意識形態的蛛絲馬跡。康雍二帝選用許多不同的字來傳達「義」、「勇」、「智」，以及最重要的「文」（意指「博學」）的意涵。但十八世紀時，「忠」這個字格外頻繁地出現在乾隆帝所賜的謚號中，其政治深意溢於言表。[1]在十八世紀末的歷史修正主義（revisionism）浪潮中，乾隆對「忠」的定義日益抽象，忠明抗清者受到褒揚，背明投清者反而遭受不同程度的譴責。若以明朝對身分認同與「忠」的哲學視角觀之，遼東的文化分層（一六一八年後，努爾哈赤軟硬兼施將人群組成聯盟）成為佟卜年的致命傷；而從乾隆的唯心主義來看，其也為滋養佟卜年成長的文化帶來致命的後果。

相較於明帝國，努爾哈赤的汗國在文化與地理層面皆有所區異：將定居東部、納入女真宗族、參與女真營生、操女真語的人群，與在西部城鎮或農村生活、主要使用漢語的人群加以區分開來。建州女真統一將後者稱為「尼堪」，不管其祖先是漢人、朝鮮人，還是女真

1 安部健夫，〈清朝と華夷思想〉是當今論述中最具體的，指出「忠」在乾隆朝才成為最常見的謚號，取代了早前最常見的「文」。另可參見 Fisher, "Lü Liu-liang and Tseng Ching Case," 180-85。佟養真（忠烈）、佟國綱（忠勇）也以此字為謚。

人。清廷之後重新定義「尼堪」，而每次的重新定義都重新建構一次對十七世紀遼東史與大清崛起的想像。雖然清初的建國離不開以撫順佟氏為代表的人群，但隨著大清征服華北，撫順佟氏的文化表述日益艱難。大清的野心向西擴展至長城之外後，身分認同的構建與推行問題便逐漸成為這個征服國家的挑戰。難以消除的矛盾在於如何堅定征服者與被征服者的身分認同，又不會讓陸續加入帝國、為帝國服務的人群產生法律、政治或意識形態上的阻礙。此處欲加以闡明的一個結果，是引進了與八旗漢軍相關的新敘事與新語言，[2]最終將八旗漢軍的身分認同加以簡化、世系化，最終種族化，以打造出一部「漢人」忠於大清的歷史。

早期尼堪的政治光譜

忠誠議題通常是以晚清的視角觀之，當時將八旗漢軍視作選擇支持大清的明朝漢人，此一觀念已然成為帝國史書的基礎。張之洞（一八三七至一九〇九年）在為《八旗文經》[3]所寫的序中，以著名的「萬中之一」經典比喻，點出八旗漢軍在漢人整體中的定位。而直到十九世紀末的《光緒會典》才首次批准朝廷使用「漢八旗」一詞。此一籠統的稱呼出自乾隆帝，他在十八世紀中葉時諭示「漢軍其初本係漢

2 論八旗漢軍的大概背景，可參見孟森的〈八旗制度考實〉、Liu Chia-chü（劉家駒），“The Creation of the Chinese Banners in the Early Ch’ing”；以及趙綺娜，〈清初八旗漢軍研究〉。

3 一九〇二年，《八旗文經》由〔愛新覺羅〕盛昱（一八五〇至一九〇〇年）主編，共六十卷，收錄一百九十七位各時期旗人的著作；盛昱的好友張之洞出資將其付梓，並撰寫序言。可參見《清代名人傳略》，頁六四九。（編按：經查《八旗文經》中並沒有哪段敘述可以吻合柯嬌燕的原文：one in ten thousand，故暫且譯為「萬中之一」。）

人」。[4]乾隆顯然想讓讀者忽略（假設他們知道的話）清初漢人／尼堪的身分認同有多複雜。清廷戮力傳播了八旗漢軍起源的新觀點，並募集沈起元等一群十八世紀作者的支持：「漢人之先附者為漢軍。漢軍云者。以別於漢人之未附者也。」[5]然而乾隆朝之前，八旗史、尤其是八旗漢軍的歷史，仍試圖傳達出此問題有多複雜；同時還要設法解決身分認同語彙的過於狹隘，難以描繪出其治下的早期尼堪。金德純（他本人即隸屬八旗漢軍）故而在一七一五年如此寫道：「而以遼人故明指揮使子孫，他中朝將眾來降及所掠得別隸為漢軍。」[6]不過，指揮使多半並非漢人，甚或未曾宣稱自己是漢人，句子中的「別隸」二字因而十分關鍵。

十六世紀末或十七世紀初投靠努爾哈赤的遼東佟氏與其他家族，向來被操女真語的大群體稱為「尼堪」。女真語詞「尼堪」（轉寫為*nikan*、複數為*nikasa*）顯然出自中文的「漢」。[7]雖自十八世紀起，用「尼堪」指涉漢人或遼東漢人的後裔日益常見，但十七世紀時，不論其血統為何，「尼堪」就是用來指涉定居遼東的漢語人群。在契丹遼朝、女真金朝與蒙元帝國的政治詞彙中，都會用「漢」來指稱漢人（編按：作者遼朝原文是用*hanersi*，即「漢兒司」，管理漢人的機構；另外在蒙元帝國治下，會用漢語中的漢或蒙語中*kitad*，後者音譯為「乞塔惕」，來指稱漢人。）在上

4　鄭天挺，〈清代皇室之氏族與血系〉，頁六十一。十九世紀所有作者在論述八旗漢軍時，皆遵循乾隆的史論，但此規則並非不能打破。例如，在吉林最早的志書——薩英額一八二七年所著的《吉林外記》中，認為尼堪移民至吉林後與當地人群同化；且八旗在形成過程中，逐漸納入尼堪與「陳（舊）蒙古」（見頁三十五至三十七）。

5　出自《皇朝經世文編》，引自 Liu Chia-chü, “The Creation of the Chinese Banners,” 63。

6　出自《旗軍志》，頁二，引自 Liu Chia-chü, “The Creation of the Chinese Banners,” 62-63。

7　其可能類似從漢文「珠」而來的女真文*nindzu*（引自金啟孮，《女真文辭典》，頁一三九）。

述這些時期，漢人、突厥、契丹、女真或蒙古後裔群體相繼在華北、遼東與部分蒙古地區定居，他們的文化風俗以農業、操漢語為基礎，或至少對漢人的家庭結構與儀式有一定了解。建州女真的「尼堪」同樣是用來指涉採納漢風俗（或被理解為漢風俗）生活方式的人群，不論其遠祖或近親究竟是明代漢人、女真、突厥、蒙古，抑或朝鮮人。一些間接但有趣的證據顯示，十六、十七世紀的女真人視「尼堪」為一種「類型」，且在某些情境中可能是種滑稽的類型，而不是世系的群體，從「尼堪」一直到十八世紀都是常見的女真名就能證明這一點（努爾哈赤有個孫子就叫「尼堪」）。[8]雖然並非每個被稱作「尼堪」的人都一定是漢人，但在明代中國境內生活的人，構成「尼堪」主要的指涉對象。十七世紀時，女真的「尼堪」一詞其實有明確定義，且持續如此——「*nikan i gurun*」意為「尼堪之國」，所指的就是明代中國。不過，「尼堪」也能指涉一個地方，例如「尼堪以東」（*nikan i dergi*）就是指「奴兒干」（排除遼東的文化區異）。直到十七世紀中，清廷仍持續特別用「尼堪」指涉遼東的特定人群。

打自努爾哈赤政權初立之時，他的部眾中就有尼堪，鑑於漢移民遷徙至遼東及其他地區的歷史悠久，不妨合理假設也有尼堪追隨覺昌安、塔克世和哈達的王台（下一章將討論）。貴族的領地能讓出自相異地理或文化背景的人群加以整合，此為這個區域的傳統，遼國時期便已留下詳細的記載，且直到十七世紀初，努爾哈赤的歸附者仍然承襲此傳統。申忠一於一五九六年出使費阿拉時，遇見許多採用漢名或朝鮮名[9]的人（推測受契約約束），管理努爾哈赤、舒爾哈赤或其歸附者的財產。他更見到了努爾哈赤部眾中的撫順人（例如佟養才）。申

8 「索爾果」（*Solho*）意為「朝鮮」，也時常當作名字，到了現代，史祿國也發現有人取名「羅剎」（Locan）。科爾沁也有類似的習慣，可特別留意「奇塔特台吉」（意指「漢人王子」），可參見《滿文老檔》天命十年三月七日。

9 由於兩者皆以漢字表示，因此無法在文句中加以區分。

忠一詳細記錄了一位「金歪斗」的家族史，也就是大清編年史中的「阿敦」。[10]一五九四年，鴨綠江以南事故頻傳，嘉穆瑚的阿敦帶領建州軍南下和談。女真人稱其父為周昌哈，原籍遼東，在建州當差時曾到過朝鮮，並「向化於我國」（因此，對朝鮮十分有利）。為此，李朝朝廷賜姓名金秋有，並以小官的俸祿作為獎賞。一五九六年，申忠一在費阿拉見到阿敦時，他已在努爾哈赤的指揮部待了八、九年，「以其父歸見事〔努爾哈赤〕，還其故土，仍不出來云。」[11]阿敦始終不曾離開，侍奉努爾哈赤直到後金時代。

尼堪在努爾哈赤與皇太極政權下的處境如何，早已不是新聞。一般認為其經濟缺乏保障，強大的女真人可以任意懲處或虐待之，且永遠得不到一六一六年之後的國家掌權者信任。[12]這群被稱作「包衣阿哈」（*boo-i aha*）的龐大群體，涵蓋大多數的尼堪與少數的女真人。皇太極治下的包衣阿哈被組織起來，登記於八旗漢軍下，但之後的地位與正規的八旗漢軍不同，從其隸屬於內務府，而非兵部來看，就能更精確地反映出他們與朝廷的關係。遼東戰事爆發之前，建州女真與其中許多相異人群之間，幾乎沒有制度能反映出法律地位上的差異；社會階層（social stratification）仍然十分重要。主要是奴隸與平民間的差異，奴隸涵蓋多數出身尼堪或無從屬的白身。通常是在戰後淪為奴隸，會將敗軍之師劃分為戰俘、準奴隸與投降者，大多數會成為農工或自由受限的官僚。遭擄的人群會被用來滿足當下的需求。[13]

10「阿敦」（*Adun*）在女真文／滿文中意指「群」（從蒙文*adughun*挪借），通常是指馬群（曾出現在御馬的名稱中——Adun be kalara yamun）；但真要說「阿敦」之名與牧群或飼馬有關，似乎有點過於輕率，但當然有此可能性。

11 申忠一，《建州紀程圖錄》。李民寏之後在赫圖阿拉曾見過阿敦，約莫是在一六一九年。可參見di Cosmo, “Nuove fonti,” 148。

12 以英文寫成，此時期尼堪人口的基礎著作可參見Roth [Lil], “The Manchu-Chinese Relationship”；另可參見郭成康，〈試析清王朝入關前對漢族的政策〉。

13 安雙成，〈康雍三朝八旗丁額淺析〉，頁一〇二。論女真勞力，可參見韋慶遠等，無論是受控於女真的他族東北土著，或是對初立的國家而言，一六一六年都是一大分水嶺，因為之後尼堪群體的社會與法律定義有迅速的發展。一六一六年努爾哈赤汗國的建立，讓尼堪及應運而生的兵役部門有了更加制度化的地位。但直至一六一九年，即努爾哈赤占領撫順，並將人口遷到後金領土的一年後，仍無證據顯示尼堪有什麼值得大書特書的地位。值此，努爾哈赤的名言應該就出自此時，即將最初的遼東尼堪兵（後稱「臺尼堪」〔*tai nikan*〕）與後來歸附的人區分開來：「〔用與滿人相同的標準〕一體審斷之。」[14]「原無二視之理」[15]的裁斷則出現在女真國家成形時的努爾哈赤時代。由於後來的乾隆朝將八旗漢軍的身分認同擴及漢人，讓此番言論成為清廷表面上對滿漢一視同仁的溢美之辭[16]——縱使最初這句話是為了強調尼堪與明朝漢人的差異。至此，八旗漢軍中的名門大族便將祖先溯源至在汗國早期與努爾哈赤軍隊融合的遼東及鄰近地區的人群。

打從尼堪進入奴兒干女真政權之初，擔任軍職與充當民間勞力的人群之間，就存在重大區異。大量可辨識出的尼堪男性擔任努爾哈赤

《清代奴婢制度》；清初制度的介紹，可參見Spence, *Ts' ao Yin and the K' ang-hsi Emperor*, 7-22; Torbert, *The Ch'ing Imperial Household Department*, 53-59; Roth [Li], "The Manchu-Chinese Relationship," 10-15。傅克東的〈八旗戶籍制度初探〉深入討論了八旗勞役相關的漢文詞彙。

14 可參見Roth [Li], "The Rise of the Early Manchu State," 30；另可參見Wakeman, *The Great Enterprise*, 45。一六一九年努爾哈赤在薩爾滸之戰大敗明軍，此為他在當地建立牢固政治與軍事勢力的重要一環。論東北戰役的分期，可參見李治亭，〈明清戰爭與清初歷史發展趨勢〉。一如往常，對努爾哈赤所謂的貢獻必須謹慎對待，因為在皇太極治下，這些文獻經常受到大幅的修訂、「澄清」與美化。在目前的案例中，「滿洲」一詞顯然是由皇朝繼任者自行補上的。

15「原無二視之理」，出自《清實錄．世祖章皇帝》，頁四十四。乾隆所使用的相對應滿文為*daci acu tuwaha be akū*，可參見Meadows, *Translations from the Manchu with the Original Texts*, Manchu: 14a。

16 另可參見Kessler, *K'ang-hsi and the Consolidation of Ch'ing Rule*, 117。

的護衛與軍力。一五九六年申忠一出使時，便捕捉到尼堪的黑旗。[17]一六一六年汗國建立後的某段時間，尼堪兵仍掛黑旗，似乎代表「重兵」（*ujen cooha*；烏真超哈）。[18]一六三七年，仍打著黑旗的烏真超哈部隊一分為二；一六三九年，二再分為四；一六四二年，八旗漢軍如焉誕生，八旗的顏色與先前編制的八旗滿洲與八旗蒙古相同。尼堪的專業軍事部門是國家能力擴大創立並執行地位規則的產物，同時也讓尼堪因面臨新的階級區異而心懷憂懼。一六二六年，努爾哈赤汗國時代結束時，將尼堪與能識字、擔任文職與官僚的人群區分開來，並與「各種」人群的旗人有明顯區異。[19]除此之外，尼堪群體中的軍職人口則具備特殊的角色，並成為努爾哈赤早期汗國所關切事務的修辭主體。《八旗通志初集》（一七三九年）與《八旗通志》（一七九九年）都使用「重兵」（烏真超哈）[20]來指稱征服前的這個組織群體，這可能

17 引自《建州紀程圖錄》；以及《李朝實錄》（純祖朝），卷二十九，頁一。至少從漢代開始，五色旗在東亞十分常見，當時帝國軍隊用黃色來標示皇帝（或其代表）所在的位置，並使用傳統的五方色（東為青，南為白，西為赤，北為黑）來幫助戰場中的士兵認清方位，並提升作戰命令的精確度。此種做法可能是經由北魏帝國傳播至整個東北亞。在契丹的時代，其使用方式有些模糊：南宋李唐（一〇四九至一一三〇年）所繪的《文姬歸漢圖》圖軸中，當蔡文姬從「蠻夷」歸來之時，彩色旗幟清晰可見；若將畫反轉，這些旗幟仍然能代表方向（顯然這群人正騎馬南行）。在實際歷史中，這些蠻夷是匈奴，但不出所料，李唐將其描繪成北方的契丹人。近來，梁愛琳（Irene Leung）深入研究了《文姬歸漢圖》（參見“Conflicts of Loyalty in Twelfth-Century China”）。旗幟成排出現，顯示出它們或許代表了遼軍的編制（或「翼」），這點更為重要；此與「旗」的關係不會早於明代，正是明朝建立了這些軍事單位（可能源自蒙古軍隊的十進制編制），努爾哈赤似乎是從明朝挪借了「旗分」與「旗人」的概念。證據確鑿的是，努爾哈赤最初確實依循傳統採用五色旗，並在一六〇一年初建四旗後，繼續使用黑旗，但用於烏真超哈部隊。

18 據李民寏的報告指出，一六一九年在赫圖阿拉曾看過五色旗（當然包含黑旗）（di Cosmo, “Nuove fonti,” 148）。

19 另可參見本書第四章注釋三。

20 引介此詞彙的確切時間及確切意涵都尚未確定；而對於此詞彙的意涵及其語言、社會與意識形態的關係，我的看法也有所轉變。劉家駒提出，此詞彙可能指這些士兵

是更正式的名稱（在早期這個稱呼具備一定的意涵）。到了皇太極治下，由於文獻歷經多次修訂，難以確認此語義上的通稱是從何時轉變為更具針對性的詞彙。在某個時點，也許是一六二〇年代末，開始使用「尼堪兵」（*nikan cooha*）一詞，或至少是在非正式的場合。現存（修訂）的記載用其來指稱廣寧（一六二二年）及之後歸附的人群。

由於滿文「*nikan cooha*」指的應該就是「漢軍」，現代史家通常認為兩者可互相代換。一六四二年之前，並沒有文字紀錄可證明這兩個詞彙意思相同。[21]「漢軍」一詞對皇太極的政策至關重要，皇太極曾下令將金史譯成滿文，據稱他非常熱中，漢軍也是他從中挪用出的詞彙。女真金在十二世紀征服華北時，用「漢軍」指稱編入謀克制（軍

裝甲，並被當成「砲灰」派到入侵的女真／滿洲陣前（可參見“The Creation of the Chinese Banners,” 60）。傳統上確實有驅趕俘虜至進犯軍隊前方的戰略，史書亦有記載，但畢竟裝甲所費不貲，讓俘虜配戴護甲似乎過於浪費，因此不太可能是此詞彙的由來。烏真可能意指「重」，意指負重勞動，類似馱獸，或一隊人拖動、定位並操作火砲——女真最早在撫順獲得火砲；我曾提到過，此詞彙可能意指「慢」，用來形容徒步並須背負自己軍需品的士兵；而女真人（「自由人」）則騎馬，由奴隸替他們背負軍需品。研究金啟孮對女真文的引用，重新思考滿文中的相關語詞，並考慮「烏真超哈」出現的脈絡後，我現在對其有了不同的理解：女真文的*udzə*如同滿文的*ujen*，既有「重」的意思，也有「重要的、強調的、嚴肅的、有價值的、受尊敬的」的意思。金啟孮（頁一〇〇至一〇一）引用了兩個動詞，它們顯然互為變體，*udzə bimei*與*udzubimai*皆意指「尊重」。它們所對應的是滿文的*ujelembi*，Norman（*A Concise Manchu-English Lexicon*, 292）引用了一共五種意義（一、重；二、行事恭敬、予以尊重；三、嚴肅、嚴肅以待；四、行事慷慨；五、極度重視）。這些語詞的字根也與女真文*udzu-dzi-ru*有關，意指「撫育、珍重、養育」，滿文的*ujimbi*也具有相同的涵義。如此一來，這些語詞就與努爾哈赤時常對自己的描述極為相似，即「撫育、珍重、養育」（*ujire*、*ujikini*等）「族人民」（*geren gurun*）。我之前已提過此種解釋（可參見Crossley, *The Manchus*, 203-5），進一步的闡述，可參見本書第四章。

21 八旗漢軍的研究非常多，論述最清晰的當屬Liu Chia-chü, “The Creation of the Chinese Banners”。

隊編制）的漢人。[22]從一六四二年成立，一直到十八世紀末，「八旗漢軍」都不是只稱為「漢軍」，也不是「漢八旗」，而是「八旗漢軍」。[23]這是由於在皇太極時期的一些紀錄中，「漢軍」顯然用來代表「烏真超哈」，為八旗漢軍外在的身分認同引入了與中原本土人士的聯繫。此種身分認同在之後將讓八旗漢軍面臨歸屬感上的忠誠、作用與評斷，這些所基於的環境並非是將他們形塑成一個行政實體，而是基於後征服國家的優先必要作為。且據我所知，十七世紀沒有絲毫證據顯示這被用來指涉特定種族認同的人群。晚至十八世紀，清廷日益熱

22《金史》，卷四十四，頁一至四。論謀克制，可參見Tao Jingshen, *The Jurchens in Twelfth-Century China*, 11-12。

23 在金史中，*hanjun*意指「漢人（即華北）的軍隊」；但在八旗裡，*hanjun*是形容詞，用來形容八旗中的漢軍（八旗漢軍）或與之相關的漢軍旗人。（編按：作者在本書中都是使用hanjun baqi、manzhou baqi、menggu baqi，即漢軍八旗、蒙古八旗、滿洲八旗來指稱八旗組織，但事實上史料文獻中是用「八旗漢軍」、「八旗蒙古」、「八旗滿洲」，懷疑作者是被二手研究誤導，並進而把「漢軍」當作形容詞使用。）在清代正史中，其並未被用來指「漢軍」，且除卻一些特殊情況，其在八旗滿洲與八旗蒙古的名稱中也缺乏文法上的對應詞（*manjun*或*mengjun*皆無）；其對應詞是滿洲（八旗滿洲）與蒙古（八旗蒙古）。本書認為區異*hanjun*與十七世紀中已明確識別出的「Chinese」十分重要，且若有個語詞能協助此種區異也非常有益於研究；「Chinese-martial」是個名詞性實詞（如secretary[ies]-general，court[s]-martial等），本身具備形容詞的功能，我認為其似乎能表達漢軍的文法功能、涵義與特徵；雖然「Martial Chinese」也同樣合適且文法上也可互換，但它無法維持原始中文的排列順序，此差異十分微妙。唯有英文語詞「Chinese」的文法特性讓「Chinese-martial」無論是在形容詞／名詞或單數／複數的用法中皆不改變形態；若此譯名除了方便之外還能有其他價值，那就是能消除*hanjun*一詞在清代形式中的概念，即「Han army」或「Chinese army」，重點在於，其雖然形式上是名詞，但卻具備形容詞的意義「martial Chinese」——即「Chinese-martial」。且更重要的是，此譯名也避免了清末*han*這個詞所強烈積累的種族性。

為避免前後不一致，讀者應留意我並不認同Elman and Woodside, eds., *Education and Society in Late Imperial China, 1600-1900*一書中，我的文章在出版時所出現的「Chinese martials」，此用詞實在令人摸不著頭緒，我不知該怎麼解釋編輯之所以改動此詞彙的文法或詞性邏輯。

中在八旗內引入世系化的身分認同，此詞彙仍然不等同用來指稱漢平民的漢人、漢民、民人等詞。從努爾哈赤到皇太極早期，將為國提供專業服務的尼堪（*nikan hafan*；複數為 *hafasa*；漢官）與普通百姓（*irgen nikan*；複數為 *nikasa*；漢民）區分開來，所有人又與包衣、農奴、奴隸有所區隔。

一六四〇年代八旗漢軍的正式建立，長期以來尼堪地位的政治曖昧（political ambiguity）才告一段落。由於尼堪群體始終無法獲得明確的法律身分，導致女真得以在社會經濟關係中對其任意裁量（如第四章所論的合住問題），尼堪的法律身分認同因而停滯不前；在早期這段定義的過程中，特定的漢人後裔遭排除在外，主因是其表現出的文化取向（不論其血統為何）讓其無法入籍八旗漢軍。以明軍逃兵為大宗的漢人移民不斷湧入吉林與黑龍江，許多人就此在女真人之間安家落戶。他們也參與一六一八年的撫順圍攻，直到後征服時期之初，許多人仍為白身；不過一六三五後，他們成為八旗滿洲，而非八旗漢軍。對比鮮明的是，一六一八至一六四三年之間所納入的八旗漢軍並非定居奴兒干，而是住在遼東，或至少是生活在明朝宣稱並捍衛的領土內。而到了皇太極時代及之後的統治，八旗蒙古與八旗漢軍都包含女真後裔，雖然從其勢力看來，他們在十七世紀中葉時並不被視為「滿洲」。[24] 遼東城鎮居民的文化混雜極為關鍵，讓努爾哈赤得以堅稱自己承繼了十三世紀統治東北與華北的女真帝國。明廷自然也留意到遼東氏族與氏族之間，以及各氏族與努爾哈赤的互動。例如一六二二年佟卜年下獄時，主審官列舉鐵嶺李氏與努爾哈赤的特殊關係，以及李如柏正因煽動叛亂而候審：「主將李如柏世居遼，其先寧遠公〔指

24 傅克東與陳佳華根據《八旗滿洲氏族通譜》統計出早期八旗蒙古中，至少有十三個女真人的直系後裔；可參見〈八旗制度〉，頁三十一。

李成梁〕又兒子畜奴賊。」證詞語帶懷疑。[25]鑑於此說法，明朝官僚認為足以動搖明朝管轄範圍內女真後裔（即便是遠祖女真）的忠誠度，這也是從佟卜年與李如柏之死得到的一大教訓。

征服與區異

早在遼東戰事爆發之前，擄掠人口在女真領地內就十分常見。努爾哈赤汗國一如其前身建州聯盟，皆屬於重度倚靠人口販運以求穩定與發展的掠奪國家（booty state）。貴族，或不如說，在投靠努爾哈赤政權後受封貴族的人，獲得對土地、事物、動物與人民的產權。努爾哈赤在奴兒干發動的女真統一運動，極為仰賴對征服人口的奴役。隨著後金軍力西進，跨越並進入長城後，便開始大舉吸收定居的人口，並將其分配給後金的各個政治領袖，這對於務農以餵養不斷成長的後金人口、發展國家與軍事的專業化，以及維繫最終稱作「愛新覺羅」世系的政權，皆屬必要之舉。擄掠人口似乎不會讓所有人與其財產建立出關係：有些仍然保持獨立自主，可根據所有人的需求使用於農田、作坊或戰場上；也有些成為深獲信賴的歸附者、軍師，甚至成為家中成員。在生命的最後十年，努爾哈赤征服並嘗試統治遼東，隨即面臨一個特殊的問題：如何善用並控制那些能為其不能為的人，要麼得說異族語言，或甚至是更麻煩的——書寫。

一六一八年的攻占撫順是大規模擄掠的典型，讓建州政權及後繼的後金汗國得以發展。征服之後，依據教育程度與資產水準劃分人群：大字不識幾個、較窮困的人通常直接分配給努爾哈赤家族成員或

---

25 此處的「畜」是動詞，通常用來指飼養牲畜。引自閻崇年，《努爾哈赤傳》，卷十九，論李成梁在遼東的角色，出自《籌遼碩畫》的〈題熊侍御疏牘叙〉。（編按：李如柏在一六一九年薩爾滸兵敗後自裁，他受審也是發生在一六一九年，此事跟一六二二年佟卜年下獄沒有關聯。）

其餘貴族，成為家戶與作坊中的農工、礦工或工匠；教育程度較高的人多半會進入軍隊的管理層，即佟養真與佟養性的命運。但綜觀整個後金與清朝初立的擄掠人口過程，撫順的規模還不算什麼。《清史稿》特別記載道，皇太極極為重視擄掠的成效（見第三章）；一六四三年征服永平後，皇太極檢視戰利品後評論：「財帛不足喜，惟多得人為可喜耳。」[26] 擄掠之於皇太極有雙重的快感，既削弱對手，亦能為金或清迎來新的技術；努爾哈赤也十分賞識此種觀點，但他對國家的雄心壯志仍有其局限，也尚未切實認識到尼堪知識分子對建國功業的重要性。

努爾哈赤長年靠通譯協助遼東與朝鮮事務的處理，他們應該至少識得幾個字。申忠一在一五九六年也碰過其中一些通譯，當中有一名撫順人，當時他正向遼東政府轉達努爾哈赤的不滿。努爾哈赤向李朝朝廷所提出協議的一部分即允許通譯擔任監事，掌管追捕與遣返穿越建州與李朝邊界的人畜。識字的人，或至少能口譯女真或蒙古語成漢語或朝鮮語的人仍十分難找，也很難融入其部眾之中；但有一些軼聞顯示，其中一些通譯甚得努爾哈赤的歡心，甚至能獲取信任。為報復努爾哈赤對遼東望樓的攻擊，明朝細作埋伏並毆打了擔任努爾哈赤通譯的綱古里，努爾哈赤怒不可遏，特別賞賜綱古里五百兩白銀予以撫卹。這讓人聯想到一六一八年，努爾哈赤抱怨過往綱古里與方吉納的一次任務，兩位通譯向遼東政府索討努爾哈赤所要求的經濟獨立時，遭到捆綁並只能眼睜睜看著隨從被殺。[27] 綱古里與方吉納都是努爾哈

---

26 朱誠如，〈清入關前後遼瀋地區的滿（女真）漢人口交流〉，頁七十九；出自《東華錄》；另可參見本書第四章。（編按：根據《清史稿．太宗本紀》：「〔天聰四年〕夏四月壬子，明兵攻灤州，不克。己卯，貝勒阿巴泰、濟爾哈朗等自永平還。上問是役俘獲較前孰多，對曰：『此行所獲人口甚多。』上曰：『財帛不足喜，惟多得人為可喜耳。』」天聰四年為一六三〇年，非一六四三年。）

27 此與《清代名人傳略》（頁四〇九至四一〇）的綱古里並非同一人，其直到一六一〇年才歸附努爾哈赤，當時寧古塔的窩集是努爾哈赤的勢力範圍。（編按：根據

赤特別尊重的尼堪通譯。通譯群體中有歪乃（原名龔正陸，或作龔正六，浙江紹興人），申忠一認為他「文理不通，此人之外更無解文者，且無學習者」；然而申忠一不知情的是，努爾哈赤與歪乃的感情甚篤，且行之有年。歪乃是一五八〇年代建州突襲遼東時所擄掠的數萬人之一，家人曾欲以白銀萬兩（對努爾哈赤來說這個數目並不小）將其贖回，但大清史書記載，努爾哈赤與歪乃都拒絕了這筆交易。努爾哈赤賞賜歪乃房子、妻妾與奴隸，並派他擔任兒子的家庭教師（顯然與申忠一相較，努爾哈赤更看重歪乃的技能）。[28]

不過知識程度高低與否並非重點；只要能用努爾哈赤不懂且造成困擾的語言，將據稱是他本意與命令的想法化為文字。雖然一般認為漢人知識分子（主要是遼東文人）飽受努爾哈赤的懷疑與輕蔑；[29]但對通曉蒙文或其在一五九九年所創造滿文的人，他似乎也並未給予多

《清實錄・太祖高皇帝》，卷五，雙方發生糾紛的原因應該是「明人於清河以南、江岸以北，每歲竊踰疆場，肆其攘奪」，努爾哈赤因此殺了不少越境者，導致明廷抗議努爾哈赤殺人，抓了努爾哈赤兩位使臣綱古里跟方吉納，還向努爾哈赤索討了十人在邊境上處決。）

28 歪乃的身分資訊出自閻崇年的研究，比對朝鮮對努爾哈赤書吏的形容後，確定具備非常令人信服的相似點（可參見《努爾哈赤傳》，頁四十）。根據《李朝實錄》所收錄的朝鮮情資（宣祖二十八年，十二月癸卯；以及三十三年，七月戊戌），龔正陸（或作龔正六）從浙江遷徙至遼東，不久後遭建州擄走。有可能（雖然不能肯定）這就是同一個歪乃，扎庫塔氏（Jakūta）的三等*iogi*（游擊），其抗命無罪的判決記錄在一六二七的司法判決中（《滿文老檔》天命十一年五月條）。（編按：史料中並沒有歪乃的家人用「白銀萬兩」贖回他的紀錄，僅有在《朝鮮宣祖實錄》萬曆二十三年十二月初五日條中提及，「……入虜中，見浙江紹興府會稽縣人龔正六，年少客於遼東，被搶在其處，有子姓群妾，家產致萬金。」疑作者誤讀了這裡的「萬金」。）

29 此類告示主要收錄在《滿文老檔》中。可參見閻崇年（《努爾哈赤傳》，頁二四九至二五七）及滕紹箴（《努爾哈赤評傳》，頁三一〇至三一六）兩篇迥異但十分重要的努爾哈赤研究。另可參見Wakeman, *The Great Enterprise*, 71, 73及Roth [Li], “The Rise of the Early Manchu State,” 64, 85-86。

高的評價。許多紀錄顯示，努爾哈赤與皇太極認為這個群體盡是些投機取巧、叛服無常且野心勃勃之流（紀錄並未說明的是，當中許多人都是被迫為努爾哈赤或皇太極服務的）。努爾哈赤不諳漢文（他應該多少通曉蒙古語），因而要如何控制這些漢人成為一大隱憂。隨著治下的組織日益複雜，他就愈發依賴這些人記錄自己的財富，並將他對民政與軍務的想法化為文字，尤其是與盟友和敵人的書信往返（一五八〇年代末，許多敵人不等努爾哈赤的大軍兵臨城下，就直接千里迢迢送來歸附信函）。立法的緣由可能十分私密，例如在一六二六年，努爾哈赤讓尼堪書吏圖沙代為下令：夜晚在大汗家裡留宿、與大汗兒子的乳母私通者，應立即處決。[30]

雖然努爾哈赤對這個群體日益依賴，但他並未有足夠的耐性、技巧或時間親自監管他們的活動；他們始終威脅著努爾哈赤的權力與個人安全，只要其中一個人心懷不軌，就可能招致災禍。解決此問題的辦法，似乎是將國家對這些早期知識分子的懷疑加以制度化，讓他們永遠對自己在國家的地位戒慎恐懼。法律與習俗很快就規範出他們的執掌範圍與活動限制。到了皇太極治下，他們已能靠一技之長獲取身分地位。打從努爾哈赤一征服遼東，就對尚未謀面的當地知識分子抱有很深的成見；他認為應將這些識字之人當成工具，之後皇太極的行政與法律紀錄也承襲此種態度，應當利用識字之人（漢文文獻毫不掩飾地以「用」這個動詞、滿文文獻則以「*baitalambi*」〔「使用」之意〕來傳達此想法）。此種修辭歷來存在於中國史學中，清朝也吸納了此種辭令，因為遼、金、元帝國的史書在提及中國文人時，也廣為採用此動詞，這批人在早期的（征服）政權擔任專職。在皇太極治下，此

30 出自《滿文老檔》天命十年六月二十九日。（編按：本條史料原文為：「圖沙習漢文，汗用之，令授以例，夜宿於汗家。因與汗子乳母私通，故誅之。」這裡應該是努爾哈赤允許圖沙在他家中過夜，圖沙卻跟乳母私通，因而被殺。而非努爾哈赤借圖沙之口宣達命令。）

專職成為一種身分認同，「拜唐阿」這個階級即反映出這一點。[31]

特別是在征討遼東西部期間，對尼堪兵地位的界定與掌控，無論是舊家族或新歸附的群體，都是強化君主統治的支柱。大抵而言，新政策反映出汗國對僚屬階級中傳統女真菁英統治的一次衝擊。這符合中央欲擴大對社經領域控制的政策（過往這些領域由貴族統治），此迫使女真菁英將大部分的財富，重新分配給通常由皇太極個人看管的尼堪歸附者。一六二九年，皇太極政府建立了文官制度，進一步強化了隔離並客體化尼堪地位的能力。尼堪的民政專業職能得到擴展，這些身分也受到新設國家機構的記錄與常規化（routinization）。皇太極改革對於任軍職的尼堪來說，有徹底且全面的變化。一六三六年後的加速西征，讓尼堪在分類與法律地位上皆快速轉變。大清對遼東中部與西南人口的蠶食鯨吞，大致底定了前征服時期八旗漢軍的特徵與內部等級制度。後征服時期的分類將前征服時期的八旗漢軍（從龍入關）分成兩個不同的群體：臺尼堪（撫順尼堪是其中的一個子附屬群體）或說遼東以東與中部的尼堪，大多在一六一八至一六二九年之間合併；以及「撫西拜唐阿」（征西的工具），即遼東西部、直隸北部、山東與山西各省人士，在一六二九年皇太極進攻華北後投靠大清，並在西征期間嶄露頭角，以一六四三年錦州陷落為分界。

第一個群體（臺尼堪）通常是在遼東征戰時歸附並晉升高位的個人；李永芳、佟養性和佟養真都是撫順人，在一六一八年撫順陷落後歸順努爾哈赤——李永芳其實是明廷所任命的撫順游擊，負責鎮守撫順，卻在大清兵臨城下時未戰先降。李永芳隨後執掌重新移居至撫順的人口，佟養性則旋即成為從人口中徵招軍隊的指揮官，他們的一大

31「拜唐阿」（*baitangga*）的字面意義是「（對某項特定任務）有用」，但通常表示奴僕、下屬、走狗或馬屁精。

特徵就是諳熟紅夷砲，即耶穌會為明朝鑄造的大砲。[32]隨後，廣寧的石廷柱（一五九九至一六六一年）、石國柱與石天柱兄弟（均自稱女真後裔）亦投靠大清。撫順佟氏、廣寧石氏等臺尼堪主導了最早尼堪軍隊的指揮結構：例如，佟養性直至一六三一年過世之前，都擔任烏真超哈部隊中的昂邦章京（*amban janggin*，意指總兵）；其繼任者是永平的馬光遠（死於一六六三年）與廣寧的石廷柱，一六四二年八旗漢軍初立時，石廷柱即任額真（*ejen*，意指都統）。[33]第二個群體則為「撫西拜唐阿」，當中有范文程（一五九七至一六六六年）和寧完我（死於一六六五年），一六二九年之前寧完我都是（愛新覺羅）薩哈連的包衣，直到西征時才嶄露頭角。一六二九年後投降於直隸的人通常會入旗籍，而非「重兵」。[34]此反映出皇太極治下的國家，起初並不願意讓早期與晚期歸附的人群混在一起，而後者又被稱為「從龍入關」者。直到一六四二年八旗漢軍正式成立後，才統一所有遼東與直隸北部的人群，並將包衣地位的人重新整合，全面性的八旗漢軍身分認同才得以確立。而各支八旗漢軍的行政統一，則要等到十六世紀末，才具備意識形態的表述。至康熙朝（一六六二至一七二二年）時清廷已有常規，曾參與遼東與華北征戰的遼東人被視為「勳舊」，一般稱為「舊人」。[35]清廷意圖合併「臺尼堪」與「撫西拜唐阿」這兩個群體。

---

32 可參見牟潤孫，〈明末西洋大砲由明入後金考略〉，頁八十九及其後。

33 祖世潤、劉之源、吳守進、金礪、佟圖賴、石廷柱、巴顏、李國翰等都是早期八旗漢軍的突出人物。參見《清實錄．太宗文皇帝》，卷六十一，頁七上；另可參見本書第六章。

34 像是祖可法、張存仁、祝世胤、郎紹楨、臧國祚等人，在杜家驥的〈清代八旗領屬問題考查〉一文中皆有論述。「天祐兵」與「天助兵」是尼堪軍的附屬部隊，內部組成主要是孔有德（死於一六五二年）與尚可喜（一六〇四至一六七六年）分別帶領投奔皇太極的明代軍隊。另可參見Liu Chia-chü, "The Creation of the Chinese Banners"及Wakeman, *The Great Enterprise*, 200。

35 可參見安雙成，〈康雍三朝八旗丁額淺析〉，頁一〇二。此處可能間接反映出蒙文的「*ütegü boghl*」（自古以來一直為我們服務的人），此片語在《蒙古秘史》指的是直到皇太極治下的最後幾年，大清的政治詞彙都仍然保留了兩者過往的鮮明差異，征服華北之後才逐漸失去力道；到了此時此刻，相較於長城內人群之間的差異，撫順的臺尼堪與寧遠的撫西拜唐阿之間的差異顯得微不足道。所謂「舊人」亦是征服者，早期康熙朝的政治文化讓其附於滿洲。

針對八旗漢軍在征服中的作用，有好幾位作者有詳細且有憑有據的描述：有人擔任全職軍職，仕途與入籍的滿人一般無二；其他人對於征服後在各省建立占領政府，亦是功不可沒。在近乎征服中國的一六四四至一六八五年間，可說是滿漢的團結時期，漢人入籍的歷史身分認同也趨向制度化。但諸多因素擾亂了這個過程。首先是順治（一六四四至一六六一年）康熙（一六六二至一七二二年）時期（長城內漢人成為帝國成員之前）大力推行中國風格的統治修辭，包括漢臣（「臣」最初意指「僕」，但二千年來逐漸衍生成幕僚、官員、助手或其他類型的文官）輔佐明君的自大心理；其二是滿洲旗人文化的迅速變遷，甚至在征服中國之前，就有一些人表現涵化於轄下當地人民的傾向。再來則是所謂的「三藩之亂」，此戰役迫使清廷無法繼續按上個世紀制定的地位來處置八旗漢軍。

順治朝期間組織重整，得以讓八旗漢軍取代暫時任命的明朝投降漢人。前征服時期大清治下的遼東本地人就此獲得了征服後對中國的控制實權；由於官職不會落入所謂明代漢奸的手中，朝廷因此鬆了一口氣，且讓會說漢語的人擔任這些職位，也能帶來可觀的政治成效。此政策讓八旗滿洲的一些領袖備感不快，接下來政策也出現變化。但

皇室的家奴——若要類比，最接近清代的「包衣阿哈」（論此片語在《蒙古秘史》中的解釋，可參見 Togan, *Flexibility and Limitations*, 116 n 280，引用德福〔Gerhard Doerfer〕的研究）；但這只是類比：如同「白身」，可能是從蒙古政治詞彙挪借而來，不管是對大清還是蒙古，「自由」的概念相對來說無關緊要，但清朝並不僅用來指涉包衣阿哈。

在中央行政貶抑八旗漢軍之前，三名南方藩王就先行反叛。一六七三年起兵的三藩，是征服戰爭前十年在中國各地大量設立的總督的餘存。這些南方藩王的權力非常大，可對雲南、貴州、廣東、廣西與福建等華南區域行征服、維安與稅捐之事。三藩皆屬於尼堪世系的政權（特別是撫西拜唐阿），他們於皇太極西征期間投靠大清。[36]其中最強大的當屬管轄雲貴的吳三桂（一六一二至一六七八年）。[37]吳三桂系出遼東，其父吳襄在一六三〇年代因拒絕出兵抵抗皇太極而遭明廷下獄。吳襄隨後受到勸誘，投靠孔有德手下的明軍（編按：一六三一年吳襄下獄，此後沒有他被孔有德利誘的相關記載。此外孔有德原本是遼東的海盜，被招撫後又在一六三一年兵變，與明軍交戰失利後於一六三三年投降皇太極），當時二十五歲的吳三桂也在一六三七年追隨父親從軍。吳三桂迅速嶄露頭角，一六四〇年即已成為日益縮減的明朝遼東守軍總兵。此時吳襄也已在北京退役。

一六四四年四月，李自成的叛軍攻破北京，明朝末代皇帝自縊身亡。吳三桂接獲明朝皇帝遲來的召喚，命他解救京師之圍，但早在抵達北京之前，他就得知京師已然淪陷，父親與愛妾皆落入李自成之手。李自成派兵前往吳三桂退守的山海關招降，一六四四年五月，吳三桂面臨兩難：要麼投降李自成，或是投靠長城外的大清領袖多爾袞。他最終選擇了多爾袞。李自成兵敗山海關後，被迫退回北京，並故意在多爾袞與吳三桂聯軍收復京師之前殺害吳襄。六月，清軍占領北京，已故皇太極的幼子福臨登基，為順治帝。明朝在南京的殘餘勢力與清軍爭相拉攏吳三桂，大清再次獲勝。吳三桂之子吳應熊與少年順治帝之妹成婚，後繼的康熙帝晉升吳應熊為太子太傅。一六六二

36 耿仲明（分在貳臣甲下，見第六章），是土生土長的遼東蓋州人，於鎮壓抗清的明移民時有功，一六四九年因部隊中藏有逃人而畏罪自殺。耿精忠，編入漢軍正黃旗，繼承其父耿繼茂的「靖南王」爵位，一六七四年參與三藩之亂。

37《清代名人傳略》，頁八七七至頁八八〇。

年，吳三桂清除了雲南與緬甸的明朝抵抗勢力，將南明偽帝絞殺，因而在中國西南享有軍政大權。平西任務完成後，吳三桂卻未打算放棄到手的特殊政經權利。他的所作所為與努爾哈赤早期的活動不謀而合，在於壟斷經濟資源（吳三桂試圖壟斷鹽、金礦、銅礦、人參與大黃）與掌控地方政治關係（雲南與鄰近省分的官僚機構，觸角更伸進拉薩以東的藏人部落）。戶部向康熙朝廷抱怨吳家軍耗費巨額軍餉，皇帝則暗示吳三桂已屆高齡（五十多歲）、不妨告老還鄉。一六六七年，吳三桂請辭，但其藩國官僚所策劃的一場混亂讓清廷拒絕了他的要求。吳三桂日益高漲的權力讓北京如鯁在喉，巨額軍餉也讓朝廷焦慮不已。

一六七三年，另一位八旗漢軍出身的藩王尚可喜被自己的兒子趕下王位，故請求康熙皇帝允許他歸老遼東；皇帝意識到尚可喜是想將其統治延伸為世襲王國（另一位八旗漢軍出身的藩王耿繼茂已做過如此嘗試）。有鑑於多位朝廷顧問同感憂慮，皇帝下令撤藩，並解散其軍隊。吳三桂認為朝廷的行為是在向南方諸王宣戰。一六七三年十二月下旬，吳三桂在雲南稱帝，國號大周，並揮軍進攻貴州和湖南。他呼籲王夫之等明朝遺老響應，但吳氏政權裡並未有絲毫明朝的影子，王夫之遂拒絕效忠；吳三桂也試圖聯繫達賴喇嘛，但只收到模稜兩可的答覆（見第四章）。吳三桂的東北背景鮮明展現在他對皇帝的提議中，即應將華夏地區讓予吳三桂，遼東則置於大清的控制之下（這恰恰與努爾哈赤當初向明朝的提議角色對調，即應該讓大清擁有遼東，明朝則應該因為坐擁長城內的中國而心滿意足）。皇帝斷然拒絕，隨即處決吳應熊（順治先皇帝的妹夫）。吳三桂試圖北攻京城，但清軍早已嚴陣以待。一六七八年，吳三桂的支持者土崩瓦解；同年，吳三桂遭圍困於雲南堡壘，最後鬱鬱而終。其孫吳世璠繼位，後於一六八一年自盡，內戰就此結束。

三藩之亂所引發的意識形態與戰略議題都成為康熙朝廷的關注焦

點。清廷與八旗漢軍、特別是與「舊人」的關係，與東北最簡單的政治從屬形式有些微差異。依據大清習慣的「內」（*dorgi*）、「外」（*tulergi*）二分法，八旗漢軍、八旗滿洲與八旗蒙古同屬「內」；漢人平民則是「外」。[38]三藩之亂加上其他征服與占領的發酵，讓康熙朝廷認為八旗漢軍與其他旗人的政治身分認同之間的區異不夠大。各省藩政府的效率持續下滑，讓執掌監督的八旗漢軍頻頻遭到質疑，國家建立專門的教育計畫與維護滿洲地位的能力（這都是一六八〇年代的主要政策議題）[39]也因八旗漢軍是否為「滿洲」的懷疑聲浪而受到挑戰。平定三藩之亂至十七世紀末之間，朝廷開始第一個讓漢人世系化的重大舉措，即除了一些特殊重要人士以外，讓八旗漢軍皆成為「漢人」，同時削弱八旗漢軍在省政府中的政治地位。

在這些發展中，撫順佟氏的作用十分吃重。一六一八年撫順陷落後，佟養真與佟養性躍升為努爾哈赤軍隊中的要角；他們與之前好幾代撫順人殊途同歸，其中包括一些早在二十年前就投奔努爾哈赤的佟氏成員。[40]佟養性是「重兵」隊伍最初的總兵官。[41]佟養真原為明朝軍

38 佟國維於一六八四至一六八五年（當時他仍屬八旗漢軍）與一六九四至一九九五年的大祭（包括祭天儀式）中的表現，將這一點發揮得淋漓盡致；另可參見Rawski, *The Last Emperors*, 216。

39 另可參見Crossley, "Manchu Education"。

40 另可參見本書第三章。此處需強調的是，岡田英弘於"How Hong Taiji Came to the Throne," 250-51中推測努爾哈赤早在一五七七年就曾迎娶佟氏女哈哈納扎青，其為佟佳氏的塔本巴晏之女。岡田認為佟佳氏與撫順佟氏實為同族（見第一章），我認為此結論有誤，之所以會有此一錯誤，在於本章所論的蓄意謊言，這在十八世紀的帝國文獻中被加以制度化。目前已知的清朝皇室與撫順佟氏的首次聯姻發生於一六五三年，順治帝將佟圖賴的女兒孝康冊立為后。見下文。（編按：順治生前應尚未冊立佟氏為后，僅為「康妃」。康熙繼位後母以子貴，佟氏才被尊稱為「慈和皇太后」，以區別順治的皇后博爾濟吉特氏〔康熙尊其為仁憲皇太后〕。附帶一提作者可能誤讀佟氏的諡號「孝康章皇后」，而判斷佟氏在順治朝時已是皇后。）

41 佟養性的生平可參見《清代名人傳略》，頁七九七至七九八及《清史稿》（一九二八年），卷二三七，頁一上。

官，一六二一年先在努爾哈赤圍攻遼陽時立下功勳，卻在同一年抵禦毛文龍頻頻挑釁的一次行動中犧牲。[42] 佟養真之子圖賴（多用滿洲名，少用漢文名佟盛年）於一六四二年擔任八旗漢軍正藍旗都統，在順治年間軍功赫赫。[43] 圖賴之女於順治朝時入宮為妃，一六五四年生下玄燁，即之後的康熙帝；康熙帝即位後，將其尊為「慈和」皇太后（「正宮」）。[44] 皇帝與朝廷尊其兄弟佟國綱（死於一六九〇年）、佟國維（死於一七一九年）為「舅父」，[45] 在征討準噶爾的戰爭中立下奇功，讓清朝的軍事野心轉向中亞（見第六章）。[46]

令人玩味的是，佟卜年之子佟國器（死於一六八五年）亦是清朝征服中國的重要人物，雖然他年少時就與家鄉其他佟氏族人分開。一六二五年佟卜年過世之時，其家人已然離開瀋陽，遷入長城之內；起初定居湖北武昌，一六二三年轉往南京，隨後佟國器才在浙江省定居並長成。一六四五年，清軍攻陷浙江，將佟國器及其家人入籍為八旗漢軍正藍旗；就此回歸於二十、三十、四十年前在各種情況下向努爾哈赤俯首稱臣的佟氏軍隊。在征討浙江和江蘇時，佟國器在馬士英手

---

42 雍正帝繼位後，為了避諱，佟養真改稱佟養正。另可參見《清代名人傳略》，頁七九七及《國朝耆獻類徵》，卷三三一，頁四上。毛文龍是遼東明將，後金占領遼東後，仍持續游擊作戰。可參見《清代名人傳略》，頁五六七至五六八。

43 可參見《清代名人傳略》，頁七九四至七九六。

44 Kessler, *K'ang-hsi and the Consolidation of Ch'ing Rule*, 53-54，其中討論佟氏與康熙帝及其朝廷的聯繫，此為這一主題最常被討論的特徵。凱斯勒認為，「康熙只有一半不到的滿洲血統」，隨後討論其外祖母的「蒙古」來歷及其母「只有一半是漢人」。接著用碎片來形容皇帝的血統；「康熙的祖先反映出，早在大清初年，滿漢就已不斷揉合——且發生在最上層。」但在政治上，年輕的康熙帝只能是滿洲皇子。（編按：此處作者特別強調佟氏是「正宮」，但實際上此時有另一位仁憲皇太后，地位上不會比佟氏低。）

45 此稱謂使用了漢文「舅舅」，雖然滿文可能也有「*nakcu*」一詞。論皇帝與舅舅的關係，可參見楊珍，《康熙皇帝一家》，頁三五一至三六九。

46 佟國綱的生平可參見《清史稿》，卷二九三，頁一上。佟國維的生平可參見《清代名人傳略》，頁七九五至七九六；《清史稿》，卷二八七，頁一上。

下擔任軍需官；後就任福建巡撫，親自勸說鄭芝龍、鄭成功退出福建，最終在一六六一年迫使鄭成功離開中國大陸。佟國器在征服政權之下的仕途十分順遂，被譽為是新秩序中最具才幹、最容易動惻隱之心、最開明的文官之一；因同情獲罪官員遺孀的處境，而與順治朝廷的關係極為緊張。

佟國器亦以支持天主教著稱，據說一六七四年成際理（Felicianus Pacheco）在南京為他受洗；似乎早在受洗之前，佟國器就與天主教會有所接觸——其任浙江巡撫期間，因在杭州建有一座教堂而備受稱道。妻族可能影響了佟國器的宗教信仰；這或許顯而易見：其夫人以阿加斯（Agatha）之名受洗，比他早了好幾年。一六六三年，他與其友許之漸先後遭楊光先彈劾，接著便發生反天主教運動。朝廷下令調查傳教士是否有潛謀造反之舉，但意不在起訴；直到一六六八年，艾儒略（Giulio Aleni，一五八二至一六四九年）[47]與南懷仁（Ferdinand Verbiest）都仍代表佟徐二人向朝廷提交請願，此後不久調查便結束。判決結果可謂是利益兼具。短時間內，佟國器就捐出大筆款項來修復北京南堂與東堂的主教座堂，據說光是一六六九這一年，北京就有三千名會眾改信天主教。關注近世中國天主教的史家普遍認為，佟國器是得到慈和皇太后的授意，來修復主教座堂；[48]若真如此，這就

47 艾儒略的生平及其對明末至清代耶穌會發展的貢獻，可參見Menegon, “A Different Country, the Same Heaven,”及“Jesuits, Franciscans, and Dominicans in Fujian”。梅歐金（Eugenio Menego）也是艾儒略長篇傳記*Un alone Cielo*的作者（Brescia: Grafo Edizioni, 1994）。

48 論佟國器天主教的背景，可參見方豪，《中國天主教史人物傳》，頁四十八至五十。方豪稱佟國器為孝康章皇后的弟弟、佟圖賴的外甥。有論點認為，佟國器與征服北京後的眾多佟氏家族成員皆為天主教徒，但由於其皇室身分，無法公開承認此信仰。各個佟氏家族的合併引發佟卜年的不滿，但也無力阻止；這實在難以解釋，因為用現成的紀錄就能輕易區分這些家族，但這在中國學界經常出現，也反映在西方的著作中。例如，魏斐德對「這一支」佟氏歷史的詮釋（*The Great Enterprise*, 1017 n 63），將佟國器的祖父佟養直從歷史中抹去，以佟養性取而代之。

是佟國器與皇室中的佟養性一脈最接近政治聯繫的一次。

沒有絲毫證據顯示佟國器與這些居於高位的貴族有什麼密切的往來；若要說皇帝的舅父佟國綱與佟國維私底下是天主教徒（證據主要在於其姐妹慈和皇太后虔信天主教），那這並非由於他們與佟國器結識，而可能是因為佟國器、乃至於佟養性、佟卜年都傳承此撫順的傳統。

佟國器自始至終都希望能替父親佟卜年翻案，不斷重編族譜，強調其父生前忠於明室，是明代官僚腐敗下的犧牲品。一六五四年，他為佟卜年的《幽憤錄》寫序並付梓出版；其增修的族譜顯示，佟國器是佟達禮第十代子孫，其堂親佟養真與佟養性則是第九代。但正如佟卜年當年所發現的，族譜的結果與明朝的國策相悖，佟國器如今也不得不承認，他私下試圖為父親所塑造的明朝身分認同，與大清所鼓吹的新一波世系化相衝突——最終，撫順佟氏不被看作是遼東城中的女真人，而是奴兒干農村的滿人。一六八八年，佟國器去世之後，清廷正式重修了佟養真與佟養性的世系。那年夏天，佟國綱上書懇求姪子康熙帝讓佟氏脫離八旗漢軍，抬入八旗滿洲；他聲稱自己的家族發源自佟佳江，即撫順佟氏是吉林佟佳江一脈。佟國綱上書時，華善[49]（廣寧石廷柱的三子）[50]也提出類似的要求：「臣族本系滿洲、請改為滿洲旗下。」[51]

華善編寫族譜，聲稱自己是蘇完瓜爾佳、即費英東（一五六九至一六二〇年）一脈，堪稱大清帝國最顯赫的世系之一。[52]他提到自己

49 此名在清朝滿人中並不罕見，意指「佛教僧侶」，源自蒙文的*khuoshang*與漢文的「和尚」，起源不得而知。另可參見Rozycki, *Mongol Elements in Manchu*, 114-5。

50 華善的生平可參見《清史稿》，卷二五六，頁六上（華善列傳）。另可參見Spence, *Ts'ao Yin and the K'ang-hsi Emperor*, 104。

51 引自《清實錄．聖祖仁皇帝》，卷一三五，頁二上至二下（康熙二十七年四月二日〔癸卯〕，即一六八八年五月一日）。

52 論蘇完瓜爾佳氏，包括鰲拜、傅爾丹（一六八三至一七五三年）、文祥（一八一八

的曾曾曾祖父有個蒙古－滿洲名「布哈」、曾曾祖父阿爾松阿，祖父石翰，都出生並長成於建州境內。但石翰之後舉家遷至遼東廣寧，華善聲稱其在臨終前向三個兒子石廷柱（華善之父）、石天柱與石國柱表達此遺憾。而石廷柱之後成為「重兵」部隊的總兵，華善解釋，他因此被誤認為八旗漢軍。佟氏兄弟的說法也十分類似。他們的祖先一直生活在建州的佟佳江，直到大清征服中國前不久，才有一位先祖碰巧在明朝境內定居下來。由於祖父佟養真服役於「重兵」，現在才被誤認為八旗漢軍。

華善的說法可能有部分屬實。他的祖先可能確實是瓜爾佳眾多世系中的一個分支，瓜爾佳氏一族在十七世紀時已遍布遼東。[53]他的奏疏自有一股真實性，表明三兄弟的姓氏均源於父系，此為奴兒干女真人的傳統，清代滿人採行此做法時，往往招致皇室的批評。然而，此份奏疏還是可說是一派胡言。早在一五八八年，就有文獻詳載費英東的蘇完一族，若單憑口頭傳統還能追溯至十四世紀；華善奏疏中提到的任何一名祖先，都在蘇完瓜爾佳世系中遍尋不著。不管怎麼說，蘇完瓜爾佳一族最初並非定居建州；一五八八年，他們從吉林上游遷出，投靠努爾哈赤。至於佟氏兄弟更是通篇謬論；但重點在於明擺著的事實。他們與規模較小且新成形的奴兒干佟佳江一族沒有絲毫關係；早在佟佳江一族建立之前，他們的遠房堂親佟國器就大肆宣揚佟氏族譜，當中顯示佟氏先祖發源於撫順。即便佟石兩邊都謊話連篇，皇帝還是應如所請，只是他們在八旗漢軍中的親屬眾多，故只有直接

至一八七六年）與榮祿（一八三六至一九〇三年），可參見Crossley, *Orphan Warriors*，特別是第二章。

53《八旗滿洲氏族通譜》，卷一，頁一上中的蘇完瓜爾佳氏條目中，列出了明代瓜爾佳氏在遼東聚落的名單。另可參見三田村泰助，〈滿洲氏族成立の年代〉，頁七十、劉選民，〈清開國初期征服諸部疆域考〉，頁一二九；Crossley, *Orphan Warriors*, Chapter 2。

相關的同族之人能改入滿洲冊籍。佟國綱、佟國維、華善及其子女皆抬入滿洲鑲黃旗。[54]

華善、佟國綱、佟國維奏疏中所隱含的意識形態，反映出此事件的重要之處：長期以來，八旗都是國家的工具，[55]所有與旗籍相關的標準都代表了國家法治下的明確職能。從努爾哈赤到這件請願奏疏發生的康熙朝，身分認同可以且經常受詔令左右。而如今，國家所創造的八旗漢軍正大張旗鼓地讓朝廷明白此做法有誤。可見當初在將這些家族入籍於八旗漢軍中時，就違背了身分認同歸屬中一些客觀但未定之原則；此原則是論證的唯一基礎，也就是族譜。華善與佟國綱的著眼點在於，族譜是區異八旗滿洲與八旗漢軍的原初標準；但若真如此，八旗漢軍打從一開始就不該存在。此論述顯然不具真實性，畢竟執掌八旗世系的機構留下的紀錄顯示，在努爾哈赤統一東北的戰爭期間，為了促進八旗組織的建立，時常任意改動、甚至發明家族從屬關係。[56]但康熙朝廷在一六八八年樹立了一個觀念，即可以用「滿人」或「漢人祖先」的血統來界定滿洲或八旗漢軍的身分認同；華善與佟氏的請願奏疏確實宣告了身分認同建立原理的長期變遷。

此結果讓康熙朝的根本利益得以穩固。若將多數的女真後裔都重新界定為滿洲，會導致後勤吃緊，故而得不到朝廷的認可。但朝廷對佟國綱與石華善奏疏的回應，卻承認以世系確立身分認同的意識形態建構——這純粹關乎意識形態，畢竟是詔令造就出此決議所確立的身分認同。另一個重要性在於，此決議有力闡明了清初是如何理解八旗

---

54 引用自《清實錄．聖祖仁皇帝》，卷一三五，頁二上至二下（康熙二十七年四月二日〔癸卯〕，即一六八八年五月一日）。佟國綱在當時是內大臣。此案例中的虛構內容在《八旗滿洲氏族通譜》加以制度化，並成為《清代名人傳略》的基礎及大多數涉及清朝建立時期的二手文獻中普遍接受的說法。

55 八旗制度源自努爾哈赤時期建州女真，之後更用來構建第一個國家（見本書第三章）。

56 可參見《八旗滿洲氏族通譜》，卷一，頁一上的凡例。

漢軍的身分認同，以及朝廷的政治與意識形態利益又是如何造就身分認同的轉型。一六八八年請願奏疏所期待的，是讓詔令「修正」對八旗漢軍群體的歷史特徵的定義。不論女真後裔的身分是否確定，以及與遼東北部與東部的區域聯繫，如今都和「滿洲」綑綁在一起（一如明廷當年對佟卜年世系的攻訐所假設的）。值此十七世紀之交，法理將佟石兩族框進努爾哈赤的領地，讓他們與明代遼東的文化聯繫更形淡薄。同時，也為其世系提供了滿洲血統的證明。這樣一來，佟氏一族的偽造世系既符合舊有「女真」身分認同的標準，也滿足新出現的滿洲身分認同標準。構成最初八旗漢軍的東北人，長期以來備受社會歷史的複雜曖昧所苦，現今對血統的新依賴讓此得以消解。

從決議的上下文脈絡來看，更能看出此變遷的區異之處。對地位的修正並不少見；個案通常由旗主以相對較低的官僚層級（且無所謂意識形態）來處理。以小說家曹霑（曹雪芹）的家族來說，曹氏一族最早同時入籍滿洲與八旗漢軍，原因可能是家族地位的改變——曹霑的繼父曹頫因虧空而獲罪；[57]針對此問題，現代許多學術研究都認為，康熙時代的身分認同或許能夠超越現實的旗籍，一六八八年的佟石兩氏的請願奏疏，即試圖將此所謂「真實」的身分認同加以合法化。但此奏疏之所以在朝中紀錄與之後的修訂版中如此引人注目，正是因為其代表的新觀念。

不難想像八旗漢軍期望獲得的是更理想的滿洲地位，至於理論層面則不是那麼重要（奏疏十分浮誇地強調了此願望）。康熙朝廷為何在一六八八年讓這份奏疏浮上檯面已不可考，但絕對至關重要。朝廷表面上、但可能並非最重要的因素在於，佟氏兄弟是康熙帝玄燁的舅

57　曹氏一族長期以來被認為是滿洲正白旗的包衣阿哈，於皇太極治下納入內務府的控制範圍內。曹氏世系的論述摘要，可參見馮其庸，《曹雪芹家世新考》、《紅樓夢文物圖錄》；張書才，〈再談曹頫獲罪之原因暨曹家之旗籍〉、〈新發現的曹雪芹家世檔案史料初探〉；Xu Duanmen, “Dongyuan jilin Xiyuan yin”。

舅，為了讓他們和自己更加名正言順，康熙帝對此自然會帶有強烈的個人情感。[58]

但肯定存在其他更直接、更明確的考量。征服北京的四十四年後，意即攻下撫順的七十年後，八旗漢軍的組成與特徵皆徹底轉變，其與滿洲關係的變化也愈發明顯。朝廷有動機要解決八旗漢軍過去與未來的矛盾，滿足本書緒論所論的征服意識形態：八旗漢軍一朝成為「漢」人群的新象徵，跨越了被征服者與征服者之間的分界，符合「自然身分認同正在被發現，而非被發明」的原則。朝廷逐漸開始關注滿洲身分認同，只要導入相同的世系標準，就能謀求政治的穩定；朝廷戮力導入了一項關鍵工具，創造出對漢人、特別是知識分子來說十分具有說服力的忠誠概念。

忠誠的擬人化

忠誠的意識形態在康熙時期逐漸成形，而八旗漢軍正好處在此矛盾的中心：他們的文化是清初建國的主要資源，有助朝廷利用區域主義的論爭與戰略性的武力，來拉攏遼東部分地區的有產知識菁英；但在征服中國之後，當初有助建國的區域主義，如今已不再適用，朝廷

58 當中有好幾個層面都無法令人滿意。首先，此假設在一六八八年有許多重要人物認為撫順佟氏其實是「漢人」，其忽略一六八八年之所以請願，就是為了重述一個已經極其知名的家族史。其次，此案的高調處理與佟氏兄弟明顯的造假，反而會抑制、而非支持此解釋所隱含的動機。第三，如果此為癥結點，不確定康熙帝是否不樂意有個「漢人」外祖母；以現代的話來說，滿洲從未宣稱自己「血統純正」，只要處理得當，具備部分漢人血統反而有助強化統治漢人的正當性。第四，此無法解釋只想搭順風車的華善，其與康熙帝全然無關，卻如此簡單就參與其中（反過來說，華善也不足以掩蓋皇帝在批准佟氏請願時的私人因素）。第五，若這就是蓄意欺騙，而非象徵性的行動，應該會期望看到更多，以反駁華善與佟氏在請願中所提出部分或全部說辭的證據。

遂將八旗漢軍身分認同納進「漢人」這個無差別的分類之下。如此一來，就需要修正過去，畢竟八旗漢軍的歷史在方方面面都牴觸朝廷現下鼓勵的世系思想。朝廷之所以允准石佟兩族的請願，不僅是由於其地位之顯赫（以及與皇帝的近親關係），更因為他們代表了特殊的證據，能證明其世系「事實」的情感意義。他們的奏疏標誌了滿洲血統的實在證據與價值：雖然其祖先是城市中的漢語人群（如佟卜年），但據稱他們對故土及新崛起的努爾哈赤汗忠貞不二。一六八八年皇太極時期首次修訂的太祖朝《滿文老檔》中，就記載了努爾哈赤與遼東的親緣關係：「住此遼東地方之東寧衛國人，本為我所屬。」[59]重點在於，解答應該往遼東人自己身上找。華善的廣寧石氏一族還提供了一段，表述出與奴兒干女真人親緣關係的遺言——在女真的土地上長成、十七世紀初移居至明朝境內的石翰臨終時表示：「我雖暫來漢地，然此心依戀故土爾。兄弟當力成吾志，務建功業以歸本主。」[60]經歷三藩之亂後，此段遺言所追溯的邏輯確實感人肺腑：心懷故土的人，才是真正的滿人；拿忠誠當籌碼且隨時可棄的人，便稱不上是滿人。

如同十七世紀初從尼堪的非軍職人口劃分出的「重兵」，八旗漢軍也被視作是在征服中國期間從「漢人」中抽出的軍職人口。隨著征服不斷推進，歸附大清的人數遠超過八旗所能容納的（數十萬之多），使八旗漢軍變得日益排外。為組織大量明軍與民兵的逃兵，綠營應運而生。一六四五年後的新附漢人若能入籍八旗漢軍，可說是罕

59《滿文老檔．太祖朝》，卷二十；朱誠如，〈清入關前後遼瀋地區的滿（女真）漢人口交流〉，頁七十四。我不認為此段文字是在解釋為努爾哈赤是視滿為漢或視漢為滿，他似乎更像是在評論從遼東東部延伸至吉林西部的文化經濟領域。

60 出自《八旗通志》，卷二九六（一七三九年），可參見陳涴，〈石廷柱事蹟與家世輯考〉，頁三十三；此話的真實性並非重點，重要之處在於石翰的說法與申忠一所記錄的（金）阿敦的說法相似，而他在報告此事時並沒有參雜任何政治動機。可參見本書第三章。

見的榮譽，此情形並未引起朝廷不快；[61]在八旗僧多粥少的情況下，對政府來說更具政治優勢。以現代的角度觀之，有個較不明顯的原因，在於抑制八旗漢軍規模進一步擴大的後勤需要。在大清征服華北前夕，五百九十二戶旗牛彔中，應有一百六十四戶屬於八旗漢軍；到了一六四四年，可能占征服兵力總數的四成。這些牛彔中的大部分，都是在多次允諾降清但遲遲未兌現的祖大壽（死於一六五六年）於一六四二年終於變節後建立的。[62]緊接著，兩支「重兵」旗重新組建成八旗漢軍，在此過程中，牛彔數量可能從五十翻倍至一百個。因此，在一六四四年征服中國之前的三年中，八旗漢軍下的牛彔數量持續攀升，相較而言，八旗滿洲與八旗蒙古牛彔數量的成長顯得微不足道。[63]一六四九年的數字顯示，當下所有的八旗漢軍牛彔在八旗總兵力中的比例超過七成五；十年之後，八旗漢軍的數量比之八旗滿洲與八旗蒙古約為四比一或五比一，即使他們仍然只占明朝逃兵實際總數

61 論綠營的歷史，可參見羅爾綱，《綠營兵志》；他對綠營建立動機的說法（頁一至六）我認為是對滿漢八旗之間數量平衡的誤解。

62 第一歷史檔案館，《滿文國史檔選譯》，第十八件列出大凌河的投降名單，出自《滿文老檔》天聰八年二月八日。祖可法（祖大壽之子）獲賜巴布之女為妻，她還帶來了自己的奴僕。降將的兒子各自獲賜不同的獎勵（可想像此為強制性的本土化，因為他們隨後成為可汗的繼承人，而非自己父親的繼承人）。

63 此數字是基於一六四四年及更早就似乎存在的八旗牛彔數量的獨立修訂。可參見李新達，〈入關前的八旗兵數問題〉、郭成康，〈清初牛彔的數目〉；就算知道現存八旗牛彔的數量，也無法確定大清的士兵數量，因為最早的八旗滿洲與八旗蒙古牛彔是基於家族單位所建立的，人口規模很少符合規定（雖然每個牛彔宣稱有三百人），且其中一些牛彔似乎規模很小。此分析出自周遠廉提出；可參見，〈關於八旗制度的幾個問題〉。證據顯示，比於蒙古與某些滿洲，八旗漢軍牛彔的人數可能更多。郭成康認為在一六四四年的前幾年，每五百個牛彔，可能有一百個隸屬於八旗漢軍，且在一六四三與一六四四年增至一百六十個；李新達對一六四四年的估算如本文所示。對八旗人數的進一步評論，可參見 Roth [Li] , “The Manchu-Chinese Relationship,” 35 n 2。

的一小部分。[64] 八旗漢軍人數的激增衝擊了征服政權的安穩，八旗漢軍占征服兵力多數的新危機湧現，與過度依賴八旗漢軍文化特徵的老議題合流。一六四〇年代晚期，愈來愈少歸附者入籍八旗漢軍，在於大清意識到這種定期對歸附者的酬賞對國家不再有利，既沒有意義也沒有必要。一六六七年後，八旗中漢軍的比例已降至七成以下，並在國家政策的施壓下不斷減少。[65]

在征服中國的第一個十年，八旗漢軍的特殊地位顯示出八旗漢軍是征服菁英中的特權群體。遼東－東北直隸（從龍入關）的人群可說是此特權群體中的特權群體，地位不同於「北京漢人」（指在一六四四年夏天征服北京時或在之後的幾個月降清的人，當中許多人不僅曾入仕明朝，更曾在李自成的短命大順朝任官）與「帶地投充」（指以土地權換取編入駐軍的各省地主）。八旗漢軍為一特殊群體，就算是新入籍也不會與漢民混為一談。遼東「舊人」仍享有的一大法律特權，在於返鄉生活的權利；順治一朝通常會准許返鄉的申請，而希望在遼東耕種的人也能分配到新土地。另一方面，此時期法律禁止漢人

64 二手史料已確定多鐸在揮軍江南時的歸附者數量，在征服南京時不到二十四萬人，而攻打李自成則大概吸引了多達十萬人；我保守估計，征服時的前明歸附者總數為五十至六十萬，而一六四四年的旗人大概有十二至十五萬人。另可參見Dennerline, *The Chia-ting Loyalists*, 66及Wakeman, *The Great Enterprise*, 306, 791。

65 安雙成，〈康雍三朝八旗丁額淺析〉，頁一〇一至一〇二。安雙成提出了以下三年征服八旗的比例組成：一六四九年：滿百分之十五點九五、蒙百分之八點三、漢百分之七十五點七五；一六六七年：滿百分之二十二點一二、蒙百分之八點八四、漢百分之六十九點〇四；一七二三年：滿百分之二十三點四、蒙百分之八點九、漢百分之六十七點七；安雙成進一步指出，一七二〇年的資料顯示，占八旗人口百分之六十八點九四的八旗漢軍中，以下百分比可分配至各個子群：前征服時期的漢軍（臺尼堪與撫西拜唐阿）加上未分類的漢軍共占百分之二十九點五、包衣阿哈尼堪占百分之三十四點四八、宦官、北京漢人與帶地投充者占百分之四點六八。文獻的紀錄應該並不完整，因此這些百分比顯得過於精確，但大致情況仍屬明確。

越過長城。[66]

八旗漢軍通曉漢文這一點（畢竟此為他們的一大定義特徵），讓處於征服初期的朝廷喜於任命漢軍旗人，使得他們在官僚階層比例甚重；而後征服早期八旗漢軍的任官人數之多，不僅反映出他們的政治效用，更反映出八旗漢軍的尾大不掉。[67]旗籍名額與軍職數量的比例在一般的情況中，八旗滿洲與八旗漢軍通常會維持在看似無害的一比一，但在滿洲與漢軍的比例可能低至一比四的時候，就稱不上是寬宥；但這仍是一種「滿漢平等」的表述，合情又合理，且符合努爾哈赤早期對治下人民「一體視之」的名言。被派到省籍駐防的漢軍平民通常會發現，狹隘的城市中並沒有其生存的空間；農地稀缺、無草餵馬，連塊足夠大小的墓地都找不著。許多漢軍平民在駐防設立好幾年後才入籍，此時的地方等級制度、土地與住房分配皆已成定局。[68]換句話說，唯有在物資充足之處，普通的漢軍旗人才能享有表定的配額；但多半都極為匱乏，軍事指揮官常以漢人在中國社會中更能自食其力為由，來緊縮糧食配給。但無論省級層面對普通漢軍旗人的歧視會造就怎麼樣的緊張情勢，他們仍因特權、經濟依賴與共同的身分認同象徵而與八旗拴在一起。

---

66 朱誠如，出自《清朝文獻通考》，頁一。

67 Kessler, "Ethnic Composition of Provincial Leadership during the Ch'ing Dynasty"確認在後征服時期初期，地方職位幾乎皆由漢軍官員擔任。

68 廣州駐防是例外，直到十八世紀都仍完全由漢軍組成，且與大多數的駐防不同——當地沒有圍牆。此現象的原因及其漢軍旗人駐防的起源尚不明確（可參見Im, *The Rise and Decline of the Eight-Banner Garrisons*, 19）。與八旗制度的研究相較，針對駐防生活的研究仍然不多，且一七九九年修訂的《八旗通志》並未涵蓋十九世紀。有兩本知名且方便查閱的駐防志，分別是廣東的《駐粵八旗志》（一八八四年）與杭州—乍浦體系的《杭州八旗駐防營志略》（一八九三年）。另可參見Im, *The Rise and Decline of the Eight-Banner Garrisons*；翟玉樹，《清代新疆駐防兵制的研究》；Crossley, "The Sian Garrison"與*Orphan Warriors*，特別是第三章；以及歐立德即將發表的作品。

在後征服的前三十到四十年中，漢軍面臨如何看待自我的難題。當下的世態不宜表露出一絲一毫對漢人的同情，而一六七三年三藩之亂爆發之前，對大清表忠誠也沒什麼意義。但到了十七世紀末，漢軍在八旗中開始成為次等的代表，官方地位也逐漸與漢民合流。八旗滿洲官員向朝廷投訴，指出在任命過程中偏袒漢軍。在一些駐防中，漢軍的持續入伍成為事情癥結，由於在最初安置過程中遭到邊緣化的人群，最有可能觸犯駐防在生計、遷移，以及與平民婚配上的規定；更重要的是，在後征服的幾十年中，漢軍這個群體的文化迅速分化，縱使與同時期滿人之間的區異相較，此種模式幾乎微不足道。許多人棄武從文，並以當地的漢文為母語；有些漢軍時常、甚至只與滿人通婚，有些則只與漢軍聯姻，當然也有人與許多滿人一樣，與平民非法婚配；有人請求受滿文教育，並從事軍職，[69]也有些受過漢文教育，並參加科舉；有人使用滿名，沒有姓氏，也有人使用漢名。許多氏族隔代使用不同的取名方式，或在同一代中以不同的模式取名。佟養真之子原名佟盛年，滿名為（佟）圖賴；孫子則用漢名佟國綱與佟國維（向康熙皇帝提交請願奏疏的舅舅）；而在佟養真的曾玄孫輩中，取漢名的是佟介福與佟慶復，滿名的則是舜安顏、鄂倫岱、法海與隆科多。[70]石廷柱前三子的滿名為綽爾們、綽和納與華善（前述的奏疏請願者），而後三子則分別為石琳、石政、石璟；孫子則是文英、文炳，曾孫則為富達禮。李永芳之子為巴顏、李率泰；子孫輩有李元亮（第四代）、李侍堯（第五代）、毓秀、毓文、毓岱（第六代）。[71]

69 此點與以下幾點，另可參見滕紹箴，《清代八旗子弟》，頁二十七至四十。

70 隆科多（死於一七二八年）為佟國維的第三子，入籍滿洲鑲黃旗，是康熙帝的表弟與內弟，雍正帝稱其為舅舅（*nakcu*），模仿康熙帝對佟國維與佟國綱的親密稱呼。如同其遠親佟卜年，隆科多也受家譜所累，不過他是因為在家中私藏愛新覺羅氏的玉牒，遭雍正帝定罪為煽動叛亂。

71 論李侍堯與毓岱，可參見Crossley, *Orphan Warriors*, 249 n 100。

討伐三藩叛亂之時，八旗漢軍的政治與文化複雜性，幾乎容納了官方所有強加的概括性宣傳。石佟二氏的家族史僅能代表早期八旗漢軍中規模雖小、但聲望頗高的遼東核心、也就是臺尼堪，此事實對康熙朝廷來說十分不便。默許石佟二族的要求，代表皇帝認可（在此脈絡中更準確地說是發明了）血統與忠誠相一致的原則，只要能提出某些（象徵性的）「證據」證明自己有滿洲祖先即可。但這無法全然掩蓋三藩之亂造成的創傷。吳三桂與其黨羽（不值得信任的遼東人）的謀逆不軌只是冰山一角；重點在於漢軍的組成，無論發源自長城內還是長城外，他們都是為了另一個對征服後國家有同等價值的原則而犧牲，即忠誠凌駕於血統之上。

討伐三藩的八旗軍隊由幾個愛新覺羅親王率領，包括努爾哈赤之孫察尼、曾孫彰泰，以及舒爾哈赤之孫尚善；但沒有人有什麼顯赫的戰功，重大的軍事任務都是由管理鄰近三藩占領政府地區的漢軍總督與指揮官所完成。最著名的當屬蔡毓榮（一六三三至一六九九年），[72]其在征服與占領時期的仕途可謂是多采多姿，且創立了一個著名的清代家族，詩人蔡琬（高其倬之妻）便是其後代。蔡毓榮的父親是西遼東人，一六四二年跟隨祖大壽投靠皇太極。當時蔡毓榮還不滿十歲，因此他幾乎一生都是八旗菁英的一員（與父親一樣隸屬漢軍正白旗）。三藩之亂時他成功阻擋吳三桂入侵湖廣，立下如此戰功卻令他動輒得咎；征討吳三桂時，朝廷不只一次斥責蔡毓榮績效不彰，判處罰款並貶職，但仍需堅守崗位以證明自己。他別無選擇，戰爭結束後獲調雲貴總督，管轄吳三桂的舊有領地。但蔡毓榮也急於向朝廷表明，他認清了在其身上強加榮辱的區異；如同許多渴望因勝仗而青史留名的指揮官一樣，他將征服史寫成書，但在序言中尖銳指出：「功

72《清代名人傳略》，頁七三四至七三六。

名之際，人臣所難處，歸美於上，度之慮遠矣。」[73]蔡毓榮指出，成就與聲譽之間、要求與現實之間的落差，暴露出八旗、特別是八旗漢軍中的區異；有些對朝廷忠貞不二，另一些則是投機的小人。他希望將自己分到忠誠的那一邊，縱使他在之後的仕途中一度行差踏錯——清廷始終將他與家族歸類成可靠的八旗菁英。

然而，蔡毓榮終究並未因這股忠誠而付出什麼代價。他的壽命遠比三藩之亂要長上許多，那種為忠誠和理念拋頭顱、灑熱血的偉人壓根和他沾不上邊。真正可歌可泣的是范文程之子范承謨（一六二四至一六七六年）與馬雄鎮（一六三四至一六七七年）：一六七六年十月，曾任浙江巡撫、時任福建總督的范承謨因拒絕就範，遭耿精忠叛軍絞殺；十一個月後，廣西巡撫馬雄鎮也因同樣的原因遭吳三桂之孫吳世琮殺害。康熙帝授予范馬兩氏遺族世襲的職位，並鼓勵用文學讚頌這兩位英雄。一如魏斐德所指出的，他們成為效忠新國家的人物典範。

在此過程中，范氏一族歷經浮誇的再歷史化。朝廷將其提升為「舊人」中的「主要世系」，這並不符合此前這個詞彙的使用方式。將范氏一族刻劃成征服時的「舊人」，取決於對范承謨之父范文程生涯的重建，此從皇太極治下逐步完成，三藩之亂後日益明顯。范文程應該屬於一六一八年撫順的擄掠人口。最早出現在文獻記載中的范文程，並非後金統治者的隨從，直到皇太極在一六二九年征討遼東西部，並讓袁崇煥垮臺，范文程才發揮出了不得的作用。更確切地說，范文程的地位是「撫西拜唐阿」。被擄時他二十一歲。與前人李永芳、佟養真、佟養性不同，他沒有成為戰功彪炳的軍官，當時可能根本也不是軍人身分。在努爾哈赤的時代，范文程都不受大汗的信任，遑論什麼褒獎。事實上，范文程受擄之時正值努爾哈赤對文人的日益厭棄，特別是針對遼東人士。此時期的史料對擄掠與招降范文程等人

73 出自《平南紀略》，頁二二二，引用胡寅之語。

的過程「得公」有非常清晰的描述。努爾哈赤對這群尼堪文人說出了一句經典名言：「得而育之」。[74]

從順治時代修訂史書以來，政治詞彙開始轉變，以彰顯遼東尼堪士人的自發性效忠，而大汗也熱烈歡迎以對來當作回禮。可能就是因為如此，順治帝才時常因為對「漢人」過於熱情，飽受八旗滿洲菁英批評；但此時也正值征服中國的頭幾年，特別強調征服與被征服者之間的界線。與皇太極治下的新帝國不同，光是以「上天支持的正義之師」來解釋這場征服，對順治朝及後繼的朝廷而言是遠遠不夠的。清朝的統治建立在朝廷與漢人菁英之間的相互吸引與信任之上。在後征服早期，繪聲繪影編造出一段努爾哈赤對范文程出現在朝中的反應，並載入史書中。其意象十分具有啟發性。撫順陷落後不久（根據新版的解釋），范文程被帶到努爾哈赤的大帳中。努爾哈赤素來十分景仰尼堪的風範，且直到那時才知道范文程是宋朝官員范仲淹（九八九至一〇五二年）的後人，而努爾哈赤似乎在此之前就熟知范仲淹這號人物。大汗喜出望外，對跟前的貴族（顯然范文程聽不到）說道：「此名臣孫也，其善遇之！」范文程從一介奴僕躍升為政壇新星。[75]進一步來說，正如史書所暗示的，是范文程和同僚提出征服中國的整體構想，勸說後金可汗展開此這一「洪業」。那皇帝稱讚范承謨的「忠貞」媲美宋代名臣文天祥（一二三六至一二八三年），也就不足為奇了。[76]

范文程在歷史上的重塑與其子范承謨的殉節一樣，都與漢人身分認同的世系化，以及對清朝征服勢力的啟蒙、自願效忠等比喻環環相

---

74 漢文的「得」相當於滿文的「*bahambi*」，文中通常作「*bahafi*」（「已得」）；亦可比較*nikan be muse jing ujimbi*，《滿文老檔》天命十年十月三日。

75 對范文程降清時情景的修訂，可參見張玉興，〈范文程歸清考辨〉。

76 Wakeman, *The Great Enterprise*, 1115-27，改編自李漁（一六一一至一六八〇年）的賦。宋代文天祥是抵抗蒙古的第一人，明代視其為忠臣的代表；清代在之後推行岳飛信仰（另可參見Fisher, "Lü Liu-liang and Tseng Ching Case"），使文天祥的地位有所下降。

扣。癥結不在於忠誠與否。所有滿洲與蒙古人都用「主奴」來表述與清朝皇帝的關係，這也體現在努爾哈赤時代對尼堪的描述中。這種「奴才」的政治概念獨立於清史所證實的多重奴隸制社會形式之外。[77]當其成為清代對歸屬與歸附者的政治比喻時，總是伴隨一種情感強烈的政治語彙（與中國政治思想相對較客觀的道德語彙形成對比），並將所有歸附者一股腦納進「奴才」的地位：有些奴才的地位較高，但所有人都以個人對統治者的服從，找到自己的政治定位。

英文的「loyalty」與中文的「忠」最常拿來翻譯滿文的「*jurgan*」，唯兩者都忽略或掩蓋了主奴關係的內涵。「託恩多」（*Tondo*）可譯為「忠正」（或恰如拉丁詞彙「*comitatus*」），[78]但其發源於狩獵或交戰集體，而非奴隸制。清代最常用「*jurgan*」一詞來表達「忠」，[79]明確指涉奴對主的服從與自我犧牲，沒有證據顯示清廷認為此理念比不上儒家的服務理念。但在努爾哈赤的時代，這種德並非征服時期加諸於范氏一族的德。重點在於建立出一套忠誠的分類法，服膺於時興的世系與文化分類。在最嚴格的政策下，八旗漢軍一如所有旗人，是皇帝的奴隸，並在朝中自稱「奴才」。到了十七世紀末，朝廷政策卻明確規範，至少對部分的八旗漢軍而言，忠誠的理想應該是臣下的「忠」，

---

77 此點在《孤軍》頁十五至十七中有詳細闡述。

78《滿文老檔》賦予*tondo*（*sei*）「正直、正確、誠實」之意。「*jirugh-a*」是大清從蒙文「*jurgan*」挪借而來，如同「*jurgan*」的字面意思，意指一條線、耿直、公正、責任、紀律、奉獻。這與十七世紀末與十八世紀許多注解將「*jurgan*」譯為忠烈、正直的行為標準相一致。在意指正直、正義或公正的時後，其語義類似漢文的正直、誠實與政府（有「正」與「政」之分），這些語詞有時也會用來翻譯歐洲語言中的類似概念，像是corregio、regime、regimen、regimentation等。然而，《滿文老檔》選擇用「正直」（*gi*）來翻譯「*jurgan*」「*jurgan*」在十八世紀意義有所轉變，成為倫理與行政上官僚詞彙的一部分；清初幾乎未曾使用過這些用法，且十八世紀幾乎用此取代了所有清初的漢文借詞。中國經典的滿文譯本中對「*jurgan*」與其他語詞的翻譯，可參見Hess, "The Manchu Exegesis of the Lunyu," 410-11。

79 另可參見Crossley, *Orphan Warriors*, Chapter 1。

而非奴才的德。對范文程與其他遼東尼堪的重塑，之於建構漢人效忠清帝的神話模型至關重要。漢人不該是稚如孩童的奴隸，而應以博文的儒家風範侍奉皇帝，這既符合他們的過往，也符合一六四四年後中華帝國的戰略基礎。

許多研究已經指出，清帝亟需展示自己儒家統治者的一面，努力呈現出虛心納諫的仁君形象，以換取有德臣僚的忠誠，這成為皇帝與政府之間關係的主要建構（即雍正帝《大義覺迷錄》的中心思想）；但論及創造這些儒家君主的儒家忠誠模式的必要性，抑或是十七世紀末八旗漢軍歷史地位的轉型，研究就相對要少很多。范承謨與馬雄鎮的壯烈犧牲是場驚心動魄的大戲，寬慰了清廷對八旗漢軍堅定與否的懷疑（因滿人的忠誠有時也難以確保）。然而，其父早期歸附大清的忠誠事蹟對清廷來說遠遠不夠，畢竟清廷素來戮力建造並控制的形象需要具備足夠的說服力，來顯示漢人忠於外來政權。出身遼東的馬范二人，其實是征服者，而非被征服者。清廷亟需讓八旗漢軍「去歷史化」（dehistoricize），並為八旗漢軍創造出一個整體的「漢人」身分認同神話，再利用八旗漢軍在三藩之亂中的忠貞殉節來加以鞏固。

一六四五年後，八旗已無法容納大量的新歸附者，再加上三藩之亂，以及八旗漢軍之間存在文化同化或多樣化（diversification）的種種證據，且順治與康熙帝日益希望拉攏漢文人與官僚階級，再再促成身分認同意識形態的根本變化。結果為允許對世系論述的強化，以穩定後征服時代的身分認同標準，在國家民政中樹立明確的儒家人格面具，並重述八旗漢軍的歷史特徵。這些元素在康熙時期十分明顯，最初嵌入政權之中，意圖區分自我與強大敵人（最先是明朝，再來是察哈爾與喀爾喀諸領袖，最後則是羅曼諾夫帝國），並強力推行表現忠誠與正當性的特殊詞彙。清代身分認同邏輯的轉型初期，大致與試圖鞏固對內蒙與中國南方控制的四十年奮鬥期重疊；原因在於大清若無法將被征服者轉化為征服者，就談不上征服。但十八世紀朝廷的後見之明指出：遼東西部與華北的人口從來都不是主要的被征服者或征服者，而是穩妥的「漢人」，他們效忠明朝皇帝，並在機會主義的推波助瀾之下，超越了清朝皇帝身為普世君主所強加的忠誠抽象形象。並且，撫順佟氏或其他尼堪族群創立者永遠不會與叛徒或投機者的汙名聯想在一塊。一七四〇年，乾隆帝下令將蒙古、朝鮮、臺尼堪（遼東與吉林以東的尼堪），以及所有「撫順尼堪」一股腦納入八旗滿洲。[80]這是為具備清代社會祖先的人群重建身分認同或去身分認同的最後一步：他們對國家的創立至關重要、與皇室聯姻，只是在十七世紀使用漢語、住在城市中，並臣屬於明朝統治之下（即便牽連十分薄弱）。將遼東人群從八旗漢軍中抽出，並重新創造成滿人，這表示八旗漢軍成為中國本土人口的整體，歷史幽魂終於不再徘徊不去。一七四〇年的舉措之所以成為可能，在於將舊日遼東的尼堪再歷史化為滿人，並將遼東西部的征服「工具」再歷史化為能為清朝壯烈犧牲的典型漢士人。這可說是普世性國家的行為，其演變將在之後探討。

80 改作《八旗滿洲氏族通譜》，頁四上的凡例，日期為乾隆五年十二月八日（即一七四一年一月廿四日）；另可參見傅克東、陳佳華，〈八旗制度中的滿蒙漢關係〉，收錄於《民族研究》，第六期（一九八〇年），頁二十四至四十九（頁三十一至三十二）。不管皇帝的句法，「撫順尼堪」（其單獨舉出以強調）仍是臺尼堪下的一個子群體。

第二部

父家

THE FATHER'S HOUSE

一六二六年努爾哈赤駕崩後，敕令家族成員共議國政，第四子皇太極亦在其中。皇太極迅速削弱其他議政王的權力，不僅繼任大汗，更成為後金君主。此後他加速政權變革，直到一六三五至一六三六年間，中央集權但分而治之的體制成形——「大清帝國」。皇太極擴充軍備，吞併東蒙古，繼而征服朝鮮。他的征服並未在中國北方止步，更將戰場延伸至吉林、黑龍江北部的漁獵人群與採集者。

皇太極創造的帝國與努爾哈赤的政府大相逕庭：努爾哈赤過往是個靠商業起家的地區可汗，他的雄心壯志僅止於保衛作為財富發源地的遼東領土；但他的兒子是皇帝，隨著手上的物質與人力不斷成長，野心也不斷膨脹。在賦予地位時，努爾哈赤的汗國不重視世系，而是個人的職能；皇太極的帝國則發展出一套方法，既滿足所需的個人職能，並使用世系標準來創造區異、促進統一，以服膺當下的策略。對於是否要建立讀寫能力、文學、教育與歷史書寫的專責機構，努爾哈赤的汗國始終搖擺不定，這些機構決定了統治者要以何種面目面對臣民（無可避免地成為其客體）；相較之下，皇太極的帝國積極成立必要的機構，以擴大國家意識形態的影響力。最令人玩味的或許是，在保衛遼東的過程中，努爾哈赤汗國吸納了合璧性；皇太極的帝國則積極尋求、操控並生成新的合璧性，以構建出賦予過往征服正當性、並預想新戰役的「帝國成員」。

多線作戰亟需打造出複雜的修辭。努爾哈赤以女真金帝國的繼承人自居，並宣稱遼東（包括尼堪）是其自然領土；皇太極則與時俱進地昇華了金代餘緒的辭令，邀請明廷將其統治視作天下地緣政治的重大變革的開端。皇太極宣稱自己與蒙古、朝鮮與東北狩獵人群系出同源，甚至創造神話以茲證明；這種對自身及其世系的後設性身分認同，對於建立新「滿洲」身分認同至關重要。在從汗國到帝國的轉型過程中，過去、現在及未來都亟需被重塑。努爾哈赤被追封為皇帝，即便他從來都不曾稱帝，大清則被賦予無限統治的使命，並確立了將未來幾世的清朝諸帝加以神話化、歷史化、世系化與意識形態化的慣習。

皇太極為自身皇權所建構出的合璧性，出自被納進帝國的各個特定成員：尼堪提供了建國之初的民政能力與統治中國的意識形態基礎；東北亞的人群則帶來確立「女真」文化世界的必要元素，此文化世界不但被視作滿洲人的祖先，努爾哈赤的世系在其中亦具備獨特的地位；而從蒙古人那裡，則學到治權的新宗教延伸與新的正當性主張。在每個案例中，努爾哈赤治下國家建設所仰賴的曖昧文化認同，在皇太極一朝都逐漸（且皆經過仔細的斟酌與推敲）加以釐清。尼堪從女真人分出，女真又從蒙古人分出。對治權的記述反映出這些過程，皇太極皇權所具備的史學權威，逐漸擺脫努爾哈赤治下的個人複雜性與行政簡化。

大清征服早期，1616至1646年

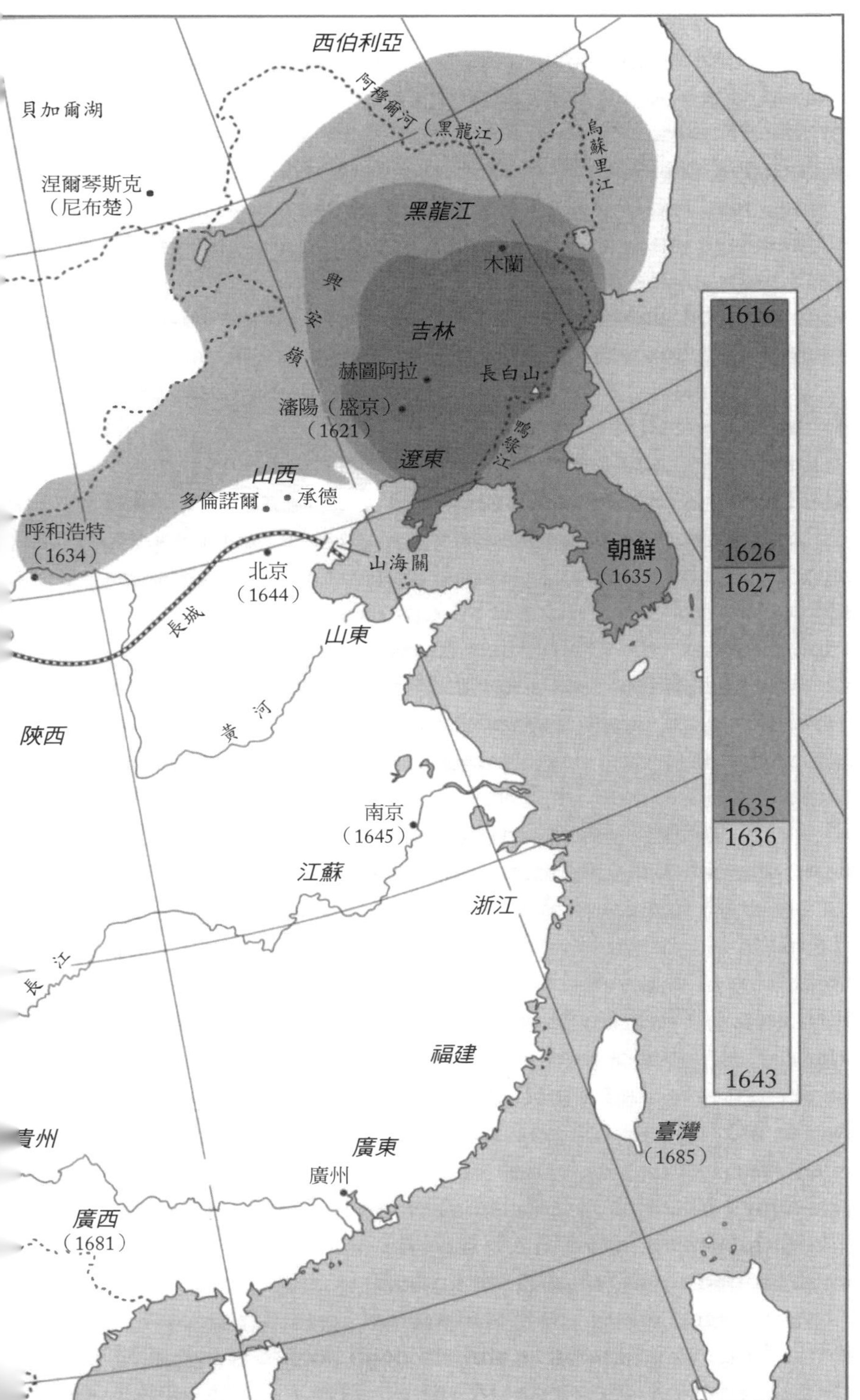
西伯利亞
貝加爾湖
阿穆爾河（黑龍江）
烏蘇里江
涅爾琴斯克
（尼布楚）
黑龍江
木蘭
興安嶺
吉林
赫圖阿拉
長白山
瀋陽（盛京）
（1621）
鴨綠江
遼東
山西
多倫諾爾
承德
呼和浩特
（1634）
北京
（1644）
山海關
朝鮮
（1635）
長城
山東
黃河
陝西
南京
（1645）
江蘇
浙江
長江
福建
臺灣
（1685）
廣東
廣州
廣西
（1681）
1616
1626
1627
1635
1636
1643

第三章

統治的邊界

「七大恨」[1]匯聚了清代的帝國敘事、民間傳說與歷史，此為努爾哈赤已知最早針對主權來源的直接表述。一六一八年四月，他在赫圖阿拉的堡壘城鎮中以七大恨告天。[2]自一六一六年努爾哈赤開始統治後就存在的汗國，從此以金朝的「金」為名。與明帝國的戰爭迫在眉睫，宣布討明檄文的同時也舉行宗教儀式，在作為祭祀地點的堂子（*tangse*）[3]中，努爾哈赤在祭壇上焚燒一張黃紙，指天為誓，並列舉為

---

1 引自《皇清開國方略》的「七大恨」，顯然出自《滿文老檔》天聰元年元月八日的「*amba koro ere nadan tere*」，意思是「我之大根，有此七件」。

2 李民寏紀錄中的「*Ro-sŏng*／奴域」；可參見di Cosmo, "Nuove fonti," 146。

3 對此告天儀式的描述可以自由發揮：《滿文老檔》當中描述了一六一八年此儀式的誓言，包括之後將誓詞焚燒，但其他的細節，像是努爾哈赤的開場祈禱詞，引用了《皇清開國方略》對努爾哈赤在一五八八年發動對葉赫戰事之前儀式的描述。因為早前的文獻記錄了更多細節，因此一六一八年儀式的資訊沒有前後不一致的問題。至於焚燒誓詞與宗教儀式的關係：清廷在之後禁止此行為，至少禁止愛新覺羅家族之外的人這樣做，因為這被看作是對漢人習俗的模仿。
後金與清初文獻使用*tangse*一詞，源自漢文的「堂子」，指與薩滿活動相關的儀式建築；此借詞是滿文中唯一用來指稱這類建築的語詞，顯示女真早期並未使用這類建築。建造堂子這類建築，可能與女真眾領袖在皇朝儀式演變中逐漸吸收薩滿的趨勢一致；此處所用的紙張與文書可能也是一種創新，與書吏職能的發展有關。論堂子，另可參見Rawski, *The Last Emperors*, 236-38。

何開戰。努爾哈赤在幾週內拿下撫順，轄下軍備和人口都歸新成立的金國所有。這場捷報之後，繼續步步進逼在遼東的明軍。一六二一年，攻占了都城瀋陽，汗國就此立都盛京。一六二二、一六二三年間，金逐漸鞏固對遼東中部的控制，約莫也在同一時期，努爾哈赤打下了取得遼北霸權的決定性戰役。隨著大軍的氣勢如虹，治理新土地的政治問題也隨之而來。努爾哈赤揉合傳統習俗與創新，試圖掌控不斷擴張的疆土。他決定向西攻入明朝邊境，直搗長城也不無可能。一六二六年二月，進攻名將袁崇煥（一五八四至一六三〇年）鎮守的明重鎮寧遠之時，努爾哈赤吞下此生少數的一次大敗。身負重傷的他雖迎來康復，卻依舊在一六二六年九月三十日撒手人寰。陵墓修建於盛京城外，農曆年底前下葬。

雖然明朝和李朝朝廷都詳細記載了努爾哈赤這號人物，但直到一六一八年建國之前，其治下領土卻對他的生平付之闕如。在其子皇太極（一六二七至一六三六年、一六三六至一六四三年在位）在位期間，才重編史書，賦予當時連續的記述，並出版供朝廷所用。這些修訂的紀錄與其他史料集結成十八世紀的官修史書《皇清開國方略》，記錄努爾哈赤出生於北方的移闌豆漫與南方的長白山之間的文化場域，他在此繼承的政權，據說是十五世紀時由猛哥帖木兒在俄朵里所建立，但當時由努爾哈赤自己的祖父與父親統治。據說，兩位父祖在一五八三年遭明軍殺害後，努爾哈赤進攻猛烈，試圖追捕並懲處曾協助明朝執行此背信行為的「尼堪外蘭」。在這一連串戰事中，努爾哈赤一統女真，並以法治理之。西元一六一八年，努爾哈赤統一東北各部，以「七大恨」告天並向明宣戰，之後屢戰屢勝，直至導致他飲恨而終的一六二六年寧遠之戰。

努爾哈赤緩步建立的國家在皇太極治下明快轉型。皇太極朝的觀念徹底轉變，一六三六年的稱帝將其統治劃分成前後兩期。[4]新登基的皇帝昭告天下，特別針對明帝國，此國家轉型將開啟政治關係的新時代，從此皇太極的統治將跟隨「天心」（*abkai mujilen*）的指引。他鼓勵使用宗教與哲學的表述方式，此賦予其獲得佛教化身、儒家聖王與成吉思汗繼承者的地位。[5]在決定帝國形式的過程中，雖然他時常悖離蒙古的傳統，但首先注意到的也是蒙古帝國的精神與世俗遺緒。他所選的年號具備互補性質：第一個「天聰」（*Abkai sure*）代表具備轉型能力，第二個「崇德」（*Wesihun erdemugge*）意指轉型的成就；這兩個年號都意味「天才」，既賦予這個時代人性，也讓這個時代完整。皇太極的謚號「文皇帝」（*šu hūwangdi*）即反映出這種變革的方式。

在清初的文獻化過程中，皇太極被加以神聖化，但卻將此神聖性溯源至努爾哈赤。在修訂時，皇太極被細膩刻劃成皇帝、神、征服者與立法者。在皇太極為努爾哈赤編修的史書中，情感豐沛地描述了努爾哈赤與母親孟古哲哲的婚姻。根據記載，努爾哈赤稱孟古哲哲為「愛妻」（*haji sargan*）。[6]一六〇三年，孟古哲哲在皇太極十一歲時薨逝，努爾哈赤似乎悲痛欲絕，因為他將都城從費阿拉遷回原鄉赫圖阿拉，並建立新都。書中繼續描述皇太極子憑母貴，努爾哈赤稱皇太極為「為父我之愛妻所生之唯一之後嗣」。一六二六年繼承大金汗位的

4　只有一位明朝皇帝有兩個年號，他就是可憐的正統帝。他在一四四九年遭瓦剌的也先汗俘虜，直至一四五一年才被贖回；並在其弟（在其被虜期間繼位）駕崩後，以天順帝的身分復辟。除了他以外，其他明清時期的皇帝都遵循一朝一年號的帝國晚期慣例。

5　此處的可汗之稱是對鐵木真的追封，鐵木真在世時並非可汗（*khaghan*），而是汗（*khan*）。

6　在皇太極時期的詔令與法律文獻中，*haji sargan*成為明確的身分，意思近似於「妻子」或「唯一合法的妻子」；例如，只有*haji sargan*被允許在丈夫過世時陪葬，她的兒子也在繼承上享有某些優勢。如同本書第五章所論，滿洲的政治與法律用詞通常以表面上的情感來區異實際行政時的群體與個人。

確實是皇太極（於一六二七年的農曆新年登基）。從某些修訂中可看出明顯的雕琢痕跡，像是皇太極統治初期，甚至早於編纂努爾哈赤史書與一六三六年清朝皇權建立之前。努爾哈赤的重塑一直持續至十八、十九世紀，這取決於時代的需要。極具政治敏感度的康熙朝並不滿意努爾哈赤的謚號「武皇帝」，一六六二年將其改謚為「高皇帝」（意指所有其他皇帝的源頭）。但到了嘉慶朝（一七九六至一八二〇年在位）與道光朝（一八二一至一八五〇年在位），卻在東北、蒙古與華北將努爾哈赤塑造成地方的戰神。

汗權的起源

努爾哈赤一生都追求可汗之位，並在戎馬生涯的最後幾年得以實現。最晚從四世紀起，東北亞就很熟悉「可汗」一詞，此為當地的政治傳統，深受同時期蒙古帝國的同一頭銜影響。[7]在女真的政治語彙裡，「可汗」意指領袖。在特定條件下，這個語詞可用於皇帝，譬如說「尼堪的皇帝」（*nikan i han*），即明朝皇帝；亦可指涉「國王」（中文通常是「王」，有時英譯為prince），例如朝鮮的王（*solgo i han*）或佛（蒙古文的*Burkhan*、滿文的*Burhan*）。治下的疆土決定了各個可汗的統治風格。儘管十七世紀時這個詞彙在東北的威望可能受惠於蒙古大汗的使用，但區域性的汗權仍有其獨特的地方傳統：其取決於頻繁的戰事，最初的存在可能僅是為了組成聯盟以提升攻守效

7 蒙文詞彙*khan*與*khaghan*的字源與關係論爭的概要，可參見Lawrence Krader, "Qan-Qaγan and the Beginnings of Mongol Kingship"。*khaghan*似乎起源較早，且在廣袤地理兩端的語言中皆曾出現過，包括古保加利亞語與朝鮮語。*khan*及其滿文同源詞可能是由弱化子音（weak consonant）縮短而來。有證據顯示在唐代的東北已聽過*khaghan*這個辭彙，而根據金啟孮的研究，滿文中的*han*源自女真文雙音節的*ha-(g)an*，此在永寧寺碑上留有紀錄（金啟孮，《女真文辭典》，頁一二二）。

率；當這些更高層的秩序取得政治穩定，可汗有時會轉變成王朝世襲，試圖讓汗位在單一的世系中傳承。但這並未衍生出嫡長子繼承制，目的也不在於阻止內鬥；[8]而是讓各個可汗在與競爭對手的激烈競爭中，證明自己具備上天所賜予的機敏、力量、辯才與洞察力等天賦。滿洲的記載將這種爭鬥描述為對天意的角逐；獲得肯定的評判（*urušembi*）就代表獲得正當性，因為天是最高（雖然無法捉摸）的智慧。突厥文用*kut*、蒙古文用*sechen*、女真文用*sure*來指稱這種可能獲得上天垂青的特質，意即「引領箭射向目標的力量」。通常會將其英譯為「intelligent」，但就其脈絡來說，更接近的意涵應該是「gifted」或「charismatic」。

努爾哈赤最早以萬汗（死於一五八二年）為可汗的典範，其為哈達聯盟的領袖，掌管開原以東的廣順關的商業命脈。[9]萬汗非常善於調停當地的競爭與謀略。烏喇、葉赫和輝發聯盟向來隸屬旗下，並在一五七〇年代與哈達聯合，形成稱霸一方的扈倫聯盟。一些擔心自己在家鄉的安危或地位的有才之士往往投奔萬汗；哈達的宮殿時常出現前來朝貢的女真與蒙古使者，萬汗任命尼堪為祕書，並將有志的奴兒干權貴，不管其為蒙古還是女真人（包括努爾哈赤）招贅為婿。萬汗頒布法律，與遼東總兵李成梁戰略合作，自詡為一朝首領，試圖將汗位傳給兒子扈爾干以讓可汗制度化。[10]清代史書將萬汗視為「滿洲」政治領域的定義者，稱之以「滿洲國主哈達國萬汗」（*Manju gurun i*

8 Fletcher, "Turco-Mongolian Tradition," 240-41.

9 萬汗是源自納奇卜祿（Nacibulu）的東北領袖之一，之後是那拉氏的首領；納奇卜祿的後裔在奴兒干享有貴族的高位，並在葉赫與烏喇聯盟及哈達崛起之後被奉為領袖。

10 這個扈爾干（Dargan hiya）並非何和禮的兒子、努爾哈赤的姪子。哈達的扈爾干在正統的大清史書中幾乎是典型的「糟糕的二世皇帝」，不但將父親的成就揮霍殆盡，更導致哈達遭努爾哈赤滅亡。

ejen Hada gurun i Wan han）。[11]這個用詞值得深究，不僅因為其承認努爾哈赤之前存在其他滿洲統治者（十八世紀習慣用「滿洲」代替「女真」），而且還因為使用「主」這個字，即蒙古和滿文中的「額真」（*ejen*）。[12]「額真」意指「主」、「所有人」與「統治者」，成為日後清朝君主自我表述的基礎。

身為可汗，努爾哈赤成為政壇裡主要的奴隸所有人。[13]「奴才」（阿哈）為子女，主人為父母。良主讓奴隸生活富足，想方設法尋求對其最好的事物，並依賴他們的智慧與支持；無良之主會遭受上天譴責，但為防止超自然的天罰，主子的上級可將奴隸從他身邊帶走。在與奴隸的關係中，所有人施予保護和食物；奴隸則報以忠誠和服從。自努爾哈赤起，後金與清的統治者就一再明示暗示何謂主奴之間的恰當關係，卻很少區分社會與經濟奴隸制的獨立制度，以及其所依循的政治與意識形態形式。為此，他們不僅挪用了東北的傳統，更挪借蒙古的大汗制，在此制度中，可汗統治旗下的蒙古人，一如主人統治奴隸。[14]由此想法為出發點，清代的基本政治詞彙在努爾哈赤治下逐漸成形。如同後世史書的說法，人口的獲得最初並非被征服（歸，即「投奔、歸附或投降」），而是征服者的行動，一言以蔽之就是「劫掠」（得，*bahambi*）。從脈絡中可見，努爾哈赤和皇太極時常拿「父親的養育」（*ujimbi*）來形容自身與治下人民的關係，正是基本主奴

11《皇清開國方略》，卷一，頁二上。雖然萬汗身為「滿洲國主哈達國萬汗」，但努爾哈赤之後在政治認同中明確劃分出「滿洲」（即女真）與「扈倫」（《皇清開國方略》，卷三，頁三）。

12 女真文中的這個語詞（*ədzen*, *ədzehei*），意指是「職位、功能、角色、地位、服侍」，此涵義在滿文「*ejehe*」中保留下來，意指「一般、權威的」；但晚期女真文與滿文的涵義則出自蒙文的 *ejen*，意指「主」。

13 此並非動產式的奴隸制，而是東北與東亞其他社會中長期存在的那種不自由的政經狀態；論清廷奴才制度的複雜性，可參見 Rawski, *The Last Emperors*, 160-94。

14 針對此想法的連續性概要，可參見 Sinor, "The Inner Asian Warriors," 134-35。

模式的延伸。[15]奴隸提供全面性服務的回報就是獲得可汗的強力保護與象徵性（或真實的）親密關係；用「從屬」一詞來概括既簡便又平等，不論其語言、習俗或居住地，人人適用。滿文政治詞彙所隱含的情感基礎也強烈反映出這一點：主與奴因愛而連結，他們受義憤、憐憫、保護等情感所驅使，並且在描述他們的相互義務時，幾乎沒有能區分出國家儒家修辭的道德詞彙。

努爾哈赤的政治生涯以建州「貝勒」（*beile*），[16]或說是首領為始，身為可汗，將其他貝勒對他的從屬關係加以制度化。貝勒自身就是重要的地土（並擁有自己的莊屯〔*tokso*，或托克索〕，由可信的僕從管理），且假定為領土內所有土地、財物與人民的原初所有人。他們多半靠武力或武力威脅成為貝勒，並有權指派其他聯盟內的首領成為所有人，並授予他們自己的莊屯。貝勒對財產的分配與再分配似乎是薩滿權的延伸，反映出（如同努爾哈赤首先是貝勒，然後才是可汗的儀式）若非合併政治與精神功能，不然就是政治取代精神功能。舉例來說，過往懲戒殺人犯時，是薩滿剝奪其羊群與財產，也是薩滿來詛咒他們的牲畜以毀滅邪惡的家族。[17]作為最原初的所有人，貝勒是抵禦竊盜與暴力的首道防線。貝勒霸權控制下的莊屯通常無法自行製造武器；貝勒會壟斷箭矢與鐵製武器的製造，並禁止工匠替自由村莊

15 此詞彙仍然被保留在帝國用語中，並演變成重要的詞彙（成為「愛養」，意指「愛與支持」或「愛以支持」），可參見《大義覺迷錄》，卷一，頁一上、十四上；卷三，頁二上（亦可參見本書第五章）。此處所暗示的奴役、情感與基本社會關係的聯繫，與英文的「family」一詞及其拉丁文字根的歷史並沒有太大的區別。

16 另可參見Crossley, *The Manchus*, 42-44; 206。十六世紀時，蒙文中的*beg*與東北的*beile*有著粗略的對應關係；其為聯盟的首領（漢文通常譯為「部」，蒙文則是*aimakh*，女真文挪借之後成為*aiman*）。*beile*與*beg*在語言上的關聯，可能出自突厥文的另一條傳播路徑，*beile*是這兩個借詞中較古老的一個。

17 Franke, "Some Folkloristic Data in the Dynastic History of the Chin," 138；*coohai janggin*亦同。

的相關產業工作。欲購買武器者須至貝勒的住處申請許可。戰時，貝勒會授權副手分配箭矢給莊屯的各個領袖。十六世紀後，戰時的領袖，無論是貝勒或家族首領，都可擁有「箭主」（*nirui ejen*；牛彔額真）的頭銜。[18]貝勒所處的地位是治下土地上假定的原初所有人，這也是他行使司法權（即獲取並給予財物）的基礎。在最理想的情況下，在貝勒承擔判決之前，族中成員的肉刑與死刑應由族中長老判定；如果出於某些原因需交由貝勒判決，那麼族中長老應迅速執行懲罰。這樣一來，家族領袖就能避免裁量權完全掌握在強大的貝勒手中。有證據顯示，在努爾哈赤汗國時期，家族領袖會預先執行對族中成員的懲處，盡可能削弱努爾哈赤的司法主動權，以保有一定的自治權利。

努爾哈赤年少之時曾致力於獲得貝勒頭銜。可見他族中可能不只一位長輩，曾在建州女真中擔任過貝勒；但與萬汗朝廷的聯繫，可能也堅定他獲取可汗頭銜的野心。若真如此，其由來日久，而且最初也並非出自努爾哈赤的女真歸附者；最先稱努爾哈赤「可汗」的是操蒙古語的科爾沁人。一六〇六年敗給努爾哈赤後，他們尊稱努爾哈赤為「恭敬汗」（*Kündülün khan*；*Kundulen han*；昆都倫汗）以示友好；[19]

18 這牽涉到一些蒙古習俗，標記的箭象徵從屬的地位；最完整的二手研究，可參見Serruys, “A Note on Arrows and Oaths among the Mongols”。在元明二代的漢文紀錄中，這些箭稱為「令箭」，展示令箭便足以表示來訪之人是蒙古世界任何地方的使者或高級軍官的信使（非常類似申忠一記錄的一些事件），且這種帶有獨特標記的箭被用來主張對地方及人事物的所有權。在清代，官員的旗籍與級別以附在箭上的小旗子形狀與顏色來分別，分發令箭的做法在清代十分常見，曹霑《紅樓夢》還特別加以戲謔（由首領老鼠分發令箭，以指派小老鼠搜羅慶祝臘八的物資）。據司律思的評論，田清波（Antoine Mostaert）在一九一七年前後還見到軍閥馬福祥的撒爾塔（Santa）部隊使用此做法。這些撒爾塔人是穆斯林，但使用一種古老形式的蒙古語。

19《滿洲實錄》用「武神皇帝」來解釋這個稱號，恆慕義主編的《清代名人傳略》也採用了此說法（頁五九六）。「武神」在《皇清開國方略》中用來形容努爾哈赤，此尊號所隱含的權威僅針對努爾哈赤個人（而非針對整個建州女真），而他的汗位源於、也僅限於他與科爾沁人的關係。對旗下的女真歸附者來說，他仍然是「聰睿貝勒」[20]（*Sure beile*；淑勒貝勒，此稱號可能受到蒙古徹辰汗的啟發）。這種合璧性的領導形式簡單而關鍵——努爾哈赤將科爾沁納入政權的同時，也將科爾沁融入他的統治人格面具。清代史書記載，努爾哈赤於一六一六年將建州女真的「聰睿貝勒」與科爾沁的尊號「恭敬汗」相結合，以示成為建州／科爾沁統治者「聰睿恭敬汗」。[21]不久之後，他又將之改為「大英明汗」（*Genggiyan han*）。[22]癥結點在於此轉變發生的時間點及其確切的涵義。帝國史書將「大英明汗」的稱號與其年號、金朝代名等同視之。但與朝鮮的往來書信卻非如此。一六一六年，努爾哈赤向李朝朝廷宣布自己為建州可汗；但直到一六一八年，他才告知朝代名為金。[23]年號（不同於朝代名）明確標記出國家伊始，代表具備記錄事件與賦予時序形式化的能力，進而否認女真從屬於明朝。努爾哈赤在紀錄中的變化啟人疑竇：他是否真的有使用這些年號，抑或是皇太極時期的史家編造的。

也可能是與努爾哈赤的第一個廟號「武皇帝」混淆。如法夸爾所指出的，蒙文稱號的意思是「受尊敬、受崇敬的」，與現代蒙文的*qündülqü*（崇敬）有關。另可參見滿文*kundulembi*，意指「尊敬」；這個語詞在清朝史書中首次出現時，即被加以正確注解：《清太祖武皇帝實錄》，卷二，頁二。（編按：根據《滿洲實錄》，卷三，丙午年〔一六〇六年〕十二月條，上尊號的蒙古部落疑為喀爾喀人，而非科爾沁人。）

20《皇清開國方略》記為聰睿貝勒。

21 聰睿恭敬汗（*Sure kundulen han*），《滿文老檔》天命元年。（編按：根據《滿文老檔》，努爾哈赤至少在一六〇七年就被稱為聰睿恭敬汗，另外被稱為大英明汗也不是一六一六年之後的事。）

22《滿文老檔》天命元年。

23 朱希祖，《後金國汗姓氏考》，頁二十一。另可參見閻崇年，《努爾哈赤傳》，頁一五八。

努爾哈赤一朝的年號（汗號）是「天命」（*abkai fulingga*），帶有明顯的政治意圖。以文法而言，其涵義幾乎就是中文的「天命」，不過滿文的說法更為精確：「此乃天命所歸。」[24]天命的普世意義早在中國政治修辭中根深柢固，讓此年號的意圖不言而喻——天命正轉移至另一個新秩序。然而，當代沒有留下證據顯示努爾哈赤曾決心在自己的疆土內承繼明朝。年號所暗喻的政權更迭（如果努爾哈赤確實以天命為年號）將在東北發生，當地的明朝權威將讓位給努爾哈赤。同樣令人玩味的是，在努爾哈赤一朝，如此年號反映出自女真金帝國覆滅以來，「天命」或中央集權的政權首次現跡東北。

「*Fulingga*」（命）這個名詞是「智慧」的果實，一種天生的價值或卡里斯瑪（charisma）——在鬥爭之後贏得上天的垂青。其意味有福分、有財富與上天眷顧，是與言辭、演說、辯才（或缺乏辯才）相關的語詞之一。[25]*Fulingga*意指「有福分的」天生統治者，能在人間表述上天的想法；用在「*abkai fulingga*」一詞中不僅是對天意的展現，更顯示上天經由可汗發聲。它讓可汗的身分成為政治性的薩滿，其涵義既合乎古代中國的天命，亦合乎東北薩滿政治正當性的更直接源頭。

不過，無論努爾哈赤生前是否用過年號，都一定會讓「金」這個朝代名復活：「金」，即滿文的「Aisin」（愛新）[26]引發強烈的歷史反思（historical reflection）。十三世紀的中國分為北方的女真金帝國與南方的宋帝國（兩者後來皆亡於蒙古）；而如今，努爾哈赤在一六一

---

24 參見女真文 *fuli[n]gi*（*fuli[n]gi gaibi*等），意指「指揮」（金啟孮，《女真文辭典》，頁二二六）。

25 另可參見Crossley, "Manzhou yuanliu kao and the Formalization of the Manchu Heritage"。

26 依照慣例，史家將努爾哈赤與皇太極早期稱為「後金」，但當時的文獻僅使用「金」來稱呼。

八年自居為金女真的後裔。以歷史的角度觀之，唯有把定義放到最寬，才說得過去；完顏聯盟——金皇室的後裔，遠在建州東方，於一五八〇年代遭到暴力鎮壓。滿文是從建州女真的語言變形而來，可算作金女真語言的親戚，但肯定稱不上是直系後裔；他們不僅文法相異，並吸收大量借詞（loan-word），多半來自蒙古文與漢文，但也有一小部分主要經由蒙古語引入的突厥、阿拉伯、俄文與亞蘭文（Aramaic）詞彙。[27]

對努爾哈赤想用的歷史意象來說，這些事實根本無關緊要；他首先確立自己繼承了東北的統治傳統，不僅僅是建州，而是整片女真領土；中古時期的金帝國控制西伯利亞、東北、中國北方與部分蒙古，前來朝貢的不僅有已然失勢的突厥、回鶻、契丹，亦包括之後繼承其大統的蒙古。都城、官僚機構與十進位的部隊編制是金朝行政管理的基礎——這些努爾哈赤未曾多加著墨的事實，皇太極卻視若珍寶。舊日的金帝國在征服中國北方後，贏得當地漢人的效忠；新的金在征服遼東後，亦會如此。舊的金朝成功抵擋了宋朝將其逐出北方的企圖，讓宋朝成為偏安的「南朝」；新的金國也希望如此對待明朝。努爾哈赤在一六一八年所宣傳的金朝表述雖然沒什麼說服力，明朝依舊對他所援引的形象十分敏感。明朝從不否認後金女真與十二世紀女真金帝國的歷史連結；甚至毀壞了建於北京附近的房山金陵，「以示慶祝」。[28]對於那些承認或遭影射有女真血統的守邊官員，努爾哈赤的辭令可能加劇了明朝對他們的疑慮；隨著一六二二、一六二三年明軍在遼東失利，這股疑慮轉為迫害，可能導致了高階明朝官員的叛逃，以及佟卜年、李如柏等人的下獄。

早年的皇太極身為可汗，繼承了父親的做法，以金／宋時代作為

27 Franke, “Etymologische Bemerkungen zu den Vokabularen der Jürcen-Sprache.”

28 一六四四年清軍入侵中國，多爾袞洗劫了位於北京北方的明十三陵，以示報復。

明朝與新金國關係的典範；他下令將（契丹）遼、（女真）金與（蒙古）元帝國的歷史從漢文譯成滿文，據稱他喜讀金史（這十分有可能，雖然仍有疑竇，畢竟這些譯本並未在皇太極在世時完成）。一六二九年夏天，金軍攻打北京，皇太極前往房山金陵，祭祀金帝阿骨打與世宗，這是他唯一一次進入中國本土。同樣令人玩味、甚至有點突兀的是，皇太極下令修訂的大清史書中安插了一些橋段，讓努爾哈赤與中古金國開創者（完顏氏／Wonggiya）阿骨打的個人生涯顯得十分相似。一如努爾哈赤，阿骨打先是遵循主要統治帝國的慣例，然後才起而反抗；一如努爾哈赤，阿骨打的性命也為一名帝國高官所救；一如努爾哈赤（此為影射），阿骨打被迫開戰以阻止帝國的侵略；一如努爾哈赤，阿骨打先攻打東北的家族塢堡，統一女真後才向帝國宣戰；一如努爾哈赤，阿骨打獲得各個地方人群的愛戴，紛紛投奔旗下。[29]而一如阿骨打，努爾哈赤也形式並官僚化了女真的基本社會形式。

這些對社會等級與從屬關係的整治，廣受史書稱頌，並隨努爾哈赤的權力成長而加速進行。每次接收投降或被征服的新村寨，抑或是自遠方歸附的遊牧民或獵人群體，努爾哈赤逐步強化財富重分配與在新納入的人群中重置社會結構的能力。作為貝勒，他身兼給予者和立法者。隨著政權益加複雜，他不得不區異並在某些情況下轉派這些權力；為確定這些權力（或其效力）是從他傳遞至其他人，須將自己定為中心。出於兩個原因，這十分困難。如同他的直系祖先，除了須有堅固的防禦工事，努爾哈赤不太在意要住在哪裡或家中如何陳設。除了哈達的萬汗，幾乎沒有人在生前達成一定程度的集權；在歷史的詮釋下，努爾哈赤居所的位置與陳設反映出其地位與野心。這對年紀尚輕的努爾哈赤而言，可能不是個需考慮的重點。他出生並成長於父親

29 阿古打的紀錄，可參見《滿文老檔》天命三年三月（頁二三二至二三六、三〇〇）。

覺昌安位於虎攔哈達（煙囪山）的家族莊園，此處曾是李滿住的基地（見第二章與第四章）。[30]努爾哈赤首個獨立在外的家，僅能看出他身為一個自由且成年男子的狀況：按照傳統在十九歲那年離開父親的家後自行成家。具體的位置不明，不過申忠一的紀錄顯示可能在寧古達，不到半天就能回到虎攔哈達。寧古達據說是因為覺昌安與五個兄弟曾住在那裡而得名，絕對不是個富麗堂皇之地。申忠一在一五九六年途經此處時，只見到一座年久失修的望樓與八座廢棄的屋舍；寧古達的土地用作馬和牛的牧地，附近建立起一個約四十戶人家的新莊屯。[31]覺昌安與塔克世過世之後，努爾哈赤在虎攔哈達接管了當年的家族莊園。他大幅翻修，一五八七年，第一道木柵圍牆築成，並蓋起一座三層樓高的宮殿。但還不到十年光景，申忠一途經虎攔哈達時，只見一片蕭瑟荒涼，不到五十戶人家，防禦工事一點不剩，只有一名再平凡不過的首領在管理。[32]一五九二年，努爾哈赤遷往費阿拉（舊崗），位於明朝與奴兒干交界處。這樣的聯繫實則對明朝有利。從撫順到此僅需兩天的路程，但從大大小小的女真聚落到此卻需花上三、四天。從朝鮮城鎮華陽到位於西南方的鴨綠江，也不過三天；向東走十天就是許多東北人群的聖山長白山。[33]繼續往東約莫兩週的路程後，就是猛哥帖木兒與俄朵里女真的原鄉琿春。布占泰與滿泰兩位強大的烏喇領袖就定居在往東北方腳程一個月的地方。由此可見，努爾哈赤位處要衝——明朝領土的最東端與女真政治連續體（political continuum）的最西端。此位置反映出猛哥帖木兒時代之後，女真政

30 在勢力遭猛哥帖木兒與凡察消滅之前，李滿住是建州女真的首領。可參見本書第二章。

31《建州紀程圖錄》，頁十四。

32 虎攔哈達（Hulao ling），申忠一，《建州紀程圖錄》，頁十四。申忠一被告知，自從努爾哈赤離開虎攔哈達以來已過了十年（這當中有誤，雖然不嚴重）。

33《建州紀程圖錄》，頁二十九。

治中心的西進——從琿春移轉至朝鮮以北的「佟佳江」，亦即虎攔哈達與寧古達一帶。明遼東如今對建州的諸位領袖來說再熟悉不過，琿春反而顯得遠在天邊。[34]一六〇三年，即孟古哲哲過世的那一年，努爾哈赤遷都赫圖阿拉，滿文意為「橫崗」，[35]因其山勢奇險陡峭、山頂平坦易守而得名。赫圖阿拉（今遼寧省興京）位於土地肥沃的夾河畔（Giyaha River），直到一六二五年征服遼東並遷都盛京（瀋陽），都一直是努爾哈赤的總部。

帝國史書大為稱頌一五八七年虎攔哈達的防禦工事，將其視之為建都，並與努爾哈赤成為立法者的新角色相連結。歷史載明，努爾哈赤在此時頒布了一部法典。[36]申忠一證實建州存在某些規則，而努爾哈赤就是這些規則的制定者；許多規則關乎不斷成長的土地、礦藏、毛皮、牲畜與人口所帶來的財富，都維持在努爾哈赤賜予的人手中。似乎沒必要去假設有一套成文規定。無論當時的制度如何，應該都不至於太複雜，且仍然仰賴家族來執法。時間點也十分合理：當時差不多正值一五八八年努爾哈赤大幅擴張支持基礎（雖然時間稍早一些），他招募了五「扎爾固齊」（*jargūci*，意指「理事官」，源於蒙文的*yarghōči*）。（編按：這裡應為「五大臣」〔*sunja amban*〕，而非五理事官。）無論有多簡化，應該都是在一五九〇年之前就透過「扎爾固齊」將法律實務加以標準化。

從努爾哈赤早年為維護並擴張家族財產的鬥爭開始，一直到晚年身為統治者與當地政治利益的代言人，他所有的政治活動都圍繞著財

34《建州紀程圖錄》，頁十、十六；Crossley, *The Manchus*, 56-57。

35 赫圖阿拉的背景，可參見Rawski, *The Last Emperors*, 18-19。斯達理（Giovanni Stary）在批評魏斐德對赫圖阿拉的研究時指出，赫圖阿拉的正確翻譯為「小山丘」。「赫圖」意指「平坦」或「如桌面的」（臺地），漢文名稱「平崗」即反映出這一點。「赫圖」一詞與清代常見的官僚詞彙*heturi*有關，意為「水平的」。

36《皇清開國方略》，卷二，頁一上。

富。在奴兒干開發農地，並從遼東與朝鮮北部引進奴隸勞動力，似乎有助於十六世紀末女真領土內的人口擴張；在此同時，明朝軍隊偶爾也會侵占女真人的農地。一五七〇年代，可能是在覺昌安與塔克世的默許下，李成梁聲稱赫圖阿拉以南的土地歸己所有，當地的軍事建設也持續侵占周遭的女真人區域。明朝當局鼓勵華北移民（特別是山東）前來，不斷增多的女真人因而備感壓力；明朝阻止女真人繼續向西擴張，李朝朝廷也不斷將女真人從朝鮮往北趕。一五八〇年代，要想獲取財富必須鋌而走險。晚近清廷的觀點會強調當地時局混亂，因而亟需一名和平仲裁者。「賊盜如蜜蜂，紛紛而起，自稱汗、貝勒、諳班（*amban*），每嘎山（*gašan*）立為領主，每穆昆（*mukūn*）立為長……族多力強者征伐弱者，甚亂。」[37] 申忠一是當代的見證者，將建州的見聞記錄下來：當地人將行路安全且能將錢財存放家中都歸功於努爾哈赤。大清文獻與征服歷史都體現出努爾哈赤法律的影響之深遠，即個人可以接受努爾哈赤賜予的財富，但絕不能未經努爾哈赤同意，或在他不知情的情況下，積累任何東西——無論錢財、貨物，還是人口都不行。

在努爾哈赤治下，家族成為參與司法與政策協商的實際機構。一般來說，名門大族的領袖似乎嘗試依照傳統的權利來自行執行懲戒，以減緩可汗權威凌駕至族中成員。而在努爾哈赤自己的家族，他也向來拒將生殺大權交與旁人，諸如在一六二〇年，代善（古英巴圖魯；Guyen baturu）的妻子遭指證犯了通姦罪，故提出殺妻的邀求，但被努爾哈赤拒絕，並在一六二二年不讓代善與阿敏處決他們遭指叛逃的兒子（分別是岳托和碩托）。[38] 直到十七世紀末葉，旗人世系都還不屬

---

37 引自莫東寅，〈明末建州女真的發展及其建國〉，《滿族史論叢》，頁九十一；Wakeman, *The Great Enterprise*, 49 n 61。

38 Okada, "How Hong Taiji Came to the Throne," 254.（編按：根據《滿文老檔》，代善的妻子並沒有犯通姦罪，代善要殺他不是因為通姦。其次，第二件事情發生在一六

於漢人平民所認定為法律實體。[39]犯法之人的罪不及其家族成員，努爾哈赤的法律也並未規定要懲罰、處決或死後侮辱被定罪者的家族成員。反之，對於他的敵人布占泰、滿泰和金臺石，努爾哈赤的朝廷用公開封賞來拉攏他們的遺孀和母親；[40]且許多遭貶黜或處決的愛新覺羅後裔，如舒爾哈赤與褚英（阿爾哈圖圖門；Argatu tumen）的後世都十分昌盛。對家族結構高層的調控讓努爾哈赤政權得以發展出組織。靠著這些機制，他形塑、頒布並執行他的法律；動員所需的兵力；與潛在或實際的盟友建立正式關係；並且建立家族共議來協助管理他所打下的基業。在所有事務上，努爾哈赤顯然都偏好用最低程度的創新來實現目的；他沒有野心（也欠缺手段）去徹底重組奴兒干或遼東的社會。

努爾哈赤的「世系」確實極具可塑性。指稱世系的語詞「*mukūn*」（穆昆）[41]最早出現在中古金帝國的紀錄中，用來指稱女真的氏族部

二〇年，且被誣告通姦的是代善的妾。天命五年九月，代善、阿敏舉報碩托跟寨桑古預謀叛逃明國，要殺這兩人，但努爾哈赤判斷是因為碩托跟父親代善不和、寨桑古跟兄長阿敏不和才被舉報，不是叛逃，就下令釋放了碩托跟寨桑古。事實是代善討厭前妻生的孩子碩托跟岳托，後來他又誣告碩托跟自己的妾通姦，努爾哈赤查明真相後大怒，嚴厲譴責了代善。故代善想殺的只有兒子碩托，沒有岳托；阿敏想殺的則是弟弟寨桑古。）

39 論「族」的法律作用，可參見van der Sprenkel, *Legal Institutions in Manchu China*, 80-89。

40《滿文老檔》天命十年一月七日。

41 早期對滿洲氏族的研究提供大清新創語詞*halamukūn*（哈拉穆昆），作為「氏族」或家族的常用詞彙（參見Shirokogoroff, *Social Organization of the Manchus*及凌純聲的《松花江下游的赫哲族》）。有人認為此與中文的「氏族」同源，「穆昆」是「哈拉」的一個單位：即哈拉是「氏」，穆昆則是「族」。相較於哈拉，穆昆這個滿文詞彙更為古老，且（與「族」類似）最初並非明確指涉血緣相關群體的語詞。哈拉後來指涉穆昆的聯盟，穆昆在清代仍然是指涉家族或延伸家庭的常用詞，而哈拉則很少被用來指涉同樣家族姓氏的所有人（無論他們實際上是否有親戚關係）。這個詞彙在明代女真文當中也有記載（參見金啟孮，《女真文辭典》，頁一八八，*hala*

落；「穆昆」譯自金代文獻中的「*mouke*」（謀克），用來指涉狩獵或採集的集體，可以指遷徙群體或村寨。清朝建立後，「穆昆」成為明確的世系詞彙，現今（史祿國〔Shirokogoroff〕以後）多半英譯為「clan」（氏族）。但重點在於，不該用十七世紀之前的情況，來解釋清代縝密闡釋並加以制度化的世系結構。清初社會的環境形成於一個依賴口述且相當模糊的血統說法、分散且遷徙不定的定居群體，以及講求務實的政治聯盟。社群攸關生存，無論是物質抑或精神上的，都絕非女真人生活的表象；但亙古不變的世系身分認同與族裔的聯繫，的確是之後才強行套用在奴兒干文化歷史上的。努爾哈赤時期的相關記載通常不會嚴格區異穆昆、村寨（*gašan*；噶珊）或狩獵組織（*tatan*；塔坦）。語言學證據可以輕易區分家族實體與村寨實體，但在實際生活中，這些差異可能無足輕重。為長期控制與朝鮮和明帝國的邊界及貿易，努爾哈赤亟需仰仗權力來重組女真人的生活；他利用深厚的家戶與村寨防禦傳統。作戰時，人人皆須自備武器與裝備（通常包括一頭牛、乾糧、肉乾與十八兩銀子，這樣如果被俘虜到朝鮮，才有辦法贖回自己），這是假設每個人均為家族的一分子，且各家戶都應該要知道一名士兵要上戰場會需要什麼。努爾哈赤不用付半毛錢就能調動兵力。男人投入防禦，畢竟唯有這樣才能保護家園免受明軍或其傭兵劫掠，於是他們加入攻擊兵力，並期待能分享獎賞。各個家戶都全心為家中的士兵提供物資，並希望在他獲得戰利品時能分一杯羹；家戶同時也須承擔他的災禍，這不僅僅是死傷而已。舉例來說，努爾哈赤的習慣是，若家族太窮，無法為士兵提供贖金，就必須自己前往朝鮮救回受俘的士兵。[42]

---

moumuhuwe）。這通常被解釋成中文的「氏族」，這也代表「穆昆」是「哈拉」的一個單位：即哈拉是「氏」，穆昆則是「族」。可參見本書第三章；另可參見Crossley, “Thinking about Ethnicity” 及 *Orphan Warriors*。

42《建州紀程圖錄》，頁二十五。

前征服時期的女真缺乏語詞來指涉更高階層的組織，即氏族聯盟或「部落」（tribe），這代表家族功能、結構與姓氏都隨時可變。蒙文*aimaleh*指涉單一領袖治下的家族集合，被借用（滿文寫作「*aiman*」）來描述通常由貝勒所指揮的聯盟。在實際狀況中，其在明末對應東北的「衛」（見第一章），但在其他情況下，其涵義與中文的「部」（通常英譯為「tribe」）難以區分。女真是什麼時候引用這個詞彙已不得而知，但很可能是明代的產物，且在十五、十六世紀的遷徙、政治整合（political amalgamation）與戰時日益普遍。正是這個詞彙以及這個組織阻礙了努爾哈赤的雄心壯志。在其與女真鄰居的戰役中，他們的「*aiman*」遭到摧毀，但「穆昆」沒有；「穆昆」成為努爾哈赤治下早期組織戰爭的容器。穆昆的首領（*mukūnda*）並未和貝勒一樣，為了生存或致富而征討其他「*aiman*」，而是成為努爾哈赤的「牛彔」（*niru*；佐領）。一五九六年，申忠一發現無論努爾哈赤是步行還是騎馬，只要離開私人大院，就會有全副武裝的護衛隊陪同，人人都配有弓箭，並自備糧食；他們是組織嚴密的大規模軍隊的一部分，而申忠一所見到的肯定是非常早期的旗人。他還發現，在費阿拉城中，「士兵的家族」就住在努爾哈赤和舒爾哈赤所在的內部居住區與外城牆之間的空間，這裡強調「家族」——這是清朝的習慣，除非特殊情況，旗人都與家族（負責支援他們）住在一起；這些家族一同擔負戰爭的後果，之後也共享身分認同，無論命運好壞，所有家族都被塑造成專業的受薪雇員，但這些人始終只占旗人的少數。[43]一六〇一年，這群旗人正式合併為四旗（*gūsa*），依次為黃、白、紅、藍四色。

自古以來的攻守壓力迫使家族與村寨不斷強化並規範出互助關係，更使他們成為以旗主為首的群體，最終聚攏於努爾哈赤。努爾哈赤在此區的影響力前所未有，並在家戶、家族與村寨生活的重建中，

43《建州紀程圖錄》，頁十七。

奠定日後清代國家建設的核心。從建國之初就可看出努爾哈赤一再謀劃控制穆昆的司法自治、身分認同、成長與財富，而且肯定在建國之前就已經展開；十六世紀末，他為了重新統一部分女真所主導的行動，暴露出世系從屬的嚴重失序。[44]努爾哈赤建立旗制與國家時，為方便登記入籍，立法規範歸附者的世系從屬。缺乏從屬關係的個人則被分配至不同世系。運作良好且因對努爾哈赤的服務而脫穎而出的世系得以在旗內世襲。各旗（*gūsa*）的基礎都是一組「牛彔」（niru；佐領），[45]而在十六世紀末，每個牛彔都是出自一些既有的社會單位。村寨內的大家族會形成多個牛彔，這樣一來，他們的首領（*mukunda*）就會成為佐領，亦即「箭主」（*niru i ejen*；牛彔額真）。由較小家族組成的村寨（*gašan*；噶珊）可能只會組成一個牛彔，那首領（*gašanda*）就會成為佐領。依照東北傳統，牛彔的領袖之位是世襲的。要想爭奪牛彔的領導權，並獲得相應的俸祿和特權，須提出一個家族姓氏與起源背景的說法；努爾哈赤許多世系認同正規化與制度化的舉措，都是為了滿足此需求。立即的目標十分清楚，因為穆昆是旗分的基本單位。但與明朝開戰在即，建立並宣傳新國家的壓力接踵而來，重複援引十二世紀女真的王朝餘緒，亦是重中之重。要讓金代餘緒成為努爾哈赤宣傳的一部分，就須強調以世系為基礎的公共從屬關係的發展，因為某些特定的姓氏更容易聯想到金代餘緒。之後的帝國史宣稱，努

44《八旗滿洲氏族通譜》的凡例，頁三。

45 女真／滿文語詞「*niru*」，字面意思是「箭矢」，在狩獵或軍事隊伍的用法尚未完全明朗。明代文獻描述*niru i ejen*是指在狩獵或戰鬥時分發箭矢給歸附的人。申忠一指出，努爾哈赤身為貝勒，壟斷製造箭矢的傳統做法，箭矢統一在費阿拉或由努爾哈赤掌控的托克索中的專業作坊製作。努爾哈赤本人即是「箭主」，在戰爭時分發箭矢給其副手，然後副手再作為「箭主」，將箭矢分發給歸附者。*niru i ejen*在清代一直用來稱呼組織的首領，而在努爾哈赤的時代，用*niru*來指組織，這肯定與箭矢傳統有關，可能是藉由*niru i ejen*的主導地位而來；在這兩種情況下，*niru*都由主人所控制。

爾哈赤所一統的世系是女真的帝系。

在旗內一如在可汗的朝廷，聯姻是所有世系關係的重要組成。[46]在旗的組織建立之前，許多男性百姓入贅妻族，如前所述，司法行政多半由世系隸屬關係主導。為穩定政治關係，努爾哈赤的婚姻極為關鍵，八旗更成為個人統治與國家建設之間的橋梁。在年少之時，婚姻只是拿來確保自己在家鄉與家族中的地位。一五七七年，他迎來第一段婚姻——塔本巴晏之女哈哈納扎青，[47]屬於當地的佟佳氏一族。[48]彼時努爾哈赤尚未開始鞏固勢力的征戰，這段婚姻只是鄰近家族之間的正常嫁娶。他的第二段婚姻則事出緊急：一五八四年左右，努爾哈赤的族兄弟威准被殺，按照女真的婚姻習俗，努爾哈赤迎娶遺孀袞代為妻，袞代為莽塞杜諸祜（即明朝的都指揮使）之女，屬富察氏一族。[49]下一段則是楊吉砮之女孟古哲哲，[50]屬葉赫那拉氏。這場計畫於

46《皇清開國方略》，卷二以慶祝向努爾哈赤進獻美女為開場，來證明其日益成長的名聲與勢力。

47 努爾哈赤的妻妾很難理得清楚，首先因為下令編修努爾哈赤史書的皇太極堅稱自己的母親孟古哲哲應為皇后（高皇后），且其他嬪妃則都有各種不同的頭銜；張爾田在《列朝后妃傳稿》中用滿文的*fujin*（妻子）來指稱其中四名女性，其餘則都被稱為「妃」或「嬪」。

48 意思是十六世紀於佟佳江形成的佟佳穆昆，是巴虎特克慎的後裔（見本書第二章）。Okada, "How Hong Taiji Came to the Throne," 251-52 推測哈哈納扎青是撫順佟氏，但根據《八旗滿洲氏族通譜》，此推論並不正確。努爾哈赤於一五七七年迎娶哈哈納扎青，正值其搬離父親的家，年僅十九歲。哈哈納扎青過世日期已不可考，但肯定是在一五八三或一五八四年之後，因為在《滿洲實錄》中，她與她的女兒及兩個兒子曾有提及。

49 她首先嫁給努爾哈赤的族兄威准（威准的父親是武泰、祖父是索長阿。索長阿則是覺昌安的三哥），並與威准育有三子：阿蘭泰珠、充善與昂阿拉。威准於二十九歲時戰死，努爾哈赤遂迎娶袞代。據岡田的說法，此情況只在《愛新覺羅宗譜》提及。威准過世的日期已不可考，但袞代似乎是在一五八五或一五八六年再婚，因為阿蘭泰珠和充善分別於一五八三與一五八四年出生，昂阿拉則出生於一五八七年。

50 逝後追封「孝慈高皇后」；「孟古哲哲」並非本名，而是稱號，意思是「蒙古的女士」（哲哲則出自漢文「姐姐」）。

一五八八年的婚配是第一次外交聯姻，為見證葉赫部與努爾哈赤之間短暫的和睦。接下來是已故的滿泰之女阿巴亥，[51]屬烏喇那拉氏，一六〇一年由叔叔布占泰將她當貢品獻給努爾哈赤。[52]努爾哈赤還納了多名側妃，像是伊爾根覺羅氏、[53]葉赫那拉氏（葉赫貝勒楊吉砮的另一個女兒）、博爾濟吉特氏（兩次）[54]，以及哈達那拉氏（哈達萬汗的孫女）。其他庶妃包括喇克達之女兆佳氏（生子阿拜）、博克瞻之女鈕祜祿氏（生子湯古代和塔拜）、貝渾巴晏之女嘉穆瑚覺羅氏（生子巴布泰和巴布海、育三女），以及奮杜哩哈斯祜之女，屬覺羅世系，後改稱「西林覺羅氏」（生子賴慕布）。這些聯姻都僅能算是與敵對家族與聯盟談判過程的一部分：努爾哈赤與孟古哲哲的婚姻實際上並未讓努爾哈赤與葉赫的關係變得多和睦；當孟古哲哲在一六〇三年病危，希望能讓母親前來探望，葉赫首領卻派了兩名妾侍前來，這讓努爾哈赤勃然大怒，從長遠來看，也為他向葉赫宣戰提供了另一個藉

51　逝後追封「孝烈武皇后」；張爾田，《列朝后妃傳稿》，頁三十八，指出其在孟古哲哲過世後被立為大福晉（「皇后」）（見下文）。一六二六年冬天，努爾哈赤在溫泉療傷後，啟程返回奉天，據稱，其於距奉天約四英里的靉雞堡一病不起。他派了一名使者前往城內宣召阿巴亥，阿巴亥便與兩名側妃趕往靉雞堡；途中得知努爾哈赤的死訊，時值三十七歲的阿巴亥自殺，身邊的兩名側妃也一起自殺。此為張爾田的說法，而根據《清代名人傳略》，頁一，阿巴亥是受到皇太極、代善、莽古爾泰等人的逼迫才自殺的。

52　根據《滿文老檔》天命十年元月七日指出，滿泰的妻子（*sargan*）是努爾哈赤的岳母（*emhe*），在一六二五年新年後不久的一次公告中澄清了她的身分與地位。

53　張爾田，《列朝后妃傳稿》，頁四十四：「側妃，伊爾根覺羅氏，札親巴晏女。」她育有一子（皇七子阿巴泰）一女（皇二女和碩公主）。

54　張爾田，《列朝后妃傳稿》，頁四十五至四十六，描述了一六一八年的婚禮慶典：明安（在蒙文、滿文中意思為「千」），科爾沁的貝勒，也就是新娘的父親，來到努爾哈赤的大院，送給新女婿十頭駱駝與一百匹馬，並住了一個月。努爾哈赤送給岳父四十戶人家、四十副盔甲，錢財與絲綢，然後與明安一同騎了十英里路回到科爾沁的營地，並在那裡過夜後才回家。按照女真習俗，女婿在婚後的第一晚須在新娘家過夜。

口。[55]這些婚姻是外交工具（誠如孟古哲哲的例子），但不僅是結盟的象徵；事實上，鈕祜祿氏和蘇完瓜爾佳氏等與努爾哈赤最為親近的家族，在努爾哈赤的妻妾當中未必占有重要地位。努爾哈赤的妻妾圍繞，反映出他談判與聯盟的拼圖日益完整，他的孩子也同樣藉由聯姻鞏固不斷增加的政治合併。[56]哈哈納扎青為他生下的女兒嫩哲（固倫公主）嫁給努爾哈赤東方戰線棟鄂部的何和禮；這有助消弭與棟鄂部好幾代的仇恨，也為努爾哈赤陣營招募了最有才能的指揮官。哈哈納扎青的兩個兒子褚英（生於一五八〇年）與代善（生於一五八三年）分別於一六一一和一六一二年成為聯盟的第二與第三任指揮官。袞代為努爾哈赤生下兒子莽古爾泰（之後弒母）和德格類，以及女兒莽古濟格格，之後嫁予吳爾古代，並於一六〇一年將哈達併入努爾哈赤的聯盟。[57]孟古哲哲則是皇太極之母。阿巴亥生下阿濟格、多爾袞和多鐸。這四位與之後納進的妾侍不同，稱為「福晉」，之後的史書將其晉升為「大福晉」，史家則將其視為「皇后」。努爾哈赤諸子當中，僅有出自這四位大福晉的褚英、代善、莽古爾泰、皇太極、阿濟格、多爾袞、多鐸、德格類才有資格攝政。（編按：在史料中只有葉赫那拉氏孟古哲哲、烏喇那拉氏阿巴亥有被尊為「大福晉」或「大妃」。佟佳氏哈哈納扎青是努爾哈赤的元配，因此被稱為「元福晉」或「元妃」，意思是「先娶的福晉」。富察氏袞代是努爾哈赤收繼來的妻子，因此被稱為「繼福晉」或「繼妃」，意思是「再娶的寡婦福晉」。此外「福晉」等同於「妃」，所以兩位「大福晉」葉赫那拉氏、烏喇那拉氏生前是「大妃」，死後才被追稱為「皇后」，至於佟佳氏、富察氏自始至終都只是妃子，不是皇后。）

明朝對佟卜年的攻訐點，在於其他投靠努爾哈赤麾下的撫順世系

55 張爾田，《列朝后妃傳稿》，頁二十九。

56 與愛新覺羅相關的菁英女性歷史，可參見Rawski, *The Last Emperors*, 127-59。

57 另一個稱號，源自蒙文的*monggholcin*，是*mongghol*的陰性。

獲得了額駙（*efu*）的地位——包括但不限於佟養真、佟養性的家族；[58]額駙之名點出努爾哈赤治下新興貴族成員的地位，但其作用機制在於與努爾哈赤的世系聯姻。這不代表努爾哈赤本人應迎娶額駙家族的女性，但也無法確定他的妻妾中未曾出現尼堪女性。佟圖賴的女兒嫁予順治帝福臨為妃，最終受尊為后（編按：順治生前並未立佟氏為后，詳見第二章注釋四十），她雖然是第一個獲此殊榮的尼堪女性，但可以合理假設之前有一些未留下紀錄的尼堪女性曾入宮。明朝負責佟卜年案的主審有充分的動機，認為撫順的漢奸已經在奴兒干成為初始一批的貴族，但無法解釋在這麼多極具殺傷力的指控中，為什麼要挑選此點來攻擊。[59]有鑑於費阿拉與赫圖阿拉時期的尼堪經歷了有意為之的政治模糊，就不能如同一些史家般輕易斷言，努爾哈赤或皇太極的妻妾中不存在尼堪家族的代表；[60]之所以會這樣假設，是因為認為僅憑姓氏就能分辨尼堪或女真人，而事實顯然並非如此。

就努爾哈赤而言，其治下人群的代表出現在其象徵性的頂棚之下，是此種政治危難（political exigency）下的自然產物；至於對於後繼的清朝君主來說，皇帝收集各族女性的反面，即對額駙的收集，成為各個「帝國成員」代言人的基礎。在事後的設想中，乾隆帝將額駙制度轉化為類似中國前帝國時期的「和親」，並大加稱頌。[61]如同所有其他具備政治影響力的身分認同面向，這些從屬關係也受到帝國調整的影響。出自八旗組織（主要是尼堪）的嬪妃，她們的兒子若登基為

58 為了讓語意更清晰，我稍微時代錯置一下。此時期的滿文文獻使用漢文借詞「駙馬」來指稱汗的女婿；之後，朝廷下令引入*Efu*，以使滿文看來更具本土色彩。

59 劉潞，〈清代皇后冊立與八旗大姓氏族〉，頁六十一，從另一個角度來看，不乏類似的觀察，即努爾哈赤所迎娶的二十八名女性裡，很有可能就有尼堪（漢人）女性。

60 例如，如果兆佳氏發源於兆佳城，且是因家族姓氏才有此城市名（而非顛倒過來），那麼曾將女兒嫁給努爾哈赤的兆佳喇克達，就很可能是尼堪。

61 簡要但直接的討論，可參見Liu Guang'an, "A Short Treatise on the Ethnic Legislation of the Qing Dynasty," 98。

帝，就會被抬為八旗滿洲；但在過往努爾哈赤的時代，無論出身背景，只要聯姻有助穩定並擴張統治，他都來者不拒。[62]此外，努爾哈赤的做法深化了女性長輩參與議政的傳統——特別是被認可為可汗妻子（*sargan*，後稱福晉）的女性——這也讓她們成為兒子得以入選八貝勒的靠山。出於此原因，女性長輩或有能力成為女性長輩的人，經常成為皇太極的眼中釘，他認為她們及其地位阻礙自己把持朝政。[63]

合議共治的刺激

清代史家詳加研究了中央迅速集權的兩大時期：其一是皇太極治下，約莫從一六三〇年到其一六四三年駕崩為止；其二則是雍正帝一朝，從一七二五至一七三〇年左右。集權的趨勢至乾隆朝達到頂峰。以此觀點來看，十九世紀則是中央集權與帝國政治主動性瓦解的普遍「衰頹」時期。在皇太極、康雍時期一直到乾隆初年，確實有顯著的政治集權化，並從十八世紀末起權力逐漸下放（decentralization）；但若把集權，也就是讓具備決定性的權力逐漸集中在單一統治者手中的趨勢，看成是清代政治文化中的常態或更重要的動機，可能並不明智。努爾哈赤對此多抱持矛盾態度，並一再警告皇太極的集權野心。他試圖加以形式化的是種通常稱作「合議」（collegial）或「共治」（corporate）的統治風格，這在奴兒干行之有年，並成為清廷傳統的一部分，並在十九世紀持續了一段時間，以補償皇權政治動能的實際損失。[64]

62 劉潞，〈清代皇后冊立與八旗大姓氏族〉，頁六十一。

63 此一觀點的闡述根據劉潞，〈清代皇后冊立與八旗大姓氏族〉，頁六十三至六十五，並引用了皇室家譜中的紀錄。

64 中亞與內亞專家可能會問，以下段落提出的問題是否與突厥帝國、花剌子模與可薩汗國內證據充分的雙元或分裂統治有關，這在遼帝國及其在中亞的繼承者喀喇契丹努爾哈赤所繼承的並非建州的統治權，而是領導的世系，且似乎屬於較為反動的社會類型。明朝與李朝朝廷都承認猛哥帖木兒是俄朵里的領袖，他的權威可能源於其父親也被即將傾覆的蒙元帝國承認為俄朵里首領。努爾哈赤的祖父覺昌安自稱是猛哥帖木兒的第四代後裔，並繼承父親福滿與祖父充善的首領之位（見第四章）。明廷任命福滿為建州左衛都督；目前未發現有文獻顯示這個位子有傳給覺昌安，但努爾哈赤在一五九〇年代自命都督。覺昌安在奴兒干內部並非沒有競爭對手，其中最知名的當屬王杲與楊吉砮。在他自己的建州領土上，覺昌安與其兄索長阿、索長阿之子武泰，以及他自己的兒子塔克世分享權力。當覺昌安與塔克世死於下文將論述的事件中時，塔克世的長子（努爾哈赤）和次女都快滿二十四歲了。[65]塔克世的次子是穆爾哈赤（一五六一至一六二〇年），在覺昌安與塔克世過世時年僅二十歲；接下來是嫁予青吉哈的女兒；然後是十八歲的舒爾哈赤（一五六四至一六一一年），最後則是嫁予甫下下的幼女。[66]還餘下一些未成年的孩子，至少包括兩個兒子——雅爾哈赤與剛出生不久（或尚未

（Kara khitai）的歷史中得到強烈的反映，並可能殘存於蒙古分割的帝國中。我的觀點是，此種相似性虛有其表；與「汗」這個稱呼與制度本身一樣，蒙古與中亞的政局在十六世紀與十七世紀早期對東遼東的影響就算有也非常間接。更具說服力的是當代、晚近的證據，顯示出女真與扈倫聯盟的集體（通常是雙元，但有時更複雜）統治的發展，其之前就已存在，但在覺昌安與塔克世的世代內得到強烈的體現。

65《皇清開國方略》，卷二，頁二上。塔克世的長女嫁給扈喇虎之子扈爾漢（一五七六至一六二三年），其以佟為姓，世居雅爾古寨；努爾哈赤之後將這個外甥認為義子，並賜姓覺羅。扈爾漢賜號「達爾漢轄」（Darhan hiya），《滿文老檔》稱「英勇的守衛」。

66 甫下下以童為姓（可參見本書第一章）。其為（童）姜求里之孫，姜求里曾是現已解散的溫火衛的酋長。申忠一的觀察顯示，溫火衛歸附努爾哈赤之後，在甫下下的指揮下，繼續以一個軍事單位的形式運作，可能由原本組成溫火衛的六個部落組成；至一五九六年，約有千餘人。（《建州紀程圖錄》，頁二十五）

出生的）巴雅喇（一五八二至一六二四年）。[67]努爾哈赤與武泰和索長阿一起領導聯盟，但很快就讓自己成為建州的最高領導者。

帝國的史書呈現出努爾哈赤在一五八〇年代末至十七世紀初領導建州的景象，這與其他史料所敘述的大相逕庭。例如，李朝朝廷明確知道建州左衛有兩位首領，「奴酋」（努爾哈赤）和「小酋」（舒爾哈赤），兩位都會向朝鮮朝廷派遣使節與魚雁往返。一五九六年，當申忠一終於抵達費阿拉（努爾哈赤統一大業開始的十三年後），隨即對兄弟兩人的關係感到十分不解。走了一段路、進入內城木柵後，發現努爾哈赤、舒爾哈赤與建州幾位將領的家族都住在木柵內。努爾哈赤與舒爾哈赤的大院位於中心，努爾哈赤的大院坐北朝南（最佳的方位），舒爾哈赤的則是坐南朝北。他們共用客廳與神龕。兄弟的身材差異十分驚人，申忠一評論道：「奴酋不肥不瘦，軀幹壯健，鼻直而大，面鐵而長……小酋體胖壯大，面白而方，耳穿銀環，服色與其兄一樣矣。」[68]新年宴會上，努爾哈赤戴了一頂附耳掩、飾以象毛的貂皮帽，據申忠一的說法，上頭有坐在「蓮臺」上的人形裝飾，舒爾哈赤也戴著類似的帽子；努爾哈赤身穿貂皮長袍，上頭飾有五色絲綢貼花，舒爾哈赤也是如此。[69]不管努爾哈赤展現出何種特權，衣著、座位、好客、以儀式為中心、隨從，抑或是能言善道，舒爾哈赤均有類似的表現——只是稍微少上一些。兩兄弟的地位有時甚至可以量化：烏喇的剌八投降建州時，進貢一百匹馬，六十匹給努爾哈赤，四十匹給舒爾哈赤。[70]

67《皇清開國方略》確認雅爾哈赤才是努爾哈赤的親兄弟（同母弟），穆爾哈赤則不是；在當地的家族紀錄並未提及穆爾哈赤。

68《建州紀程圖錄》，頁二十四。

69 賽克勒博物館（Arthur M. Sackler museum）的清代肖像畫收藏中有一幅幾乎真人大小的朝服像，被認定為「多爾袞」的肖像。

70《建州紀程圖錄》，頁二十四。

申忠一見聞錄代表的究竟是努爾哈赤權力的上升或下滑，還是清初政治史留待商榷的問題。覺昌安與塔克世過世之時，因為索長阿和武泰年齡稍長、統治經驗較豐富，聯盟的統治權不會自動落到其他任何一個人手中。努爾哈赤於一五八五或一五八六年收繼威准遺孀時，可能是在履行武泰之子威准的「虛構兄弟」的身分。這並不僅是因為努爾哈赤並非眾所默認的建州領袖；至少覺昌安的兩個兄弟都強烈反對，最早期支持努爾哈赤的只有德世庫的兒子完布祿與深受努爾哈赤信任的戰友安費揚古。[71] 相較這些不確定性，李成梁認可努爾哈赤為家族的代表這一點便別具意義。穆爾哈赤與舒爾哈赤應該在早期的幾場戰役中，就擔任努爾哈赤的副手，努爾哈赤在這段期間樹立了他本人對佟佳江一帶村寨的控制權，即便這些區域本應與索長阿和武泰共治。舒爾哈赤能讓申忠一在一五九六年做出這些觀察，顯然是得利於穆爾哈赤的犧牲，才得以強化自己的地位。儘管大清起源的正統史書對舒爾哈赤少有著墨，但他的野心確實形塑出早期的國家——影響深刻到讓他付出生命，而穆爾哈赤則得以頤養天年（雖然不確定）。舒爾哈赤引發的問題不僅影響了努爾哈赤與烏喇的關係，也間接左右了努爾哈赤與整個扈倫民族與科爾沁的關係（科爾沁最先認定努爾哈赤為可汗），最終更導致努爾哈赤在一六一六年自命可汗的制度化。

舒爾哈赤的問題牽動了布占泰治下烏喇聯盟的敏感神經；雖然官方說法是努爾哈赤不滿女兒遭受虐待，怒而剿滅了布占泰在烏喇的勢力，但更有可能的是，之所以要一舉拿下布占泰和舒爾哈赤，是因為他們早已祕密結盟要對付努爾哈赤。一五九六年，努爾哈赤放布占泰返回烏喇時，舒爾哈赤已將兩個女兒嫁予布占泰為妻，兩人便密切聯繫。一六〇七年，努爾哈赤大軍向北推進，烏喇與建州之間戰爭爆

71《清代名人傳略》，頁十三，記錄了「章佳」與「尼瑪蘭」（Nimala）這兩個覺昌安兄弟的聚落，都曾試圖反抗努爾哈赤。

發。布占泰很快就宣布停戰，這次成為努爾哈赤的女婿。但舒爾哈赤仍是他在建州指揮部的保護傘。布占泰請降後，努爾哈赤提出將琿春以北約二十英里的斐優城烏喇村的人口遷至費阿拉。不願看到盟友的資源減少，舒爾哈赤要求一道前往遠征，並盡可能加以阻止。不顧舒爾哈赤的反對，舒爾哈赤的兒子褚英仍隨代善一起，與理事官和將軍（蘇完瓜爾佳）費英東一同前往斐優城，並完成目標。這次戰役使努爾哈赤得以首次在長白山一帶站穩腳跟，他與東北「漁獵」人群（*butha*；布特哈）的複雜關係也就此展開。這些遠征代表成功領導者的政治地位迅速抬升，以及舒爾哈赤的大難臨頭。一六〇九年，努爾哈赤下令沒收舒爾哈赤的財產，包括其治下人民，大部分財產轉交給褚英，[72]意味他繼承了舒爾哈赤共治者的身分。隔年，舒爾哈赤的長子阿爾通阿與三子札薩克圖因叛國罪處死。一六一一年，舒爾哈赤死於暗殺；努爾哈赤將較受寵的兩個姪兒（阿敏與和濟爾哈朗）改納入自己家門。

舒爾哈赤之所以能獲得如此高的地位，不僅在於他的實力，更因為努爾哈赤發現將指揮責任分攤十分有用。[73]舒爾哈赤過世後，努爾

72《舊滿洲檔》，一六一〇年（萬曆三十八年）：對此的說法略有不同。在舒爾哈赤生命的最後一年，家戶維持困難重重：旗下的部隊被一分為二，主要的部分由努爾哈赤與褚英共享，其餘部分則由代善與舒爾哈赤共享。

73 我不同意甘迺迪（George Kennedy）在《清代名人傳略》（頁六九四）中的評論，稱舒爾哈赤的生涯「無足輕重」，我認為其生涯對努爾哈赤的政治塑造極為關鍵。甘迺迪可能是基於《皇清開國方略》，卷一，頁十下的立場——對舒爾哈赤的名字隻字未提。「實錄可互證也又謂我太祖〔努爾哈赤〕與一弟皆以驍勇雄部中，兄弟始登壠而議，既則建臺。策定而下，無一人聞者，蓋未嘗一日忘〔祖父與父親的犧牲〕。」完全不提舒爾哈赤的名字。這樣的處理方式十分令人玩味，因為所有《皇清開國方略》的讀者都知道這個無名弟弟是誰，其中一些人可能因此受到觸動：舒爾哈赤的後代世襲鄭親王（後改為簡親王，之後又改回鄭親王，見第六章），以濟爾哈朗為第一代，在《皇清開國方略》成書期間，德沛、奇通阿與積哈納接連襲位。舒爾哈赤的後世雖然不太出名，但在文武職位上皆表現良好。

哈赤立即找到新的共治者，即嫡長子褚英，他在一五九八年、年僅十八歲時就因戰功而受封貝勒，旋即獲賜「洪巴圖魯」（*hung baturu*）稱號。之後，他又獲得蒙文的「親王」（*taiji*；台吉）頭銜，並於一六一一年——舒爾哈赤去世後，受封為「太子」（*taise*）。[74]之後的史書將「太子」解釋為法定繼承人。事實上，也幾乎確認褚英是努爾哈赤的共治者。管理聯盟的責任開始轉移給褚英，現年五十二歲的努爾哈赤則專注於南征北討，以讓自身權力與財富逐年攀升。舊文獻中暗示了在賦予褚英這些重責大任之前，努爾哈赤不得不先克服對褚英的一些猜忌；[75]但對褚英統治的抱怨，立即傳到努爾哈赤的耳裡。一如往常，努爾哈赤的眾子姪一群人浩浩蕩蕩跑來，指責褚英對戰利品分配不公，把代善、莽古爾泰、阿敏與皇太極等主要權力競爭對手都晾在一邊。努爾哈赤的處置方法同樣一如往常：當著眾人的面斥責褚英，然後就讓他走了。[76]但結果依然讓努爾哈赤十分痛心。一六一二年努爾哈赤前往剿滅布占泰，期間接獲奏報，稱褚英趁他離開赫圖阿拉時密謀造反，甚至找薩滿來蠱惑整個家族。努爾哈赤下令將褚英圈禁，並由代善負責監控。一六一五年褚英又故態復萌，努爾哈赤顯然十分絕望，於是下令將之處死。

努爾哈赤之所以在這個時間點創造出可汗之名，可能與他自命為汗的原因有關。證據顯示努爾哈赤在建州聯盟中獨攬大權後，試圖重拾舊有的合議共治，這或許是因為他希望自己在前線征戰時，後端對不斷成長的經濟、人口與政治資源的管理不會扯他後腿。第二次的合議共治瓦解後，努爾哈赤於一六一六年自立為可汗。

---

74 另一個試圖豐富政治詞彙的例子：*Taise*是女真文借詞*taiji*的複數形式，且如同*beile*與*beise*的情況，*taise*多用於單數，以提供一個新且確定的稱號。

75《舊滿洲檔》，一六一三年。

76 此說法或許不盡正確——房兆楹曾說過，努爾哈赤親征時，可能會指派代善駐守赫圖阿拉，以監視褚英（《清代名人傳略》，頁二一二）。

「和碩貝勒」（*hosoi beile*）[77]是努爾哈赤世系，或更精確地說，覺昌安家族的準親王；當中不僅包括努爾哈赤的兒子，還包括他的姪子阿敏（阿敏在父親舒爾哈赤於一六一一年過世後，被納入努爾哈赤家中）。他們得到可汗授意持掌八旗——不僅是軍事組織，亦是社會組織。在努爾哈赤時代，尚未區分成「滿洲」、「蒙古」與「漢軍」八旗；他們之間只差在隸屬的旗主，以及在戰役、戰備、土地權、牲畜使用、戰利品分配、等級、升遷、住房、婚葬等事務上需服從的旗主。努爾哈赤駕崩後，各旗主也獲得授權可引導汗位的繼承。

到了這個時候，原本地位模糊且相當普遍的貝勒頭銜被正式置於可汗之下，並頒布了貝勒以下的等級：貝子（*beise*）、諳班（*amban*），以及特別針對尼堪的哈番（*hafan*）。努爾哈赤任命其中七名兒子與一名姪子為貝勒，並授予每人一個旗分，代表除了現有的四個旗分，還需再增設四個旗分。努爾哈赤多次指派和碩貝勒在其駕崩後共治，所有事務皆須協商，並擁有平等的執法權。即便如此，努爾哈赤仍有可能以不同方式來表達對第四子皇太極的偏愛——雖然僅有皇太極時代修訂的史書可資證明。有可能大家都留意到此種偏愛，皇太極本人也視為理所當然。從大清文獻記載的一起事件即可看出：一六二三年，皇太極與德格類、濟爾哈朗及岳托因收受（尼堪）官員的賄賂而被判有罪；努爾哈赤懲罰了皇太極一行人（削減他們的土地），並責罵皇太極：「爾果獨善其身，超越他人而行，置眾兄於不顧，爾欲為汗乎？」[78]

一六二一年，努爾哈赤掌控遼東東部與中部，再次希望有人能協助管理這片擴張超過一倍的領土，因此命令四大貝勒共理機務：由代

---

77 也就是說，此處的「和碩」指的是羅盤的方位點；之後的文獻顯示，有四位和碩貝勒，代表西方羅盤的四個方向點，但如下面所討論的，和碩貝勒其實有八位，如同東北薩滿羅盤的八個方位點。

78 Okada, "How Hong Taiji Came to the Throne," 258.

善、莽古爾泰、阿敏與皇太極按月分值。此制度最初的紀錄並不明確，且四大貝勒之間持續的競爭似乎也干擾了其運行；從一六二一到一六二六年努爾哈赤駕崩之間，陷入長期不斷的相互攻訐。例如，代善因任用親信而遭受努爾哈赤的嚴厲斥責，皇太極則因收受尼堪賄賂為己謀權而獲罪。努爾哈赤對諸子耳提面命：合議共治如果良好運作，不僅最切合實際，也最為明智——合議共治的政府有助避免導致神明憤怒的過度行為。「繼我而為君者，毋令強梁之人為之。此等人一為國君，恐倚強自恣，獲罪於天也。」努爾哈赤接著提到，若出現野心勃勃的可汗，貝勒應予以罷黜。[79]但整體視之，皇太極（顯然就是努爾哈赤處處提防的「強梁之人）這些年來不斷犧牲其他共治者以往上爬。努爾哈赤駕崩之前，皇太極的堂弟濟爾哈朗、親弟弟德格類與姪子岳托（代善之子）都是他的親信。岳托之所以忠於皇太極，部分原因可能是他們有共同的母系血統；岳托之母（不受代善待見的第二任妻子）是孟古哲哲的堂兄弟葉赫貝勒卜寨的女兒。努爾哈赤駕崩後，有證據顯示，代善是在岳托與薩哈連的奔走下，提議眾貝勒推舉三十五歲的皇太極為可汗。一六二七年元旦，皇太極於盛京繼承大汗之位。在皇太極治下編修的史書中，記載其父努爾哈赤為可汗時，僅將皇太極稱作「四貝勒」（*duici beile*）。[80]同一史書的漢文版本則稱其

79 Li Hsüeh-chih（李學智）, "An Analysis of the Problem in the Selection of an Heir during the Reign of Nurhaci of Emperor Taitzu of the Ch'ing Dynasty," 114，出自《清太祖武皇帝實錄》一六二二年三月三日。

80 雖然在一六一九年，有位朝鮮訪客聽說此人被稱為「皇太極」（可參見di Cosmo, "Nuove fonti," 147）。而到了十七世紀末，皇帝的名字非常神聖，故每次修訂文獻，都會用頭銜和稱號代替原名，就算保留原名，也會加以遮蓋，通常會以黃紙覆蓋以保護名字的神聖，避免低等書吏看到。雖然這樣的想法令人費解，但透過這些方式，皇太極的真名可能已經佚失（若他有其他名字的話），但為了刻意隱瞞而彌封也是有可能的：五世達賴喇嘛在生命的最後幾年開始偶爾與皇太極通信，信中他的名字就是彌封的。（編按：第五世達賴喇嘛生卒年為一六一七至一六八二年，皇太極則是一六四三年逝世，兩人如果有通信，達賴五世的年紀最大也不可能超過二

為「皇太極」或「洪台吉」，朝鮮的紀錄亦是如此。[81]漢文通常寫作皇太極（意為皇太子），反映出此名暗示了其主人身為繼承人的地位；這當然不是其名的本意。歐洲史學界的一次謬誤，為他取了一個極具吸引力但並不正確的名字「阿巴海」（Abahai）。[82]皇太極是清代第二位可汗，也是第一位皇帝，廟號「太宗」，加上諡號則統稱為「太宗文皇帝」。

除了八旗與可汗世系以外，努爾哈赤政府幾乎沒有其他組織，皇太極旋即鞏固自己對八旗重要組成的掌控，並以此作為控制兩者的手段。原因如今並不十分清楚，皇太極在一六二六年被推舉成為可汗時，領有八旗中的鑲黃旗和正黃旗；努爾哈赤曾表示希望由小兒子阿濟格掌管一旗，但皇太極將其占為已有；一六三三年皇太極趁著莽古爾泰薨逝，併吞了鑲白旗；皇太極掌管的三旗之後稱為「上三旗」（*ilan dergi gūsa*），歷代由帝系直接統御。（編按：莽古爾泰統領的應為正藍旗；此外「上三旗」指的是鑲黃旗、正黃旗、正白旗，也不含鑲白旗或正藍旗。）皇太極也摧毀了努爾哈赤晚年試圖重建的寡頭制度；一六二九年廢除貝勒共議國政，在取消之際，是由代善與莽古爾泰分值。皇太極藉著對貝勒的抹黑，來剝奪其共治的權力，並打擊他們繼續持有的傳統權威。阿敏在努爾哈赤治下的貝勒之中位居第二，且對於皇太極征服朝

十六歲，不會是他生命的最後幾年。）

81 此頭銜的靈感源自蒙文，借用了*hung*這個字，其在其他地方也出現過（例如*hūng baturu*），可能與蒙文的*khung*有關，這個字也出現在一些頭銜中（例如，成為第四世達賴喇嘛的喀爾喀親王與噶爾丹之父的頭銜）。這可能與現代蒙文中與鐘及其聲響的相關語詞有關，但皇太極當時之所以使用此名／頭銜，可能是因為他自己選用這個名字。

82 陸西華指出在豪爾翻譯的《皇清開國方略》中，曾將稱謂誤用，可參見Roth [Li], "The Manchu-Chinese Relationship," 7。Giovanni Stary, "The Manchu Emperor 'Abahai,'"提及正是翟理斯（Herbert Giles）將「阿巴海」引入了英語學術界，可參見Herbert Giles, *China and the Manchus* (1912)。

鮮功不可沒，卻在一六三〇年因將永平的控制權拱手讓予明軍而遭幽禁。當時的狀況撲朔迷離。阿敏獲罪的原因包括擅離職守、未戰先退、讓軍隊遭受不必要的損失，甚至還允許軍隊在城鎮燒殺擄掠（侵犯可汗的專有權）。貝勒與諳班組成的議會（興許是在皇太極的暗中策動下）判處阿敏死刑，但皇太極改判幽禁——阿敏於一六四〇年死於幽禁之所，可說是無期徒刑。阿敏掌管的鑲藍旗轉給了他的弟弟，即皇太極的長期擁護者濟爾哈朗。

莽古爾泰在薩爾滸之戰（帝國史書將之歸功於皇太極一人的大捷）中同樣戰功彪炳，接下來同樣不受可汗待見；在阿敏因永平之役倒臺後不久，皇太極的政治傳聲筒（political mouthpiece）含沙射影指稱莽古爾泰同樣須對一六三一年大凌河失陷負責。阿敏的幽禁處分如今落到了莽古爾泰頭上，這讓他憤慨不已，甚至在皇太極面前拔刀相向，但很快就遭到弟弟德格類制服。在私下的會議中，貝勒決議剝奪莽古爾泰和碩貝勒的地位，並處以巨額罰款。代善，曾貴為努爾哈赤汗國的大貝勒，擔心自己會成為皇太極的下一個目標。作為他仍然在世的長兄，這位皇太極的競爭對手，從不願意拿個人榮辱以身犯險；非但如此，一六二〇年時他為了解決與父親的紛爭，不惜手刃妻子（據稱他一直受到妻子的欺壓）。一六二七年，面對皇太極對可汗之位勢在必得，代善不僅退到一邊，還輔佐弟弟封汗。如今，面對兒子岳托的虎視眈眈，代善無意抵禦皇太極的擴權，並於一六三二年提議自己和莽古爾泰在與皇太極共享典儀時，應坐在次級的從屬位置上。隔年莽古爾泰病逝，在最初的和碩貝勒中，只剩下代善見證過努爾哈赤治下的共治政府時代，並仍具備人身自由。和碩貝勒的個人性與隨後制度上的降級，都只是皇太極制度化過程中的表面，實則削弱了女真菁英，特別是努爾哈赤家族的文化、經濟與法律基礎；皇太極致力於一項異常艱巨的任務，即將政權集中在自己手中，以反抗東北傳統的合議共治，此為汗權的內涵，且努爾哈赤駕崩前夕還曾明確確認。在此過程中，中央集權與專業官僚制相輔相成，皇太極的模型就是在中國發展並完善的皇帝制度。

努爾哈赤偏好的或許是某種形式的寡頭合議政府，其背後隱含傳統的力量，在許多方面都為努爾哈赤開方便之門；但事實上，他兩次下令共治都沒有成功，且每次都有親族和昔日戰友死於非命。即便如此，在早期的大清文獻中，努爾哈赤向子姪宣告了共治之德，並在一六二一年占領瀋陽後，重建了某種共治。或許他擔心若指定一個年輕人為共治者或法定繼承人，將會面臨挑戰；亦有可能的是，努爾哈赤認為，若付諸實行，合議共治就是最好的制度。綜合史書中的種種元素，包括對舒爾哈赤的共治角色的中肯評論，並否認其遭到清算，大清政治傳統中殘留有努爾哈赤作為合議共治政府倡導者的隱蔽印象；此種印象的持續存在連結到合議共治是大清政治價值的一環，關乎清廷在十九世紀的存續，時不時因為亟需攝政與愛新覺羅世系作為政治階層的持久利益而活化。[83]

謀逆罪的重塑

努爾哈赤雖然意識到自己在此區域的統治方式，代表著東北社會秩序與中央集權政權的伊始；但他算不上革命家。他所推展的變革步履蹣跚，為了鞏固其繼承人所擁有的財富，這些變革都僅是因他不容妥協但十分有限的計畫而不得不為；為保護他的財富，努爾哈赤亟需控制遼東，包括女真賴以為生的貿易路線與市集城鎮；為控制遼東，努爾哈赤亟需打擊其他女真對手，強化對明朝蒙古傭兵的影響力，並說服朝鮮尊重他的商業自主性。四十年來，努爾哈赤確實將治下的女真世界加以組織，但他為了安全必要而控制商業中心的意圖，朝鮮與

83 另可參見Rawski, *The Last Emperors*, 9。

中國對此仍抱持懷疑；為了說服他們，他必須宣戰，而為了證明戰爭的正當性，他必須讓自己在道德上與中國皇帝平等。將覺昌安與塔克世之死的「七大恨」與侵犯女真領土主權相互聯繫，是努爾哈赤初期政治修辭的一大特徵，並在皇太極時代的文獻化過程中加以強化與制度化。在清代史書中，尼堪外蘭這個神祕角色的出現，與空間與文化邊境的建構密切相關；有些是後設的聯想，在一系列發展之後成形，在此其中，努爾哈赤實際上是從明朝官員那裡，獲得對其邊境的非正式承認。但這也反映出一大熱門的研究主題，即從努爾哈赤年少之時就已成為女真領袖：保護女真的經濟活動、田地與交通路線免受明朝軍隊和官員的騷擾。

早在努爾哈赤時代之前，這場建州領土之爭就已開始。一四七八年，猛哥帖木兒之子充善任建州聯盟領袖期間就曾吹響獨立的號角，這場起事雖遭鎮壓，但女真諸領袖多次請願，希望在邊境立碑，以示其領土與明朝領土的區別。[84] 自一五八二年成為一大建州領袖以來，努爾哈赤就大力推行同樣的計畫：一五八八年朝鮮與建州雙方在滿浦鎮會盟，努爾哈赤將其視為朝鮮默認女真在鴨綠江以北的經濟主權；他向遼東的明朝官員要求類似的認可，但並不成功。一五九六年申忠一出使時，努爾哈赤的代理人就曾多次向其論及明朝承認與女真邊境的必要性。他被送回朝鮮，身上帶著努爾哈赤的回帖，其中細數女真維護明朝邊境有多艱辛（據稱，邊境長約三百一十五英里〔九百五十餘里〕）。努爾哈赤對李朝朝廷表示：「後日天朝官害我，你替我方便

84　一四七八年（成化十四年），這場起事遭宦官黃順、趙甫、李秉（死於一四八九年）率領軍隊鎮壓。李秉於一四三六年舉進士。可參見*Dictionary of Ming Biography*, 495。其因評議朝廷而被從鄂爾多斯（Ordos）召回，接著被派往東北。《皇清開國方略》控訴了此事（雖然其記錄的日期是一四六六年，與我不同），但依照其習慣，並未提及參與其中的建州將領；充善則已在他處神格化成興祖帝。

壹言，呈與天朝通知，我有酬報。」[85]李朝對此不為所動，更停止了女真在滿浦鎮的貿易。不過在一六〇八年，明朝似乎對努爾哈赤的統治給予了某種承認，當時雙方簽訂遼東邊境盟約，禁止漢人進入奴兒干；根據清代文獻，努爾哈赤刑白馬祭天、殺烏牛祭地，並在標記邊境的石碑上刻下盟誓：「各守皇帝邊境，敢有竊逾者，無論滿洲與漢人，見之即殺。」[86]除考量到遼東之外定居的漢人愈發增多，也為了維繫女真對當地商品的壟斷，這些商品在中國與朝鮮都能售出高價，之後清廷也將之納入東北政策的一環。[87]曾有一段時間，努爾哈赤持續派遣使節至北京朝貢，乞求頭銜與貿易特權，但之後轉而指責明朝違反邊境盟約，一六〇九年後似乎完全不再出使中國。針對覺昌安與塔克世之死，努爾哈赤控訴遼東總兵李成梁無故越過邊界；意即努爾哈赤認為兩人的死亡發生在建州的領土，李成梁無權進入；一六一八年的「七大恨」直接抗議遼東官員干涉女真內政，此控訴也是其中之一。例如第二恨就是在指責明朝在努爾哈赤一統女真的征戰期間，試圖為葉赫女真出頭，未將自己限制在適當的範圍內；第六恨則是葉赫持續在明朝面前誹謗努爾哈赤，破壞建州與明朝的結盟；第七恨，明朝試圖（一六一八年春天）煽動不同群體（特別是哈達和葉赫）之間的猜忌與敵意來破壞女真聯盟。

在努爾哈赤祖父覺昌安與父親塔克世的時代，他們都是建州女真寡頭統治的一部分，忠誠與否是個人的、可討價還價的，且規模非常小。僅與明帝國或女真實體結盟的概念，對於當時的政治生活條件來

85《建州紀程圖錄》，頁三十。

86《滿文老檔》天聰元年元月八日。與努爾哈赤在一五九六年試圖與朝鮮李朝建立但未果的盟約相比，與明代的盟約十分有意思，其規定越過邊界的任何人，都應讓其安全返回，並歸還越過邊界的財產（主要是不小心越過邊境的牛隻）。《建州紀程圖錄》。

87 可參見Robert H. G. Lee, *The Manchurian Frontier in Ch'ing History*, 20-21。

說，並不切實際。覺昌安和塔克世甚至不顧之前的栽培之恩，背叛了努爾哈赤的外祖父王杲與舅父阿台，以在名義上的明軍總兵李成梁面前提高自己的地位。即便努爾哈赤極度不滿東北明朝官員對其的待遇，但在一五九六年，他仍試圖迎合明朝。一五九〇年，他還曾展現出前所未有的大度，放回了兩名在女真人鬥爭時落入他手中的「明人」，而非將之殺害、奴役或要脅贖金，從而獲得明朝朝廷的褒獎；並且在一五九二年，他還提議援助在朝鮮討伐豐臣秀吉的明軍。直到一六〇八年，努爾哈赤終於獲得明朝的一定認可，卻仍持續派遣使節前往北京。所謂「女真人」應團結起來、阻止遼東勢力干預云云，都還只是遙遠的未來。即便在帝國史書中，最早出現努爾哈赤認為女真應團結抗明的思想，也是在一五九九年葉赫計畫與明聯合對抗他，而他對葉赫使節鼓吹女真統一的重要性之後。[88]但努爾哈赤崛起於分裂、投機的政治文化之中，他在一六一八年自命為汗，並將「七大恨」昭告天下，將覺昌安與塔克世描繪成外國政治陰謀下的無辜冤魂，依舊會出現問題。

努爾哈赤年少之時，李成梁與哈達聯盟的萬汗合力統御遼東及奴兒干一帶。萬汗為李成梁提供有力情報，並協助鎮壓伺機而動的貝勒；李成梁則報以向明廷舉薦萬汗，陪同他出使北京，並確保哈達的賞賜無虞。他們既和平共處，亦為自己累積財富。二人的合作為建州領導人尋獲了誘人的晉升機會。一五七〇與一五八〇年代，最令李成梁頭痛的是建州右衛[89]貝勒（和都督）王杲（死於一五七五年）[90]與其子阿台，他們時常在遼東流竄與劫掠。[91]覺昌安與塔克世試圖利用阿

88《皇清開國方略》，卷二，頁三上。

89 由釋加奴建立，可參見本書第一章。

90「王杲」條目可參見《清代名人傳略》，頁五九五。

91《皇清開國方略》，卷一，頁十上記載王杲於清河誘殺明守將裴承祖等無法無天的行為。

台的問題來斡旋李成梁與萬汗控制的權力遊戲。覺昌安是建州聯盟的世襲領袖之一，但他似乎想擴展自己的勢力——不僅是與其他女真領袖的關係，也希望能在建州指揮部力壓兄長索長阿。為了扶搖直上，覺昌安其中一名孫女嫁予阿台；王杲則將一名族中女子賜予覺昌安之子塔克世，努爾哈赤即為她所出。[92]得知李萬二人密謀推翻王杲，覺昌安與塔克世便予以響應。一五七四年，萬汗擒獲王杲後交給李成梁，李成梁接著將他定罪為賊盜，移交至北京監獄；隔年，王杲便死於獄中。李氏父子因鎮壓王杲而得到豐厚的賞賜，部分的利益也流向萬汗和覺昌安——一五七六年，李成梁陪同覺昌安與塔克世前往北京，讓他們親自享受明廷的褒獎。但阿台依舊繼承了王杲之位，自然也需一同剷除。一五八二年，覺昌安與塔克世相助李成梁攻滅阿台在古勒寨的堡壘。[93]那是個對投機者來說充滿誘惑的年代——哈達萬汗過世、扈倫聯盟即將分崩離析，覺昌安與塔克世之流亟欲抓住機會；但他們一同攻進古勒寨，便釀成致命的失誤。李成梁若沒有動過藉機一舉剷除覺昌安、塔克世與阿台的念頭，那二人就真的是在混亂中意外身亡。[94]覺昌安躲藏的建築物遭火吞噬，塔克世則背部中箭。[95]

如《清代名人傳略》所言，努爾哈赤很可能當天也在古勒寨，並且因為運氣好、或受到李成梁的幫助，才得以逃過父親與祖父的命運。還是青少年的努爾哈赤就因在李成梁跟前而聞名；據撫順的明朝探子描述，年輕的努爾哈赤身高六尺多，異常聰明，且以李成梁馬首

92 清代族譜與《皇清開國方略》確認其為喜塔喇氏阿古都督之女，當中並未提及王杲，阿古都督可能是王杲的兒子，此家族在清代稱為喜塔喇氏。

93 位於現今遼寧新賓縣西北方的古樓村（閻崇年，《努爾哈赤傳》，頁二十五）。

94《皇清開國方略》詳細記載了當時的情形：覺昌安一人進入阿台的堡壘，並冒著被敵軍亂箭射中的風險，從李成梁黨羽的手中救出阿台及其妻子（覺昌安的孫女）；在紀錄中，阿台拒絕逃跑。

95 大清文獻並未對此詳加記錄，只在講述「七大恨」的背景時提及。此描述是根據馬文升在當代的紀錄。（編按：非馬文升，疑為馬晉允的《皇明通紀輯要》。）

是瞻。努爾哈赤也因此深受李成梁器重。[96]古勒寨意外後，李成梁承認努爾哈赤繼承覺昌安的首領之位，並歸還了塔克世的遺體。雖然李成梁始終拒絕賠償，但至少曾兩次在撫順與努爾哈赤會面討論。[97]當代證據顯示，佟佳江之役開打後，努爾哈赤持續獲得李成梁及其幾個兒子（他們的兒子也將在八旗與征服中國中發揮重要作用）在政治與物資上的援助。

我們現今知道的「尼堪外蘭」，就是他背叛了覺昌安和塔克世，最後亡於憤怒且正直的年輕努爾哈赤之手。[98]（帝國史書稱其向李成梁軍隊告密，暴露了覺昌安與塔克世的躲藏位置，此形象在後世的帝國史書成為判定忠奸正邪，以及在亂如古勒寨戰場的世界中引以為鑑的

---

96 閻崇年，《努爾哈赤傳》，頁十九。據稱，努爾哈赤身高八尺，這種度量單位並不固定；但無論如何，誤差都不會超過十英寸。

97《皇清開國方略》，卷一，頁十下記載，努爾哈赤與李成梁的談判持續四年之久。（編按：這段有兩點值得商榷。一、根據《清實錄．太祖高皇帝》，李成梁殺害努爾哈赤的父祖後有賠償努爾哈赤，「明遣使謝曰：『非有意也，誤耳。』乃歸二祖喪，與敕三十道，馬三十匹。」二、經查注釋所引原文為「宣皇帝遇害時，太祖高皇帝方四歲」，宣皇帝是塔克世，太祖高皇帝是努爾哈赤，此處疑作者將「四歲」誤讀為談判了四年。此外這段史料也有問題，塔克世死於一五八三年，這時努爾哈赤已二十四歲，疑史料有誤。）

98 此說法疑點重重，特別是因為提到尼堪外蘭這個名字，鄭天挺認為尼堪外蘭一定是覺昌安的奴隸。覺昌安當然有奴隸，且當中一定有尼堪，但沒有確鑿證據能顯示尼堪外蘭是其中之一，抑或他是如何從奴隸一路爬到圖倫城首領的位置（據記載，尼堪外蘭確實是圖倫城的首領）。Wakeman, *The Great Enterprise*, 51認為尼堪外蘭是「跨境之人」（transfrontiersman）。尼堪外蘭的祖先來自遼東或中國，這並非全然不可能；且考慮到遼東／奴兒干交界的社會背景，如果他的祖先中完全沒有漢人或朝鮮人，那才會令人驚訝。但除了他的名字，沒有任何已知證據能證明尼堪外蘭是移民。《八旗滿洲氏族通譜》記載尼堪外蘭是佟佳氏（卷十九），但可信度存疑。尼堪外蘭是大清文獻中最曖昧的角色，除了努爾哈赤對他的滿腔仇恨，其他身分隻字未提，這讓我更加認為尼堪外蘭是個原型人物，應該就是圖倫城的首領。《八旗滿洲氏族通譜》（一七四五年），卷十九，頁一上、十八上。尼堪外蘭的傳記，可參見《清代名人傳略》，頁五九一。

身分認同。）中國與歐洲學界都發展出一種傳統，即認為「尼堪外蘭」不是單指一個人名，而是一個頭銜或稱呼，意思是「漢官」（或「代理人」），但為何將「外蘭」（滿文借用漢文意指小吏的「外郎」一詞）視為頭銜，而非人名，尚無定案。漢文與朝鮮文的語詞，包括「尼堪」與「外蘭」，確實流入滿文，並成為許多姓名中的元素。哈達萬汗的叔叔旺濟外蘭的名字裡就有「外蘭」，看來就只是名字而已。但在中國學界，普遍認為「尼堪外蘭」作為頭銜是不爭的事實，故而二十世紀將當時的滿文文獻譯成漢文時，將之寫成「漢人外郎」。但「尼堪外蘭」更可能是人名，且是個真人的名字——有紀錄顯示，他是圖倫城（Turun-hoton）的首領，其位於努爾哈赤的家鄉虎攔哈達以西，圖倫城在一五八三年遭努爾哈赤攻克。[99]隨後幾年，努爾哈赤持續北伐尋找獵物，將更多的女真聚落納入治下。在占領圖倫城的同時，他也就近征服了附近的兆佳城（Joogiya-hoton）與巴爾達城（Barda-hoton）。一五八四年秋天，位於其西的棟鄂部也遭其占領，此為瓦爾喀人（Warkas）的大本營，由克徹巴顏（Kecen Bayan）領導，在覺昌安與兄弟住在寧古達時曾數次起衝突。一五八五年，努爾哈赤占領安圖一帶。行蹤飄忽的「尼堪外蘭」仍然早他一步，並於一五八六年逃往撫順；遭撫順人拒絕收留後，就轉往女真部落鄂爾琿。不久，遼東當局逮捕尼堪外蘭後，順著努爾哈赤的意思於一五八六年將之處決。此為帝國史書《皇清開國方略》大為稱頌的一年，這一年努爾哈赤在都城虎攔哈達建造第一座木製防禦工事，標記努爾哈赤成為公認的權威與立法者的開端。努爾哈赤在一五八〇年代的目標是劃定更大規模的從屬關係。此些區異的第一個表徵就是尼堪外蘭，其為

99 尼堪外蘭其實是個頭銜（應譯成「漢人外郎」），此說法最初可能是孟森所提出的（《明清史論著集刊》，頁一八五）；這顯然是孟森的推測，收錄在甘迺迪《清代名人傳略》中的「尼堪外蘭」條目（頁五九一）。後世的研究早就推翻了孟森的說法，可參見Ch’en Chieh-Hsien（陳捷先）, “The Value of The Early Manchu Archives,” 75, 77）。

帝國史書首章的靈魂人物。依照清代之後對古勒寨事件的解釋，認為覺昌安與塔克世之所以前往阿台的堡壘，是為了幫助他們的親人擊退李成梁。然而，有個叫尼堪外蘭的傢伙出賣了他們，讓他們死於李成梁領導的亂兵之中。此種操作不僅僅是頌揚覺昌安與塔克世，更為了要引入在古勒寨事件發生時尚不具備實際意義的內外與忠奸思想。身為「漢人代言人」的尼堪外蘭，卻成為東北政治複雜性的投射對象；覺昌安與塔克世受到洗白，一如尼堪外蘭因與李成梁聯手而被潑的髒水。在定義女真政治認同的過程中，尼堪外蘭這個角色不可或缺，在於其為女真謀逆行為的本質：一個因背叛領袖而侵害當地利益的本地人，接著甚至為了自身安全投奔偽主，而在努爾哈赤政權不斷擴張之際，結果只能是身首異處（在此處案例中，努爾哈赤的權威涵蓋遼東，作為其治下臣民的尼堪外蘭，需服從其判決）。

隨著努爾哈赤的駕崩，新國家的政治原基（political primordium）亦走到盡頭。在其繼任者治下的冷卻過程中，不對稱（asymmetries）與完整性（solidities）會持續出現，將努爾哈赤塑造成一個歷史性的存在（historical presence）。然而，一些看似與努爾哈赤的當代資訊相一致的政治特徵會永久植入清代的歷史意識中，即便也引發不少爭端。在清帝國的意識形態中，努爾哈赤自始至終都是登上皇帝寶座的眾多政治人物中的第一人。一些附加在努爾哈赤歷史的傳說備受爭議。[100]清朝官方史書記載，母親懷孕十三月才生下努爾哈赤（這是自懷胎起就展現出超群能力的曠世奇才的普遍特徵之一），不僅識字、更手不釋卷，[101]年僅十六歲就懷抱遠大的志向。隨著金帝國的「復興」

100 此處不贅述努爾哈赤的傳說，相關討論可參見Rawski, *The Last Emperors*, 243及Crossley, *The Manchus*, 47-74。

101《皇清開國方略》。識字這個概念非常彈性，不過努爾哈赤既然能確認其向天焚燒的誓詞內容，他必然是識字的；不過手不釋卷（應該是蒙文書籍）這一點就比較存疑。

宣言與遼東戰事的爆發，史書形容努爾哈赤極具歷史敏銳度——此特徵符合他對識字尼堪態度的明顯轉變，也反映在史書對他與范文程的會面過程的捏造。對遼金元三帝國的歷史突然瞭如指掌、對范仲淹作品及其後代如靈光乍現般心領神會、對士人的嚴加尊重，以及將努爾哈赤的目光轉向瀋陽（在之後便是北京），再再都是皇太極對「首位」清代統治者的構建中不可或缺的組成。

努爾哈赤被刻劃成脾氣暴躁，若部下猶疑不定或不立刻執行命令，就會立刻咆嘯斥責。這不僅是戰士的寶貴特質，如同他初出茅廬時的熱血沸騰，也是其正當性的必然結果。伸張正義的復仇舉動使他成為建州的領袖；因女兒遭受虐待而怒不可遏，導致布占泰治下的烏喇瓦解；對孟古哲哲的深情使得她的兒子皇太極繼承大統。這些形象對東北的政治意識形態具有強烈的共鳴。通常用來解釋戰爭中勝利一方的語彙是「合（*urušefi*）天心者」，意思是鬥爭本身就是獲得上天青睞的前提，只有在激烈的衝突中，才能辨識出天意所歸。[102] 更重要的是，主奴關係的媒介是愛：主人待下以保護的、仁慈的愛；奴隸事上以完全的、毫無疑問的、順從的愛。直至清帝國滅亡前夕，滿洲的政治詞彙都仍建立於情感修辭的基礎上，與中國政治表述的道德詞彙形成鮮明對比。努爾哈赤最後被奉為戰神，這在之後與蒙藏的關係中變得十分重要，至少部分源於他身為勇猛煽動者的形象（同於他在戰神崇拜中的神靈雙胞胎關公的文學人格面具）。

撇除帝國的敘事不談，其他史料更清楚地將征服遼東刻劃成一個敏銳、固執但堅忍的地方強人，其戎馬生涯的最後一步，而非一個年輕有遠見政權的成就。努爾哈赤在一六二一年取得遼東經略的控制權時，已屆六十三歲高齡。他偏好一切從簡的管理方式，指揮權相對下放，深切倚賴子姪與戰友；他認可民政責任主要由各個繼承人擔負，

102《滿文老檔．太祖朝》，卷一，頁三〇〇。

不僅能繼承他的權力，亦能繼承他的財富，且他認為他們是最具動力善用兩者之人。正如他從本土傳統中選用了汗國一樣，他也從同一來源中選擇了一些簡單的從屬關係符碼。他抨擊遼東的明官員有多腐敗，嚴厲譴責他們恣意破壞建州領土（或他所謂的建州國）的農作物、擾亂商業，以及阻礙交通。由於無法單憑一個人的世系來確定對其事業的從屬，因此透過編入八旗的過程來確定其從屬；以制度與象徵層面來說，入旗不過就是奴隸制的開端。

但遼東讓這一切不得不改變。在遼東，尼堪占多數，而非少數；也不可能將全遼東的人口遷徙至奴兒干。針對歸附與否，遼東人提出各種不同的歸附條件，努爾哈赤清楚知道，這些奴隸長久居於東北生活，不斷勒索自己的主人，但他設法加以抵抗。他對遼東識字尼堪的輕蔑從來都不曾削減，他認為他們奸巧、貪婪、忘恩負義又懦弱。隨著後金征服者開始將遼東的生員、或說知識分子看成洪水猛獸，這種輕蔑愈發強烈；然而，即使努爾哈赤的想法從未改變，最終在政策上也不得不妥協。面臨遼東人層出不窮的武裝抵抗、恐怖行動、破壞阻礙、投機取巧，以及龐大人口的壓力，努爾哈赤不得不讓他的國家創造出之前從未受到認可的地位，建立出之前從來無法容納的政府機構，並展現出一種君主形象，截然不同於他幾乎一生都致力於建立與保護的軍事化私人商業壟斷政權。

第四章

帝國與身分認同

正當皇太極一步一步戮力排除繼承大位的障礙，讓權力集中在自己手中之時，也亟需為國家創造出能支持此種統治風格的歷史，讓歷史為其所用，盡可能將他的話語權擴展至各個角落，一如其征服最終所涵蓋之處。滿文的文字就此轉變。第一部正式語言規範的字典起草，國家的專用詞彙亦加以修訂。有的變化看似普通，不過是用新發明的「本土」語詞，替換從漢文借來的常用語詞，像是「駙馬」轉為「額駙」、「蒙古衙門」改為「理藩院」（*Tulergi golobe dasara jurgan*）。八旗中的階級明顯多半都是採用漢文借詞，皇太極隨之下令改為本土語詞。[1]其他改變則具備更強烈的意識形態，例如皇太極編纂的史書中用「皇帝」來代替「可汗」；[2]這個例子顯示出用「替換」或「翻譯」這兩個語詞有多不足以描述一六二六至一六三六年間的大規模詞彙轉變。而涉及新的汗權與隨後皇帝統治下的身分認同問題時，光用「替

1　雖然這是命令（多半在天聰八年〔一六三四年〕的農曆四、五月）的明確意圖，但稍嫌無感；例如，將總兵官的稱呼改為*amba janggin*，雖然這應該是女真文中的一個古老語詞（例如曾出現在《尼山薩滿傳》〔*Tale of the Nisan Shaman*〕中），*janggin*最初是漢文詞彙「將軍」。

2　可參見《滿洲實錄》，一號檔案，北京（一六三九年版），頁五；引言中提到用*enduriningge hūwangdi*來取代早期使用的*enduringge han*。

換」或「翻譯」也難以表達轉型的想法。例如，女真沒有變型或翻譯成滿洲，尼堪也沒有改為漢人，扈倫也沒有變成蒙古人。說新的身分認同類別是被發明出來的並不為過，在某些情況中，會將之附加至假定的前身以賦予權威，而在所有情況中，都是根據皇帝的判斷被附加至活著的個人身上。

屈從與平等

在努爾哈赤生命的最後一年，依循前幾年制定的次序來巡視新年儀式。這是對個人地位的公開展演，這是一種新的現象，將日益複雜的汗國中的群體加以排序。只有努爾哈赤是受到認可的統治者，在他跟前，人人俯首跪拜；他則繼續履行其最古老的角色，供養這些依賴他的人群，通常會配給銀兩、毛皮或絲織品。根據大清文獻新年奏報所載的書面規定，所有人依次上前：首先是可汗之眾福晉（*han i fujisa*），接著是眾八旗貝子（*jakūn gūsai geren beise*）、他們的福晉（*fujisa*），然後是蒙古貝子（*monggo i beise*；不屬八旗的蒙古貴族）與福晉，最後則是尼堪官員（*nikan hafasa*）與其妻子（*hafasai sargata*）。朝廷典儀之後是「冰嬉」，如同一般的比賽，冰嬉往往比新定的朝廷儀節更能反映古老的價值觀：不同等級與類別的男男女女，在個人賽與團隊比賽中爭奪額外的獎勵；在元旦這天，當地階層的過去與未來清晰可見。[3]

在努爾哈赤汗國早期的意識形態原理中，可汗所恩養撫育（*ujimbi*）

3　例如，可參見《滿文老檔》天命十年元月二日。我認為此處交錯使用*fujin*（指涉汗與親王的妻子）與*sargan*（指涉尼堪官員的妻子），目的是要分別蒙古與八旗女性在儀式中所展現的是貴族的配偶，而尼堪的「妻子」則是嫁給不具備世襲頭銜的男性。而在正在成型的貴族中，*fujin*（正妻——「公主」、「皇后」等）與*sargan*（地位較低的女性——「嬪妃」）都在滿洲族譜與規範中明確標識。

真。直到努爾哈赤生命的盡頭，尼堪的軍事首領紛紛投靠，國家為他們創造出八旗漢軍，賜予他們大量的人口、牲畜與土地，在許多情況中甚至能受封爵位。然而，尼堪文官仍維持他們在征服遼東之前，至少四十年前在奴兒干時所擔任的職位：被當作可汗與貝勒的奴僕、書吏、軍師，以及與漢人與朝鮮之間的中間人。差異之處在於，當年在遼東，絕大多數專業尼堪都自視為祖傳世代的漢人，生長於明朝領土，不僅隸屬於、且能根本區異於他們的軍事統治者。

皇太極時代的政治修辭恰好反映了這一點，特別是在遼東尼堪歸附征服國，以及國家慷慨供給尼堪生計與保護的議題上。尼堪階層與君權的提升互為因果。征服遼東後，所有尼堪歸附者均直接置於可汗轄下。「歸附之民人，即我民人。」[14]一六三一年，皇太極以不容置喙的大汗氣度宣告天下。不管是妨礙尼堪歸附，抑或是在尼堪投奔時加以傷害，且無論是否有意，所有行為都會迅速嚴懲，並為此訂定新法：「今後來降之人，若諸貝勒明知而殺者，罰民十戶；貝勒不知而小民妄行劫殺者抵死，妻子為奴。」[15]

大清文獻暗暗吹捧這些政策背後隱藏的可汗態度，對尼堪文人來說有多溫暖誘人。皇太極即位前夕對尼堪的言論，顯示他對尼堪政治特性的想法與他的父親並無二致：「我國中漢官〔*nikan ambasa*〕漢民〔*irgen nikasa*〕，從前有私欲潛逃，及令姦細往來者。事屬已往，雖舉首概置不論。嗣後惟已經在逃而被緝獲者，論死。」[16]此話出現在范文程[17]於汗國扶搖直上的時期，也是之後大清史書試圖修正其事蹟

14 朱誠如，〈清入關前後遼瀋地區的滿（女真）漢人口交流〉，頁七十八，出自《清實錄・太宗文皇帝》，卷五。

15 朱誠如，〈清入關前後遼瀋地區的滿（女真）漢人口交流〉，出自《清實錄・太宗文皇帝》，卷四。

16《清實錄・太宗文皇帝》，頁一。

17 可參見本書第二章。

的時期。且對遼東尼堪報以嚴厲言辭的同時，亦大規模越過長城劫掠人口回遼東，這些人通常淪為汗國的奴隸，文獻甚至將之與牲畜記錄在一塊。第一次攻入長城發生在一六二九年，由皇太極親自領導。一六三六年，他同父異母的兄弟阿巴泰（一五八九至一六四六年）與阿濟格入侵北京一帶，據報劫掠了十八萬顆「首」，人畜不分。一六三八年，另一位同父異母的弟弟多爾袞與姪子岳托從牆子嶺、青山關攻入長城，沿太行山以南的大運河入侵山東，直搗濟南。為期六個月的戰役中，共收集了四十六萬二千顆人畜首級。一六四二年，阿巴泰率軍跨越長城攻打薊州，然後轉向再次襲擊山東；值此八個月，清軍共收繳三十七萬顆「首」。十年一共五次戰役，皇太極擄獲的「首」已破百萬。[18]之後的帝國史料估算，光靠這些戰役，遼東人口在一六二九至一六四一年間就增加了五、六萬，這顯示在前征服時期，長城內可能有十萬人畜遭趕往遼東。絕大多數可能是年輕壯丁，他們被登記入旗籍，應該是帝國牛彔的包衣阿哈；老年人應該占極少數，同樣從屬於可汗。[19]

訂定新法後，尼堪獲得更多民事保障，避免女真貴族索要其勞動或財產。新制的本質可說是族群隔離（segregation），通常被描寫成國家改善多數尼堪生活的企圖，進而強化遼東汗國與中國北方的政治拉力。新法體系的修辭確實頗具價值，但長遠來看，更重要的是新建立的國家權力，可將個人區異為「尼堪」或「女真」，並依據這些國家分配的身分認同來分配住房、生計與法律保障。此反映在民事上，則是過往在努爾哈赤治下以黑旗為示的尼堪軍事單位，於一六四二年整併為完整的「八旗漢軍」。更多的國家舉措隨之而來，以建構並確

18 朱誠如，〈清入關前後遼瀋地區的滿（女真）漢人口交流〉，頁七十八至七十九。

19 朱誠如，〈清入關前後遼瀋地區的滿（女真）漢人口交流〉，頁七十八，引用《東華錄》。

認（多半是靠新編纂的族譜）新的「八旗漢軍」身分認同。

帝國權威的生發

如前所論，尼堪與女真之間的法律區異緩慢成形，起初是根據文化與職能所劃分；尚待商榷的證據顯示，在生活中職能為尼堪的人群可能會在往後歷史化成滿洲，原因同樣顯而易見。額爾德尼[20]的生平在此方面意義深遠。正如大清文獻所記載，他的生平呈現出早期國家建設、制度功能與身分認同之間的動態相互作用。雖然讓額爾德尼享譽盛名的是女真文／滿文的催生者之一，但他同時也是努爾哈赤政權的佼佼者；他集理事官、外交官、將領於一身，更是對早期征服遼東舉足輕重的軍師。他獲賜「巴克什」（*baksi*）[21]稱號，這是針對知識分子的殊榮。與努爾哈赤時期的眾多領袖一樣，我們難以一言以蔽之額爾德尼的出身：他有個蒙古名，自然通曉蒙文，因此可能是蒙文地區人士；但早期的大清文獻顯示，他也深諳漢文，且在其時代脈絡中職能為尼堪。

帝國史書記載，一五九九年努爾哈赤命額爾德尼與噶蓋[22]以蒙文拼寫女真文。[23]可汗之所以下令創造新文字，在於既然漢人與蒙古人

20《清代名人傳略》，頁二二三至二二四；《清史稿》，頁二三四。

21 現代漢文中的「博士」即出於此；此經由蒙古文*baghši*傳播至女真文，如同女真文一樣，*baghši*的意思並非「博學之人」（漢文的意思），而是「知識分子」。另可參見Mair, "Perso-Turkic Bakshi"。（編按：漢文原本就有「博士」。回鶻文先借用了漢文的「博士」，後來傳入蒙古文，滿文再從蒙古文引入，形成*baksi*。）

22 噶蓋文武雙棲，一五九六年，他與褚英、巴雅與費英東等人一起領軍攻打安褚拉庫的瓦爾喀（《皇清開國方略》，卷二，頁七上）。

23 金代女真的文字是從契丹文字改編而來，並由海西族（扈倫的前身）一路使用至十六世紀，但建州與其相鄰部落則在早些時候就丟失了這種文字，若有需要則改以蒙文書寫。奴兒干最後使用這種文字可能是在永寧寺——十四世紀初，明廷在下令用漢文、蒙文與女真文三種文字將佛經刻在永寧寺的石碑。徐中舒，《明初建州女真

能以自己的方式書寫自己的語言，那女真人也該迎頭趕上。[24]這幾個月正值努爾哈赤對葉赫戰爭的告捷，因此這可能並非巧合。他告誡葉赫使者應承認女真統一，並接受其庇護，且要求簽訂書面協議——最好能用女真文字書寫。[25]噶蓋逝於一五九九年，因此若他真的也參與女真文的創制，努爾哈赤的命令就應該要更早；但目前尚未找到此時期有以蒙文書寫的女真文件，且證據顯示女真音節文字的改制過程十分緩慢，此時期的文獻更遭受大規模破壞。在相當長的一段時間裡，李朝與女真的交流仍一如既往——以蒙文為通用語。[26]新的文字無法表音（unvocalized），故無法用蒙文母音調和（vowel harmony）來讀出女真語詞，更難以輕易將書面文字與口語聯繫起來，讓人困惑不已。一六二六年後，皇太極決定以女真文作為統治的根本，這代表必須戮力發展女真文學；而要發展女真文學，就必須改進努爾哈赤時期所開發的拼寫系統。一六三二年，達海奉皇太極的命令，發明以加圈點來表音的方法，之後稱為「有圈點文字」（*tongki fuka sindaha hergen*）。[27]這讓國家首次得以呈現這種語言的實際發音與機制，很快就確立了後世所知的「滿文」。

居地遷徙攷》，頁一六四；Serruys, *Sino-Jürched Relations*, 37，及“Remains of Mongol Customs in China during the Early Ming,” 141；閻崇年，《努爾哈赤傳》，頁一三四；Crossley, “Structure and Symbol,” 51-54。

24《滿文老檔》天聰元年三月。

25 記載此事件的唯一史料是《皇清開國方略》，其來源有些是書面、有些則顯然是口頭的。

26 女真文在朝鮮是朝廷官僚機構的一部分，就算是蒙文逐漸成為交涉的主要語言之後，仍然長期保留教授女真文的資料與課程。另可參見Hiu, *Die Manschu-Sprachkunde in Korea*, 14-17，及Song Ki-Joong, “The Study of Foreign Languages in the Yi Dynasty (1392-1910),” *Bulletin of the Korean Research Center: Journal of the Social Sciences and Humanities* 54 (1981): 1-45。

27 此項創新的靈感來源很可能是朝鮮的韓文字母；此為J. R. P. King等人的假設。可參見King, “The Korean Elements in the Manchu Script Reform of 1632”。

一六二三年開春，一名額爾德尼旗下牛彔之人前往拜見努爾哈赤的孫子豪格，[28]舉報牛彔中的另外兩人正計劃逃跑；額爾德尼的族人便開始尋找兩人。同時，「尼堪官員」（*nikan hafasa*）代表額爾德尼湧入努爾哈赤的宮殿，進獻肉品、穀糧、絲綢與棉花，可見額爾德尼亦對此深感愧疚。然而此罪過於重大，尼堪官員進獻之物不足以相抵，故需要賠償更多；[29]更有甚者，額爾德尼旗中掌管牛彔的尼堪官員遭到解職，由努爾哈赤的親族孟阿圖接管。依循舊例，對額爾德尼的懲處是要求其交出財產；在額爾德尼的案例中，交出財產才能活命，但心慌意亂之下，他仍堅守財富，將黃金與珍珠藏在親戚家。事蹟敗露後，額爾德尼與妻子被捕並遭處決。失去一名文人官員，對努爾哈赤來說不算什麼，真正讓他難以容忍的是，治下官員對下屬的不當行為相互推諉，並私自將他的財富占為己有。[30]額爾德尼的同僚達海也因對尼堪疏於控制而獲罪，鼻子和耳朵都遭箭射斷。[31]這些事件顯示出額爾德尼和達海與尼堪官員的親近：尼堪在他們手下工作，並由他們代表向可汗負責。額爾德尼遭處決後，他的牛彔轉交給另一位皇室成員；額爾德尼底下的尼堪官員則由講女真語的人取代。

這些都深切反映出早期國家功能與身分認同的相一致。額爾德尼與達海構成一六一六年後努爾哈赤政權的文人資源，且在當時是其官僚基礎建設的頂點。這就是一六一六年汗國宣告成立之時，是額爾德尼坐在努爾哈赤身側的緣由；這一次，他取代了申忠一在一五九六年

28　豪格是皇太極的長子，一六二三年時最多不超過十四歲。

29　將六對奴隸、七匹馬、三頭牛全部獻給努爾哈赤的兒子阿巴泰。

30《滿文老檔》天命七年元月。

31　這應該並非挪借蒙古的做法，這是一種在全東亞（最早在中國）皆有記載的古老刑罰，一八三七年朝鮮處決伊姆伯特（Lawrence Imbert）的資料即對此有詳細描述。或許所有這類懲罰都可以用刀劍來執行，但箭矢特別帶有權威的象徵，且明確代表所有權（因為其本身的標記就是用來彰顯所有者的財產）。可參見本書第三章的評論，亦可參考 Serruys, "A Note on Arrows and Oaths," 287 n 48。

所看到的武士和護衛。歪乃、圖沙、額爾德尼、噶蓋、達海、綱古里等人可能都是尼堪，但這並不是重點；重點在於他們身為尼堪，需為國家治下的文人行為負責，也為其他尼堪的福祉與種種行動負責（這些尼堪也會予以回報，例如一六二三年，他們為了幫額爾德尼贖罪，而將財產獻給努爾哈赤）。不過，關於額爾德尼身分認同的不確定性，《八旗通志》對此付之闕如，而是直截了當地稱其為滿人，屬於曾定居都英額的那拉氏。[32]如同待會要討論的，此群體之後被曖昧地以蒙古或滿洲視之，且在皇太極治下，將額爾德尼追封為赫舍里氏（即明確地認定為的滿人）。[33]達海成為覺爾察氏，這種身分鑑定沒有絲毫證據，且在十七世紀初的現存文獻中也找不到相關的證據。對額爾德尼與達海祖先的突如其來的定論，以及隨之而來的修訂，是皇太極治下國家重建主義式（reconstructivist）的特徵。藉由將額爾德尼與噶蓋加以世系化，汗國在根源上被塑造為滿洲的，而據載由額爾德尼、噶蓋，以及之後的達海所創制的滿文，也成為純粹滿洲的發明。大清文獻對額爾德尼生平的描述，以及對其滿洲世系地位的分配，皆發生在國家指派從屬能力的高峰期。書寫，起初是女真領袖與明朝或李朝朝廷之間財產、貢品或信件的清單，這從前是尼堪的職責。這種技能既卑微又親近，在於這些具讀寫能力的人群既無法完全得到可汗的信任，卻也難以將之與可汗隔開。隨著努爾哈赤底下小型官僚機構逐漸成為可汗侵犯貴族自由裁量權的手段，書吏這個群體的權力也逐漸提升，而額爾德尼就是那些在可汗高臺上嶄露頭角且獲得有力地位

32《清代名人傳略》，頁二二五至二二六，出自《清史稿》。都英額位於拉林河與松花江的交匯處，是烏喇聯盟與從西方而來的蒙古人的貿易與聚落中心。可參見 Grupper, "The Manchu Imperial Cult," 38。

33 一六五四年賜赫舍里氏，顯然是為了將額爾德尼與（赫舍里）希福（設計早期滿文科舉制度的人）及（赫舍里）阿什坦（負責早期小說翻譯的人）聯繫起來；並追謚「文成」。

的人之一。皇太極當然不想讓這些權力繼續由尼堪所把持；治權的合璧性表述益加精密，皇太極治下書吏職能進一步強調將讀寫能力劃分為滿文、蒙文與漢文。

雖然尚不清楚史書編纂活動開始於何時，但現存資訊的模式顯示，只能追溯至汗國宣布成立前不久，可能是褚英遭圈禁至薨逝之間。在此之前的紀錄足以讓清代史家重建出努爾哈赤征服戰役的概況，但一五八二至一六一五年間的重點，在於行動之豐富與紀錄之匱乏所造成的大幅落差。奴隸名冊、土地清冊、禮單、親屬與祖先名單、登記入旗的士兵名冊，再再都構成努爾哈赤國家早期文獻所關注的內容。漢文與蒙文書寫對努爾哈赤來說十分重要，因為能滿足其與明朝和李朝交流的需要。但攻克撫順之前，識字之人十分短缺，他們的造冊任務也很繁重。國家書吏能力的建立，同時塑造出文職、識字的官僚身分認同，讓努爾哈赤對手中資源的掌控更加確實，民間的社會與經濟活動也愈發進入其規範之中。紀錄的權力對皇太極皇權的定義至關重要，且仰賴對識字能力傳播的控管，而識字能力的傳播與生成則仰賴不斷演變的身分認同詞彙。一六二九年設立的文館[34]為可汗僚屬，至一六三六年（帝國建立之年）改為內三院；一六三五年，以漢文、女真文（即將改為「滿文」）與蒙文記錄已成為此官僚機構的日常職能。這些機制的目的不僅止於功能，更有其意識形態，合璧性的紀錄是早期皇權組成的明確表述。多語紀錄的製作可說是早期國家（特別是文館）大部分部門之所以存在的理由，且皇太極的廟號至少部分反映了其業務的重要性。[35]既然如此，一六三六年「內三院」成

34 記錄皇帝的言行（起居注）最初是這些官僚結構的延伸，在清朝治下斷斷續續存在；這類紀錄在大清的歷史背景及臺灣的收藏現況，可參見Ch’en Chieh-hsien, “Introduction to the Manchu Text Version”。

35 可參見季永海、劉景憲譯，《崇德三年滿文檔案譯編》（瀋陽，一九八八年）；全國人民大學清史研究所與中國第一歷史檔案館譯，《盛京刑部原檔：清太宗崇德三年

立的第一個機構是「內國史院」也就不足為奇了，其為女真政體中闡連帝國正當性與特權的重要機構；也正是國史院負責編纂努爾哈赤時期的史書。漢文與滿文的《滿洲實錄》附插圖版本於一六三五年完成，圖中描繪了騎馬、蓄鬍、鷹鉤鼻的努爾哈赤在各個著名戰役中率軍奮戰的場景。隔年，首個採中華風格針對努爾哈赤一朝的官方紀錄《清太祖武皇帝實錄》完成。如今清帝國的開創者（皇太極）有了自己的世系（努爾哈赤）。

至一六二七年皇太極即可汗位時，尚未出現女真文學文集；原文已經散佚，但有跡象顯示在皇太極治下，曾翻譯大量的中國哲學與歷史文獻，[36]且特別安排了遼、金、元帝國史書的翻譯（皇太極從其宣稱自我的正當性）。[37]皇太極翻譯大計的重頭戲是女真金帝國的歷史，皇太極宣稱自己喜讀金史，並從中領悟到滿洲雙語教育之必要與凶險。[38]皇太極資助這些翻譯的一大目的，顯然是為了要引進詞彙與概念，來使其正當化，主要在於皇權及其必然性，但這在後金汗國中尚未妥善確立。皇太極之所以堅持八旗與官僚皆須熟諳中國歷史，在於其希望將帝國體制為滿文吸收。如第三章所述，在其朝廷生涯中，一般將皇權的引入視為對傳統權力的篡奪且將導致政治動亂，但皇太極治下的發展顯示，皇權制度具備悠久歷史與廣泛的意識形態詞彙。重

至崇德四年》（北京，一九八五年）。論乾隆朝對一六四四年之前文獻的改寫，可參見關孝廉，〈滿文老檔的原本與重抄本比較研究〉，頁一一五至一二二、一三五。

36《刑事會典》、《四書》、《三略》、《孟子》、《三國志》、《通鑑綱目》、《性理》、《大乘經》。

37 孫文良、李治廷，《清太宗全傳》，頁三一〇。雖然皇太極因評述《金史》（*Aisin gurun-i suduri*）而聞名，但這些翻譯工作最初是與《遼史》（*Dailiyoo gurun-i suduri*）和《元史》（*Dai Yuwan gurun-i suduri*）一起進行的。努爾哈赤指出翻譯這些史書的價值所在，並由皇太極任命翻譯人員——可能包括（赫舍里）希福、他赤哈、查布海與王文魁等人。完成的譯本應該是在一六四六年呈獻予朝廷。

38《嘯亭雜錄》，卷一，頁一下至二下。

要之處在於，這段歷史並不只局限於「中華」帝國時期：異族帝國及所有東北的帝國，皆曾出現過皇權，其中當然也包括十二世紀的女真金帝國。

隨著皇太極治下雙語官僚機構的發展，將漢文譯成滿文的工作進展迅速。吏部設立後由（蘇完瓜爾佳）剛林領導，他是在一六三四年考取舉人。剛林與另外兩名滿人和三名衛拉特人一同繼續擬定文官政府的詳細方針。此外為了因應國家的發展，須設立考試制度，一六三八年在盛京似乎也舉辦了針對滿蒙和尼堪的第一次考試。[39]之後的滿文與漢文考試內容，則是由查布海與蔣赫德於一六三九年制定。[40]皇太極也指派一批「儒臣」，他們理當並非「漢人」，因為其中包含剛林、查布海與其他滿籍之人，負責將選定的作品翻譯成滿文，「以教國人」（即旗人）。[41]所有旗人參與科舉的基礎都在於其所從屬的身分

---

39 章中如，《清代考試制度資料》，頁三。（編按：此處作者是用Board of Appointments〔吏部〕，而非Board of Rites〔禮部〕，清人是在一六三一年設立六部，並由禮部負責舉辦考試。根據《清史稿》，剛林在一六三四年考取舉人前並無執掌禮部的紀錄，僅是一般文員〔筆帖式〕。另根據《內國史院檔》，一六三四年四月二十六日，「禮部薩哈廉貝勒奉汗命初考通滿洲、漢人、蒙古書文義者，為舉人。取中滿洲習滿書者剛林、敦多惠……蒙古習蒙古書者俄博特、石岱、蘇魯木，共十六人，俱賜為舉人……」《清史稿》則將這段記載縮減為：「天聰八年，命禮部試士，取中剛林等二人，習蒙古書者俄博特等三人，俱賜舉人。」作者在內文中提到剛林「與另外兩名滿人和三名衛拉特人」可能就是取了《清史稿》這段材料，並且有誤讀。作者將「取中剛林等二人」解釋為「剛林與另外兩名滿人」〔together with two other Manchus〕，就出現了三位滿人，但事實上清史稿這段敘述只有剛林跟敦多惠兩位滿人，且目前也找不到剛林有跟這幾位「擬定文官政府詳細方針」的紀錄。「針對滿蒙和尼堪的第一次考試似乎於一六三八年於盛京舉辦」也有疑義，因為滿人剛林早在一六三四年就透過考試中舉了。）

40《清代考試制度資料》，頁九。（編按：查崇德四年〔一六三九年〕並無查布海、蔣赫德制定考試內容的記載，僅有在《清史稿》順治四年〔一六四七年〕，「命學士查布海、蔣赫德等一併教習（滿漢書）」的紀錄。）

41 昭槤，《嘯亭雜錄》，卷一，頁一下。

認同，因為考綱與標準都是依據每個人的滿、蒙或漢分類來確立。考試制度是發展官僚制度的基礎，與其他發展一起迅速開展，在帝國成員之間產生出新的區異。

從努爾哈赤駕崩後的九年，一直到皇太極即位後，女真國家的制度日益複雜，這讓過往與女真菁英及與不斷成長的被征服與兼併人口的關係，無法再依努爾哈赤的喜好加以簡化。與本章討論最相關之處，在於皇太極對國家文官機構的擴張，讓尼堪文人階層更形重要，也創造出更多仕途機會。努爾哈赤勉為其難地承認了這群人，但堅稱他們與女真部眾一樣需合乎傳統的奴隸制標準。

在皇太極治下，女真接連征服遼東西部與直隸北部，讓尼堪臣民大幅增加；國家幅員日益遼闊，就更亟需大規模且專業的官僚機構，不識字的漁獵農民不可能滿足此需求。早期皇太極對國家的設計，讓才剛形式化的滿文拼字系統及延伸出的滿文得以成為政治手段；但在國家早期階段，仍不得不仰賴尼堪書吏階層，畢竟他們嫻熟漢文、蒙古文、新滿文，精通三者亦大有人在。然而帝國建立後，將更多國家職能留給女真／滿洲人的希望似乎日漸強烈；此種政治關懷（political concern）或許也推動了滿文文學、教育與科舉計畫的成形，進一步制定符合東北特定政治傳統的國家機構、東北旗人的主要軍事地位，以及滿文成為官方交流媒介的策略優勢與日益強化的象徵意義。

真實性

一六二七年，皇太極在寫給努爾哈赤宿敵袁崇煥[42]的信中，不僅

42 一六二三年，袁崇煥（一五八四至一六三〇年）受命鎮守山海關，阻擋努爾哈赤軍隊的侵略。一六二六年二月，其阻止女真軍隊攻占寧遠，僅僅五個月之後，努爾哈赤病逝。為避免與明朝和朝鮮兩面作戰，皇太極在同年十月與袁崇煥達成停戰協議。可參見《清代名人傳略》，頁九五四至九五五。

沒把明廷放在眼裡，更不屑討論金明政權的平等問題。他挖苦明朝到現在還癡心妄想得到上天的庇佑：「吾兩國所以構兵者，因昔日爾遼東、廣寧守臣尊視爾皇帝如在天上；自視其身如升霄漢，俾天生諸國之君莫能自主，欺藐陵轢，難以容忍。用是昭告於天，興師致討。惟天公正，不論國之大小，僅論事之是非，以我之是而是之、以爾之非而非之。」[43]即便皇太極大言不慚，依舊全然應驗。去信不久之後，他便借道蒙古東部，從薊州入侵中國劫掠，更借明廷的政敵之手牽制袁崇煥，導致其遭下獄並處決。但在一六三一年，皇太極決定將針對金代餘緒的修辭放軟。有鑑於金與察哈爾蒙古開戰在即，汗國的資源不足以讓遼東雙線作戰，與明朝展開外交協商勢在必行。皇太極去信給祖大壽向明朝喊話：「爾國君臣，惟以宋朝故事為鑑，亦無一言復我。然爾明主非宋之苗裔，朕亦非金之子孫。」（編按：《滿文老檔》，這段描述應該是皇太極勸降祖大壽，而非透過祖大壽向明廷喊話。）根據在一六三五與一六三六年的改革中，皇太極其實已將父親創立的政治結構一股腦摧毀，徹底拋棄金的形象與名稱。

一六三五年，皇太極的政治進程離皇權只差一步之遙，他昭告天下，過往的「女真人」如今應稱作「滿洲人」。[44]帝國史書並未為轉變的原因多加著墨，雖然幾個世紀以來不乏闡釋，但針對此變化的動機與時機都尚未出現令人信服的分析。首先，大家可能會發現，一六三五年創造出的「滿洲」群體並未囊括女真全體；八旗漢軍與尼堪官員的地位經協調之後，一些從前被視為「女真」的人群也隨之併入，且在法令頒布後，另外也有一批人併入八旗蒙古。直至一六八九年《尼

43《舊滿洲檔》（清太宗朝，卷一），滿文於頁二〔二五六四〕、漢文於頁一六一。

44 其聲稱滿洲具備「原創性」，並譴責那些繼續使用「女真」一詞的人。亦可參見 Rawski, *The Last Emperors*, 36，引用《清實錄．太宗文皇帝》，天聰九年十月十三日。

布楚條約》簽訂時，康熙帝仍以女真來稱呼生活於黑龍江最遠端的居民。「滿洲」之名僅限八旗成員，在國家轉型之後，沒有人能稱得上是「女真」（意指「自由人」）。女真平民與女真貴族的傳統連結遭到割裂；愈來愈多人將生計從狩獵、打魚、採集、從商、牧羊、放牛、畜牧與農耕轉為全職士兵；漢語地區的西進亦徹底影響了他們的家戶文化。以「滿洲」這個新的地位來稱呼那些使用可汗的語言、崇敬可汗的宗教，且祭拜昔日奴兒干先祖的人群，還只是此計畫的一部分。

不同於「女真」，「滿洲」並非一個受東北文化的曖昧趨勢所影響的身分認同；而是由國家宣告的標準（世系從屬、需服役於八旗與報考滿洲科舉）來確立，歷史與國家本身一樣悠久。標準一經確立，皇太極馬上處心積慮加以運用，例如反覆威逼李朝於一六二七年議和，並於十年後承認清為宗主國，並「歸還」女真後裔的朝鮮人。

努爾哈赤試圖控制遼東之時，同樣面臨東北雙線作戰的挑戰；在他的年代，遼東政局界線模糊且動盪不安，他的繼任者將徹底改變此種情況。在努爾哈赤鞏固對佟佳江的控制後不久，以及在將軍事目標轉往撫順之前，就開始將目光集中在瓦爾喀、窩集、虎爾哈、鄂溫克、錫伯（Sibo）、吉利亞克等未被納入其聯盟的「野人」。好巧不巧，除了少數例外，通古斯語言的聯繫讓東北傳統民族，與女真和朝鮮北方人是文化遠親。但並無證據顯示努爾哈赤是因為此緣故才將他們放在心上，他對布占泰與烏喇聯盟的齟齬似乎才是引發他興趣的關鍵。目前知道努爾哈赤對此區發動的第一次戰役是由費英東指揮，於一五九六年征服了一些瓦爾喀村寨，並控制烏蘇里江部分區域。兩年之後，努爾哈赤派兒子褚英與幼弟巴雅喇率軍（包括費英東和噶蓋）攻打安褚拉庫，掃平二十多個村莊，擄獲一萬餘人畜回費阿拉。

這場戰役一定很快就傳開了。隔年，也就是一五九九年，王格與張格兄弟率領窩集與虎爾哈的六位首領前往費阿拉，進獻黑白紅三色狐皮，協議每歲入貢，並向努爾哈赤乞婚。努爾哈赤遂將六大臣的女兒許配給他們，並親自為這群新弟兄操辦了為期一週的慶祝活動，據稱這讓他們感激涕零。到一六〇九年遠征斐優城時，努爾哈赤的軍力與野心決心在當地已人盡皆知，而在一六一〇年，聯盟大多數都支持努爾哈赤以朝貢與聯姻組成的多面外交政策。如同他對科爾沁或喀喇沁以及遼東的尼堪的操作，努爾哈赤運用其家族宣傳來證明對東北軍事統治的正當性。「我等乃一國也！」他告訴斐優城的瓦爾喀人，「只因地方遙遠，且為烏喇國所阻，爾等依附烏喇國為生而已。我等一國之中已有汗，已擊敗烏喇兵矣，今爾等應降服本國之汗。」[45]

兩父子可能都對黑龍江懷抱鄉愁，但皇太極的戰略興趣也日益升高，打從登基為汗，皇太極就將其在遼東西部與華北的所作所為複製到黑龍江，對當地人群的擄掠就沒停過，不過與從西部地區擄獲的人數相比，此處擒獲的人數並不多。據一六四〇年五月的奏報指出，「共獲男子三千一百五十四人，婦女二千七百一十三口，幼小一千八十九口……馬四百二十四，牛七百有四。又先後獲貂、猞狸猻、狐狸、狼、青鼠、水獺等皮共五千四百有奇……」[46]不過，原因或許是重質不重量。這些戰利品並非送往八旗，而是分配到特殊的布特哈八旗（*butha*；漁獵），專門侍奉皇帝。這些符合當地標準的牲畜與毛皮的品質優良，是努爾哈赤的先祖發大財的跳板，但若是用購買代替劫掠，後代的財富就會減少。努爾哈赤派突襲部隊前往黑龍江，是為了削弱布占泰的勢力；皇太極則是希望打擊鄂溫克（索倫部），這個群

45《滿文老檔》萬曆三十五年（丁未年）三月。

46《清實錄．太宗文皇帝》，卷五十一，頁九。亦可參見*Man' chzhury na Severo-Vostoke*, 16。與《滿文老檔》天命十年三月五日中的紀錄相比，一六二六年由其首領塔玉、噶爾達、富喀納等帶領自願叩頭（*hengkilembi*）的人數分別為一百二十名虎爾哈人，二百二十二名瓦爾喀人。Melikhov, "The Northern Border"中提出略有差異但類似的數字，並討論皇太極及其大清繼任者對黑龍江流域人群的暴力行為，並以此駁斥現代中國對當地的主權宣示。另可參見本書緒論注釋四十與四十一。

體使用通古斯語，與女真有一些共同的文化淵源。[47]以博木博果爾為首的鄂溫克聯盟讓清代在東方的勢力難以鞏固，鄂溫克不只一次出動六千人對抗大清騎兵，這讓皇太極意識到對黑龍江一帶發動大規模戰役已是勢在必行。一六四〇年，戰事一觸即發，同年博木博果爾在逃往鄂溫克一處村寨的路上遭截獲，並被押送至盛京處決。一六四三年皇太極駕崩時，除部分鄂溫克人遭到屠殺外，基本上都已編入八旗，重新在更安全的大清領土上定居。有些村寨駐紮了小規模的旗人群體，其中規模最小、最偏遠的當屬以貿易為主的寧古塔。隨著新生的清帝國逐漸擴張，將更多東北民族納入囊中，皇太極推敲出愛新覺羅的根源應出自瓦爾喀與其他女真人群。[48]

皇太極的推演衍生出一個清皇族世系的創世神話，而在下一個世紀或更長的時間當中，這個神話逐漸雕琢成形。此時期對鄂溫克與其他黑龍江人群的征討，使清廷首次密切接觸到通古斯民族的聖山長白山地區。努爾哈赤自稱繼承了出身當地的建州領袖猛哥帖木兒的家族與正當性，如同其假設出的後裔，他長成後都在與黑龍江和朝鮮北方作戰。皇太極和努爾哈赤一樣對長白山充滿好奇，但他在認祖歸宗上更加大膽，皇太極不斷跟黑龍江人群強調，猛哥帖木兒曾統治長白山與俄漠惠（朝鮮北部），而皇太極身為其後裔，理所應當才是現今長白山的合法統治者。更重要的是，東方各民族是滿洲的親族，都是布庫里雍順（Bukuri Yungšon）的後裔，民間傳說就能證明這個影響深遠的驚人主張。大清東征期間，愈來愈多的傳統民族被納入，皇太極的軍務人員很快就熟悉了當地的民俗歷史。這些傳說不僅羅織出清代自我表述的驚人轉變，更以愛新覺羅之名創造出皇族世系。

---

47 論十七世紀初期與中期金／清在黑龍江流域的戰事，另見 Mancall, *Russia and China*, 20-32。

48 蔣秀松，〈清初的呼爾哈部〉，頁一三九。

布庫里雍順的母親佛庫倫[49]吃下神鵲（*saksaha*）[50]銜來的紅果後，神奇地懷胎[51]。布庫里剛剛長成就平息了「三姓」各派的爭鬥，並被推舉為貝勒，之後他就率眾定居在長白山以東俄漠惠荒原上的俄朵里城，將其部族稱為「滿洲」。元帝國在此建置軍民萬戶府，明初改制為建州衛，幾個世代後，布庫里雍順家族難以安撫群眾，當地人民群起叛亂，家族中僅有幼子范察逃脫。又過了幾個世代後，建州衛都指揮使猛哥帖木兒誕生。[52]從此神話中可看出，皇太極所擬定的愛新覺羅祖先在移闌豆漫的特殊地位：布庫里被奉為貝勒；他在俄漠惠建立俄朵里城，元朝在當地建置軍民萬戶府，後改制為建州衛；他稱其部

49 也就是說，布庫里雍順的母親佛庫倫同樣也是自己故事架構中的英雄。在清初大清文獻中有兩段類似但不完全相同的布庫里雍順／佛庫倫故事，一個在《滿洲實錄》（卷一，頁一至二下），另一個則來自一位叫穆克希克（Mukesike）的俘虜，收錄於《滿文老檔》，卷九；另外還有一個類似的鄂倫春神話，可參見《鄂倫春族民間故事選》（上海：文藝出版社，一九八九年）。另可參見Crossley, "An Introduction to the Qing Foundation Myth," 13；孟慧英，〈滿通古斯語族民族神話〉，頁五十七至五十九。

50 歐立德在一九八六年曾建議我，最好將*saksaha*英譯成「magpie」（喜鵲）。英文的自然史參考書對「crow」（烏鴉）的涵義定義模糊，意即這個語詞到底何時該囊括或排除喜鵲。諾曼（Norman）將「喜鵲」定義成*pica pica*，並非北美的喜鵲，而是馬修（Matthews）所解釋的「中國喜鵲」（喜鵲，參見劉厚生，《簡明滿漢辭典》，「*saksaha*」）。但考慮到作為各個大清民間故事四處可見的元素，這隻特別的鳥類確實意有所指，因此我認為「magpie」是更合適的翻譯。*saksaha*在滿洲研究中非常重要，有一本專門研究滿洲語言與文化的小型期刊還特別以此為名。這個語詞與其他表示黏貼、插入或建造的語詞有關（包括用於薩滿儀式與慶祝活動的建築）。

51 孫文亮與李治廷在《清太宗全傳》頁一至三中，沒有引用弘曆的評論，論述了大清創世神話布庫里雍順與商朝創始人契的傳說之間的一些相似之處，這些討論是基於司馬遷《史記》的〈殷本紀〉與〈秦本紀〉，以及《呂氏春秋》中的〈恃君覽〉；他們意簡言賅地指出了神鳥、超自然的受孕與父親不詳的英雄角色。東亞與歐洲民間傳說中比較主題的詳細論述，可參見Peter H. Lee, *Songs of Flying Dragons*, esp. 102-23。

52 前述改寫出自《清史稿》（一九二八年），卷一，頁一上（一九七七年版，頁一）。此為早期版本的濃縮。比較《滿洲實錄》，未編號，頁一至十六；《東華錄》，卷一，頁一上至一下（一九八〇年版，頁一）。更細緻的論述是《御製盛京賦》（*Mukden i fujurun bithe*，一七四三年），以下將討論。

族為「滿洲」。與范察的故事相同，最後一點並沒有歷史根據；雖然滿洲之名的源頭、涵義，以及在此之前的使用背景都模糊不清，卻不影響皇太極於一六三五年正式採用。[53]但鑑於布庫里傳說的思想脈絡，選擇在此時此刻導入「滿洲」之名可說是意義深遠；其援引了事實與符號虛構物（symbolic fiction）的複雜結合。

在大清建國神話中，猛哥帖木兒的生涯並不突出，他當然是大清皇室的先祖，且時常出現在清初文獻中，只是事蹟各異。[54]各個傳說中的猛哥帖木兒元素眾說紛紜，例如，在猛哥帖木兒出生之前，三姓叛亂後帶領人民逃亡的范察，顯然脫胎於猛哥帖木兒親生異母弟凡察。[55]如同傳奇中與其姓名相仿的范察，正史上的凡察也曾帶領女真人逃亡。據稱他於一四三五或一四三六年時帶領部眾進入現在的佟佳江（當時稱婆豬江）流域，但並不清楚他們究竟為何要離開位於現今吉林省最東隅的琿春附近的家鄉；不過有鑑於猛哥帖木兒在與頻繁騷擾朝鮮前哨的野人女真的戰鬥之中喪生，此次遷徙的起因十分有可能是敵對女真鄰邦的威脅日益升高，甚至是源自猛哥帖木兒旗下建州集團內部的分裂。[56]

身為傳說中的一環，范察的傳說在涉及三姓之人時，亦反映出一

53《滿洲源流考》，卷一，頁一指出，「滿洲」最初是某個古老女真部落的名稱；但在現有資料中，尚未發現這樣的名稱；對於此名稱的來源，有許多可能的解釋，但其詞源仍然是個謎。

54 朱希祖在《後金國汗姓氏考》（一九三二年）中對清初及各個變體進行了詳盡的回顧；另可參見《清史稿》（一九二八年）（一九七七年版，頁一至二）。

55 凡察身為其兄長在朝鮮李朝的發言人，以及兄長去世後的斡朵里領袖，具備相當的獨立重要性。可參見《清史稿》，卷二二二（一九七七年版，頁九一一九至九一二〇），以及王鍾翰，《朝鮮李朝實錄中的女真史料選編》，頁三十八及其前後。

56 朝鮮文獻顯示，女真占領俄漠惠地區加劇了朝鮮李朝與凡察的衝突；也有可能是朝鮮李朝的軍事行動，再加上女真的不滿，迫使凡察再次遷徙。可參見王鍾翰，《朝鮮李朝實錄中的女真史料選編》，頁三十九至四十九；Edward Willett Wagner, *The Literati Purges*, 8-10。

關鍵議題；大清神話首次提到三姓之人是在講述布庫里雍順之時，兩邊原本全然陌生，是三姓之人將其帶回家中，並奉為貝勒（努爾哈赤的民間傳說中亦存在此傳統元素）。三姓的字面意思是「三個家族」，或者也有可能是「三個聯盟」；在漢文與滿文文獻中，「三姓」的用法都可以解釋成「分成三個家族的人群」，抑或是如第一章中所討論的女真世系名稱──「三姓之地的人群」；有清一代，三姓指的是現今黑龍江省的依蘭（移闌豆漫）。連結至當地，在布庫里傳說的眾說紛紜與東北歷史的含糊不清交織下，衍生出一串連貫卻模糊的大清皇室起源。首先，有個歷史依循，將「移闌豆漫」的歷史與遼東的女真部落相聯繫，努爾哈赤會在宣傳中加以援引，並在其一些頭銜中證實。此神話所雜揉的歷史序帶始於距朝鮮北部聚落有一段距離之處，是布庫里雍順託辭中的原鄉。

在這個神話化的過程中，兀良哈（Urianghka）的例子恰好反映出從屬與身分認同的曖昧交織。皇太極之後，清廷將兀良哈視為異族與麻煩，但兀良哈與女真早已密不可分。《遼史》中多次指出，早在十世紀初，兀良哈人就現蹤遼東；[57]明初之後，兀良哈就位於正北方，明末則定為「西」蒙古聯盟的一部分。[58]拉施特（Rashīd al-Dīn）的《史集》稱十三世紀的兀良哈為「林中人」，[59]比起一般所知的蒙古人，這個詞彙更適合拿來形容鄂溫克及之後成為滿洲的其他人群。十

57 箭內亙，《兀良哈及韃靼考》，頁四至五。此名稱在遼太祖（阿保機）統治時期的史書中出現，寫成溫良改與斡朗改。《遼史》，卷一，頁十六將斡朗改當作地名使用，但箭內亙指出其為家族名，意即速不台之姓氏。

58 Henry Serruys, "Yellow Hairs and Red Hats in Mongolia"一文中論述了東部的兀良哈人，及其之後重新出現在遼東西部。

59 O. J. Maenchen-Helfen, "Akatīr," *Central Asiatic Journal* 11,no. 4: 275-86。*Woji*（窩集）是女真／滿文詞彙，意指住在森林的人，在明代是某些女真群體的常見稱呼；康熙帝也賦予烏梁海相似的涵義，顯示在十七世紀時，兀良哈與窩集之間可能存在文化與詞源上的聯繫（Wilhelm, "A Note on the Migration of the Uriangkhai," 175）。

五世紀的朝鮮文獻明確稱女真人為「兀狄哈」（Udika）。[60]現代學者亦看重兀狄哈與中古女真的關係。[61]元代定居移闌豆漫的三個萬戶府為斡朵憐、胡里改和桃溫；十四世紀末，女真開始南下侵占李朝領土，《元史》所提之「三萬戶」似乎並無變化。朝鮮文獻鉅細靡遺記錄新到野人的女真首領，通稱「兀良哈」：虎爾哈豆漫阿哈出；[62]托溫豆漫高卜兒閼，女真斡朵里豆漫夾溫猛哥帖木兒。[63]一六三五年皇太極治下所付梓的《滿洲實錄》附插圖版本，描繪布庫里雍順站在一座雄偉的防禦工事「俄朵里」前。在現實中，猛哥帖木兒所領導的群體名為「俄朵里」，永樂年間明廷才將東方女真群體編為建州衛；俄朵里是十

60《李朝實錄》主要區分由阿哈出、猛哥帖木兒與卜兒閼領導的*orankha tumen*（在明代史書中為建州女真）、托溫（明朝稱為窩集）與野人。托溫與野人是未加入移闌豆漫／建州聯盟的部落人群，經常面臨朝鮮與真正女真部族的軍事壓力。司律思根據蘭司鐵（G. J. Ramstedt）的研究指出，朝鮮文的*orankha*意指「野人」，明確是在指稱十四與十五世紀的女真入侵者；可參見*Sino-Jürched Relations*, 32；另可參見蔣秀松，〈清初的呼爾哈部〉，頁一三九，注二（論孟森）。除了《李朝實錄》，《龍飛御天歌》（*Yongbi o'chon'ga*，一四四五年）也有對兀良哈女真的詳細記載，此文獻已譯成英文並深入論述，可參見Peter H. Lee, *Songs of Flying Dragons*。另可參見三田村泰助，〈龍飛御天歌に見える「女真」と「兀狄哈」〉，收錄於《清朝前史の研究》，尤其是頁七十四至七十五。

61 例如可參見Wilhelm, "A Note," 74；箭內亙，《兀良哈及韃靼考》，頁八至九；安部健夫，〈清朝と華夷思想〉，收錄於《清朝前史の研究》，頁九十九至一〇一；三田村泰助，〈移闌豆漫とその源流〉，收錄於《清朝前史の研究》，頁九十七至一〇六；Nicholas Poppe, "On Some Mongolian Loan Words in Evenki," *Central Asiatic Journal* 16: 102-9；idem, "On Some Ancient Mongolian Loan-words in Tungusic," *Central Asiatic Journal* 11, no. 3: 187-198。

62 虎爾哈豆漫（元史中的胡里改，見卷五十九，頁一四〇〇）與虎爾哈同一個稱呼，且可能有一些相同的歷史。虎爾哈在歷史上與女真有所區異，但之後被納入大清八旗，成為「新」滿人。可參見蔣秀松，〈清初的呼爾哈部〉；阿哈出是一四一一年建立建州衛時第一個被冊封的指揮使。猛哥帖木兒與其氏族最終奪取了阿哈出家族的商業權力與政治地位。另可參見吳晗，〈關於東北史上一位怪傑的新史料〉及《清史稿》，卷二二二，頁一上（一九七七年版，頁九一一五至九一一六）。

63《龍飛御天歌》，頁十三；王鍾翰，《朝鮮李朝實錄中的女真史料選編》，頁一至五十。

三世紀元朝在移闌豆漫建立的萬戶府之一。俄朵里與移闌豆漫其他的女真聯盟相同，南遷至朝鮮時，仍保有原來的稱呼，且如同許多過往案例，這個名稱也在後來成為地名，並以「建州」之名併入當地零散的人群。俄漠惠即俄朵里聚落所在之處，位於長白山以東，是現今北韓東北平原的古稱。

若此神話部分改編自女真遷徙史，部分則節錄猛哥帖木兒與建州衛史（現在皆圍繞聖山長白山發展），那布庫里雍順的故事又是為何而生？「雍順」這個稱號並非滿文，而是轉寫過的漢字。一如《滿洲實錄》編撰者所指出，大清文獻雖寫成「雍順」，但顯然是「英雄」的誤植（可能是從韓文而來）。[64]以頭銜來說，「布庫里雍順」很明顯是「布庫里莫賀咄」（Bukuri *baghatur*，蒙文「英雄」）的翻譯，後來被滿文挪借，改為常見於尊號中的「巴圖魯」（*baturu*）。對元朝統治者甚有助益的移闌豆漫女真首領，就十分有可能獲賜此頭銜，而如同一些大清族譜所暗示的，猛哥帖木兒的父親或祖父應該都享有此類頭銜。問題在於不管是真是假，布庫里根本就不是人名，而是黑龍江流域的山神。證據顯示，早在布庫里被當成愛新覺羅神話中的祖先之前，布庫里山（Bukuri-alin）是英雄布庫里傳說的發源地；但在民間故事中，布庫里的懷胎與誕生地都在布庫里山及其中的布勒瑚里池（*bulhūri omo*），他並不是愛新覺羅的祖先，而是愛新覺羅的「同族」，如同我們也可以說當地人群都是女真在歷史上的表親。[65]此故事的源頭可能是由鄂溫克探子打聽到的宮廷神話，雖然其中某些元素非常類似鄂倫春的神話；黑龍江所有人群對此應該都十分熟悉，且多半將之用為「創世神話」（foundation myth）。[66]一六三五年在皇太極治下

64 論《滿洲實錄》的史料，可參見朱希祖，《後金國汗姓氏考》，頁二十一。

65 孫文良、李治廷，《清太宗全傳》，頁四，引用《滿文老檔》的其中一版。

66 Stary, "Mandschurische Miszellen"一文不僅提供了與清朝採用此神話相關的最早文獻的音譯，還提供了有關此問題的學術研究史。福華德（Walter Fuchs）顯然是第

完工的大清史書，將黑龍江人群的神話起源地布庫里山與滿洲發祥地長白山交疊在一塊。[67]但此神話所提到的是黑龍江的兩大聖地——布庫里山與長白山，與愛新覺羅根本不相干。長白山在中國歷代文獻中名稱各異，但最早可追溯至漢帝國，記載此山對當地各部人群來說都是最神聖之所。東北居民古稱「徒太山」，[68]但自漢代起，漢人稱「不咸山」（靈感可能是它的火山口）；北魏時期則以其外觀稱「太白山」或「長白山」；[69]唐代稱「白頭山」，朝鮮名為「白頭山」。乾隆帝《盛京賦》（見第五與第六章）則稱之為Šanggiyan (Šanyan)-alin（意即「白山」）及其火口湖「天池」。

不可不提的是，黑龍江戰役之時，皇太極以圖騰為託辭，將自己的祖先與當地人群的祖先聯繫起來，並確立自山神布庫里「時代」以來就至高無上的愛新覺羅世系。身為政治神話，這個基調也有助於定義八旗內的滿人；主要是用來歸納出皇室的自我表述與宗教傳統，這個將滿洲文化與精神生活加以標準化的計畫一直到十八世紀都還在繼

一位研究此神話的學者，可參見“Bulhŭri Omo: Die altäste Fassung der mandjurischen Stammessage,” in *Sinologische Arbeiten* I (1943), 47-52，其受到豪爾的啟發，可參見Hauer’s “Das mandschurische Kaiserhaus, sen Name, seine Herkunft and sein Stammbaum” in *MSOS/OS* 29 (1926): 1-39。豪爾、福華德，以及更近期的學者如孫文亮與李治廷都指出，有些主題（特別是奇蹟般的降生）早在古代中國神話中就已出現，並在漢代典籍《尚書》與司馬遷的《史記》中留下紀錄；此說法似乎顯示某些中國文化的影響可能導致這些元素的出現，但由於這些元素在許多文化的神話中都非常普遍，這種推論似乎關係不大。松村潤的研究結果顯示，一封來自虎爾哈穆克希克的信被發現（其內容也收錄在《滿文老檔》，卷九），現被視為是《滿洲實錄》頁二至六中所編纂的清朝神話的來源。斯達理提供了兩種版本。孟慧英〈滿通古斯語族民族神話〉一文中有較多的比較評論，鄂倫春神話中天女的比較可參考《鄂倫春族民間故事選》。亦可參見本書緒論注釋三十五。

67 將布庫里山納進大清創世神話的原始重要性在後來的清廷中逐漸消退，布庫里山逐漸消失在神話之中；在最後的斷代史《清史稿》中，完全沒有提及布庫里山。

68《魏書》，卷一〇〇。

69《新唐書》，卷二一九，頁七十一。

續。例如，之所以加入神鵲，就是對大清皇室薩滿傳統的直接回應。在努爾哈赤一統女真之前，各家族崇拜涉及薩滿儀式的各種不同動物，而這些儀式也可能因家族而有所不同，並受機密法保護。[70]此神話極其明確地指定神鵲為愛新覺羅家族的神靈，可能正是在此聯想的基礎之上，喜鵲崇拜在清代不斷增補，往往完全取代了對其他家族神靈的崇拜。將國教符碼化的首要之路已經成形，繼任的皇帝亦不斷加速此一過程。

布庫里神話最主要的存在目的，是要用這個英雄來象徵愛新覺羅世系，並確立愛新覺羅家族展現出滿洲人民的一統；此家族預言用作編排世系，因此對十七世紀初世系重組而言不可或缺。不論在過去還是現在，這些家族都代表滿洲與過往的連結，努爾哈赤若要宣稱自己承繼十二世紀的金代女真，或是要讓構成八旗的社會組織良好運作，這點便至關重要。[71]但十四與十五世紀的遷徙讓這些古老家族一片混亂，努爾哈赤命令治下所有臣民都應入籍至一個家族之下，這讓虛構的氏族部落紛紛出現。[72]當女真人群起追本溯源，創造出的幾百位家族建立者，在方方面面上都與布庫里雍順十分類似。[73]雖然相對起

70《滿洲祭神祭天典禮》的序言指出，早在乾隆時期之前，家族已各自發展出自己的獻祭與祝禱儀式傳統，所以成員並不了解何謂正確的習俗。編纂此書的目的在於，讓受到允許的讀者了解愛新覺羅的儀式，並督促他們按照此標準行事。可參見頁一上至一下。

71 周遠廉，〈關於八旗制度的幾個問題〉。

72《八旗滿洲氏族通譜》（一七四五年）的序言提到，至努爾哈赤崛起之時，古老氏族似乎已經陷入混亂，並採取一些措施以為每個個體提供家族歸屬。可參見凡例，頁三上至三下。

73 與《八旗滿洲氏族通譜》修訂過的族譜相比，大多數的家族都追溯至一位生於未知年代的原型祖先；不能因為這些族譜過往未被書寫下來，就認為它們全然虛構。關鍵在於，如同所有口述傳統，這些族譜都遵循一種常規結構，而布庫里的故事在大致輪廓上遵循了此一結構。這在《清史稿》中尤為明顯，其顯然是以族譜的形式呈現布庫里的故事。

來，努爾哈赤的前幾代父祖輩較為明確，但有名無實的覺羅世系仍和其他家族一樣模糊；他用「愛新」（金）覺羅來將自己的世系與那些認為可與他平起平坐的家族區異出來，布庫里神話之所以重要，則在於能將愛新覺羅的源頭與女真群眾加以區分。[74]

大多數的時候，大清文獻並未混淆皇帝的直系世系與這個涵蓋更廣的區域起源神話。大清史書雖以布庫里雍順的故事為始，但至順治朝受漢文形式影響後，追尊四祖為帝已是約定俗成，伴隨而來的則是康熙初年的世系典儀標準化。[75]努爾哈赤的「四祖」是猛哥帖木兒、福滿、覺昌安與塔克世；四祖皆追尊廟號，並制定承認其為帝國先祖的典儀，且所有陵寢都非常靠近赫圖阿拉遺址（現稱清永陵）。

這些身分認同與原型的特殊安排自有深意：猛哥帖木兒逝世於一四三四年前後，覺昌安與塔克世則是一五八二年，這代表福滿的壽命不可能超越，也不可能跳過實證明確的充善，其是猛哥帖木兒的兒子或姪子，在十五世紀末領導俄朵里／建州女真；此外，猛哥帖木兒在朝鮮遭刺，雖然其弟凡察可能會將其遺體送往佟佳江流域，或至少帶回赫圖阿拉一帶，但文獻對此付之闕如。若陵寢確定是在一五九八年開始建造，那就很可能是為了要重新下葬覺昌安與塔克世；但一同下葬的其他人究竟是何方神聖，[76]如同若是猛哥帖木兒至努爾哈赤的世系為真，但在標準化的追尊四祖序列中，猛哥帖木兒與覺昌安之間到底遺漏了多少人，我們依舊無法肯定。更重要的是，布庫里雍順的帝系神話與家族神話縱然有不一致之處，帝國敘事並不認為有必要加以調和。

74 只有《清史稿》明確提到金朝的先祖。

75 Kai-wing Chow（周啟榮）, *The Rise of Confucian Ritualism in Late Imperial China*, 161-66.

76 康熙年間的文獻顯示，幾次重建陵寢的第一次，顯示那裡葬有猛哥帖木兒、福滿、覺昌安、塔克世、覺昌安的另外兩個兒子，以及一些妃嬪。

跨越限制

努爾哈赤早年的政權，奠基在哈達萬汗、覺昌安、塔克世、索長阿、武泰等建州領袖與李成梁之上，他們在政權的大多時候始終牢牢控制著當地的政治修辭與野心——若真如此，我們就能說努爾哈赤的勢力範圍比其前幾任統治者所希望管轄的「地域」要擴張了好幾倍。直至暮年，努爾哈赤才體認到且偶爾採用某種統治風格的方式，相較其早期的風格，這種風格在時空上幾乎是無遠弗屆。邁向此種新統治風格的道路，需途經吉林北部與遼東，以及更西、附於蒙古之下的人群。雖然當代沒有留下證據顯示努爾哈赤深諳另一種政治宇宙之道或說是宇宙觀，但他肯定明白此牽涉到佛教的特定形式，影響忽必烈後世的歷任大汗，並攸關能否獲取那些自認或可被稱為蒙古人的人群的效忠。

這個「蒙古」身分認同難下定論。有部分或幾乎全部的遊牧群體，在女真領土的無主地帶闖蕩，其中包含烏喇與葉赫等北方文化的代表，當地環境獨特，比起對努爾哈赤所屬的南方群體，對遼東與吉林北方人口的依賴更為強烈。烏喇與葉赫從十五世紀末開始就同屬扈倫聯盟旗下，都被建州稱為「蒙古人」（滿洲蒙古、舊女真蒙古），並將其視為異族。扈倫聯盟的大多數肯定都是女真後裔，其語言與努爾哈赤所用的建州語可互通。[77]但到了一五〇〇年代末期，扈倫聯盟開始操不同方言，有大量的蒙文借詞，取蒙古名、與科爾沁或喀喇沁家族通婚，並與科爾沁或喀喇沁涵化的比例非常高；努爾哈赤根據地的南方人口也不乏此種情況，但程度不大，所以還能有一個區域性的共識，即生活於遼東以北、大興安嶺一帶的人群，無論先祖為何，都

77《皇清開國方略》，卷三，頁三上。

是「蒙古人」。[78]雖然女真在努爾哈赤之前與其治下皆以「蒙古」稱呼扈倫，但這個名稱卻不一定是在指涉遼東與現今吉林省的科爾沁和喀喇沁移民。[79]為了填飽肚子或逃離察哈爾－喀爾喀地區日益混亂的政局，許多移民來到此地後成為遼東明軍的傭兵，也有部分仍維持遊牧的生活形態。一五九六年，朝鮮來使申忠一仍能見到身穿毛皮的遊牧民，居住於搭在車上的氈帳，逐水草而牧；同時他也提到，許多人也會在春天播種，這樣秋天回來時就能收穫一些小麥和小米。女真也和朝鮮人一樣，稱這些人為「韃靼」（韃子）。[80]申忠一留意到這些遊牧民之間存在經濟隔離，主要仍以遊牧為生，與其草原上的親戚一樣，他們把氈帳建於車上，幾乎總是身穿毛皮。在努爾哈赤早期的舉措下，這些蒙古人主要負責守衛與放牛，社經地位極為特殊。值此同時，科爾沁與部分喀爾喀人也準備向努爾哈赤投誠，以免步上扈倫的後塵，人口緩慢但無可避免地走向消亡。可能早在一五九四年，就有喀喇沁使團拜見過努爾哈赤，可以確定的是，一六〇五年科爾沁首領（即孛兒只斤氏的後裔）[81]恩格德爾進獻二十頭駝馬予努爾哈赤。這個

78《皇清開國方略》，卷三，頁三上。

79 喀喇沁與遼東人口之間的早期區異，以及在明代時的融合，也有另一個角度的記載：張穆提到喀喇沁最初是與「韃靼」作戰，也就是被南方女真人視為「蒙古人」的北遼東人群。但後來因為林丹汗而東遷，遂在過往的敵人之中定居下來。此故事與兀良哈向東分散的過程密切相關，兀良哈與喀喇沁領袖頻繁通婚，並參與此次東遷。移闌豆漫的聯盟（見本書第二章），其中包括女真與扈倫人，都採用一些早期明朝與東蒙古聯盟中常見的名字，特別是朵顏（女真文的Doyen）和福餘。張穆於一八四九年過世時，《蒙古游牧記》尚未完成，但之後由何秋濤加以修訂，一八六七年時由祁寯藻出版（祁寯藻之前曾出版顧炎武的年譜，張穆也曾研究過顧炎武）。可參見《清代名人傳略》，頁四十七；Hyer and Jagchid, *Menggu youmu ji*；以及本書第五章注釋四十三。《清史稿》，卷五二四，頁一四五一一至一四五二七詳細記載了清初的三個兀良哈部落（但未提及其與女真的融合）。

80《建州紀程圖錄》，頁二十一上至二十二上。

81 一般將科爾沁視為成吉思汗之弟拙赤合撒兒的歸附者的後裔，因此雖然不是成吉思汗的直系後裔，科爾沁領袖依舊屬於成吉思汗的孛兒只斤家族。

時候科爾沁也已準備好正式歸附努爾哈赤，並於一六〇六年第一次將其尊為「可汗」，稱「昆都倫汗」（即「恭敬汗」）。此尊號的權威明顯僅針對努爾哈赤個人，而他的汗位源於、也僅限於他與科爾沁人的關係；對旗下的女真歸附者來說，他仍然是「聰睿貝勒」（淑勒貝勒，[82]此稱號可能受到蒙古徹辰汗的啟發，是某部分科爾沁代表團所上的尊號）。

一五九六年，努爾哈赤在自述時提及「女真固倫」（意指「國家」，部分承繼哈達萬汗），顯示葉赫、哈達、輝發及烏喇聯盟完全成為從屬，這是全新的表述。[83]一五九九年，努爾哈赤認為自己的歸附者與科爾沁－扈倫已有足夠區別，因此自稱「女真與野人」的首領（滿文的*weji*、漢文的野人、朝鮮文的*ya'in*——東北通古斯採獵人群），並下令開發源於蒙文（曾是當地通用語）的女真文字書寫。隨著與科爾沁和扈倫的戰事陷入膠著，「女真定義」邁入新階段（將科爾沁定義成「蒙古人」以強化建州與扈倫的新結盟）；努爾哈赤俘虜一些扈倫聯盟的領袖並展開談判，歷經二十年來的打打停停，不僅弭平東北扈倫的勢力，更瓦解了聯盟。扈倫聯軍在一五九二年受挫時，烏喇領袖布占泰[84]與剌八被俘，起因是布占泰與其兄兼共治者滿泰在一五九二年決議加入扈倫聯盟與科爾沁，一同阻止努爾哈赤勢力向北擴張。但聯軍在古勒山（靠近覺昌安與塔克世的殞命之地）被努爾哈赤擊敗。[85]布占泰成為努爾哈赤與烏喇交惡的藉口（雖然有點靠不

82《皇清開國方略》記為聰睿貝勒。

83 皇太極在一六三五年宣布此民族（*gurun*）「最初」是由「滿洲、哈達、烏喇、葉赫與輝發」組成，這純粹是強迫安上的意識形態。另可參見Rawski, *The Last Emperors*, 36。

84 申忠一以漢字「夫者太」記錄布占泰的名字，並稱之「蒙古將軍」。布占泰是布干的孫子，布干是自稱為烏喇（「河流」，寓意松花江）群體的第一位貝勒。布干是納奇卜祿的後裔，其之後會被視為是葉赫、哈達與烏喇地區那拉氏的始祖。

85 布占泰與二十名全副武裝的士兵一起淪為階下囚，與此同時，另一名同樣頗具勢力

住），讓努爾哈赤得以在一六一八年叛明並試圖破壞聯盟的和諧。

一五九一年，努爾哈赤向北方的扈倫聯盟開戰，此戰將決定他或他們能否統御遼東與吉林的女真領土，扈倫領袖拜音達里、孟格布祿和納林布祿遣使索要土地，努爾哈赤當然拒絕了，並在一五九二至一五九三年間保衛村寨，抵禦扈倫、科爾沁與其他群體聯合起來驅逐他的行動，最後將布占泰與剌八擄回營帳。滿泰逝世後，布占泰於一五九六年春天被送回故土擔任貝勒，[86]努爾哈赤認為布占泰已經體認到自己的定位，故將其釋放，讓他同時擔任烏喇的貝勒與建州國主的附庸。若能將烏喇納入建州的控制，就能反映出努爾哈赤霸權的最北與最東端。烏喇承諾成為努爾哈赤的屬地後，所增添的地理影響力舉足輕重；相較於距離努爾哈赤領土西方只有兩天路程的撫順，以及距離領土南端只有四天路程的朝鮮，烏喇可謂是山水迢遙，要花上十八天，甚至一個月才能從佟佳江流域到達努爾哈赤的村寨。布占泰的投降讓鄰近的葉赫聯盟無以為繼，一五九七年葉赫與努爾哈赤達成停戰協議。建州與扈倫聯盟之間的和平搖搖欲墜——休戰的時間只夠讓努爾哈赤娶了一位葉赫女子為妻，而她就是皇太極的母親。（編按：皇太極的母親孟古哲哲應該在一五八八年就跟努爾哈赤成婚，而非在一五九七至一五九九年之間。這位葉赫女子可能是孟古哲哲的姪女「北關老女」，但婚姻沒有成立。）一五九九年，葉赫藉著與遼東軍結盟，試圖擺脫努爾哈赤的掌控，這次的敵對直到一六二〇年才告終。哈達（由萬汗之子扈爾干統治之時）也不滿獨立性受到努爾哈赤干預，開戰讓哈達死傷慘重，獨立不到一年就此滅亡。[87]布占泰所領導的烏喇玩弄兩面手法，時戰時談，一再

的烏喇成員剌八來降，並帶來另外二十名武裝士兵、一百二十名步兵與一百匹戰馬。為了贖回布占泰，滿泰向努爾哈赤進獻了一百匹馬，但遭到拒絕。

86 在布占泰囚於費阿拉期間，他的哥哥滿泰成為烏喇唯一的貝勒。不久之後，滿泰與其子都被聯盟處死。

87 七月，他們在Fulegiyaci被擊敗，並於一六〇一年在首領孟格布祿的領導下併入建

試圖煽動遼東、科爾沁或努爾哈赤在建州內部的政敵。一六〇七年，烏喇與建州短暫爆發戰爭，布占泰一度試圖援助科爾沁，但努爾哈赤最終仍藉此鞏固了對科爾沁的統治。大清文獻對布占泰的最後的煽動模糊帶過，僅稱努爾哈赤不滿布占泰虐待自己嫁去和親的女兒穆庫什。布占泰以「鳴鏑」射傷年輕的穆庫什，這可說是莫大的羞辱，但「鳴鏑」是女真的司法工具。[88]布占泰是穆庫什在烏喇內唯一的親族，因此最適合執行對她的懲罰，雖然努爾哈赤的女兒很可能只是法律程序中的被告，但大清文獻將布占泰描述成以下犯上。努爾哈赤聞之勃然大怒，點燃了與烏喇的最後一場戰役，建州軍旋即占領烏喇，布占泰逃往盟友葉赫求助，一六一八年努爾哈赤以「七大恨」告天時，與葉赫的戰事還在繼續。他的第四大恨即是戰後的談判因為明朝派兵綁架葉赫公主而受阻，這位公主在和談協議中本該許配給努爾哈赤（編按：即前述的「北關老女」），明軍卻將公主改嫁給蒙古盟友。

即便位高如可汗，努爾哈赤仍然和貝勒時期一樣支持薩滿，並希望獲得反向的擁戴；但他似乎並未放棄對其他宗教的接觸。當皇太極在自己治下擊敗察哈爾[89]並接下昔日成吉思汗的宗教功能時，他便希望讓大清史家將這些功能追溯至清代早期歷史，追溯至努爾哈赤時代。而所謂努爾哈赤在統治時即擔任佛教君主的說法，顯然並不正確；但他確實開啟了其家族與西藏密宗之間的複雜關係，這層關係在

州聯盟。

88 努爾哈赤懲罰不用竹條，而是用「鳴鏑」：先將犯人綁在樹上或架子上，並用小型「鳴鏑」射滿整個背部；犯的罪愈重，射的箭愈多。申忠一曾見過努爾哈赤的理事官用鳴鏑，晚至皇太極時期，大清文獻都仍提及用箭射傷或刺傷犯人的刑罰。早期的滿文紀錄中也提及嬪妃會遭處鳴鏑之刑。

89 滿文為 Čagar。察哈爾的起源並不清楚。成吉思汗時期，只在一二一一至一二一二年木華黎對女真金的征戰中，出現過「察哈爾」。此區一直與察哈爾有緊密的連結。如之後的論述，察哈爾領袖是成吉思汗與忽必烈的後裔，在十五世紀達延汗治下，東蒙古再度迎來中央集權，林丹汗在十七世紀初也曾嘗試復興此盛況。

之後初步確立並持續重新定義了清帝國的普世主義。一五九六年，申忠一出使努爾哈赤首都費阿拉時，特別留意到努爾哈赤與舒爾哈赤所戴貂皮帽上皆有坐在「蓮臺」上的人形裝飾；若申忠一能再精確一點分析這個人形裝飾，就能反映出此時的建州領導層已經開始運用一些佛教意象。[90]西北方強大的察哈爾部從十六世紀中葉開始就持續支持薩迦派，[91]而薩迦也承認察哈爾的可汗是普世的佛教統治者（見第五章）。十六世紀末的蒙古文獻清楚記載了薩迦僧侶在察哈爾的活動，更繼續東進至女真領土；[92]可能早在建州貝勒時期，努爾哈赤與舒爾哈赤就開始把佛教意象當作政治護身符，這或許也是因為早期密宗僧侶在科爾沁、喀喇沁、察哈爾—喀爾喀地區的推波助瀾。我們尚不清楚努爾哈赤與薩迦的正式關係在何時建立，推測一六〇六年科爾沁的歸附不僅為努爾哈赤獻上「可汗」頭銜，也帶來西藏喇嘛的直接影響。直至一六一七年或更早，察哈爾逐漸成為努爾哈赤爭奪遼東控制權的主要競爭對手，努爾哈赤遂開始支持薩迦派；日期當然可能還更

---

90 甘德星在一九九三年二月向我建議，申忠一所描述的「銀造蓮臺臺上作人形」應該是佛像。但如果這真的是佛像，申忠一卻以「人形」記錄，這就十分奇怪了，畢竟任何朝鮮人都應該認識佛像。我只能推測這個小像的靈感可能源自北方和西方的察哈爾與其他群體，申忠一懷疑這可能是特定的菩薩形象，但不確定。在清朝皇帝的常服中，常會在帽子前方繡有佛像，且通常在帽冠上飾有一顆珍珠或紅寶石的珠寶。但在皇帝身著龍袍與冠帽的遺像中，確實會有個形狀模糊的裝飾品，讓人聯想到申忠一看到的形象。這是一顆嵌有珠寶或珍珠的金色突起，形狀確實很類似坐姿人像的頭、肩與膝（在某些時候，極其類似寶塔的形狀）。如果清朝時期的這個形狀與申忠一在一五九六年看到的非常接近，那可能只是因為模糊不清，讓申忠一覺得是個坐在蓮臺上的人形。

91 薩迦派得名於吐蕃中西部的薩迦地區，成立於十一世紀末。與當時其他密宗教派一樣，薩迦派以一個由獨身僧侶組成的社群為基礎，而這些僧侶由一位非獨身的密宗修行者領導——其在民間社會中可能被視為具有「薩滿」的力量（關於最後一點，可參見Samuel, *Civilized Shamans*, 473-74）。

92 可參見Grupper, "Review of Klaus Sagaster, *Die Weisse Ceschichte*," 奠基於 *Erdeni-yin tobchi*, 200/9-18。

提前，早在一六一六年他被女真與科爾沁奉為可汗之時。像是葛魯伯就認為「大英明汗」的頭銜是從佛教得到的靈感，且應該是想宣稱直接繼承了元朝皇帝的遺緒。[93]可能另外還有一層深意：如同無法自我宣稱繼承成吉思汗正統的各個衛拉特首領，努爾哈赤尋求與孛兒只斤家族（編按：孛兒只斤轉譯為滿文即是博爾濟吉特）聯姻，即其「愛妻」兼繼任者皇太極的母親。（編按：努爾哈赤的妻子、皇太極的母親孟古哲哲屬葉赫那拉氏，不屬於博爾濟吉特氏，但努爾哈赤還有兩位妃子出自博爾濟吉特氏。）

東蒙古的其他群體，特別是喀爾喀部，隨即表示願與努爾哈赤和談——雖然喀爾喀名義上隸屬察哈爾可汗，實際上卻因林丹汗對重新集權的狂熱而痛苦不堪。只要是具備重要戰略地位的領袖，都和那些與努爾哈赤結盟的部一樣，靠著聯姻進入努爾哈赤的家族；最受寵信者即可迎娶努爾哈赤的女兒，在其朝廷（在他自命為女真可汗後）中坐上額駙的高位。「五王」（塔布囊；*tabun ong*）制是努爾哈赤國家中對「蒙古」菁英的早期定義，亦為科爾沁、喀喇沁、喀爾喀與衛拉特等追隨努爾哈赤而非林丹汗的部劃定出一種新的領導模式。[94]一六二五年征服遼東中部、並在盛京（前瀋陽）建立後金新都後，努爾哈赤下令在遼陽郊外重建蓮花寺。囊素（Nangso）喇嘛是藏人，也可能是「藏化畏兀兒人」，[95]努爾哈赤早在一六二一年就授予其某種政治地位；在生命的最後幾年（約莫是其權力的顛峰時期），囊素兩次前往盛京的努爾哈赤朝廷，努爾哈赤不僅一力承擔喇嘛寺的開銷（喇嘛寺所有資產與個人亦皆免稅），囊素圓寂之後，更建造一座佛塔（stupa）來存放遺體。因此，儘管缺乏當代證據顯示努爾哈赤在一六

93 證據可參見Grupper, "Review of Sagaster"。他指出：「只要看到這些頭銜是在皇帝冊封時授予的，就可以看出其具備宗教與皇朝的意涵。」

94 簡要但直接的討論，可參見Liu Guang'an, "A Short Treatise on the Ethnic Legislation of the Qing Dynasty," 98。

95 葛魯伯的論點是基於其推測囊素可能來自安多或甘肅西部，當地密宗佛教頗具勢力。

一六年自立時採用佛教儀式，亦無跡象表明努爾哈赤利用佛教宣揚其意識形態，但他最早之所以對佛教表露興趣，似乎是受到一個普遍概念的啟發：佛教圖像對政治極為有利，且之後努爾哈赤與林丹汗爭奪遼東及東北科爾沁與喀喇沁的控制權時，薩迦派的靠攏也促使其占據上風。從這種看似不經意的聯想中，之後的統治者將形成強大的統治意識形態。

在努爾哈赤北側與西側的廣寧鎮，林丹汗皆握有貿易權，因此他希望維持其免受努爾哈赤汗國的入侵。為討論此議題，兩位領袖在一六一九年展開簡短但頻繁的書信往返，努爾哈赤急躁且語帶譏諷的文字風格明顯是受到林丹汗的刺激——林丹汗不但在信中署名「蒙古的成吉思汗」，還聲稱察哈爾有四十萬大軍，而後金僅有區區三萬旗人。林丹汗自詡為承繼成吉思汗與忽必烈的普世佛教統治者，不僅擁有成吉思汗的玉璽，更贊助西藏薩迦派的大黑天（Mahākāla）崇拜。蒙古菁英之所以視此崇拜為普世統治的關鍵，在於光是其本身就能讓統治者理解過往大汗的意識；但只要林丹汗一天還統治察哈爾，後金所聲稱的普世佛教王權就無法令東蒙古的多數人信服。努爾哈赤駕崩後，皇太極繼續發動對林丹汗的征戰。一六三〇年代初期，皇太極為鞏固權力，正忙於剷除與其競爭的貝勒，更想方設法要摧毀林丹汗國。這一切都在皇太極盤算之中：林丹汗的大軍向西撤退以收復失土，強行搶奪喀爾喀居民的牧場；內亂一觸即發，與後金的戰事也全線啟動。一六三二年，皇太極大軍迫使林丹汗四處逃竄，隨即在一六三四年因病身亡，隔年察哈爾部隨之歸順，將林丹汗所宣稱的成吉思汗玉璽獻給皇太極（其母是成吉思汗世系中孛兒只斤家族的後裔），並承認皇太極既是成吉思汗的轉世，更是普世的佛教統治者。皇太極說服林丹汗的兒子額哲果爾（Eje-khoghor）歸順，並迎娶皇太極的女兒，受封和碩親王。從此皇太極勢不可擋：一六三四至一六三六年間，清帝國將告終的北元與後金加以合併，皇太極自立為帝，創立新機構來識別「蒙古」，並建立新秩序管理其生活。

取代林丹汗之後，困擾林丹汗的問題亦轉嫁至皇太極身上：有些群體認為新生的清帝國並不比林丹汗好到哪裡去，故不願如鄰居般臣服於新政權的集權與重組之下，抵抗與叛亂層出不窮。一直到一六四三年皇太極突如其來的駕崩與一六四四年清軍征服北京，問題都還持續存在。一六四六年車臣汗叛亂，爆發了一場大規模的抗爭，一六四八年，叛亂在烏爾嘎（Urga）附近遭到鎮壓，大清靠著此戰略逐步征服蒙古與東突厥斯坦：派遣「蒙古」血統（即科爾沁、喀喇沁或察哈爾）的指揮使前往鎮壓「喀爾喀」或「衛拉特」群體的抗爭——以車臣汗的案例來說，率領清軍的是明安達禮（死於一六六九年，科爾沁部西魯特氏）。大清視明安達禮這批人為真正「蒙古」的代表：早早就歸順，為努爾哈赤獻上第一個大汗頭銜，領袖與大清皇帝的家族愛新覺羅氏聯姻，更象徵成吉思汗的正統，之後構成八旗蒙古的核心。十八與十九世紀的大清貴族充斥這批早期「蒙古」歸附者的後裔，包括松筠（一七五二至一八三五年，科爾沁部瑪拉特氏）、長齡（一七五八至一八三八年，科爾沁部薩爾圖克氏）[96]、慶祥（死於一八二六年，喀喇沁部圖博特氏）、琦善（死於一八五四年，恩格德爾的後裔），以及僧格林沁（死於一八六五年，科爾沁部孛兒只斤氏）。西遼東與東蒙古的早期歸附者成為八旗蒙古的基礎。

有些扈倫後裔加入他們的行列，與其他加入八旗滿洲的人沒有太多差異，並在併入的過程中產生重大變化。例如來自扈倫地區、但源頭十分模糊的烏雅氏，靠著聯姻與愛新覺羅氏族關係密切（康熙帝的妃子烏雅氏，後追諡為孝恭仁皇后，她是之後成為雍正帝的胤禛之母）。康熙帝駕崩前不久，下令將烏雅氏提出包衣籍，改入滿洲鑲藍旗；雍正帝在其生命的最後一年，即一七三五年，對正妻的家族採取

96 納延泰（一六九四至一七六二年）之子。

非常類似的正名舉動，將其提出包衣籍，並入籍滿洲旗（與世系正規化）來釐清其模糊的扈倫出身。[97]但大多數的扈倫後裔在征服中國的世代中入籍為「蒙古」。此種突如其來對蒙古的重新創造，伴隨精通蒙文書寫並在國家宗教崇拜中扮演蒙古人角色的需求，反映出其生活與仕途的明顯轉變。且正如皇太極對滿洲身分認同標準的利用，他也積極運用蒙古身分認同的標準，堅信在西遼東為明軍看守防禦工事的蒙古人會投奔他，並視他為蒙古的新精神與世俗領袖。

打從一開始，皇太極對大清官僚機構的設計之所以迅速擴張，就是為了要成立專責管理與「蒙古」組成的聯繫及其經濟文化事務的部會。其中最重要的當屬之後漢文稱為「理藩院」（滿文為*tulergi gala be dasara jurgan*）的機構；[98]其設於一六三六年，起初名為「蒙古衙門」（滿文為monggo yamun[99]）。這段期間，其主要職責之一即為替效忠大清的科爾沁、喀喇沁與喀爾喀貴族追封頭銜。以喀爾喀三大部的領袖為例——土謝圖汗、卓里克圖汗與札薩克圖汗——「蒙古衙門」不僅需鉅細靡遺地記錄其領地與財富，還需記錄其在一六三六年被皇太極封為和碩親王，並安排其受封儀典。「蒙古衙門」也開始執行過往屬於東蒙古諸汗的職責，負責裁決科爾沁、喀喇沁、察哈爾與喀爾喀人民之間的糾紛。這代表時不時需要勾勒出邊界的輪廓，更須將經濟互動的新詞彙加以制度化，此二功能很快就被推行至與羅曼諾

97 鄭天挺，〈清代皇室之氏族與血系〉，頁六十二。（編按：為后族抬旗一事可能在先帝在位時，也可能在新皇帝即位後。以內文提到的康熙與雍正的例子，雍正的母親烏雅氏被抬旗發生在康熙六十一年十一月十九日，但其實在十一月十三日康熙就已經過世了。抬旗的是雍正而非康熙。）

98 參見Chia, "The Lifan Yuan in the Early Ch'ing Dynasty"及趙雲田，《清代蒙古政教制度》，頁四十五至六十九。

99 *Yamun*是從漢文「衙門」挪借而來；滿洲在十八世紀將此機構改稱*monggo i jurgan*，當中的滿文語詞*jurgan*原本不具備與政府相關的涵義，之後才被發明出來用指涉官僚部門，取代了漢文借詞「衙門」。

夫帝國的關係上，因此到了一六五〇年代，「蒙古衙門」儼然成為大清帝國在內亞的外交機構與殖民當局。光是讓國家體認到現有的從屬關係並將之正當化，並不能讓皇太極滿足；他運用涇渭分明的身分認同，來將從屬關係擴張至那些尚未被征服或以其他方式兼併的地區，一如努爾哈赤只在遼東執行的那樣。命令生活在朝鮮的女真人返回滿洲領土，以及要求居於遼東並為明朝工作的蒙古人投降，或許就是絕佳的案例：他對這些人的主張不光代表對其父汗位的勢在必得，亦是對林丹汗地位的索要。這兩件事都發生在他擊敗察哈爾蒙古，並正式宣稱繼承成吉思汗與忽必烈大統之後。此宣稱的基礎一如皇太極時代重組八旗時的基礎：地理文化的從屬必將衍生出政治認同。這就是皇太極運用身分認同意識形態的方式；明確連結皇權的完整性與身分認同的從屬，預言出乾隆一朝的分類意識形態。

第三部

天柱

THE CELESTIAL PILLAR

皇太極若想建立皇權，便亟需推動東北社會與菁英政治文化的轉型；而對中國、蒙古與泰半中亞的征服，皆可視為皇太極治下帝國化之路的副產品。皇太極時期地緣政治取向的根基，在於中國持續成為清帝國的一個部分，甚至可說是基本的組成，並在乾隆朝加以強調。東突厥斯坦的絕大地區，以及幾乎整個蒙古都被征服，西藏的都城亦遭軍事占領，大清承襲並擴張了明代的朝貢體系與土司制，中國南方與西南的人群從未面臨如此強大的軍政壓力。自詡普世皇權的表述方式極為多元，有些早在清代之前就已存在：以年號「乾隆」（就是受上天庇佑，昌盛興隆之意）為例，意即奠基於一個中心且特殊的點，或從外散發出其涵義。大清帝國意識形態最終將許多殊異但一致的意象，一股腦編織進其普遍主義的外衣中：古典「中庸」意象的「中樞」、格薩爾（Geser）的中央帳篷支點之喻、中國君王的古代王家形象北辰，而佛教中的阿育王則是時間之輪輻條的匯聚之所。

乾隆帝的普世性意識形態顯然是以己為中心，認為自己是將所有比喻大一統後的唯一支點。他是出神入化的扮演者，以化身來控制文化，用各地人群的儀式來統御其道德中心。清帝國之所以具有普世性，在於乾隆帝權實為文化空心，而是憑藉其行為（包括御製文學、建築、繪畫與肖像畫），來為所有文化賦予真實與意涵。這些「德」讓他成為聖王，成為獨一無二的「天子」（*abkai jui*），更是人類文化與其神祇之間的唯一協調者。但這些語詞尚待定義，用法亦須釐清（乾隆帝熱中於編纂字典與百科全書），是以皇帝之於天的文化也必須是區異、等級化且歷史化的。人群的基本身分認同若是含混不清，他就無從化身；滿洲、蒙古與漢人便成為他們「自身」文化的完整且未受腐蝕的範本。除了歷史文獻以外——其中多半是新的，但透過《四庫全書》的編纂來賦予其隱含的古典世系——更採用教育計畫與行政舉措來鼓勵旗人、特別是用國家的文書來賦予其世系認同的文化生活。依照此規範，世系認同需與文化取向相輔相成，乾隆一朝將世系加以制度化，並為十九世紀留下家族文學與種族思想的政治認可。文化知識能運用其對稱性與二分性讓普世帝國臻於完善，因而備受重視；在此過程中，「漢人」、「滿洲」與「蒙古」的身分認同受到重新歷史化，多虧其紀錄制度化與政治地位，才能在大清帝國傾頹後還得以倖存。

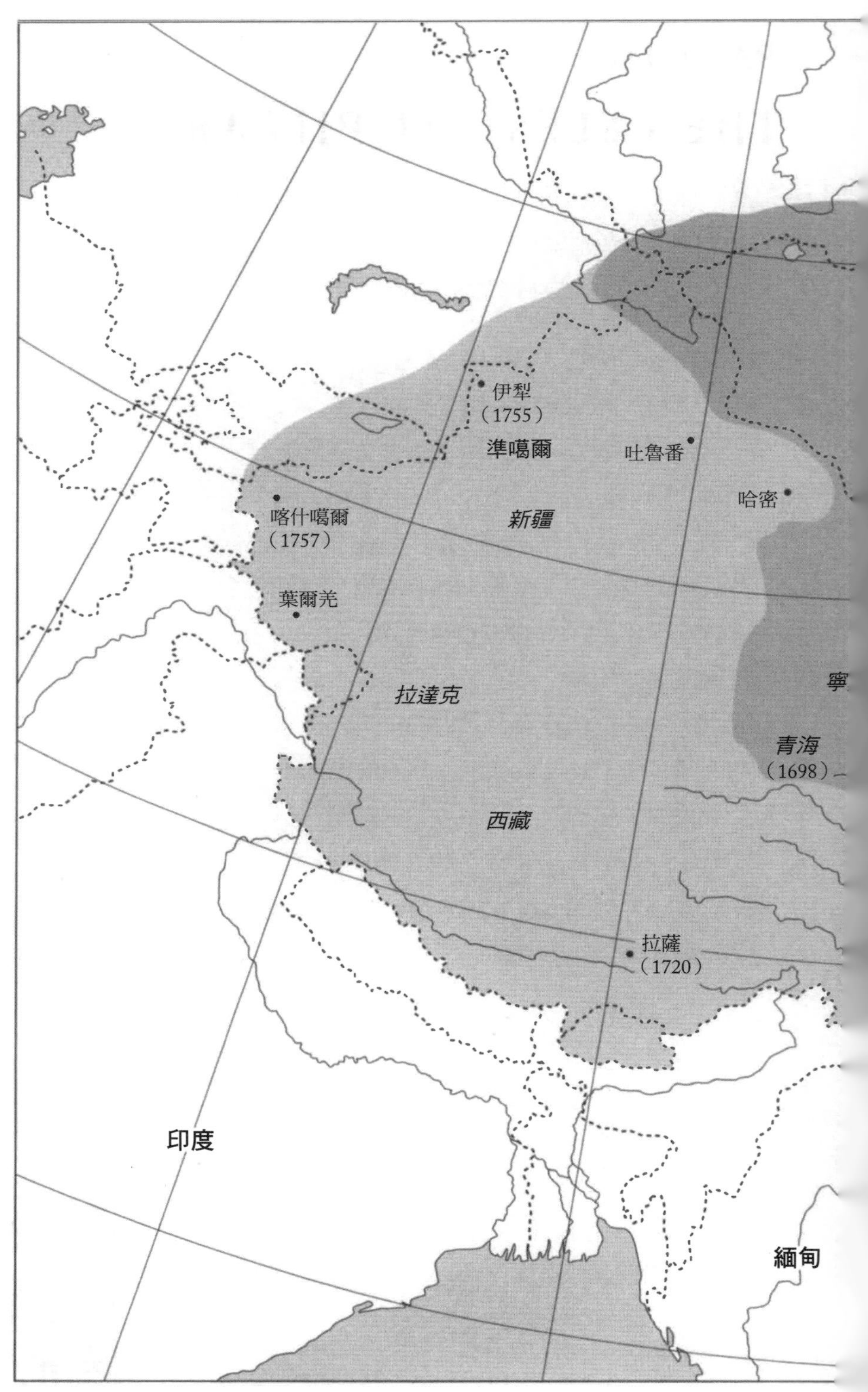

大清征服晚期，一六四四至一七五〇年

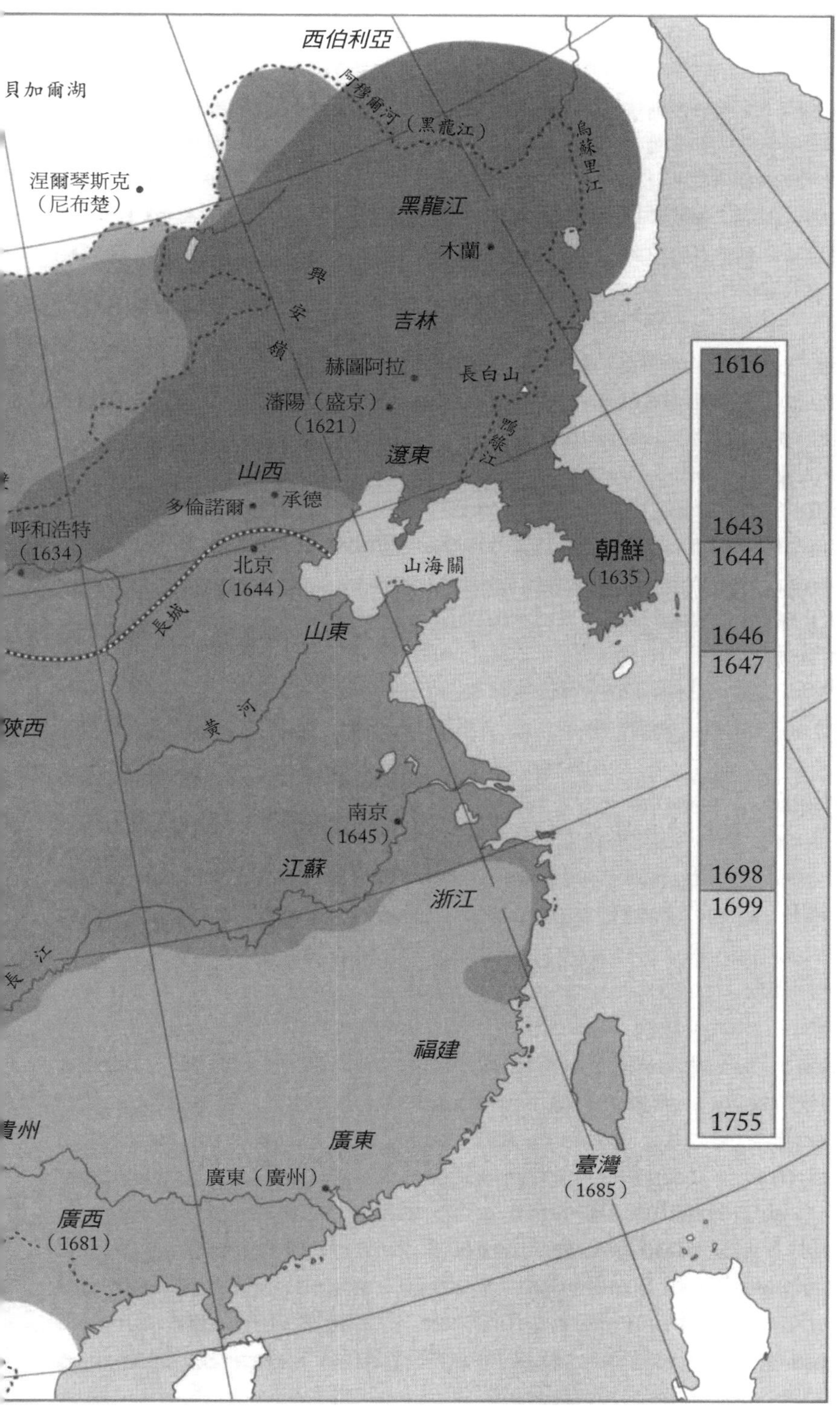

西伯利亞
貝加爾湖
阿穆爾河（黑龍江）
烏蘇里江
涅爾琴斯克（尼布楚）
黑龍江
木蘭
興安嶺
吉林
赫圖阿拉
長白山
瀋陽（盛京）（1621）
鴨綠江
遼東
山西
多倫諾爾
承德
呼和浩特（1634）
北京（1644）
山海關
朝鮮（1635）
長城
山東
黃河
陝西
南京（1645）
江蘇
浙江
長江
福建
貴州
廣東
廣東（廣州）
臺灣（1685）
廣西（1681）
1616
1643
1644
1646
1647
1698
1699
1755

第五章

轉輪王

到了乾隆一朝，康熙（一六六二至一七二二年）與雍正（一七二三至一七三五年）二帝的征服計畫基本上告一段落。在某些情況下，這有助大清建立持久（即便並不和平的）控制，例如在內蒙與東突厥斯坦（如今的新疆省）（編按：準確來說應是新疆維吾爾自治區）；而在其他案例中，諸如西藏與中國西南等地，大清雖已確立統治機構，但仍需適應當地政府的模式，形勢極為複雜。有時，帝國的擴張也會因戰敗而陷入停滯，戰敗通常是因為管理不彰與腐敗、選擇失當，抑或是在帝國內部轉移資源的能力下降。這些解釋已超過本書的範圍，本研究所關注的要點在於，歷經漫長的乾隆一朝，征服逐漸結束，朝廷在乾隆末期刻意將這種超脫於帝國廣袤領土與經濟實力所帶來的完滿、顛峰與至善感展露極致。不過，乾隆表述帝國完整性的辭令並不以幅員，而是以其中心之無限來反映。努爾哈赤與皇太極在闡述其領土大小或重要性時，時常援引邊界的長度；順治、康熙與雍正帝則將可觀的政治精力與軍事資源投注在蒙古、東突厥斯坦與西藏的疆域擴張，同時亦希望與羅曼諾夫帝國協商對共同邊界的管理。康熙帝刻意贊助內亞與東北的輿圖繪製產業與探險任務；但對乾隆帝而言，關鍵不在於實際的邊界（當然並不是說身為統治者的他並不重視邊境安全、貿易規定或海關收入的嚴密控管），而是要以日益鋪張的方式經由中心、超然的鏡子來反映邊界。在康熙一朝，帝國大業的重要推手是探險家、輿圖繪製者與軍火商，到了乾隆時期卻由文士、學者、詩人（隨時都能轉換成帝國寫手）、畫家與建築師取而代之。康雍二帝的軍國主義（militarism）是他們與其他君主競爭時特殊的另一面。需要向漢人知識菁英宣傳時，康熙帝運用公開辭令，將「儒家」[1]詞彙加以斷章取義，將自己構築成一個仁愛、平和、謙遜的君主，致力成為聖王。面對喀爾喀的人民，他自詡為成吉思汗繼承人；面對西藏，他則是佛教統治者與高僧之徒；即使在面對耶穌會與道明會修士，他也熱切希望自己顯現得比教宗或歐洲諸帝更值得其效忠。結合大清的軍事實力，他用此種宣告爭取哥薩克人（Cossacks）擁戴他而非彼得大帝，爭取蒙古人擁戴他而非噶爾丹，爭取漢人知識分子擁戴他而非明廷（無論是其幽魂還是蠢蠢欲動的南明孱弱政權）。相較之下，乾隆帝就極少顯現出欲與其他統治者（無論在世或已故）一較短長的野心，他希望成為超然且普世統治者，具備抽離且客觀的仁善，以及內在完滿、外在全能的風範。

中心

以個人來說，皇帝可對藝術、哲學與宗教抱持濃厚的興趣；順治帝即因虔信佛學而聞名（且因某些舉動飽受嘲弄），康熙帝則極度崇儒，雍正與乾隆二帝也都對儒釋道投入可觀的研究。無論他們個人對哲學與宗教的興趣是深是淺，也不管他們在理論與實踐的成就是高是低，再再都反映出皇權對這些體系的圖像與修辭有不同的用途。個人可以有信仰，皇帝私下可以表達認同，政府亦可能出於某種原因去鼓勵或抑制某些信仰的表述。我們接著會探討，皇帝私人的關注與想

1　可參見本書緒論中對「儒家」的定義。

法，非常有可能影響國家的表述習慣；但國家不需要跟著相信。

除卻皇帝個人的信仰與實踐可能與國家對哲學或宗教辭令的應用不同，還有其他議題需要深究：一是哲學與意識形態的差異；二是兩者與「正統」究竟有無關聯，或說是否有助於強推某些教義並讓其成為「正確」的政策。一般認為大清「皇朝」以「程朱理學」為正統。這大概反映在清廷將朱熹（一一三〇至一二〇〇年）所輯的四書譯成滿文，[2]且所有語言的科舉皆以四書及《四書集注》為準，且若考官偏愛某些論述，亦不加以干涉；此外，諭旨往往以仁政為主要出發點，並援引大量公認的經典。屆時，所謂的正統並非國家的所有物，而是特定文人群體（主要是官僚或有志為官的人）的所有物。他們偏好接受並傳播此種「程朱」的詮釋方式，而國家政策的推波助瀾也讓他們的表述更為暢行無阻。而正如之後要討論的，清廷雖然持續大量採行發源自十八世紀朱熹的修辭手法，但卻對宣揚其為「正統」的人冷以待之。一般漢文諭旨的風格其實並未真的有所轉變，原因在於，國家並沒有跟著相信的理由。

誤把「正統」置於國家之上，而非受到國家鼓勵的群體，這會讓帝國意識形態變得模糊不清。如緒論所言，「意識形態」意即個人或群體以特定方式組織其感知或知識，並試圖加以表述由此產生的思想。以帝國朝廷而言，此種表述是為了統御，要達到這種統御，除了仰仗國家的大量發布與執行能力，亦可憑藉意識形態本身特定的一致性；這種一致性不見得需要無懈可擊的邏輯，但在清代的案例中（也許與其他當代的皇帝一樣），多半是憑靠對圖像、典故的強化，以及喚起對基礎的「形象一致性」的共鳴。歷代清廷顯然都挑選所需的儒家辭令來達到此目的，但這僅是表述大清使命及其正統性的幾種意識

2　詳細內容可參見Durrant, “Manchu Translations of Chou Dynasty Texts”；Crossley and Rawski, “A Profile”；及Hess, “The Manchu Exegesis”。

形態工具之一。早在清代之前，中國的皇帝皆大量選用主戰的儒家辭令；無論是鎮壓中國境內的異議者或征服邊境人群的軍事行動，抑或是針對朝廷政敵的政治行動，帝國為暴力尋求理據時往往援引儒家詞彙，諸如天命、撫育人民、統治者的仁愛之舉、世界大同等。自皇太極統治的第一年起，清廷就開始採用這些辭令來達成目的，儒家針對帝國言論的公共連續性確實至關重要，畢竟其面臨的是以清代明的大規模政權移轉。

諷刺的是，他們所援引的政治哲學是從根本上反對權力的高度集中，更反對軍事擴張與專制政府。一般將西元前二二一年視為帝制在中國出現的時間點，時值秦始皇以武力結束東周封建瓦解、列國割據的局面。秦始皇焚書坑儒，建立大一統國家，除了富國強兵與推行稅制以外別無建樹，絲毫不把知識分子奉為圭臬的孔孟道德放在眼裡。後世將此種新的統治風格統稱為「法家」，明顯是整合一個龐大政體的工具，讓地方從屬於都城、限制或破壞世襲菁英的自由裁量特權，進而控制語言和宗教，並由朝廷中樞控管所有經濟活動的時間、能源或交易。標準化（人口、地理、金融、軍事、交通，甚至語言形式）是集權的一種形式，而集權（皇帝所掌握的權威）則削弱了孔孟政治思想為官僚機構與貴族所構建的功能。相互監視、連坐與定期社會重組等伎倆雖然並非秦始皇所發明，但他確實是用這些工具來鞏固皇權及其目標的始作俑者，因此時常受到西漢（西元前二〇六至西元九年）皇帝的口誅筆伐。讓秦始皇成為可頻繁、全面譴責的威權主義（authoritarianism）象徵，這對皇權意識形態的幫助顯而易見；從漢武帝（西元前一四一至西元前八十七年在位）直至清代康乾二帝，再也沒有皇帝將法家作為官方的政治哲學，即便他們實際上都擁護集權與高壓統治，但至少在修辭層面，強調集權與高壓統治可能會遭受抨擊。

國家修辭由兩漢（西元前二〇二至西元九年；西元二十三至二二

〇年）[3]建立，幾乎被所有後繼的中華帝國採用：選擇性地強調一些儒家教條與段落，並以此為本，大幅運用國家手段加以發展，甚至由儒家的競爭對手加以捍衛；有些學者稱之為「帝國儒學」，不啻是種蓄意為之的矛盾修辭（oxymoron）。明明是威權體制，帝國仍能聲稱統治者與臣僕的部分目標為守衛人民福祉，並追求道德振興（moral improvement）。若想徹底反對集權、威權、尚武的政府，那其與在現今被視為「儒家」的東周思想風格至少可以說有一點相同：對社群的敵意；意思是說，帝國體制敵視所有可促進結黨的組織，例如基於共同血統、共同年齡、共同性別、共同地位、共同居住地、共同宗教信仰、共同親屬關係、共同技能、共同喜好、共同職業、共同貪欲、共同防護，共同娛樂，共同負債，或共同縱欲。中國歷來不乏此種組織，但帝國政府（一度精簡化）不斷試圖將其置於體制的贊助與監管之下，並藉由移交將資源投入社會（例如，地方慈善或防禦組織、家族、家戶等）的責任，來模糊國家與社會組織之間的界線，更試圖吸收其力量來認可、正當化、重組，以及以其他方式操縱這些群體的地位，同時保留能力去消弭可能挑戰朝廷意識形態、政治或財政優勢的力量。

共通的利益使統治者與儒家理論家都反對結黨，這在東周獲得君王與諸侯王的青睞，因為最後殘存的貴族往往會阻礙集權與統治擴張，此論點能加快他們的消失。家戶中嚴格的等級與「五倫」的規範（其重要之處在於此關係是五種實體，不僅是五個方向），明確排除一個人對另一個人可能有任何層面與取向的正當性；反之，人人皆與他人保有特殊的關係。前帝國時期儒家政治思想的中心思想在於，此種家戶凝聚力的模式應成為所有政治關係的範本。在帝國儒家思想的影

3　將東西漢（忽略王莽時期）混為「一個」帝國，略顯不公平，但我希望各位專家學者能諒解，這些政權之間的差異超出本書討論的範疇。

響之下，家庭關係的建構從對稱轉向不對稱、等級強化，且人人皆陷入國家規定的「綱」之中。古代文獻（通常援引《中庸》）最初對關係的描述是互相且對等的：父子有親，君臣有義，夫婦有別，長幼有序，朋友有信。後帝國時期的負擔導致了對關係的裁量詮釋，其中上（君主與父兄）仁以待下，而男性下級（依其社會地位與教育程度來決定各種關係）需具備特殊的品行（忠孝悌），女性則需恭以事人。[4] 作為一種家戶理論，甚至是作為所有政治關係模型的理論，儒家修辭日益貼近集權化的皇權所需。

歷代皇權的向心性（centripetal）在許多時期都受到各種因素的阻礙：漢、唐、元代的貴族勢力較盛，整個時期的皇帝都受制於宦官、攝政與謀逆者。除了一些著名的例外，真正能達到集權、威權的皇權統治往往十分短促。但帝國組織對其周遭社群與生俱來的敵意並未減弱；自唐末起，如同我們所見，皇權專制日益加劇，對帝國儒學的支持也更堅忍不拔，最引人注目的當屬蒙元朝廷，面對華中知識分子不斷請願，朱學在一三一三年被定為「正統」。元廷並未具體說明為何要以朱熹對儒學的詮釋作為科舉與帝國講學的標準，後繼的政權也沒有明確說明為何繼續採納此強制措施（只有明初一度取消，可能是為了排斥其所代表的蒙古入侵）。但若說可從十七、十八世紀的科舉內容看出端倪的話，那麼此些引用了朱熹在其學問體系中所確立，

4 亦可參見Hsü Dau-lin（徐道鄰）, “The Myth of the ‘Five Human Relations’ of Confucius”。我認為其說法與我的觀點一致，可參見Tu Wei-ming（杜維明）, *Centrality and Commonality*, esp. 54-51；杜維明認為《中庸》最初的綱常是為「二元」關係提供的處方，並承認這些綱常在帝國時期及之後的詮釋中遭到系統性地扭曲，趨向等級制的威權主義。綱常倫理不能歸咎於孔子，因其只主張感情與功能的真實性。理想的關係之所以由對等轉向不對等，可能是在帝國初期受到陰陽家說法的影響（當時陰陽家備受帝國青睞），特別是在董仲舒（西元前一七九至西元前一〇四年）與班固（西元三二至九二年）的把持下。這些關係成為「儒家」社會意識形態的中心，並在蒙古治下開始被加以制度化，並在明代完備。

如今被認定為「四書」的指定「儒學」作品中的御製序文，至少反映出清廷深受朱熹的「二元論」所吸引。我指的並不是朱熹理學基礎中形而上學的二元論，而是他對二元隱喻的那些明顯有力的應用。相關首重的是朱熹對「道心」與「人心」關係的類比：前者征服、統御，甚或奴役後者。其意識形態造就了皇權與其統治範圍之間主客關係的建構；「德」涵蓋統治者是否忠於天意，以及部眾（如前所論，清代修辭將其描述為奴）是否效忠統治者。

那麼，將朱熹奉為「正統」也最有利於將朱學當作修辭資源，而這正以「四書」（充其量只能說是對前帝國時期思想十分有限的探問，且可說是曲解）及《四書集注》為代表。眾多證據顯示，中國近世帝國並不關注朱熹思想背後的意圖，但從乾隆朝對朱學的關注所在，我們能爬梳出朱熹各思想對清廷隱晦提倡的聖王與意識形態的直接衝突。主要爭議點在於「道心」——誰擁有道心、道心如何運作，以及道心如何憑藉對「人心」的作用來表現自己。[5]在整個十八世紀（充分反映在科舉內容中），這取決於「道統」的相關論述，與「治統」政府形成對比。一言以蔽之，清廷所主張的就是中華帝制史不僅將管理之道（屬於臣子的職務）流傳下來，亦將聖王意識傳承給大清的統治者。一六三二年便有朝臣上奏，建議皇太極將《中庸》、《四書》與其他典籍譯為滿文（但直到一六四四年才完成），這份奏章指出「帝王治平之道，微妙者，載在四書」，闡明了四書對於大清的價值。[6]至乾隆一朝，此思想如早期的帝權一樣獲得熱切的擁護，並在官

5　論此些問題與十八世紀科舉的相互作用，可參見Elman, *A Cultural History of Civil Examinations*, Chapter 8。

6　Hess, "The Manchu Exegesis," 402引用了Durrant, "The Early Chou Texts"。首個滿文譯本是由阿什坦（死於一六八三或一六八四年）在苗澄（活躍於一六四四至一六六一年）的指導下完成的；可參見Durrant, "The Early Chou Texts"及Crossley and Rawski, "A Profile"。一六七七年，《四書》出版了供皇帝與親王「日講」的版本，並由康熙帝御製序；該版本於一七五六年修訂並重新出版。

僚教育的文化中變得司空見慣；正如一七五一年一位科舉及第的考生所說，他認為「聖王之道」會體現在皇帝一統的思想中。[7]因此，只有皇帝能為「聖」，政治道心亦為皇帝所獨有；科舉試題在論述「外王內聖」時，也時常認為僅有古代聖王能稱「聖」，隱含對孔子本人道德發言權的否定。

這其實沒什麼好訝異的，朝廷對此所青睞的權威是東漢經學家鄭玄（一二七至二〇〇年），東漢也是帝國儒學逐漸開始完善的時期。針對鄭玄認為只有皇帝能為聖的評論，朱熹始終抱持否定的態度，但這卻在明初（時值洪武朝廷駁斥了蒙古為朱熹強加的「正統」）受到推崇；但十四世紀初，即自號大明「帕迪沙」的永樂帝登基之後，開始升朱熹、貶鄭玄，一五三〇年甚至將鄭玄的牌位移出北京的文廟。清代則重新確立鄭玄的地位。一六八〇年代末，康熙朝准允了朱彝尊（他同時也提出一套將帝國世系標準化的章程）的請願奏疏，讓鄭玄的牌位重回文廟。直到一七二四年的雍正朝才開始徵詢知識分子的意見，但結果要等到一七五三年的乾隆朝才確立，鄭玄最終得以名垂不朽。[8]鄭朱二人可說是皇權的精神超驗性論爭的正反雙方，這場論爭早在清代之前就已展開，並在十七、十八世紀愈演愈烈。最飽受爭議的是《中庸》裡「與天地參」的論述，直指清代意識形態的核心：

> 唯天下至誠，為能盡其性；能盡其性，則能盡人之性；能盡人之性，則能盡物之性；能盡物之性，則可以贊天地之化育；可

7 Elman and Woodside, eds., *Education and Society*, 140-4反映出艾爾曼在一九八九年的原始會議論文。清代之前雖然已經有大量注疏出現，其中許多是由接近科舉制度的學者所撰寫，這些注疏發展出統治者思想傳承的觀念（以艾爾曼的說法，即古代聖王的「思想世界」），但這通常被認為是經由教育、培育或傳承技術在統治者及其繼任者之間發生的。清代的輪迴或「再現」概念在這些注疏中有所暗示，但具有其獨特性。

8 Kai-wing Chow, *The Rise of Confucian Ritualism in Late Imperial China*, 182-84.

以贊天地之化育，則可以與天地參矣。[9]

鄭玄認為「贊天地之化育」及「與天地參」的能力，皆為統治者所獨有；朱熹則認為，所有希望成為聖人的修身之人皆有此能力。朱熹與那些信奉其詮釋的人，對於這一點的興致極為高昂，畢竟「致聖」才是其救贖之道。鄭玄更聲稱，兒子要想對已故父親盡孝，並非遵從父親的遺願（或明確的指示），而須遵循其「道」，這在清代被視為「道統」之義，即生成的道德意識將沿帝系代代相傳。顧炎武在其十七世紀的著述中，對此觀點與鄭玄的家族儀式論述大加抨擊；對鄭玄的異議則是由之後的萬斯同提出，他怒斥鄭玄不把祖先當成典儀的對象，以抽象的權威「天」來取代（只有皇帝能以天稱之並代表天意）。[10]換句話說，鄭玄一貫主張唯有統治者能擁有聖人的權威，朱熹及後繼的信奉者皆對此深惡痛絕，認為這不僅是種篡奪，更將過去（或至少對已逝者）與現世的關係連根拔起。

如本書第二與第四章所論，清朝在確立對中國的統治時，很快就讓帝國儒學的詞彙為其所用；但關鍵之處在於，他們掌握了第二種同樣完備且野心勃勃的皇權修辭，縝密修飾之後就能在帝國儒學未竟之

9 出自《中庸》第二十二章。我的翻譯首先是根據《四書白話句解》頁四十五中的白話解釋，其餘部分未附注釋；同時也參考了島田虔次的《大學．中庸》，卷二，頁一五〇至一五一，此與傳統的漢文白話翻譯非常接近，但引用了早期的詞彙。有些翻譯略有不同，可參見Wing-tsit Chan（陳榮捷）, *A Source Book*, 107-8（我不同意有論點認為鄭玄與朱熹解釋之間的差異「無關緊要」）。針對不熟悉原文的讀者，我應該做以下說明：我用「completely manifest」來翻譯漢文的「盡」；其字面意思是毫無保留地使用，不留任何未利用、未形成、未轉化的東西，這與在古代漢文文獻中常見的「成」這個字的意思並不相同（意指完成、實現），甚至可能互為對比；但我認為這些概念是互補的，因此將其翻譯成英文聽起來可能非常負面的語詞「deplete」，但此語詞的結果是「manifestation」。

10 Kai-wing Chow, *The Rise of Confucian Ritualism in Late Imperial China*, 140-43。康熙帝厭惡萬斯同及之後被視為「桐城派」的學者的背景，可參見劉大年，〈論康熙〉。

地使用。如同前帝國時期的儒家思想，佛教的信仰體系基本上並不在乎國家，甚至可說是站在國家的對立面；且與儒學一樣，佛教長期以來遭濫用成為支持集權與統治擴張的意識形態。直到元帝國在中國告終之前，這種對佛教意識形態的實驗都仍是開放的，特別是在早期（北魏）還十分依賴於儒釋道修辭元素的相互身分認同。基於種種原因，帝國在此面向的自我表述在元朝之後日益模糊。

佛教作為帝國意識形態的源頭活水，與佛教在中國的發展史並不完全相同；佛教確實為中國、東亞與東南亞的統治者供給了結合世俗權力與神聖目標的誘人想法。最早是提婆王（Deva kings），可招喚其來保衛國家；雖然並非絕對必要，因為「法」（*dharma*）比任何人都更有智慧，但提婆王的動機往往卻與君主的精神狀態相連。如同帝國儒學，佛教亦賦予君王與皇帝使命。正如儒家君主應使人心歸順於道心，以己之力化育天下；佛教君主則要弘揚菩提聖道以改變蒼生命運，結束塵世、脫離痛苦，度化眾生走向極樂。既然君主的意圖如此純淨，就不太可能仍保持粗鄙人類狀態的面目；佛教帝國意識形態很快便樹立起一大原則，即統治者除具備特殊的精神使命，更處於一種特殊的精神狀態：他是「轉輪王」，可能還是一名「覺者」（enlightened one），雖然已能高登極樂，卻留在塵世拯救蒼生。從北魏到唐末，佛道在中國結合，有助強化已在國家儒家修辭中建立的帝國概念。佛經漢譯的過程即是此種政治功能的一大泉源；隨著一代代僧侶日益熟諳此任務，做法也隨之轉變，早期的翻譯風氣是從儒道的哲學詞彙尋找類似佛教概念的語詞（儒釋道對宇宙觀的詮釋不乏相似之處）。朝廷很快就掌握到儒家聖人與佛教聖人的共通點（兩者在中國都尚未確立能為帝國所用）；而到了四世紀，佛教支持者亦宣稱儒釋兩家在政治上的意涵與命運皆有特殊的相似之處。如同儒家的聖人（根據此時期某些儒者的說法，致聖的時機非常罕見），而身為菩薩（bodhisattva）讓皇帝與他人不同，其身負使命，不登（或延遲登）極樂，只為拯救蒼生。

這種統治者的菩薩形象在唐代日益重要，但在政治上卻十分複雜。盛行於東南亞與其他某些地區的上座部佛教（Theravāda Buddhism）可能會讓中國的皇帝十分驚訝，因為他們並不認可菩薩的條件。接受從印度傳入大乘佛教（Mahāyāna Buddhism）的中亞和北亞地區，菩薩則過於氾濫；地方神祇很容易就會被佛教吸收成菩薩，當地的顯要人物則成為菩薩崇拜的中心，而在大乘佛教的眾多菩薩中，少有位高顯赫的世俗之人，更別說皇帝了；多半是對凡塵瑣事不上心的貧窮流浪者。但到了唐初，皇帝的菩薩身分成為帝國意識形態中必要但不充分的元素。[11]佛教成為朝廷特別看重的信仰之後，引發許多政治紛爭。九世紀中葉的唐代皇帝與中國知識分子，一度聯合起來反抗佛教的政治勢力，並在適當的範圍內限制其對社會與庶民文化的影響。無論是在一般層面或是知識界，排佛都不成功；韓愈與其同時代人所想的，是希望與佛教熱烈唱和，並將佛學納入「儒家」論述，來幫助推展「新儒學」的宇宙觀與救贖理論。唐末政治迫害佛教並解散寺院之後，皇帝就不適合再以菩薩的形象面對中國大眾。

一個更強大且更明確的帝國佛教概念是「轉輪之人」（*cakravartin*），亦作「轉輪王」（*cakravar-tirāja*）；此頭銜並未區分出中心（輪；*cakra*）與其他不能缺少中心的概念：輪子、花（特指蓮花）、時間與空間（兩者的中心都是須彌山）。中世紀及之後的所有佛教統治者，都視自己為阿育王的繼承者，阿育王被塑造為第一位轉輪王。[12]且一般認為阿育王政權的目標就是弘揚菩提（Enlightenment）。「轉輪」之喻逐漸因地制宜，各種儀式、形象與政治模式隨之出現。

11 康樂，〈轉輪王觀念與中國中古的佛教政治〉，頁一三二至一三七。

12 這是對阿育王所施加的宗派歷史化；在其所處的時代，他以與佛教社群團結的語言來表述自己，但從未讓自己成為他們的工具，也未曾以其作為君主的政治身分投身於任何單一宗教。可參見 Thapar, *A History of India*, 70-75。

例如，東南亞統治者的轉輪王理論（上座部佛教）可連結至曇百雅（Stanley Tambiah）所稱的「星系政體」（galactic state）。有可能是錫蘭（Singhalese）的佛教王權思想，強化了四世紀中國的轉輪王理論；若真如此，這也與中古早期中國發展出的強大且地方性的轉輪王統治思想體系無甚關聯。此建立在阿育王的帝國敘事之上，認為他是在塵世一統「世界」的代理人——此處的「世界」是神話中的大陸南瞻部洲（Jambudvīpa）——同時亦為佛陀的代理人，在人間樹立正義與喜樂。[13]這代表古代中國就信奉佛教（某些文獻記載是由阿育王之女所傳入）。被認為是阿育王統治時期的雕像與其他遺跡皆已出土，證明佛教並非是由蠻族傳入的外來宗教，而是遭東漢末年政治動亂所掩蓋的普世真理。如同統治者的菩薩形象，唐末之後皇帝也不再時興公開使用轉輪王的語言，不過宋明兩代皇帝私下仍不乏以各種形式信奉佛教。

與中國的佛教帝國意識形態並行的，是內亞與中亞的幾個特殊趨勢：雖未經證實，中亞以北至匈奴帝國確實可能受到阿育王及其繼承者傳播佛教的影響。[14]佛教在現代阿富汗與伊朗東部的勢力非常強大，這些地區因絲路而與中國保持穩定的聯繫。可能是經由其中一兩種方式，佛教傳至中亞的突厥勢力範圍，並在當地與其他可能源自伊朗的影響相結合，形成一種普世佛教統治的意識形態；歷經幾個世紀之後，有些學者認為此傳統是佛教帝國意識形態的獨特變體，[15]其形式多樣，貿然一概而論可能會有風險。但仍必須一試，不妨這樣描繪其特性：在南亞與東亞發展的佛教統治意識形態中，視皇帝為在塵世弘揚菩提的媒介，此種中亞式的想法認為普世統治是目的，應受佛陀

13 可能起源於《阿育王傳》、《阿育王經》，以及其他自三世紀以來的中國佛教徒創作的作品（Zurcher, *The Buddhist Conquest of China*, 277-80）。

14 Moses, *The Political Role of Mongol Buddhism*, 13-17.

15 Moses, *The Political Role*, 14; Eberhard, *Conquerors and Rulers*, 146.

的祝福，以某種方式造福蒼生。統治者對教義的贊助當然重要，對佛教僧侶的承認亦是重中之重；但讓佛教與薩滿教、祆教勢力結合的普世統治加以正當化，才是最主要的目標。[16]這種中亞傳統在中古晚期反映出來，特別是在蒙古帝國的意識形態中，但可能難以清楚爬梳；舉例來說，雖然契丹遼帝國的統治者皆信奉佛教，但其帝國意識形態的內容卻未經明確證實。這可能是唐代所盛行菩薩與轉輪王概念的遺緒（契丹在帝國文化相關的眾多領域中，向來喜歡自詡為大唐繼承者）。雖然蒙古治下的某些統治元素可追溯至契丹，但佛教帝國意識形態似乎不在其中。另一個更有意思的可能聯繫是處於吐蕃、中國與中亞傳統的党項西夏國所傳入的佛教帝國意識形態。[17]蒙古帝國意識形態中的佛教元素應該至少有兩個本土化的源頭：其一很明顯是突厥中亞所殘存的佛教元素，包括對普世統治的重視；其二則是吐蕃薩迦派僧侶的直接影響，這點留下了比較詳細的紀錄。

在解釋上頭第二個意識形態影響的特徵時，關鍵在於這個時代的「吐蕃」有點難定義：吐蕃文化的範圍從蒙古與東突厥斯坦一路延伸至中國西南、印度東北、尼泊爾、緬甸與東南亞；如同青藏高原，這些地區的宗教信仰眾多，多數都帶有早期薩滿信仰的痕跡，亦可看出祆教／摩尼教、佛教的影響，某些區域再更之後還出現伊斯蘭教。素來倡導以陀羅尼（*dhārani*）與心靈交流實現世俗與精神福祉的密宗，逐漸發展成印度早期佛教教義的其中一個取向，因此當佛教勢力由各種管道傳入吐蕃後，密宗元素很容易就能與早期的宗教思想產生共鳴。最後產生了融合祆教思想的宇宙觀，即諸神與敵人阿修羅（*Asura*）之間的永恆爭鬥，諸神為此不斷向佛陀求助；佛陀化身（emanation）是早期佛教信仰的一部分，其中至少有部分承襲自印度

16　可參見 Turan, “The Ideal of World Domination among the Ancient Turks”。

17　背景可參見 Dunnell, *The Great State of White and High*。

教，為正義守護者供應所需之憤怒與暴力元素，或啟發其柔軟與光明；而佛法之展現亦劃分開愚昧無知的過往與普世救贖（universal salvation）的未來。[18]唐帝國試圖在九世紀中葉前後打擊佛教勢力時，吐蕃王亦有類似的舉動，卻產生了相反的結果：僧侶掌控了國家。從此之後，各教派之間的權力角力屢屢招致災禍。十三世紀成吉思汗忙於建立帝國版圖之時，俗稱「紅帽派」一支的密宗薩迦派已在吐蕃東部確立其政治霸權。在戰略考量下，闊端（Godan）率領的蒙古大軍決定占領吐蕃，與政治野心極度膨脹的薩迦派正面交鋒，薩迦班智達（Sakya Pandita）旗下的吐蕃僧人直接求見蒙古大汗蒙哥（當時歐洲傳教士認為蒙古即將歸信基督），希望能受到帝國普世權威的保護。蒙哥明確但不失禮數地向失望的歐洲人解釋，他將繼續凌駕於宗教之上，且認為他們可以主張一神，但不能主張只有一種宗教。其解釋在於，所有信眾皆能呼告皇帝（並以手掌由五指組成來論述），而只有他能與神對話；這樣或許可以說，是吐蕃式的論點消弭了歐式的觀點，但結果看來更接近中亞的普世帝國意識形態，而非吐蕃模式。相較之下，忽必烈（最後一位蒙古大汗、中國元朝的開國皇帝）與八思巴（Phags pa，薩迦班智達的姪子）之間的安排則明顯是吐蕃式的。其特點在於假設有兩種活動領域，亦即神聖與世俗。[19]兩者靠「灌頂」（initiation）連結，以向皇帝灌輸佛陀化身的實際意識（會花一些心力討論哪一個化身最適合實際情況），讓其統治更有效且符合正義，更重要的是灌頂儀式與帝國意識形態的關係。其把喇嘛設定成上師與碰觸佛陀意識的途徑，皇帝同時也接受上師的教誨，之後成為佛陀旨意在世俗的工具。不同於蒙哥治下對佛教的調和，忽必烈提出喇嘛與轉

---

18 這些教義的綜合討論，可參見Tucci, *The Religions of Tibet*, 47-109。

19 這種思想的許多來源是《白史》（*Chaghan teüke*），其中部分內容可追溯至十二世紀。可參見Sagaster, *Die Weisse Geschichte*及Grupper, "Review of Sagaster"。另可參見本書緒論注釋七十五。

輪王的身分認同，相互依存且統一。

一三七〇年元帝國滅亡後，各個蒙古領袖零星發起的復國運動，再再都促成了結構更嚴密的帝國崇拜。[20]當野心勃勃的阿勒坦汗統治東部聯盟時，邀請革新的格魯派（Gelug；dGe-lugs pa）或稱「黃帽派」的元老索南嘉措（Sonam Gyatso；bSod nams rGya-mtsho）[21]前往蒙古東部，並要求明朝提供印刷的喇嘛教文獻，因為他相信改信佛教將一掃蒙古人的野蠻。隨後，阿勒坦汗遵奉黃帽派領袖為「達賴」（蒙文意指「海洋」、「普世」）「喇嘛」（藏文意指「上師」）。接下來幾年，紅帽與黃帽派之爭逐漸讓轉輪王的意識形態、祝禱儀式與儀式習俗產生分歧。[22]黃帽派廣為傳播，但較古老的紅帽派勢力猶存，特別是在發展出「大黑天」[23]的帝國崇拜之後，其持續依賴吐蕃的文獻及語言，並視拉薩為蒙古正統的精神中心。但無論宗派，「上師」（喇嘛）與轉輪王之間的精神關係都與蒙古的統治權交織在一起。

如同本書三、四章所述，努爾哈赤似乎或多或少受過紅帽派僧侶的影響，他們可能在一五九六年之前於蒙古東部打下基礎，努爾哈赤征服並奠基遼東時，至少贊助過盛京附近的一家紅帽派寺院。一六三六年，皇太極瓦解察哈爾的林丹汗政權，並奪取其統治象徵兩年後，在西藏僧侶（可能是紅帽派）的支持下自立為帝，並在新都興建以大黑天為中心的大型寺廟。早在征服華北之前，西藏崇拜就被引入盛京

20 Grupper, “The Manchu Imperial Cult,” 4, 28。在這方面，我沒有葛魯伯那麼有自信，認為此議題是「蒙古絕對主義」或「專制主義」，即便這已經很明顯（葛魯伯的研究對這方面的探討至關重要），皇權的絕對性是個議題。

21 格魯派（「開明」）喇嘛教，又稱「黃帽派」（相對於薩迦派的「紅帽派」）或改革喇嘛教，起源於西藏僧侶宗喀巴（Tsong-kha-pa，一三五七至一四一九年）。此改革呼籲振興寺院生活，拒絕一些較陳腐的密宗教義，並追求個人的菩薩道成就。自宗喀巴時期至十七世紀，改革喇嘛教歷經鬥爭，最後得以主導西藏。

22 Tucci, *The Religions of Tibet*, 39-46.

23 對此信仰的研究，可參見Grupper, “The Manchu Imperial Cult”。

的愛新覺羅寺，且從一六三九年起就有對黃帽派寺院的贊助紀錄，一六四二年，達賴喇嘛首次派遣使團前往滿洲。清領華北後，拉薩至少兩次遣使，強化清朝與達賴喇嘛的聯繫，一六五一年，順治帝的攝政王多爾袞在達賴喇嘛出訪北京期間，正式確立統治者與上師的關係。達賴喇嘛對其的承認讓清朝得以正當化對蒙古的統治，而清朝則反過來確認達賴喇嘛是藏蒙的精神領袖，並一直持續至十八世紀。[24]後繼的清朝統治者對許多佛教教派都極為慷慨，一般認為順治與雍正兩帝偏好禪宗，但他們仍十分垂青喇嘛教，雍正帝就在一七二二年將雍和宮（未來乾隆帝的出生之地）賜給黃帽派作為上院。整個清代的紫禁城坤寧宮的日常儀式，皆包括薩滿與各種佛教崇拜，至少涵蓋兩種喇嘛教派。清代習慣在帝后棺槨外特別罩上紅綢，上頭以金線繡梵文陀羅尼（十九世紀時還會繡上漢文悼詞），鮮明體現出喇嘛教義與皇族世系的緊密連結。

在清廷持續接觸的喇嘛教派中，「大黑天」教派的地位殊異。林丹汗朝廷就已開始執行大黑天的儀式，以宣稱自己從「灌頂」之後就承繼了忽必烈與八思巴最初的關係；對於這點，並沒有找到具體的證據，但此教派在蒙古東部的權威依舊能彰顯大汗對此地的統治不容置喙，皇太極也很快就讓自己成為其祝禱儀式的中心。盛京的大黑天建築群經過精心選址，並得到慷慨的挹注，當中包括一尊由林丹汗家族運往當地的大黑天金像。皇太極多次親自率領女真與科爾沁政要到訪（唯獨禁止漢臣參加）。征服中國後，清代諸帝繼續精修此地：一六九四年，康熙帝將大黑天金像送往北京皇城東南隅（今東華門大街以南）的新建寺廟建築群；而到了十八世紀，乾隆帝在盛京寺廟建築群

24　亦可參見趙雲田，《清代蒙古政教制度》，頁二三四至二四七。（編按：根據《清實錄．世祖章皇帝》，卷六十九，達賴喇嘛應該是在順治九年十二月，也就是一六五三年造訪北京，此時多爾袞已逝世，順治帝已親政，不會由多爾袞負責建立與達賴喇嘛的關係。）

懸掛一塊匾額，上有御筆題字「金鏡周圓」（乾隆帝題字成癡），一七七七年，僧侶獲贈乾隆御製的《題法輪寺》詩。北京的新建築群設有一座寺院專供居住與訓練蒙古僧侶，不過一直到二十世紀初寺廟遭拆毀之前，都是用於以蒙文執行的祝禱儀式。

選擇大黑天崇拜是因應環境之舉，若要自詡蒙古大汗的權威，此崇拜是讓對蒙古的統治正當化的重要工具，且林丹汗對其視若珍寶，出於這兩點，皇太極便下定決心將其占為己有。北京的康熙建築群在祝禱儀式和印製時，特別採用蒙文，大黑天崇拜與統治蒙古正當性的特殊聯繫便不言而喻。然而，須留意大黑天人格面具的相關聯繫。大黑天的靈感來源明顯是印度教神祇濕婆（Śiva），其在佛教中的形象令人生畏，執掌保護佛教統治者、寺院機構、精神領袖，以及其經常伴隨左右的溫和佛陀化身（特別是觀世音菩薩〔Avalokiteśvara〕）。其藏文為「Gompo」，是西藏紅帽派中最受崇敬的降魔神與護法神，與死亡亦有特殊連結；在藏譯《中陰得度》（*Bardö thodöl*）為引路神（psychopomp），引導故者的靈魂前往面對審判，並和大威德金剛（Yamantaka）與勝樂金剛（Cakrasamvara）一樣，形象常與頭骨、武器與怪物一同出現。簡而言之，大黑天是佛教色彩濃厚的戰神；如同大黑天，其他這些令人敬畏的神靈，皆帶有強烈的密宗崇拜色彩，並經由複雜的灌頂儀式及師徒關係賦予其強大優勢。乾隆帝就有幾次明顯接受大黑天的密宗灌頂，並由此獲得唐太宗、成吉思汗、忽必烈汗與皇太極的「識」，私下亦接受格魯派國師章嘉呼圖克圖（Janggiya Khutukhtu，一七一七至一七八六年）的灌頂。[25]此有助對清代帝國文學、藝術與建築等主題的理解，即格魯派教義的中心思想「光明」

25　滿文的*hutuktu*，藏文*trulku*，即化身喇嘛（解釋可參見Samuel, *Civilized Shamans*, 281-86）。論乾隆帝接受章嘉呼圖克圖的大黑天密宗灌頂，可參見Rawski, *The Last Emperors*, 252-53; 256-57。

（*sems*），為可透過教導獲得的普世智慧，讓「成佛」成為可能。[26]其本質源自通常譯為「空性」（emptiness）的古老概念「*śūnyatā*」，可能比佛教還早，但早期的文獻肯定充斥其說；更精確來說，其意指無差別、無行動的特質（即漢語中的「無為」）。身為格魯派弟子，乾隆帝認為這種本質上的虛空（nullity）是唯一的絕對，亦即唯一的現實。圖齊（G. Tucci）則認為，其宗教訓練的目標在於「克服相對的世界」，而如同菩薩，皇帝的身分認同標記是致力拯救世人；身兼轉輪王、最偉大帝王的「道」的容器、大黑天的守護神與慈悲為懷的菩薩，乾隆帝可透過其佛教表述來確認同樣的概念，以達成朝廷所偏好在中國經典中的聖王之道。

但此種精神中心性的表述必然十分微妙。法夸爾（David Farquhar）在論及乾隆帝的菩薩面向時，指出帝國的「裁量權限」（discretion）。就算法夸爾能以間接史料證明蒙古承認清朝皇帝為菩薩，且確實在與蒙古的關係中扮演菩薩的角色，但仍缺少文獻記載皇帝自稱菩薩——此看似神祕的間接性，對於能否有效表述菩薩化身至關重要。[27]即便如此，法夸爾確實在皇家收藏中，發現文殊菩薩的視覺展現（博學的化身，通常手持一本中國典籍），其中菩薩的臉正是乾隆帝的遺容。所繪場景的重要性與對乾隆帝本人的展現，遠比那些自吹自擂的文獻更能有力傳達出皇帝的菩薩面向。此外，法夸爾拿來佐證的肖像畫不只展現了文殊菩薩的化身：皇帝像的左手執法輪（dharmacakra），此輪即「轉輪王」所轉之輪，推動世界更接近救贖的時代；因此，此肖像同時代表文殊菩薩與觀世音菩薩（慈悲的化身，如同西藏的守護菩薩四臂觀音〔Chenresig〕）。如法夸爾所論述的，化身成菩薩與文殊菩薩，等同置皇帝於中國，並將中國的龍座當

26 Tucci, *The Religions of Tibet*, 69-73.

27 Farquhar, "Emperor as Boddhisattva in the Governance of the Ch'ing Empire."

作與蒙古和西藏關係的支點。然而，文殊菩薩不單是西藏、蒙古與東亞其他地區的知識守護神祇，更是「般若」（*prajna*）的化身，塞繆爾（Geoffrey Samuel）的說法「對現實的非二元性自然的洞識」（insight into the nondichotomizing nature of reality）特別貼切，[28]很適合當作自覺普世統治者的精神源頭。乾隆帝自稱被眾人視為轉輪王，意在以皇太極的繼承人自詡，且他肯定希望棺槨上能覆以陀羅尼經被（事實確實如此，直到一九二八年陵墓被盜、遺體遭毀）。[29]符合他向來的習性，乾隆帝也決定讓其轉輪王的角色更常公開。他的陵墓裕陵位於馬蘭峪的東陵，從他親自設計的文字即可見端倪：陵墓前廳的牆上雕滿了陀羅尼梵文，不同於先祖輩，乾隆帝是受章嘉呼圖克圖的教導而學會閱讀梵文；墓室中帝后棺床的正上方，即從想像中乾隆帝棺位的視線上方刻有轉輪王所執之輪。

乾隆朝後期加以連繫西藏與蒙古戰神格薩爾王（蒙文 *Geser*；藏文作 *Gesar*）之後，發展成另一個帝國中心性的形象。儘管表面帶有正統佛教的色彩（其在西藏民間已然成為傳說的一部分），但此種儀式交流實際上是與蒙古的民間宗教（包括薩滿）進行的。之所以採用格薩爾王崇拜，在於其更具備文化底蘊與儀式性，較能吸引儒家與佛教菁英。格薩爾王是西藏神祇，最初分布於西藏東部的嶺國（Ling）。他是眾多騎馬戰神之一，直到十八世紀，祂們都在蒙古與西藏廣受崇拜。隨著紅帽（薩迦）與黃帽（格魯）佛教盛行於蒙古大部分區域，西藏民間宗教的影響力也日益壯大，由於當中包括各種薩滿，因此很容易就會與持續流行的薩滿產生共鳴，並在蒙古大多數的社會組織中與佛教共存。但十七世紀以前，格薩爾王的傳說不太可能

---

28 Samuel, *Civilized Shamans*, 281.

29 一九〇九年辭世的慈禧太后的棺槨經被極其精細地仿製了皇帝的棺槨經被，其墓地在一九二八年與乾隆帝的陵寢一起被盜。目前這些棺槨經被陳列在馬蘭峪的東陵。

在蒙古廣為流傳。康熙朝廷發現此傳說經過蒙古人重新編寫，一七一六年在北京將前六章付梓，送給喀爾喀的諸位領袖以表達友好（見第六章）。細看蒙古《格薩爾王》史詩，或可解釋清廷為何採用其作為中心性的象徵：格薩爾王（此頭銜與其靈感來源凱撒〔*ceasar*〕相同，用來稱呼名為覺如〔Joru〕的神）[30]是眾神之王「騰格里」（*tngri*）庫爾穆斯塔（Khormusda，即祆教最高主神「阿胡拉・馬茲達」〔Ahura Mazda〕）之子。當諸神忙於與敵人阿修羅的爭鬥，庫爾穆斯塔已在須彌山（一切中心的中心）皈依佛陀，並以佛陀之名繼續對抗邪惡。在史詩中，庫爾穆斯塔留在「西方」，格薩爾王則被派去弭平「東方」的邪惡勢力（最初可能指西藏的嶺國，但現在一般認為是歐亞大陸東部）。選擇格薩爾王作為國家神祇的立意深遠：他最早的職責是提婆王，一般認為是自東漢帝國起在歐亞大陸東部的國家守護神；[31]無獨有偶，其形象與轉輪王極其相似，因為在其儀式中，被形容成「支撐住房的梁柱與車輪輪輻」；[32]最後，其為「天之子」，更是

30 因此，格薩爾被賦予了「嶺」這個地理別名，此為藏人「沖」地區（Khrom，即塞爾柱帝國的魯姆蘇丹國〔Rûm／安納托利亞〕）的另一個名稱。此故事架構最有可能的靈感來源是薩珊王朝的英雄——魯姆的格薩爾（Gesar of Rûm）。蒙古史詩中的格薩爾「來自庫爾穆斯塔之地」，其為眾神之王，亦是格薩爾的「父親」。一七一六年版的《格薩爾》，特別在其中突兀地加入了*Mongghol ulus*（蒙古人）一詞，可參見Choirolzab, “Guanyu ‘Gesir’ zhong chuxian de ‘Menggu’ yici,” 50-52 (issue’s table of contents is in error)；亦可參見施密特的德文譯本（St. Petersburg: Imperial Academy of Sciences, 1836, 1839）及英譯本*Gessar Khan* (New York: George H. Doran, 1927)；亦可參見本書第六章注釋六十三。論西藏的格薩爾王週期（Gesar cycle）及其與薩迦教義的聯繫，可參見Samuel, *Civilized Shamans*, 68-70, 292-93, 571-72。

31 他的其中一篇詩歌將其描述成「將威脅國家與宗教的敵人及惡魔化成灰燼的人」（Heissig, *The Religions of Mongolia*, 93, from B. Rinchen, “En Marge du culte de Guesser Khan en Mongolie,” *Journal de la Societe Finno-Ougrienne* 60: 1-51 [28]）。

32 Heissig, *The Religions of Mongolia*, 94, from Heissig, *Mongolische volksreligiöse und folkloristische Texte aus europäischen Biblioteken, mit einer Einleitung ung Glossar*,

「統治世上所有生靈的騰格里（眾神）化身」。[33]格薩爾王的形象表徵，不僅有助朝廷鞏固與藏蒙的儀式和文化認同，更強化其宗教生活與意識形態之間的聯繫，其中涵蓋八旗菁英、排除平民。格薩爾王算是個人，但因其在內亞佛教區的歷史悠久，因此保留許多意識形態的典故，從提婆王到菩薩統治者，再到轉輪王。

對乾隆帝而言，他自身本質上的無差別性，與向特定群體展現特定特質並不衝突。皇帝在意識形態宣傳中的角色中所吸引的形象一致性，不可避免地導致某些禮儀辭令的合併。直至十八世紀，清廷的節慶與儀式皆繞著努爾哈赤打轉，並或多或少加以揉合。在紫禁城內，每年農曆新年與其他節慶場合（包括皇室聯姻）不斷加入薩滿元素，重複搬演其狩獵才能（如今挪借了東北傳說的元素）。與此同時，清廷圖像與儒家新年儀式，明確點出努爾哈赤與中國民間英雄（與戰神）「關帝」的連結（關帝崇拜源自明朝在遼東的推波助瀾）。[34]皇太極治下的清初帝國堅持將努爾哈赤與關帝共同奉為戰神，且刻意將中國小說《三國演義》譯成滿文，[35]這至少部分是為了讓旗人更熟悉曾在明軍衛所供奉的「關帝」形象。乾隆朝持續推動將努爾哈赤／關帝與戰神崇拜的聯繫，帝師章嘉呼圖克圖以藏滿蒙三文創作帶有獨特密

Verzeichnis der orientalischen Handschriften in Deutschland, Supplementband 6 (Wiesbaden: Steiner, 1966), 149.

33 Heissig, *Religions of Mongolia*, 140-49, from Rinchen, "En Marge du culte de Guesser Khan en Mongolie," 28.

34 本書第六章將繼續探討這個主題。中國某些地區關帝信仰的介紹，可參見Duara, "Superscribing Symbols"。

35 關帝信仰的靈感來源關羽本為歷史人物，在歷史上追隨劉備，在三世紀嘗試復興漢室。這個時代的歷史之後成為故事架構與小說的題材，以十六世紀羅貫中的《三國演義》最為著名。《三國演義》於一六五〇年由祁充格等人譯成滿文*Ilan gurun-i bithe*，並至少在一七二一與一七六七年兩次再版，一七六九年還製作了一個特別的插圖版本（*Ilan gurun-i bithe nirugan*）。另外還有一些特異版本（其中一個是柯恆儒的收藏），可參見Puyraimond, *Catalogue du fonds mandchou*, 66-68。

宗色彩的禱詞：此時在藏蒙語境中，明確認定關帝為清帝國「護國神」（蒙文*yeke sülde tngri*；藏文*dgra lha*）。這代表祂的本質開始轉換，不再只是士兵的守護神，而是格魯派能降魔判死的暴力化身，諸如密集金剛（Guhyasamaja）、勝樂金剛與大威德金剛的合作者。簡言之就是努爾哈赤／關帝進入諸神行列，「弘揚佛教、撫育帝國人民」。[36]努爾哈赤與關帝的結合有助強化愛新覺羅世系的中心性，不僅成為支持結構，更提供了其所需的忠誠（如關帝崇拜中的例證）。直至十九世紀，對努爾哈赤／關帝／格薩爾王／毗沙門天（Vaisravana）的更大規模崇拜為儀式、敘事、圖像等提供了百科全書般多元的互相參照，強化了清朝統治者在東北、中國、中亞與內亞等地身為精神上唯一代理人的地位。

針對東突厥斯坦、西藏與中國西南方愈演愈烈的暴力事件，這不啻是種便宜行事的魔法，此將在下一章中討論；但乾隆帝卻未特別重視這種對人格面具的整併，直到他駕崩之後，無論是朝廷習俗抑或是大眾宗教，對此都沒有特別的發展。無論是在拼寫系統、圖像、建築或敘事領域，觀念的連續性顯然都比表述模式的揉合更切合他的脾性（從十九世紀帝后棺槨上所覆繡有漢文悼詞的陀羅尼經被，便可看出端倪）。雖然帝國所提倡的朱熹「與天地參」論述，與轉輪王的「轉輪」異曲同工，但其是針對特定的帝國成員，且在十八世紀時藉由這種「裁量權限」維持了此間的一致性與皇權的普世性。這些不同的媒介都傳達了類似的訊息：唯有專屬皇權的生成力，才能拯救蒼生；在此論述中，皇帝須自命宇宙，且成為道德絕對與文化虛空之人。他位於曼陀羅般的場域中，無限的文化與歷史以最理想化的方式圍繞其周圍呈現；皇帝本身即原初之點，或說是歷史中不受控制的特性的啟示。此為乾隆朝藝術、建築與帝國文學表述的特徵，其強制了文化形

36 Heissig, *Religions of Mongolia*, 99-100.

式主義（cultural formalism）與理想身分認同的規範，其隱含的是一種史觀，即藉由其過程來定義皇權的文化虛空與道德普世性。

爭辯過往

清朝帝權是歐亞東部及乾隆所統治「天下」的道德與精神體系的整合點，此為自皇太極時代起即追求的觀念；但中心要如何達到此種種整合，卻沒有展現出一致的連續性。面臨挑戰時，康雍二帝習於援引前帝國時期中國文獻的傳統詮釋，認為其敘事展現出轉型與道德進步，即各階層的人都知曉並遵行道德原則。對統治者來說，個人道德的提升即代表其治下所有人的進步，此為對《中庸》「與天地參」的公認解釋。康雍二帝意識到知識分子批評清代統治者無比野蠻，其統治不具正當性，故希望倚靠此原則來維繫愛新覺羅為帝國世系，且滿人已經歷道德轉型，證明其統治符合公正仁愛。一七三〇年，雍正朝與一位公開譴責大清野蠻行徑的已故作家展開激烈辯論，並援引「轉型理論」來加以反駁。但之後的六十年間，乾隆朝開啟了與過往歷史的自我論爭。在乾隆朝初期，朝廷出乎意料地否決了雍正的意識形態，並持續提出乾隆自己的皇權觀點，即皇權是推動轉型者，而非被轉型者。

綜觀中國歷史，特別是那些以後見之明檢視的征服政權時期，前帝國時期思想與帝制的原則之間存在的潛在衝突愈發明確。有些作者將儒家對皇權的矛盾心理去蕪存菁，提出一種前後連貫的哲學，即道統應先於武統，並認為自己正在為此傳統努力。[37]這類清代學者從皇權聯想到異族統治的延續及強制華夷融合；他們發現，皇權在哲學中的矛盾是因為對「華夷之分」忽略，據稱此思想確立於孔子，發揚於

37 亦可參見de Bary, “Chinese Despotism and the Confucian Ideal”。

孟子對墨翟與楊朱的批評。這些學者認為蠻夷入主中國，代表對天下理念中道德絕對的篡奪；此為對倫理的牴觸，也是漢代以來帝國工具發展的必然結果。那些堅決反對皇權的人稱為「遺民」、「異議分子」、「隱士逸民」，或在晚清被稱為「民族主義者」。將反對皇權與反對異族統治相結合並非清末的創舉，其似乎發源於明代，作為對元代統治的回顧，在明朝時偶爾會用來針對明代皇權，接著才在清代找到最後的目標。[38]

第一章曾論述王夫之在明末倡導的世系身分認同的意識形態；這與其關心的華夷之辨有直接關係。他所用的身分認同詞彙涵蓋歷史與生物性，亦即皆可輕鬆以世系的隱喻概括。在其宇宙觀中，所有物理、社會、歷史性動能皆為「氣」不規則地聚集成球狀或塊狀的產物，且這些產物彼此或相斥或相吸[39]——同類相吸，異類相斥。王陽明留意到人類社會的相互關係亦遵循同樣的模式：人會被自己的同類所吸引、遭他者排斥；此為理想的情況，主因在於人類社會處於發展之梯的不同階段。由於堅信華夷之間存在道德差異，明代皇權展現出的道德姿態十分有力。王夫之認為此為道德與歷史的正義化身，如今受明廷承認的「漢人」獨享此天賦，而無德的蠻夷則理應承受帝國的武統：「中國之於夷狄，殄之不為不仁，欺之不為不信，斥其土，奪其資不為不義。苟與戰而必敗之也。殄之以全吾民之謂仁；欺以誠，

38 小野川秀美，〈清初の思想統制をめぐって〉；熊秉真，〈十七世紀中國政治思想中非傳統成份的分析〉。

39 Santangelo, "'Chinese and Barbarians' in Gu Yanwu's Thought"認為，基於此，王夫之的思想與顧炎武的相比可能是「客觀的」。這與他對王夫之差異觀念的描述有關，認為這完全是「物質的」。儘管王夫之可能會欣賞被描述為唯物主義者，但他並沒有將各人群之間的實際差異稱為物質的；此關係到意識與道德，因此我對桑塔格羅（Santangelo）對王夫之思想的過去性描述有些微詞。但論王夫之對考據學運動的貢獻，可參見小野川秀美的〈清初の思想統制をめぐって〉，其將王夫之與方以智及呂留良並列。

行其所必惡之謂信；斥其土則以文教移其俗，奪其資以寬吾民之力之謂義。」[40]其中提到的仁、信、義不僅是為了維持中國的優勢，亦為了夷狄的利益——蠻夷居於意識的邊境，唯有摧毀其文化與世系，亦即身分認同的「物質」框架，才能從邊境解脫，繼而融入中國社會。因為正如佟卜年案，明廷已然劃定貌似自然的區異界線，並以政策強制推動，是故王夫之認為此高壓統治具備正當性（雖然仍不乏缺陷）；依循同一標準，王夫之晚年所處的清帝國必然不具備權力的正當性。清廷並未釐清區異並以政策推行，反而模糊了差異，並以威權強迫不同民族共存，進而導致王夫之所預見的華夷道德地位無法區分，此為漢人與中國文明的災難。

把王夫之視為近世中國菁英的種族思想源頭，當然非常簡單，但要想理解十七世紀中國文人思想如何在十八世紀轉變成清廷的帝國意識形態，可能要在王夫之身上加入一些特定條件。首先，雖然王夫之堅信華夷之間的道德差異不容改變，但其主要是指蒙古與滿人，且並未主張蠻夷不因時代更迭而改變；他認為在華（夏）出現之前，漢人祖先亦為蠻夷，文明的定義是遠離渾沌、邁向道德秩序。[41]王夫之主張野蠻與道德皆為絕對，身分認同則並非絕對；基於他對改變速度的看法，他堅信國家能體認到華夷具備不同的發展條件，並在其間加強障礙——其速度足夠緩慢，且中國自己的野蠻古代距今如此久遠，在「歷史」的進程中幾乎無法察覺，而若是加速轉型，必將招致災禍。如其所言，這需要將蠻夷的社會結構與經濟生活，連同任何能將之復

40 這段話出自《春秋家說》，但類似的段落也出現在《泉山全集》中。此資料也有英譯，可參見Wiens, "Anti-Manchu Thought during the Ch'ing"；Santangelo, "'Chinese and Barbarians' in Gu Yanwu's Thought"。

41 在遠古的太昊時期，漢人仍然類似野獸，到了黃帝時期，漢人達到王夫之讀者所認為的野蠻人水準（出自《思問錄外編》，頁二十五上）；類似的評論也出現在《讀通鑑論》，卷一，頁三上；另可參見McMorran, *Passionate Realist*, 150ff。

甦的手段一股腦摧毀，相較於文明基礎遭逢巨變，此種高壓的改變雖然痛苦，但仍可接受——王夫之認為自己所面臨的，是大清征服徹底損傷了中國文明的社會結構與經濟生活。

清末所尊崇的幾位中國早期民族主義思想先知，王夫之是其中之一，但之後的史家攻訐其提倡的是對中國境內外其他人群的種族主義或「民族中心主義」(ethnocentrism)。王夫之與黃宗羲、[42]顧炎武、[43]呂留良(一六二九至一六八三年)、[44]等人在清初征服時期統一被視為

42《清代名人傳略》，頁三五一至三五四，來自浙江餘姚。黃宗羲的父親黃尊素曾為「東林七賢」之一，因反對魏忠賢而在一六二六年在獄中遭到處決(明廷後於一六四四年追謚忠端)。黃宗羲曾謀劃要刺殺魏忠賢，但最後因魏忠賢自然死亡等種種原因而未能實行。一六三〇年代初期，黃宗羲加入復社，防止宦官勢力的再度崛起。一六四四年，投奔南京的福王朝廷，但由於內部鬥爭，東林與復社黨人及其家屬很快遭到迫害。黃宗羲轉而投奔魯王，並參加一六四五年紹興的抵抗。一六四九年，放棄反清復明，隱退並致力於思想著述。錢謙益是其在餘姚之外，少數有聯絡的人之一，黃宗羲重振之前劉宗周講學的書院。一六七八年，清廷下令重印黃宗羲的《明史》，以開啟重修明史的計畫，並於一九〇九年讓黃宗羲入孔廟。黃宗羲有十五篇著作收錄進《四庫全書》當中，只有《行朝錄》被禁。黃宗羲最著名的兩部作品《明夷待訪錄》與《明儒學案》分別完成於一六六二及一六七六年。另可參見 Struve, "Huang Zongxi in Context," 474-502。

43《清代名人傳略》，頁四二一至四二六。顧炎武最著名的是他作為考據學的開山祖，這些方法是清朝所謂漢學運動的基礎。他是江蘇人，大清征服中國後改名「炎武」。一六四五年，顧炎武在故鄉崑山率軍抵抗清軍，養母因對局勢絕望而絕食身亡。顧炎武加入唐王的抵抗運動，但由於一六四七年一場複雜的私人恩怨而化名遁走。顧炎武是地主，在財政與工業事務上頗有名望。一六六八年，因煽動罪遭下獄近六個月，之後朝廷才為其平反。一六七〇年，顧炎武的《日知錄》付梓，據說他的學生潘耒在編輯時刪除了其中的「反滿」言論(黃侃於一九三三年比較了手稿與潘耒版，並發表了研究)。顧炎武的著作在生前是「遺民」中最著名的，並在十八世紀影響力不斷成長。十九世紀，他成為新一波學術研究與評論的對象，其中包括張穆的研究，張穆以研究東部蒙古而聞名，而張穆的出版人祁嶲藻也有所貢獻(見本書第四章注釋七十九)。一九〇九年，清廷讓顧炎武入孔廟。另可參見 Thomas Bartlett, "Ku Yen-wu's Response to 'The Decline of Human Society'" (Ph.D. diss., Princeton University, 1985); Peterson, "The Life of Ku Yen-wu"。

44《清代名人傳略》，頁五五一至五五二。呂留良在「遺民」中最為沒沒無聞，也不致

「遺民」、「異議分子」或「隱士逸民」。[45]但他們各自懷抱不同的思想：例如，針對文明的轉型動力，黃宗羲（東林黨及佟卜年指控者劉宗周的學生）的想法比王夫之更加開放，並認為早在元代，居於中國的蒙古人早已成為中華漢人；顧炎武與呂留良的想法則比王夫之還要保守。不過他們三人都斷言，沒有任何歷史動力能化蠻夷為中華，且當今的中華正與周圍蠻夷一決生死。他們認為中國的政治領導層與其下屬所採取的殘酷行為，目的在於保護領土免受外族侵害，故在道德上站得住腳；因此政治道德從來都並非絕對，判斷基準在於能否維繫夷夏之防。一個龐大、未定界、無情的統治若在其他措施皆失敗的情況下還能捍衛文明，那就是完全道德的。

以此論述，西元前八世紀的政治哲學家管仲一躍成為投身集權、保衛文明免受蠻夷威脅的典範。[46]從《論語》可見自孔子讚揚管仲的那

力於對宋代哲學家的批評，其為明朝皇室中一名女性的孫子。呂留良的一個姪子於一六四七年因抗清而在杭州被處決。之後呂留良繼續其學術研究，直到一六六六年，決定從醫而非入仕為官。一六七四年，其中斷醫業，在南京經營書店，編輯並出售科舉用書，並為考生提供諮詢。一六八〇年，出家為僧。其中一個女兒嫁予黃宗羲之子。呂留良的征服相關著作皆未能出版，之後這些著作以各種形式出現在《大義覺迷錄》（一七三〇年因曾靜的第一次審訊而發行）當中。之後，乾隆朝禁絕呂留良所有的作品（連《大義覺迷錄》也予以禁刊），至今只留存一些無涉政治的著作。另可參見Fisher, "Accommodation and Loyalism: The Life of Lu Liu-liang (1629-1683)," Papers on Far Eastern History 15。

45 例如Weins, "Anti-Manchu Thought during the Ch'ing"；Dikötter, *The Discourse of Race in Modern China*, 25-30；熊秉真，〈十七世紀中國政治思想中非傳統成份的分析〉；以及與路康樂即將發表的作品。

46 管仲（死於西元前六四五年），是周代第一位霸主齊桓公（齊侯小白）的臣子。小白和弟弟公子糾爭奪齊國的領導權，管仲（管夷吾）曾輔佐公子糾，甚至一度差點射箭殺死未來的主公，但最後箭只擊中了小白的帶鉤。當小白繼位（並處決公子糾）後，他不計前嫌，並拜管仲為相，《左傳》十分讚賞小白這種客觀賞識管仲才能的做法。而《論語》亦讚賞管仲強化霸主的力量，以保衛周朝文明免受楚國的蠻夷入侵，接受小白的任命，而未為公子糾報仇。羅森（Sydney Rosen）指出，《左傳》的記述似乎更具備事實性和相關性，因為其集中描述小白是一位道德與戰略英

一刻起，這就成為政治道德領域的問題，弟子也因此提出質疑：管仲不顧齊桓公曾弒殺舊主，仍然擁護其稱霸，是以弟子預期會聽到孔子譴責管仲；但因管仲化解了周代各邦國所面臨的夷狄威脅，故仍應受到表揚。正如呂留良所解釋的，我們需要留意孔子之所以讚揚管仲，只是針對一個極端的情況：保護中原免受夷狄荼毒。若想用孔子讚揚管仲之言來為自己侍奉蠻夷君主開脫，那就是忽略了夷夏之辯才是所有道德推理（moral reasoning）的至高起點；同時也忽略了《春秋》真正的「微言大義」是「尊王攘夷」。[47]呂留良強調，皇權是解決蠻夷問題的關鍵。首先，其為華夷秩序的正確典範：華夏（即「人」）為君、夷狄為臣；其次，皇權若用於正途，就能嚴華夷之大防。呂留良指出：「管仲忘君仇，孔子何故恕之？而反許以仁。蓋以華夷之分，大於君臣之倫；華之與夷乃人與物之分界，為域中第一義。所以聖人許管仲之功。」[48]他認為沒有其他匯聚帝國權力的計畫更為合理；明代因帝國體制的過度膨脹而覆亡，清代之所以不仁，在於其意圖盡可能維繫並改善帝國專制。黃宗羲在評論君權淪喪的政治史時，提出了著名的「主客」之喻：「古者以天下為主，君為客，凡君之所畢世而經營者，為天下也。今也以君為主（英譯為host，亦可用來翻譯滿文的

雄；之後讓管仲成此處倫理劇的討論中心，與士人傾向於將自己置於政治和文化舞臺中心的趨勢一致。可參見Rosen, "In Search of the Historical Kuan Chung"。

47 章炳麟（見本書後記）指責老師俞樾，認為其忘記了此一原則；他認為俞樾遭到誤導，誤以為可以有正當理由為異族統治者效力，並用顧炎武對北魏大臣崔浩的譴責作為論據支持自己的論點。另可參見Man-Kam Leung（梁文金）, "The Political Thought of Chang Ping-lin," 36。之所以抨擊俞樾，可能是因為俞樾曾責備章炳麟，認為章炳麟將激進的政治言論（其「民族主義」）置於俞樾所推崇的「仁」之上。可參見Crossley, *Orphan Warriors*, 182。

48 據說呂留良的觀點記錄在其私人著作中，這些著作在曾靜第一次審訊時遭到銷毀。他的論點僅能從曾靜的供詞《知新錄》，以及朱軾與吳襄為雍正帝辯駁並收錄於《大義覺迷錄》中的反駁中得知。《春秋》傳統的「微言大義」，另可參見Wiens, "Anti-Manchu Thought during the Ch'ing"；Bernal, "Liu Shih-p'ei and National Essence"。

「額真」），天下為客，凡天下之無地而得安寧者，為君也。」[49]補救之道（顧炎武在此特別提及宋代學者沈括）在於權力下放，即重振貴族階級（特別是在當地）、宗族與鄉村。[50]黃宗羲的預言得到眾多支持者的認同，他尖銳的洞察力啟發了十九世紀末的讀者：君權為天下之大害（傷害甚至比無君之夷狄更甚），且其本質就悖離了人民的福祉。

在一七二六、一七二七年左右，年約四十八的曾靜（一六七九至一七三六年）是出身寒微的湖南士人，十分崇拜呂留良的文字。[51]曾靜顯然知曉，雖然呂留良的仕途不符合明代遺老的典型形象，也就是在大清征服中國後不久曾入仕清朝的教育部門，但其著作仍充斥「反滿」言論。曾靜派門徒張熙前往浙江查看呂留良的著作，後將一些作品帶給曾靜，受其感召後，曾靜決心策動反清，派張熙帶著呂留良的作品求見川陝總督岳鍾琪（一六八六至一七五四年）。他們以為岳鍾琪身為宋代愛國烈士岳飛的後代，一定會大力支持，不料岳鍾琪轉而上報朝廷，先拘捕張熙，進而捉拿曾靜。[52]值得注意的是，雍正帝起初對曾靜與其言論的態度十分溫和，雖然並不常有皇帝會將叛黨的觀點公諸於世，但倒也並非史無前例。雍正在一七三〇年頒行的總集

49 出自《明夷待訪錄》。另可參見Laitinen, *Chinese Nationalism in the Late Qing Dynasty*, 22, 167; de Bary translation in *Sources of Chinese Tradition*, 533。

50 出自《日知錄》，但亦可參見Bartlett, "Ku Yen-wu's Response to 'The Decline of Human Society'"。顧炎武與其地方主義的概論，可參見Kai-wing Chow, *The Rise of Confucian Ritualism*, 80-84。曾靜在《大義覺迷錄》中聲稱「封建是聖人治世的主要手段」，此說法強烈呼應了沈括與顧炎武的思想（《大義覺迷錄》，卷二，頁二十一下至二十五下）。

51 對曾靜第一次審訊的出色描述，可參見馮爾康，《雍正傳》，頁二二二至二三七；書中包含對呂留良的詳細評論，可惜幾乎完全援引自《大義覺迷錄》。

52《清史稿》，卷九，頁三二六（一七二九年）：「岳鍾琪疏言有湖南人張熙投遞逆書，訊由其師曾靜所使。命提曾靜、張熙至京。九卿會訊，曾靜供因讀已故呂留良所著書，陷溺狂悖。至是，明詔斥責呂留良，並令中外臣工議罪。」

《大義覺迷錄》[53]堪稱絕無僅有，在於其文風類似一七二五年的《御製朋黨論》，[54]是長篇的帝國辯論。其同時也是文字獄的產物，意圖是成為未來科舉的定本，由於不能明言，因此部分模仿一七二五年逼迫錢名世自費出版的《名教罪人》，當中收錄三百八十五首詩與譴責錢名世的御製序文。

此外，十八世紀法律對文字獄的態度變化十分重要；其在於乾隆朝更加嚴厲，如同富路德（L. C. Goodrich）之前指出的，在雍正時期可能以精神失常為由而從輕發落的案件，在乾隆朝卻會遭到渲染擴大，能辯護的範圍明顯受到限縮。乾隆朝基本上不認為精神失常能為文學犯開脫，這點幾乎空前絕後。這可能也是曾靜案間接造成的影響，畢竟雍正在《大義覺迷錄》中將曾靜描述成湖南貧農，他在家鄉所遭遇的自然與經濟災禍，導致他精神失常、判斷失準。[55]雍正帝在回應曾靜時，似乎刻意指出曾靜年少時的悲慘境遇，進而用精神失常替曾靜辯護，以展現出帝王的慈悲為懷。釋放曾靜是個十分高明的政治操作，大幅減少了地下的反清言論，同時也讓帝國得以管控這類煽動性的文學作品，並增加了自首的可能性。但這些因素無法解釋《大義覺迷錄》這部上萬字的歷史哲學論著，目的只是為了成為科舉的定本；此單一事件包含了一七三〇年曾靜的釋放與《大義覺迷錄》的頒布，要想確實理解，應先加以爬梳書中內容及其意涵。

《大義覺迷錄》分為四大卷：首卷以一連串針對歷史、情感、正義與文化的帝國呼告開始，接下來則收錄曾靜的第一份證詞，朝廷的

53《大義覺迷錄》所指的是君臣之間的正確關係，雍正朝認為此種關係由道德確立，而非血統（《大義覺迷錄》，卷一，頁三上、十一上；卷二，頁十下）。

54 這篇文章是另一種與過去的論辯：皇帝試圖駁斥歐陽修在同名文章中的觀點（見《古文觀止》，頁二六八至二六九），即黨派無可避免且實為有益：善的群體可以聯合起來對抗惡的群體；不出所料地，皇帝認為黨派總是導致腐敗與政局不穩定。另可參見Pei Huang, *Autocracy at Work*, 93。

55《大義覺迷錄》，卷二，頁六十二上至六十三下；卷三，頁三十上至三十二下。

訊問以大字表示，曾靜的口供則以小字表示，並一直延伸至第二與第三卷；第四卷則可分為對呂留良的人身攻擊、對曾靜角色的弱化，以及曾靜的《歸仁說》自白。這本文集最初與朱軾與吳襄校撰的《駁呂留良四書講義》同時出版，《大義覺迷錄》基本上反映了雍正帝與呂留良生前思想（即明代身分認同的意識形態）的意識形態之爭。書中的論點在於曾靜不過是一介腐儒，缺乏呂留良的天資，全心向學後卻因過於天真無知才會接受呂留良及其同黨的思想，以為是大清的劫掠才導致自己年少時的不幸。[56]幡然悔悟之後，曾靜得以清洗案底，隨即被釋放；然而皇帝對呂留良的攻訐尚未結束。皇帝認為浙江多年來世風日下，屢屢出現汪景祺（一六七二至一七二六年）、查嗣庭與陸生楠之流，都是呂留良的餘毒遺害所致。呂留良與其子呂葆中蒙受清朝恩澤，卻終其一生編造謊言與狡詐的論點，試圖誘使老實的讀書人萌生叛逆的思想，因此應該永遠禁止其著作，並讓世人永遠記得他們的罪孽。最後，呂留良與長子呂葆中遭到剖棺戮屍。

雍正帝採取了傳統的反駁路線，譴責呂留良明顯悖離了儒家的基本理想，即人群的文化轉型與個人的道德轉型。書中質問曾靜「既云天下一家，萬物一源，如何又有中華、夷狄之分？」[57]只是簡單提出基本論點，很少涉及困難或有爭議的思想：大清定鼎中原，承繼中華之儀典與功能，撫育百姓、順應天道、一統天下，讓萬民皆敬愛統治者。[58]天命絕對是最可靠的檢驗，[59]若大清能承繼天命，那一定是因為滿人在歷史進程中經歷了道德轉型（化／向化），那就不應該還像譴

56《大義覺迷錄》，卷一，頁二下至三上、四十八下。

57《大義覺迷錄》，卷二，頁十三下。序言中有個略為不同的引用（《大義覺迷錄》，卷一，頁一上）。

58《大義覺迷錄》，卷一，頁一下至二上、四上。

59「奸民」為《大義覺迷錄》卷一的一大主題，認為其「不識天命之眷懷」（《大義覺迷錄》，卷一，頁十一上）。

責他們的祖先一樣，譴責滿人為夷狄，滿人既然接受了文明教化，統治就合乎正當性。百年來，朝廷與人民始終互敬互愛，「夫我朝既仰承天命，為中外臣民之主，則所以蒙撫綏愛育者，何得以華夷而有更殊視？」[60]且逆賊呂留良與其同黨，把夷狄比作禽獸，並認為夷狄始終無法向化，這豈不是在說中國人民由禽獸統治，比禽獸還不如？[61]且皇帝堅信自大清入主後，讓蒙古及西南方的極邊諸部落均歸於中國，此為中國文明與道德之勝利。[62]皇帝同時引用「五倫」:「君臣居五倫之首，天下有無君之人，而尚可謂之人乎？人而懷無君之心，而尚不謂之禽獸乎？盡人倫則謂人，滅天理則謂禽獸，非可因華夷而區別人禽也。」[63]皇權的辯護力道無懈可擊，顯得呂曾二人對帝國的攻擊基礎充滿哲學謬誤，所以出版曾靜的證詞以駁斥呂留良，藉此宣揚政權符合儒家正義，對朝廷來說是不可多得的良機。[64]湖南曾靜，這個因生活壓力而瘋癲的無辜之人，不但獲釋還從此找到出路。《大義覺迷錄》主要由對曾靜的訊問構成，最終的目的是一套廣泛的教化計畫，涉及文化、身分認同與道德的源頭，以建立一種基於文明轉型力量的論證模式，而這也將成為官方的綱領；曾靜讓朝廷逮到機會澄清此綱領並加以制度化，並得以擴大對呂留良所代表的本質主義式論述

60《大義覺迷錄》，卷一，頁二上。在隨後的段落中，作者進一步闡述了這一點，憤慨地聲稱呂留良將「蠻夷」這個標籤加諸滿洲，並未區異滿洲與準噶爾（準噶爾人自身雖缺乏文明教化，卻時常貶低滿人）；在雍正的分類體系中，滿洲與「中國人民」屬於一類，準噶爾則屬於另一類——但書中反覆強調，無論哪一類，都不是野獸（《大義覺迷錄》，卷一，頁四十三上）。

61《大義覺迷錄》，卷一，頁四下至五上；諷刺的是，這一點在《大義覺迷錄》中被反覆強調（在皇太極的理解中可能會被忽略），對牲畜主題的諷刺性闡述：卷一，頁四十二上至四十三上、四十四上、四十四下、五十一上、五十四下至五十五；卷二，頁十五上至十七下。

62《大義覺迷錄》，卷一，頁五上、七上至七下、四十一下、四十二下。

63《大義覺迷錄》，卷一，頁十一上至十一下。

64《大義覺迷錄》，卷一，頁十二上至十三下。

的掌控。

但除了客觀譴責曾靜的宇宙觀謬誤以外，書中還存在另一種論調：主要擔任雍正帝寫手的朱軾，既擁護以呂留良為代表的「唯物主義」思想派（受命以自己的方式駁斥呂留良），又深諳滿文的寫作方式，深知如何以滿文表達政治思想；第二種論調代表的是努爾哈赤與皇太極的汗國，他們迷信於超自然的徵兆，相信祥瑞之地會長出祥瑞花草，水位升降皆有祥瑞之規律，並軟硬兼施逼曾靜舉出自大清政權建立以來，可曾導致哪座山崩塌或哪條河乾枯？[65]哲學論調客觀陳述出，大清是受明廷的代表吳三桂之邀，來為中原平定內亂，後來之所以留下也只是為了穩定國祚，並一再引用《詩經》中的名句「皇天無親，惟德是輔」[66]（「與天地參」的重述）。可汗的論調堅稱，是上天賜予我們盛京，是上天賜予我們北京，是上天賜予我們中國；並慷慨激昂地花費很長一段篇幅來比較明清治下的家族史。

《大義覺迷錄》中的兩種人格特性，可說是大清皇權的兩種殊異的人格面具。一為萌生出大清帝國的汗國：皇太極時期的可汗式皇帝基模的中心概念是「天心」（*abkai mujilen*），可汗式皇帝的「道」（如前所論，大清稱其為「道心」）是因為其意識能反映出天心（正如皇太極在寫給袁崇煥的信中的激昂言詞），其更是推動歷史的力量，是天意的體現。從努爾哈赤與皇太極對明廷的譴責，到乾隆時期的大量文學創作，此概念始終都充斥於大清的政治表述中。可汗之所以是可汗，是因為其意識是天心的延伸，而正是基於此天賦，可汗處處都高人一等，唯有可汗有機會得道，他的義務就是以道來讓宇宙完滿。康熙帝的特別之處，在於其能區分此兩種人格特性及其所用的辭令，並用嚴謹的中華帝國論調來表述自己，此種論調多半與汗權並不相

65《大義覺迷錄》，卷一，頁四十五上至四十七下、五十五上至五十八下。

66《大義覺迷錄》，卷一，頁一上、四十一下。

斥。但雍正的創作融合了這兩種遺緒：皇帝為大清征服中國找到歷史正當性，並對帝國合乎德而志得意滿，可汗則主張天命賜予其中國（在大清史書可能稱之以 *abka urušefi*，意味上天支持我們奮戰），並引用許多超自然的祥瑞之兆來證明。皇帝認為呂留良是學識淵博的狡詐之人，悖離千古流傳下來的人臣之道；可汗則譴責呂留良粗鄙又忘恩負義，食清之祿，卻未報以忠心。

一七三六年，雍正帝駕崩。在一七三〇年曾靜案鬧得沸沸揚揚之時，弘曆，即之後的乾隆帝年僅十八，對父親的處置不以為然。[67]弘曆並未按照傳統，在雍正帝崩逝隔年的農曆新年之後才登基，而是在父親仙去幾週後就斷然採取行動，一手反轉了曾靜的結局。乾隆帝先下令逮捕曾靜與張熙，[68]繼而重啟調查，將曾靜凌遲處死，最後下令全面回收並銷毀《大義覺迷錄》，緊接著赦免汪景祺與查嗣庭的親戚，他們兩人均曾因謀逆言論受到先皇帝的責難，此一連串的措施，似乎都是新皇帝對父親施政的駁斥與侮辱。[69]新皇帝甫一登基就忙著查禁《大義覺迷錄》中對呂留良思想的刪改，也包括父親動之以情、

67《清代名人傳略》等資料中可以找到一種傳統的解釋，即乾隆帝銷毀《大義覺迷錄》，是因為書中討論了與皇室相關的事項，尤其是與雍正帝繼位有關的情況，令他感到尷尬（見《大義覺迷錄》，卷一，頁十四上至三十七上；卷三，頁三十上至四十九下）。這種處理確實失之於誇張，並暴露出雍正帝對篡位謠言（且合理的）防禦心理。然而，此種討論與此書的主題大致契合，因為其對雍正帝統治道德準備的辯護，是對其他競爭對手的皇子及其官僚支持者的不忠與自私的控訴，且表面上是作為強調秩序重要性超過混亂的重要案例研究。它還帶出了對皇室發源歷史的敘述，描繪努爾哈赤與皇太極如何將秩序帶到長白山、朝鮮與蒙古這些雜亂無章的人群中，並明確將這段歷史與大清征服中國的使命聯繫起來（以復興明朝所遺棄的秩序）。如果弘曆的意圖僅僅是想壓抑與雍正繼位相關的段落，他應該可以找到更不引人注目的方法來做到這一點，不需要下令重審曾靜並銷毀《大義覺迷錄》。

68《清史稿》，卷十，頁三四五（十月，壬申）。

69《清史稿》，卷十，頁三四八（三月，庚子）。查嗣庭案之所以遭判謀逆罪，是因為他在一篇文章中提及「維民所止」，「維止」二字看似如同「雍正」去掉上面兩劃，被認為是暗中呼籲將皇帝斬首。

曉之以理的辯護；乾隆帝之後的文學舉措（規模幾乎空前絕後）反映出，他反對的並不是父親針對呂留良指控所提出辯護的細節，而是想表示所有的辯護與回應都十分必要。在乾隆帝看來，重新逮捕曾靜等於是迫使回到事發現場，對呂留良的攻訐也隨著新君改元而重啟。

《大義覺迷錄》與新皇帝的觀點既有一致、也有不同之處：一致之處主要在於對大清起源與入關的歷史敘事，大清之所以入主中原並非有預謀的征服，而是響應明朝的求援（經遼東吳三桂轉達），且是在鎮壓李自成叛亂後為維持穩定而不得不為。[70]即便《大義覺迷錄》中的說法政治正確，也成為討論過去的典範，但這些都無法讓它得到乾隆帝的青睞；原因在於其威脅到乾隆帝普世皇權的原始權威，故巴不得它盡快消失（這預示欽定《四庫全書》中許多文獻的命運），此中蘊含對權威的爭奪，而乾隆帝素來習慣獲勝，但更糟的是當中存在一個巨大的分歧。這自始至終都是《大義覺迷錄》的基本論點，即愛新覺羅世系（以及與滿洲的曖昧連結）已在文化與道德層面發生轉型，因此有資格統御中國，此種文化與道德轉型的概念符合朝廷一貫採用的程朱學派辭令，且巧妙地讓呂留良成為異端，但這正是乾隆帝無法苟同之處。他認為除非極端墮落，不然不存在大規模的文化轉型，而應經由普世皇權來讓文化去蕪存菁。意即非因滿洲已受到中華文明洗禮才產生轉型，大清帝國進而取得入主中原的資格；大清之所以能統御中國，在於上天支持努爾哈赤與皇太極起身抗明，且因為皇帝的意識是天心的延伸，他用百科全書般多元的儀式來加以維繫，以政權的恢弘來實現天意。

他們對中國古典文獻的不同援引方式，正巧反映出此兩種帝國世界觀的劇烈差異。意即孟子認為舜為東夷之人，周朝開國君主文王則

70《大義覺迷錄》，卷一，頁三下至四上、六下至七上、三十七上至四十上、四十二上至四十二下。

為西夷之人，這些都是古代文獻中著名的傑出蠻夷，但當然不是唯一的例子。部分因為明末哲學與政治的發展，清代開始認為這些論點太過匪夷所思，《大義覺迷錄》提及孟子曾云，舜與文王雖為夷狄，但修德行仁而成為聖王。[71]文中清楚認可此轉型過程，顯然意指其不僅適用於大清，亦適用於雍正帝本人——其政權雖發源於蠻夷，但仍可轉型為聖王。而乾隆帝在《滿洲源流考》的序文中也援引同一段落：[72]皇帝認為孟子提及舜與文王的發源地時並無貶意，畢竟他們的出身並沒有什麼好忌諱的；且無所謂他們的出身，舜與文王原本就有資格統御中國，故不存在任何轉型問題。[73]

乾隆帝駁斥愛新覺羅經歷文化轉型（即道德重建）而得以統治的說法，就必須一併駁斥大清皇帝身為儒家聖王的主張；意即宣稱大清皇帝的統治之所以具備正當性，是因為聽取了有德臣僚的建議，且最後超越了這些道德指導，此種主張認為愛新覺羅（包括皇帝）是因為受到文明薰陶，道德意識才加以提升。乾隆帝的列祖列宗已經以聖王自居，最出類拔萃的當屬康熙帝：面對關外時，他採用當地傳統「主人對奴僕」的統治方式；對關內時，則用中原傳統的家父長統治方式，這是有計畫地吸納聖王的概念。但乾隆帝否認愛新覺羅或滿洲的

71《大義覺迷錄》，卷一，頁二下至三上、四十二下至四十三上。

72 參見本書第六章。

73 我認為這兩種對孟子的詮釋都偏離了要點；原文似乎並未針對舜或文王的特定起源加以闡釋，而是評論統治機構克服周代城邦內明顯存在的狹隘觀念的能力。見《孟子·離婁章句（下）》:「舜生於諸馮，遷於負夏，卒於鳴條，東夷之人也。文王生於岐周，卒於畢郢，西夷之人也。」從上下文可以看出，孟子並未強調舜或文王出身蠻夷，而是強調他們雖然在時空上相隔遙遠，但能遵循基本的統治原則來統一國家。孟子地理參考文獻的解釋，可參見Legge, trans., *The Works of Mencius*, 316 n 1。我當然不同意理雅各（James Legge）對「東夷之人也」與「西夷之人也」的翻譯（「a man near the wild tribes on the east」以及「a man near the wild tribes on the west」），其扭曲了孟子原文的本意，這種翻譯是在回應後來對這些話涵義的焦慮。孟子似乎對舜或文王的起源不以為意，但這段話在後世引發極大迴響。

轉型是因為儒家或其他的文明，他以各種媒介堅稱文化認同的絕對性：愛新覺羅世系代表東北當地文明的頂點，之所以能統御中國是因為其天獨厚。聖王始終充斥於政治修辭之中，但針對大清皇帝與普世上天的關係，賦予了不同的重要性。

言語的力量

合璧性表述最早的遺跡出現在古代西亞，它們看起來十分樸實無華，通常具備標記邊界的實用目的；邊界多半出現在使用不同語言的領土交界，一國領土使用一種語言，鄰國則使用另一種。細細思索之後就會發覺其實沒那麼簡單：這些語言並非現今所代表地區的唯一語言，而是主流語言（dominant language），或可說是主流文字媒體所用的語言；再說，也不可能一碰到邊境的標記點就馬上全然轉換成另一種語言。統治者會選擇語言並放置標記點，將某地的區域文化加以簡化並符碼化，此中的人民必須納稅或遵守某種法律，經過標記點時必須下馬或駱駝。努爾哈赤花費許多心力，要讓明朝與朝鮮李朝承認建州領土，因此以兩種語言銘刻的石碑來標記邊界，可說是其戎馬生涯中的里程碑。在每次邊界擴張時，皇太極都用大量紀念碑加以標記，[74]從他的時代可找到他自己的各種不同合璧性，從律法、訃聞到邊界皆以石碑標記。無論石碑豎立在哪裡，同時都代表皇帝發聲。身

74 我最初認為自己在使用「紀念碑」（monument）一詞時並未想太多，因為藝術史家堅稱在堅實的語言學基礎上，「紀念碑」的功能應包含某種歷史性的暗示、記憶，抑或是對過去的重新想像，特別是「碑銘主義」的性質（「紀念碑」與「碑銘主義」的比較與解決，可參見 Wu Hung（巫鴻）, *Monumentality in Early Chinese Art and Architecture*, 1-4）。但不能忘記的是，儘管此處所論「紀念碑」是想傳達皇權與臣民之間的即時性（immediacy；即使文學內容涉及歷史），但皇權本身亦為一段過去、一段述事，以及一段特定的時間建構（可參見本書緒論）。類似的評論，可參見 Kahn, “A Matter of Taste” 及 Waley-Cohen, “Commemorat-ing War”。

為清朝開國皇帝，皇太極確實喜歡以紀念碑標記不斷擴張的邊界，但這並非僅為了區分自己與他國的領土，愈來愈常用來區異國內的領域。十八世紀後，雙語紀念碑的意義愈發重要，乾隆帝深入研究了自己身上的合璧性帝國淵源，由於轉輪王只用來標記國內的領域，因此乾隆帝以多語石碑為特色。在現今的伊朗和阿富汗仍能找到阿育王的希臘文與亞蘭文紀念碑（當然，在中國佛教徒看來，阿育王的足跡不僅遍布其一統的南贍部洲大陸，且經常有人遇見）。鄂爾渾河畔的唐太宗紀念碑，同時書以漢語與突厥語的古字碑文，用來區分其人格面具；唐太宗一面以可汗身分統治，另一面則以皇帝的面目（並在大黑天祝禱儀式中，特別稱為阿育王與忽必烈之間的轉輪王）。[75]蒙古諸位大汗在居庸關留有多語紀念碑，途經此處的旅人所穿越的可說是一條具備六種語言的隧道。

乾隆帝特別在意這些內部邊界。他以木石所造的紀念碑描繪其帝國山水（自然與微縮的），意在時時提醒皇帝有能力在所有媒介中一次表現出絕對、象徵與客體化。但皇帝同時也將其合璧性的權力延伸至文字媒體上。多半是對經典作品的「修正」與保存，以及科技、醫藥類的資訊型作品，但多半具有紀念意義。它們的祖先十分多樣。例如，傳統以寶石裝飾的佛教儀式與占察文獻，只部分與書頁上的思想有關；在多數情況裡，文字早已被銘記，之所以記載於書頁上，只是要在另一個維度中創造新的共鳴（類似沒有誰會真的去讀轉經輪上的梵文銘文或梵文的《妙法蓮華經》。紀念性文獻的佼佼者當屬《甘珠

75　如同阿育王，唐太宗若知道自己成為轉輪王信仰的中心（儘管其贊助佛寺）或甚至成為帝國合璧性的源頭，可能會十分訝異。唐太宗與其他早期唐朝統治者曾試圖將突厥臣民安置於中國境內，但政策在一連串的突厥叛亂後瓦解，唐朝最後恢復了隔離政策，並立下這些石碑來標記邊界。可參見 Wechsler, *Mirror to the Son of Heaven*, 121-22。（編按：經查原書，未見唐太宗立碑之舉，而鄂爾渾河碑銘為唐玄宗時期立碑，疑此處有誤。）

爾》（*Kanjur*；密宗教敕譯典）與《丹珠爾》（*Tanjur*；密宗論述譯典）的精巧版本，特別連結至轉輪王的使命。林丹汗贊助大黑天與其他密宗教派，並在首都呼和浩特資助印刷廠，[76]出資製作藏文與蒙文版本，令人印象深刻。自皇太極起，清朝皇帝就在盛京與北京以藏語文獻出版商自居，到了十七世紀末，已成為蒙文書籍的主要來源，且不僅僅是宗教類書。[77]第二個來源是明永樂帝（中國帕迪沙、紫禁城的建造者，資助了鄭和下西洋與其他表現自己繼承大汗正統的行為）的百科全書計畫。雖然財政與政治紛爭讓永樂帝的百科全書宣傳計畫停擺，但清朝諸帝並未忘記此項鴻圖大業；康雍二朝均資助了大型的計畫，諸如製作輿圖、醫藥、戰略與科技資訊，並各自下令修訂了探險、世系與歷史作品，最終成為乾隆時期文學全景的支柱。立基於這些早期的文獻總集，且絲毫不需考慮成本，與前人相較，乾隆一朝對漢滿蒙藏文獻的社會文化環境所起的影響最為深遠。

乾隆帝的碑銘主義（monumentalism）終於有了個尋常的源頭。自唐代起，負責中華帝國與其亞洲各「朝貢國」之間魚雁往返的各種小型事務機構，就開始在收集異國文字的隻言片語；到了明代，與蒙古的長期交涉開始具備一定的政治意義，這些機構的功能才逐漸萎縮：負責接待外國使節的通譯官有可能不諳外語文字；朝廷儀典不涉及書面交流；且政經討論皆可完全以漢文進行，或者由通譯官口譯。幾世紀以來，這些機構的藏書室堆滿了書籍、牌匾、捲軸、刻有銘文的禮物，上頭都是無人能解的異國文字。經過明代一些身為蒙古或穆斯林後裔的學者在這些機構的努力耕耘，《蒙古秘史》得以付梓，清代修訂後重新刊印了好幾次（譯成蒙文後）。[78]這些學者也負責制定出

76 即現今的呼和浩特，中國內蒙古的省會。

77 Crossley and Rawski, "A Profile."

78 Crossley, "Structure and Symbol."

十分考驗技巧，且影響深遠的漢蒙對譯詞彙表，即《華夷譯語》。乾隆帝十分看重這些物件的神祕色彩與展示價值，隨著乾嘉考據學（philology）逐漸盛行，乾隆帝所要的不僅是對早期帝國史的考據，更包括新詞典的編製。其中一些顯然是為他之後設計的語言計畫中的實務應用作準備；另一些則是要讓觀者印象深刻的紀念碑，其上布滿二、三、四，甚至五種語言，反映出帝國表述的深刻與宏大的合璧性。這些詞彙——最大的漢滿蒙回藏文線形字——皆指「鏡子」（*jian*、*buleku*、*toli*），映照出帝國思想在群眾眼中流露的驚訝之情。

後世探討乾隆時代最偉大的文學計畫《四庫全書》時，較少把重點擺在合璧性與碑銘主義。對乾隆朝廷來說，管理中國所有的文學即代表鎮壓與表述，這兩者不僅真切，且同樣重要。伴隨對重要作品的嚴加搜查，或者是家族直接將寶貴的藏書室上繳，對違法作品的搜索亦持續進行，而那些收藏的人（這與不重要、不令人信服或文筆差勁的作品不同）將面臨滅頂之災。但此種權威所掌控的不僅是中國文學，更囊括帝國所有的文學作品，最終是為了讓所有真正的表述（無論是何語言），均成為皇帝的所有物。乾隆帝（透過其延伸）會加以考據、研討、細究，對詮釋技巧需要之處進行修正，並將其編目、排名，重製，並存放於為此目的所建造的私人藏書室中（共有七座，分布於中國各地與東北）。不僅古老典籍，就連新作的歷史、語言學、風俗學作品，均能成為帝國思想的化身。新的藏書室（均立基於理想化的基本模式之上）也是紀念碑，當中有各種紀念碑（書籍），裡頭又包含更多的紀念碑（文字）。

乾隆朝對言論的箝制，加劇了十七世紀末至十八世紀的學術論爭；艾爾曼與其他學者已深入探討過這些論爭，本書我們只著墨乾隆朝所在意的衝突之處。簡化的說法便是，漫長的十七世紀出現一種學術觀點（受王夫之、顧炎武和呂留良的「唯物主義」哲學啟發），提倡用系統性方法來考究各種形式的知識。此些方法最終應用於，從當時已知形式推斷成書於前帝國時期的文獻，但有些學者採用訓詁學及表意文字學來加以研究，統稱為「考據學」，[79]來證明一些知名作品在帝國時期（特別是漢代）就受到改作，甚至憑空偽造。他們甚至指出朱熹所用的文獻也曾經過改動，以更符合朱熹所謂的「正確」，因此不具權威性，進而主張朱熹及服膺其學說的人亦不具權威性（無論是在道德、宇宙觀或詮釋層面）。抱持此種觀點的學者在當時稱為「漢學」派。漢學派內的思想分歧，但總括來說，他們偏好前面曾提過的鄭玄的分析方式：文獻本身不具神性，僅適合作為客體來分析；國家植根於歷史，而非人的「原始」本性；帝王權威不同於社會從屬，而是源於其對歷史源頭的掌控與關係。宋代朱熹等人的著述明顯都在反對此種觀點，且在明初成為論爭；而到了乾嘉時期，相對於漢學派，有另一批人持續服膺朱熹的結論，認為這些文獻是形而上學洞識的源頭，任何人都能靠格物致知而修身成聖，以及語言是道德形成的必備品質。

此處不細究十八世紀論爭的矛盾與諷刺之處，但要指出的是，清廷不斷提拔執此立場的學者擔任高級官僚、研究與編輯等職位，且科舉時符合此流派的回答也明顯更受垂青，再再皆反映出朝廷對漢學派的偏好，而這不外乎是因為漢學派獨尊統治者為聖人的緣故。[80]這卻

79 學者在所謂的考證模式下進行研究，此源於十七世紀中葉所謂的唯物主義哲學取向（在本書中，大致與王夫之的思想相關），並發展出一種批判學術的方法。此種方法強烈關注漢字書寫系統的演變與意義、文獻完整性的研究，以及真實性標準的建構，並否定一些在傳統上為經典所接受的文獻。從許多層面觀之，考據學激發對思想傳統及其保存與執行的國家部分的新疑慮。現代學者不時將考證運動視為近世中國思想中客觀主義（objectivism）、經驗主義（empiricism），甚至科學探究的證據。最近涉及此主題及其既有特徵的最著名學者是艾爾曼（Benjamin A. Elman），其以英譯「evidentiary scholarship」來概括此一考證潮流。可參見其 *From Philosophy to Philology; Classicism, Politics and Kinship*；及 *A Cultural History of Civil Examinations in Late Imperial China* 的前幾章。

80 另可參見朱軾的論點，其認為「華夷說」是東晉及其後時期刻意灌輸，並不等同孔

不妨礙朝廷對朱熹與《四書》的官方支持，無論是將其定為科舉定本，或在擬定詔書的固定評述與《四庫全書》的修訂介紹時，以《四書》為首選材料。

其帶來的其中一個影響在於，重新思考統治者與被統治者的關係，並逐漸將孟子排除在中國哲學傳統的中心之外（唐代學者奉孟子為尊，再經宋代朱熹確立）。否定孟子詮釋孔子的權威性，或可將戴震（一七二四至一七七七年）視為第一人。由於孟子忽略情感對人類意識的影響，在言論中將公私混為一談，更將政治正當性與君主個人的德行相結合，這讓孟子逐漸被視為專制的擁護者。基於同樣的原因（抨擊法律與社會制度的食古不化），日本江戶時代也出現類似的現象，尤其是在荻生徂徠的作品中。[81]就算孟子只是某部分遭到取代，最直接的結果就是荀子的理論重獲重視；一般不把荀子視作人性的哲學家，而是政治制度的工程師、提出「治國之道」的先驅，將原則與法統置於君主的個人性格之上。這是重新將政府與社會隔離的第一步，這對十九世紀末的民族主義者至關重要，雖然也帶來不少的困擾。

在皇帝聘任的學者忙著捍衛漢學派論點，即文獻的歷史性與統治者的道德唯一性（uniqueness）時，乾隆帝急於尋找更直接的表述方

子的思想（《大義覺迷錄》，頁三上至三下）。清朝利用科舉來引誘並灌輸士人的信仰，遭到呂留良與曾靜的攻擊；《大義覺迷錄》引用他們的話稱，「科舉詞章之習，比陽明之害更大更廣」（卷二，頁十九上至二十一上）。隨後，曾靜明確將呂留良與朱熹、程頤並列，此點備受抨擊，澄清朱熹與程頤在異議言論中，並不僅只是正統修辭中的重要偶像（卷二，頁二十上至二十一下）。論將科舉作為灌輸意識形態的非完美工具，可參見Elman, *A Cultural History of Civil Examinations*, Chapters 8 and 9。

81 梁啟超（本書後記將討論）意識到物質主義、諸子學說，以及對荀子的重新關注，在德川時代民族主義思想中所扮演的新角色，並對此表示贊同。畢竟這一切的靈感均來自中國。正是基於此因，我推測，他將傳播明清物質主義思想至日本的朱舜水與王夫之放在同等重要的位置上。可參見《中國近三百年學術史》，頁八十三至八十四。並強調王夫之「人心可變」的信念。

式；反對父親以對「天下」的仁愛來為自己辯護，並將愛新覺羅氏描繪成文化轉型後的君主，乾隆帝提出了另一種論調。一七四三年，在其為《盛京賦》（見第六章）所作的序中提出了新的論點，《盛京賦》與《大義覺迷錄》的主旨可說是大相逕庭。因為與其將重點擺在轉型，乾隆帝更在乎從遠祖一直傳承至今的「心」（*mujilen*），以及唯獨帝王之心源自天心，類似的本質主義讓皇帝、貴族（即愛新覺羅氏）與普通百姓的「心」皆有所區異：「嘗聞以父母之心為心者，天下無不友之兄弟；以祖宗之心為心者，天下無不睦之族人；以天地之心為心者，天下無不愛之民物。」

這段文字反映出滿漢兩種語言的政治表述方式差異甚大。在第一段中，漢語的「友」意思是「友好以待」，但在滿語則是「*senggime*」，意指「血緣」與親密。在第二段中，漢語的「睦」為「厚待」之意，但在滿語則是名詞「*hajin*」（愛）——如同《滿文老檔》裡努爾哈赤稱呼孟古哲哲為「愛妻」（*haji sargan*）的那種愛，並在後見之明中證明了皇太極為新可汗的正當性。在最後一段中，漢語的「愛」意指「親慕」，滿語則是「*hairarūngge*」，意思是不離不棄，忠貞不二。兩種語言的對比（如今乾隆帝的風格也揉合在兩者中）恰好也是《大義覺迷錄》混合的大清兩種政治論調的典型差異：皇帝（和諧的表徵）的論調仁愛、公正、客觀，可汗（鬥爭下的英雄）則是熱情、真摯、誠懇。滿洲的論調明顯同於努爾哈赤的歷史特徵，因父祖遭明朝背叛並謀殺，以及女兒遭受布占泰虐待，讓努爾哈赤成為一心想報仇的征服者；同時，也讓努爾哈赤與不斷擴張的戰神崇拜聯繫在一起；愛新覺羅氏宣稱其鬥爭獲得上天的支持，因而具備正當性（無論上天支持的原因為何）；且皇帝心中持續存在可汗與旗奴的對話——父親不僅仁愛待子，更愛護有加。此外，本段文字的邏輯有力指出了皇帝獨有的道統來源：一個人的「心」的源頭愈是遙遠強大，愛的力量就愈強烈（真實）與無遠弗屆；平民之心源自父母，貴族之心源自祖先，皇帝之心則發揚於天地。打自十五世紀起，建州女真領導人就開始祭祀天地（雙面神，分別以白馬黑牛代之），此為在東北廣為流傳的中亞傳統；無論是在中國還是在東北的儀式，大清祭祀天地都在紫禁城內，且遵照規定的時間地點。除了這些通曉天地的標準途徑，乾隆帝還接受了密宗灌頂，並真正領受了他的「心」。此段文字認為此種連結毋庸置疑：皇帝已依循《中庸》之法「與天地參」，成為天地唯一的兒子——天子（*abkai jui*）。在全天下所生出的道德論調（其形式無遠弗屆）為其所獨有。

在漫長的乾隆一朝，乾隆帝連結皇權權威與身分認同概念的思考方式，與之前的皇帝大相逕庭。對雍正帝與其在《大義覺迷錄》的寫手而言，文明是絕對的；皇帝是文明的個人化身，且因為其德行完美，仁愛待民。乾隆帝則認為，絕對的是身分認同，而非文明；皇帝是凌駕於所有文明之上的唯一之心，且由於其「道心」，他能領略所有生靈。對雍正帝而言，消弭文化差異（並讓世界達到道德正確）是統治者的使命；乾隆帝則認為統治者的使命在於，釐清文化差異並證明皇帝的普世能力。讓他獻身的並非「權利」，而是「時間」，他就是一千多年前高僧慧遠所說的轉輪王：「經云：『佛有自然神妙之法，化物以權，廣隨所入，或為靈仙、轉輪聖帝，或為卿相、國師、道士。』」[82]

面對不同的帝國成員傳達意識形態時，乾隆帝精準操控著大清宮廷初期的歷史符號來調適其正當性。國家即將走向世系、最終種族思想、象徵性法律隔離與文化理想化的全面正當化，這僅是當中的一個徵兆，並在乾隆年間發展至鼎盛。在乾隆朝的普世主義規範之下，文化是受血統與地理嚴格束縛的理想典範。大清以皇權統領所有文明的

82 Zurcher（*The Buddhist Conquest*, 435n1）指出，慧遠引用《太子瑞應本起經》中的段落，且在四世紀時作者不詳的《大般涅槃經》中也有類似的段落。

道德中心，以統御錯綜複雜的地理文化領域。要想維繫帝國的歷史正當性，東北亞的滿洲原鄉及努爾哈赤在當地的建國史仍然至關重要；[83]但在中國與新征服的中亞，皇權的地位與征服之前有所不同，原因在於面臨普世主義、分類、理想與抽象之後，讓早期國家得以形成的區域性與特殊元素已然消弭。從十八世紀朝廷的角度看來，解決此問題的方法並非完滿世系標準的邏輯延伸，其將淡化八旗漢軍的身分認同，繼而抹滅大清征服前的歷史。朝廷選擇將自身的歷史加以殖民而非抹去。這成為了乾隆掌控文學帷幕上的一道繩索，而皇帝以神聖統治者的姿態坐於其中。

身為統治者，乾隆帝的行為及其概念化文字的方式，都與近世歐亞的其他皇帝大相逕庭，而對此刻劃得最為生動的當屬郎世寧（一六八八至一七六六年）。[84]耶穌會士不只觀察皇帝的作品，也協助促成：郎世寧參與設計並建造了乾隆時期一些最具普世性的建築計畫，[85]也促進了整個帝國的「一統」輿圖製作，他在過世之前，不但編寫並彩繪了乾隆對東突厥斯坦與中國西南的征服，更設法在巴黎製造印刷用的銅版。不僅讓當代人，也讓後世得以一窺清軍作戰時的軍旅日常、軍事行動與個人的爭鬥。對乾隆帝而言，郎世寧與其助手肯定也是征服過程中不可或缺的一環，重要性不亞於之後《四庫全書》的編製者。[86]

郎世寧最著名且最經典的個人作品，是為乾隆帝與其宮廷所繪製的肖像。[87]從年輕到中老年，長壽的郎世寧都能精準捕捉到各個人生

---

83 Crossley, “Manzhou yuanliu kao.”

84 論郎世寧的大概背景（來自熱那亞〔Genoa〕，與同名的曼圖阿〔Mantua〕家族無關），可參見 Turner, ed., *Dictionary of Art*, vol. 6, 39-41；Beurdeley and Beurdeley, *Castiglione*；以及一九八八年十一月討論郎世寧作品的專刊 *Orientations*。

85 最近期的當屬 Pirazzoli-t’Serstevens, “The Emperor Qianlong’s Euro-pean Palaces”。

86 論郎世寧作為征服的見證人，可參見 Beurdeley and Beurdeley, *Castiglione*, 79-88。

87 其也負責監管宮廷畫師的作坊，與王致誠（Jean-Denis Attiret）與偶爾參與的艾啟

階段的神韻，這讓皇帝著迷不已；上了年紀之後，皇帝不只一次在詩中提到自己有多不可思議，身為一個佝僂皓髮的老人，在房中遇見年少時的自己，卻總是不知道自己當時在看誰。此評論主要針對一七五八年的《乾隆皇帝大閱圖》，此畫可說是對這位普世性皇帝最深入且詳盡的描繪。[88]想當然耳，皇帝在構圖中極度居中；高聳的盔帽纓與騎馬姿勢連成一線，成為畫面的主心骨，讓皇帝不僅居中，更是矚目焦點。錐形頭盔上環繞的陀羅尼構成理想的弧線，並延伸至露出箭袋的箭羽，馬的完美站姿則映照出畫作外部的更遠的同心圓。畫中皇帝亦有合璧性的呈現——東北戰士的精湛騎射技術、中國式花紋的服裝、頭盔上印刻的轉輪王梵文禱文，個個都明顯得恰到好處，當然也頗討朝廷歡心。此畫在帝國時期從未踏入紫禁城，而是存放於供皇帝狩獵與閱兵的南苑（背景可見南苑的風貌）。《乾隆皇帝大閱圖》採取「貼落畫」的特殊形式，可貼於牆面，也可取下後予以存放。其在帝國時期一直都掛在南苑宴會廳的中牆上，皇帝經常在此接見蒙古、中亞與其他東北被征服地區或友邦的領袖。[89]皇帝明顯對此畫極為自

蒙（Ignatius Sickelpart）等耶穌會同僚，以及中國學生（最重要的有金昆、陳永玠、丁觀鵬、丁觀鶴與程梁等人）一起，發展出一種獨特的宮廷肖像畫與活動場景畫風格。亦可參見Zhu Jiajin, “Castiglione’s Tieluo Paintings”; Hou and Pirazzoli, “Les Chasses d’automne de l’empereur Qianlong a Mulan”。

88 先前的評論，可參見Crossley, “The Rulerships of China,” 1483。已知的畫作歷史可參見Zhu Jiajin（朱家溍）, “Castiglione’s *Tieluo* Paintings”。Beurdeley and Beurdeley, *Castiglione*當中並未收錄此畫，應該是因為其主要研究的是臺灣國立故宮博物院的館藏，而此畫目前藏於北京的故宮博物院。直到一九八八年朱家溍發表文章之前，此畫都被認為是一七三九年的作品；朱家溍用皇帝的詩證明日期應為一七五八年。出於不明原因，北京故宮博物院將此畫（現以「貼落畫」的形式展示於紫禁城的一面宮牆上）的日期定為一七四八年。一七四八年，皇帝約三十七歲，一七五八年約四十七歲。基於下文所論的原因，我相信獨立於朱家溍的證據顯示，此畫的正確日期應為一七五八年。

89 一九一二年之後，畫作仍然留在原處，直到一九一七年溥儀及其剩餘的皇室成員從紫禁城遷至南苑之後。段祺瑞顯然是在當時將此畫從牆上取下（表面上是為了加以

豪，也堅信它擺放在南苑的特殊功能，但在史家看來，更為重大的是其對畫家郎世寧的意義，以及它反映出乾隆帝與近世歐亞其餘統治者的共通點。

自唐代起就不乏皇帝馭馬圖，後方通常有隨行人員，明代永樂帝也有不只一幅戎裝肖像；永樂帝同樣精細地描繪自己騎馬攜隼的狩獵英姿，他參考了另一位大汗——成吉思汗狩獵的著名畫作。清代之前雖有不少皇帝馭馬圖，但騎馬顯然並非統治者的象徵；皇帝本人的像通常不大，周圍其他人物、旗幟與設備的安排才是權力的表徵（例如王翬等人所作的《康熙南巡圖》，現存於巴黎吉美博物館〔Musée Guimet〕）。郎世寧以此為基準，為乾隆帝畫了幾卷敘事畫，如著名的一七四一年《哨鹿圖》，較不知名的則有木蘭圍場雜技表演的系列，以及對皇帝一行人入城的描繪（日期不明，可能是南巡期間）。以肖像畫來說，《大閱圖》的獨特之處不僅在於將皇帝與馬結合成單一的人像，更在於細節之寫實已經到了恐怖的程度（連皇帝有些微的斜視也被精確捕捉到）。在郎世寧的時代，歐洲統治者當然也有區分戰場上的裝扮與儀式用的盔甲，但不像清人分得這麼精細：不同於一般的鋼盔和金屬片皮革甲衣，乾隆帝頭上戴的是上漆的牛皮盔，身穿繡有金龍與祥雲紋的綢緞加襯鎧甲（底色是御用的明黃色）。或許是不想錯失金屬製甲冑閃爍時的耀眼軍威，郎世寧在印有陀羅尼的頭盔、肩上和手腕上添加了金屬的元素，還為皇帝畫上了一抹歐洲名人肖像愛用的淡定微笑。但最引人注目的當屬乾隆帝的坐騎，任何中國繪畫都難以比擬，即便郎世寧產出過許多駿馬圖，《大閱圖》中的馬仍可說是獨一無二。在郎世寧與徒弟創作了上百幅駿馬圖之前的中國，只有唐人喜愛畫馬，馬（無論是否有騎士）的主題在唐帝國很受

保護），但由於當時對皇室藝術品所有權的爭議不斷，不少人懷疑這是故意要將皇室藏品集中在紫禁城內，以免落入溥儀及其隨從之手。

歡迎，經常出現在陶瓷品、水墨畫、壁畫（通常是墳墓中的壁畫）與石雕飾帶上；有些時候（如唐太宗陵寢中的飾帶），還能找到馬的名字。《大閱圖》中乾隆帝的坐騎真有其馬，且被畫家如實地描繪出來：其為皇帝的哈薩克貢馬，也出現在郎世寧另一幅進貢主題的畫作中。[90]郎世寧其他幾部描繪皇帝狩獵的作品中，也時常有這匹馬的蹤跡；除了花斑紋（tobiano）一定會如實呈現，小耳朵、寬臉、花鬃毛與白蹄顯然都讓畫家印象深刻。這並非原本的馬，但可能是當時最常被精確描繪的馬，但其出現在此肖像畫中，則是非常典型的手法。馬匹的跨步呈「西班牙」式，這種躍立的姿勢頗得近世歐洲皇帝的青睞：單膝抬高、頭部因警覺而向前傾，尾巴略微抬高；原本在畫馬時，馬的姿勢要麼是站立不動（在描繪軍演或閱兵的清代畫卷中，皇帝及其隨從多數都是靜止的，移動的只有隊伍，皇帝則如同其在宇宙中「恆星」地位般巍巍不動），[91]不然就是奔騰馳騁，就像接下來要討論的西藏戰神偏好形象。若非因為馬在《大閱圖》中占比甚重，這種躍立姿勢還不一定會讓人聯想到歐洲繪畫的慣用手法；與皇帝的姿勢

---

90 郎世寧或其底下畫師的作品包括數百匹不同姿態的馬。此系列的畫作之中，可能有數十幅流傳下來，其中精心描繪了貢馬，並附有馬匹的名字，且皇帝幾乎總是會親筆寫下幾句評論，大肆讚揚這些馬。這些畫作與《皇清職貢圖》中的材料有某些親緣連結（我認為這是受到耶穌會士的啟發），因為其涉及商業、商業價值、物質文化等細節等，都是經由當時的朝貢制度傳遞。據我所知，這匹馬並未包含在此些畫作中，因此我不知道牠的名字。我相信這匹馬出現在一七五七年由郎世寧創作的《哈薩克貢馬圖》中（一九〇〇年鎮壓義和團期間，遭弗雷〔Henri-Nicolas Frey〕占有，並於一九二五年轉贈巴黎吉美博物館）。因此，我認為《大閱圖》與其他出現這匹馬的畫作（例如皇帝瞄準一隻鹿的肖像畫，當時這匹馬立於一旁）不會早於一七五七年（朱家溍根據獨立證據將《大閱圖》定為一七五八年）。

91 另一種看待此議題的角度是：在戰場或獵場上的所有運動，都可以根據皇帝的所處位置一致定義。因此，圍繞皇帝的方位旗，應始終代表各部隊相對於皇帝的方位（亦可參見本書第二章注釋十七），而狩獵中的運動，不僅反映個體相對於皇帝的方位，還反映出其所構成的國家元素（圖像表現可參見Hou and Pirazzoli, “Les Chasses,” 34-35）。

結合在一起，馬才變得舉足輕重，而左手握韁，右手執鞭，正是歐洲皇帝騎馬時的傳統儀態。可以說《大閱圖》幾乎方方面面都能恰巧對應至歐洲的皇權原型，通常會回推到奧理略（Marcus Aurelius）的雕像（在早期的地方藝術與民間宗教中也有不少先例），且在十七世紀末歐亞的雕塑與肖像畫中蔚為風潮。

郎世寧或許多多少少會想將自身所接受的藝術傳統發揚光大，但更合理的說法應該是，他對乾隆帝的肖像畫慎重其事。[92]郎世寧是最後幾代在中國生活直至去世的耶穌會士之一。[93]康熙帝與教廷的爭端，主要在於耶穌會為適應中國的地方信仰，而改變教會的習慣，以及康熙帝因此質疑耶穌會傾向讓教宗的權威凌駕於皇權之上，從此耶穌會對朝廷政治與文化的影響可謂宣告結束。[94]乾隆的朝廷認為耶穌

---

92 或者，皇帝與郎世寧可能皆有此意。其他建議可參見 Waley-Cohen, "Commemorating War," 892，其指出乾隆帝可能對菲利普二世在凡爾賽與埃斯科里亞（El Escorial）的慶祝凱旋壁畫有所了解。此處有意識地使用了歐洲延伸出的普世表現形式，此點在一幅貌似有些類似的畫作中加以強調，不過該畫雖歸於郎世寧之手，但並不完全可信：皇帝身著類似的盔甲，騎在一匹同樣裝飾華麗的白馬上；但皇帝面向觀眾的左側，臉並非完全朝向正面，顯得不太自在，且缺乏背景；此外，馬的腿部姿勢未經安排，此畫的整體技巧皆相當拙劣。此畫的資訊極少，目前藏於北京故宮（有一幅非常小的複製品，收錄於 Beurdeley and Beurdeley, Castiglione, 179 [plate 86]）。此畫雖顯示出對《大閱圖》的仿效，但似乎對當中歐洲帝國元素無甚了解，很可能並非郎世寧的作品。

93 郎世寧等許多著名耶穌會士的墳墓，都位於北京中共幹部學校的校地內（此處過去是南苑，此為耶穌會士得到皇帝允許，在首都建造的）。許多墳墓仍保有刻有漢文與拉丁文銘文的石碑。

94 正是在康熙朝廷與梵諦岡爭論之際，康熙的耶穌會士之一白晉，於一六九久年被派往凡爾賽宮，上呈其作品《康熙帝傳》（*L'Histoire de l'empereur de la Chine*，一六九九年）。部分基於白晉與另一位耶穌會史家衛匡國（Martino Martini）的作品，十八世紀的法國知識分子，最著名的如伏爾泰，發展出一個觀點，即「中國」皇帝是接近哲學家的君主，反對迷信（即教會）與貴族。此印象因錢德明出版的《盛京賦》而進一步加深，見下文。

會士有助推動帝國的議程，並非哲學議題的教師或辯論者，[95]因此繼續讓耶穌會士擔任帝國的技術人員，例如完成大清輿圖、參與製圖，或者負責宮殿與園林的建造，並為朝廷贊助出版的軍事敘事貢獻插圖。這可能也深深影響了《皇清職貢圖》的畫風，其十分類似耶穌會進獻給路易十四與路易十五的美洲原住民標準化肖像圖，而與早前中華帝國的朝貢圖大相逕庭。[96]但如同帝國的征服速度，耶穌會在藝術與建築領域以外的影響力大幅降低，嘉慶帝於一八〇五年禁止外人學習滿文，即代表禁止耶穌會、道明會與遣使會士（Lazarite）向朝廷與貴族傳教。

考慮到耶穌會過往所參與的路易十四帝王形象表述（如緒論中所討論的），其在乾隆朝廷所扮演的角色應當更為舒適。耶穌會士素來殷勤宣傳路易十四是「新」狄奧多西或查理曼，是普世的征服者，將世界各地的人群重新團結在單一的道德權威之下（地理大發現與海洋帝國時代的新可能）；他們希望路易十四能重建教會的政治權威，雖然略有小成，但缺乏全面的勝利，耶穌會士只能持續努力讓路易成為普世統治者。他們勸告路易十四應營造出帝王的神祕感，將其宣傳成「四大洲」（即「世界」）的和平使者，協助俄羅斯、幾內亞、摩洛哥、泰國、安南（越南）、阿爾及利亞、中國和印第安易洛魁族（Iroquois）的各式使團前往法國宮廷。且耶穌會直接或間接促成一種源自路易十四的普世主義情結在全歐洲傳播，包括成立大學、報紙、天文臺、皇家研究機構、醫院、刊行百科全書、建造孕育帝國形象的

95 然而，清廷對耶穌會士而言，仍是傳教的重要基地，特別是派往北京的朝鮮使節，有許多人受洗並在朝鮮大力推廣天主教，此活動一直延續至十九世紀（Gari Ledyard, "Korean Diaries," unpublished ms., 17）。

96 描繪耶穌會在東北美洲的傳教據點就是個例子，可參見目前存於蒙特利爾市立圖書館（Bibliotheque nationale de la ville de Mon-treal）與加拿大國家檔案館（National Archives of Canada）的作品。

宏偉建築，並傳播一種超然的帝王人格面具，其雖源於古典但不受時序界定。路易是此種慣用手法的典型，但並非源頭，更早的法蘭索瓦一世（François I）、西班牙菲利普四世（Philip IV）、英格蘭查理一世（Charles I），以及科西莫·麥地奇（Cosimo di Medici）都是此模型的例子。[97]同時代或後進向路易致敬的，還包括瑞典卡爾十二世（Karl XII，另一位「北極星」統治者）、英格蘭查理二世（Charles II）與威廉三世（William III）、西班牙菲利普五世（Philip V；路易之孫）、神聖羅馬帝國的利奧波德一世（Leopold I）與約瑟夫一世（Joseph I），以及彼得大帝（Peter the Great）。有些對於模型的闡釋或改作更有想像力，有些則偏向按表操課。從路易十四學來的大致包括凡爾賽宮（對特里亞農宮〔Trianon〕情有獨鍾）與騎馬姿勢；乾隆帝仿造了特里亞農宮，並擁有一幅騎馬肖像，皆是由郎世寧、同時代的耶穌會士，以及他們在清廷的合作者促成。

針對馬的姿勢，郎世寧有兩種選擇：讓皇帝在作戰時策馬奔騰，或是最後採用的閱兵模式。在描繪路易與其他君主（范戴克〔van Dyck〕為查理一世畫的著名肖像，現存於倫敦的國家肖像藝廊〔National Portrait Gallery〕）的作戰畫面時，偶爾會採用此種躍立的站姿，雖然邏輯上有點不合理，畢竟這是歐洲的理想化騎馬姿勢（靈感顯然出自亞歷山大作戰的鑲嵌畫），也不確定東亞作戰時是否會用這種姿勢。更重要的是，這種馬匹躍立的姿勢是為了處於進程中的征服者，而非統御完滿領土的普世皇帝。嚴格說來，閱兵的重點並非軍事行動，而在於皇帝掌控政府的權力與方向，除了步履莊嚴之外，在許多歐洲畫作中，右手通常還會高舉長劍（勝利之劍，而非作戰用劍）或權杖。在乾隆帝看來，這工具並不僅僅是馬鞭，而是掌權的手段，並將權力朝向他想放的方向（他那華麗的劍柄在其左側隱約可見，離

---

97 Burke, *The Fabrication of Louis XIV*, 180-81; 184.

觀者的距離較遠）。這種特殊姿勢所傳達的並非尚武精神，而是穩穩掌控的強大權力張力，恰恰融入了歐洲統治者的形象，雖然與清代脈絡多少有些格格不入。郎世寧所參考的藍本，其涵義乾隆朝廷未必能完全領會，但郎世寧絕對非常清楚；在歐洲，不僅統治者、聖人也可以描繪成此種形象。在大多數的案例中，多半會將統治者或聖人描繪成躍立與閱兵的兩種形象，取決於藝術家的品味或場景的目的。因此，總與統治者聯想在一起的聖喬治（Saint George）有時以躍立的姿勢與龍纏鬥，有時坐騎則四平八穩地將龍按在腳下。自羅馬諸帝開始，往往將高盧人（Gaul）、巴斯克人（Basque）、穆斯林、新教徒與非洲人描繪成臣服於帝國戰馬之下。[98]或許聖雅各的形象（Saint James；出自康波斯特拉〔Campostella〕，是早期與中古飼育馬匹的中心）最精準融合了聖人與帝國使命，無論是躍立還是閱兵的姿勢，都先將摩爾人（Moor）踩在蹄下（摩爾人殺手〔Santiago matamoros〕），後來又踏上壓制美洲原住民的征途（印第安殺手〔Santiago mataindios〕），不失為是從西班牙的大陸帝國主義到其遠渡重洋後代的絕佳推斷）。他甚至還以這種形象（耶伽潘〔Yagappan〕），出現在此時期一些南印度王國的意識形態中。[99]郎世寧肯定隱晦運用了聖雅各在西班牙與印度的形象，其象徵了獲得授權的普世統治者，掌握正統，公正無私地控制渾沌、異議分子與異端信仰。

形象的種種細節愈發吸引郎世寧，這些細節更能喚起對騎馬聖人或統治者的宗教好戰與教義警戒的身分認同。在郎世寧接觸到的歐洲

---

98 這對本論點來說並非關鍵，但令人玩味的是，古代將敵人踩在馬蹄下的描繪，可能帶有強烈的宗教意涵。Dent與Goodall追溯了最早的騎馬英雄形象，可能是前羅馬時期的高盧神祇，將敵人踩在蹄下，此形象出現在羅馬帝國的西歐行省，時間可能不早於西元前一〇〇年。由於本地的宗教符號遭到新的羅馬翻譯所覆蓋，導致難以識別。可參見Dent and Goodall, *A History of Britsh Native Ponies*, 13-14, and plates 10, 11,12。

99 亦可參見Susan Bayly, "Saints' Cults and Warrior Kingdoms in South India," 119-20。

形象中，對於騎士手中所持之物，有眾多不同的選擇，但在海西希（Walther Heissig）所說的西藏與蒙古「馬神」中，選擇便極為有限。在少數的案例裡，馬神總是策馬奔馳，手握一面旗幟（乘載蒙古傳統的神聖之心），有時上頭還有轉經輪，但大多數的時候，他手持馬鞭。從蒙古與西藏的版畫中，還能找到對此種戰神的原型，其頭盔與弓箭都反映出郎世寧肖像畫的理想弧線。這種慣用的手法，郎世寧不可能不懂，早在清帝國建立之前，耶穌會士就在西藏做過不少努力，且直到十八世紀都還沒放棄要與喇嘛教爭奪西藏貴族的青睞。耶穌會士在西藏的活動總伴隨嘉布遣會（Capuchins）的競爭，嘉布遣會直到一七四七年才奉命離開拉薩，即郎世寧完成此畫的前一年。[100]但郎世寧可能只是偶然採用了教會的靈感。一朝身在紫禁城，他當然了解西藏與蒙古戰神崇拜的種種細節，以及其對清朝有多重要——結合薩滿教、佛教與帝國主義，是最令清朝滿意的意識形態；關鍵在於，這些馬匹肖像畫（參考了歐洲與內亞的形象）隱晦但不偏不倚地描繪出好戰的中心性，在廣大世界中強化了真實的思想與言論。

---

100 Tucci, *The Religions of Tibet*, 253-54; Snellgrove and Richardson, *A Cultural History of Tibet*, 202, 221-24.

第六章

普世前景

十八世紀，清皇室著迷於一種獨特的玩具。乾隆帝、諸王與其親屬委託並收集名為「多寶格」的漆盒，有的小到可置於膝上，有的則大到只能穩穩擺在桌上。這些盒子都配有抽屜，通常有數十個，有些抽屜只有主人才知道其中機關。抽屜中放著各式微縮物：玉器、象牙、掐絲珐瑯、奇石、珠寶，袖珍筆墨、袖珍書畫，以及鏡子。每個物件都擺放在量身訂製的容器之中。整組多寶格可以打開，展開在一張大地毯上，也可以闔上，摺疊進一個枕頭下。有些多寶格裝有珍玩，譬如一幅比現代撲克牌還小的主人畫像，此袖珍畫像還會配上同樣尺寸的玻璃片，上頭繪有服飾與髮型，只要置於畫像之上，主人就可以看到自己身著唐代官員、明代將軍、宋代大臣或道士、隱士的服飾。[1]多寶格是大清對明代傳統的扭曲。在之前的朝代，學者用盒子來放置並攜帶自己需要的真實物件，像是全尺寸筆墨紙硯、臂擱等。這些盒子看起來很類似學者與工人都會使用的分隔式便當盒。但清代的多寶格受到歐洲「珍奇櫃」風潮的影響：將自然與文化的奇景集中起來加以進行分類、分層，最終目的是要定義何謂奇特。正如所有歐洲

1　源自此傳統的有描繪雍正帝各種形象的畫板——蒙古、藏、歐洲風格，以及道士與儒士的形象。可參見Rawski, *The Last Emperors*, 53及Wu, “Emperor’s Masquerade”。

的珍奇櫃都是其分類宇宙的中心，每個擁有多寶格的清代王公也都是一個中心，並從其散發出命名與轉化萬物（包括他自己）的能力。這些盒子是普世主義的玩具，皇權將這些物件加以定型、微縮與隔離，進而讓其成為現實。

乾隆一朝的清代藝術，對於以各個媒體再現微縮化的完整世界十分在行。有些表現在建築上，譬如說承德避暑山莊的皇家圓頂高牆之下，就複製了藏傳佛教達賴與班禪喇嘛的住所，抑或是圓明園的夏宮就粗略仿效了特里亞農宮。此種仿製最初可能是從佛教得來的靈感：三維的曼陀羅，標記出一個中心（或中心其中一個物質標記）。現存最早的形式是盛京的大黑天建築群；此為對五禪那佛（*dhyāna*意指「靜慮」、「禪定」）寺廟模式的信仰變形，常見於大乘佛教世界，象徵方向、過去與現在，以及佛的等級（最高者位於中心）。盛京的遺跡顯示建築群的占地甚廣，涵蓋景觀與建築，預示許多清代在中國及內蒙的地標。乾隆一朝，盛京建築群自身也被微縮複製在北京紫禁城東側，如此一來，神聖的盛京就被納入帝都的微縮世界中。[2]傅雷指出，雖然用來定錨盛京四隅的佛教紀念碑地點是由喇嘛所指定的，但城市的規劃則是對明朝首都北京的影射。身為省會，這座幾乎完全仿造成明帝都的前哨基地，無論最終是否將落入後金汗國的手中，都預期會具備一部分的特質。城市分為內外兩部分，不僅與北京（從我們的視角看來是清帝國的未來）極其雷同，與金朝的過去亦十分相似。申忠一詳細描述了費阿拉的同心圓結構，亦即兩位共治者所居住的內院，與手下部隊有所隔離，士兵及其家眷又以外牆與農民、商人和工人隔開。

2 論金與清初盛京的皇室建築，可參閱Grupper, "The Manchu Imperial Cult"、Foret, "Making an Imperial Landscape in Chengde, Jehol"，以及瀋陽故宮博物院編，《盛京皇宮》。承德的背景，另可參見Rawski, *The Last Emperors*, 19-23。

針對一六七三年熱河（承德）避暑山莊[3]在清代文學中的再現（與實體特徵相對比），傅雷評論道，風水是帝國建築計畫中至關重要的一環；當風水無法完全藉由景觀與建築本身來實現，亦能在藝術與文學描繪中加以完善。[4]帝國思想打造出理想的形式，然後呈現於帝國之間；可能是因為如此，規模與一些細節皆能不斷協調，讓整個世界都能放入象牙球中，抑或如同在熱河，不僅是帝國的地標，連自然環境都能在園林、宅邸與景觀中呈現。[5]有的時候，普世主義會縮減成自我參照，將宇宙的完整性精簡為一個完美的相互指涉圓環（如前所述，此為帝國意識形態的必要反射）。乾隆帝在三希堂的珍玩櫃（與其身高相當）裡藏有一幅宋代名畫，畫中是一名學者正在欣賞自己的畫像，乾隆帝命人以自己的面容仿製此畫——堪稱是漆盒內的大型肖像畫與服飾玩具。同樣地，乾隆一朝的品味也較崇尚形式（最接近《盛京賦》對帝國思想的表現形式），而輕視功能；帝國工廠（編按：內務府造辦處）製造的花瓶並非真的花瓶，青銅器並非真的青銅器，劍也並非真的劍，還有許多花卉與蔬菜的仿製品。

乾隆時期的唯心主義應置於其遵循的脈絡之下（不妨這樣翻譯乾隆帝的宗教意識形態，這種唯心主義以完美的再現形式〔容器〕來表述普世的「海洋主義」〔oceanism〕）。順治、康熙與雍正朝的征服政權主要都在強調鞏固征服兵力、延攬新血、培養紀律與特定的忠誠，以及在新征服地區建立管理機制。為達此目的，清廷早期不得不將多

3　康熙時期熱河（避暑山莊）文學頌揚的歷史，亦可參見Crossley and Rawski, "A Profile"。

4　Foret, "Making an Imperial Landscape," 29；熱河一地的設計與使用在某些方面可以與木蘭圍場相比較，包括從熱河至木蘭的帝王巡遊過程中狩獵場地的使用、儀式與慶祝活動（包括詩歌繪畫中的表現）等方面。詳情可參見Hou and Pirazzoli, "Les chasses"，尤其是對皇帝出席的時間安排及人群與物品的象徵性布置的討論。

5　Foret, "Making an Imperial Landscape," 51-63.

種帝國表述同時納入治權，諸如資助出版計畫以顯現對被征服人群的興趣，並從根本上促進帝國文學、繪畫與建築多樣性。證據顯示特別在康雍二朝，最重要的中心思想是鞏固。如下文所論，他們戮力發展成融合性的統治菁英，在各地招徠當地領袖一起參與大清的征服事業。帝國成員的典型表述形式基礎，均是在順治、康熙與雍正時期所奠定。但乾隆朝對這些表述形式的極端操控可謂是空前絕後，永久留存在十八世紀中的大量文學創作與再創作中。

儘管乾隆統治的時間很長，但在其之後，皇權的提煉、聲音與受眾的巧妙搭配，以及相應的超然文化霸權卻沒有被完整流傳下去。前一章曾指出，從西藏民間傳說中汲取的帝國格薩爾贊助傳播至蒙古，為皇權增添了中心性且至高無上的形象。朝廷在十八世紀中葉並未在民間大力推廣格薩爾，以促進蒙古以外對格薩爾的了解，亦沒有刻意將其與皇室相連結。但在嘉慶朝（一七九六至一八二〇年）之初，已有六十五座國家資助的關帝廟（其中也奉努爾哈赤為神），遍布甘肅、蒙古、新疆與西藏；雖然當時中國幾乎各地的駐防都建有關帝廟，但多數是靠當地香火所維繫的。而在蒙古、西藏與東北，關帝似乎也進入喇嘛教禱文的儀式中（在當地被稱作北方的佛祖，俱毗羅／毗沙門天）。這明顯就是當地自行套在關帝信仰之上，而非國家特別鼓勵，海西希認為，關帝／努爾哈赤／毗沙門天的混合也是在類似的方式下應運而生：嘉慶年間，蒙古香客前往東北的關帝／努爾哈赤廟時，自然而然會假設格薩爾是戰神融合的一部分，這樣就能解釋，蒙藏二地的關帝／努爾哈赤廟為何會普遍推行格薩爾相關的神祕薩滿儀式。對研究從乾隆的合璧性表述皇權轉型至規矩更少、更偏好「融合」（套句海西希的話來說）的皇權的史家來說，大格薩爾信仰中的變化至關重要。隨後的嘉慶與道光（一八二一至一八五〇年）二朝戮力在努爾哈赤／關帝廟中推行格薩爾信仰；他們在東北與蒙古的廟宇豎立滿漢蒙三語紀念碑，稱「聖格薩爾、關氏汗」，明顯表示格薩爾如今是禮敬皇室並守護其士兵的管道。[6]此時期的皇室明顯意識並歡迎其擴張後的守護神，雍和宮喇嘛寺使用的蒙古卜辭就將關帝／格薩爾合稱為「大聖汗」。至敦珠多傑（Don grub rdo rje，一八二〇至一八八二年）時期，將關帝／格薩爾信仰視為佛教的保護力量[7]（遠在北京的清廷早已幾乎失去所有合璧性，並在太平天國期間「儒家化」），直接促進了邊境人民的參與。此種信仰是清代邊境文化的重要發展，很可能是受到十七、十八世紀末多重帝國表述的刺激，其在十九世紀成形，與乾隆朝對隔離、專門化、限制與提煉的偏好形成鮮明對比。與清初許多發展一樣，帝國軌跡從為征服而鞏固，轉成表述帝國普世性的原型，再到帝制瓦解後，朝廷表述歷經崩解、合併與融合，城市菁英、改革派軍事領袖與焦慮貴族的影響日益提升。

八旗菁英

努爾哈赤的政策，是讓那些為其效勞的人在身分上平等，但地位不平等。在此身分認同中存在等級：將領與書吏、通譯或財會不同，這些人又與隸屬於某個貴族下的農工、家僕與商人不同。如前所述，征服遼東的途中嚴重削弱了此種身分認同的平等性。皇太極一朝的因應措施，是在被征服、征服中與過渡期人群中建立新的區異，亦即強化皇權的整合能力。且如同之前所指出，此種整合所倚靠的並非單一、普世，甚至是概括的方式；而是為帝國中每個新部門及與之相關的歷史化帝國成員設計不同的吸力與權威形式。此過程費時耗日，清帝國可能需要一個半世紀長的征服才能完成。

過程初期，清廷為帝國菁英階層擬定了一套計畫，即讓其位於皇

6　Heissig, *Religions of Mongolia*, 100.

7　Heissig, *Religions of Mongolia*, 93-101.

權內部多樣性與帝國人民多樣性之間的中間地帶。努爾哈赤打造旗人菁英階層的過程十分順利：他們在其之前地位平等，並有著共同的目標與風格。征服遼東後，在長城周邊吸納了大量的尼堪，導致八旗制度的結構、等級與官僚均日益僵化，此狀況在一六四二年八旗漢軍成立時尤為明顯。然而確切來說，朝廷的希望仍是所有八旗分支應具備相似的教育、技能、使命感與對朝廷的依附感；此意圖在管理上所反映出的就是旗主教育計畫，此規劃始於皇太極、並以此基本架構一直延續到十八世紀，儘管中途不乏周折。[8]這顯然是想培養出旗人菁英，隨時可因應帝國的任何職位：需接受中國經典的薰陶，深諳遼金元帝國的歷史；通曉數學、天文學與醫學；還要嫻熟騎射與刀劍，熟讀兵法經典及《三國演義》，學習兵法謀略（包括氣象學）；最後還至少需諳滿蒙漢文這三種帝國語言中的其中兩種，才算功德圓滿。使階層的存在並非為了反映皇權，亦即，八旗菁英階層顯然並非所有帝國人民的母型，亦非要將此種全能轉化為個人表述形式；反之，旗人菁英局限在滿蒙漢軍中的世襲階層（無論是否是遼東東部與吉林的古老尼堪家族）。之後的數十年間，曾納入阿爾巴津（Albazinian）或穆斯林官員，只是人數可謂微不足道。但基本計畫是賦予這些精心挑選的少數人非常廣泛的功能。其功能是能完成任何促進征服與占領的任務，代表不能只是武藝高強，還需嫻熟占領技巧，以及最終的治理方略。此概念類似於鄂圖曼帝國的奧斯曼人（*osmanli*），可能是出於鄂圖曼人發現創造一個通用代理階層的必要，其起源接近或應該就是與統治家族相當親近，且能觸及帝國各個領域的角落。

此宏願在十八世紀作廢，朝廷對此計畫投注的精力日益減少，可

---

8 更詳細的記述可參見Crossley, “Manchu Education”；章中如，《清代考試制度資料》；Lui, “Syllabus of the Provincial Examination under the Early Ch’ing”、“The Imperial College in the Early Ch’ing”及“The Education of the Manchus”；及Elman, *A Cultural History of Civil Examinations*, Chapter 3。

能是由於原始計畫一直未能得到旗人菁英階層的充分回應。從一六四〇年至十八世紀初，帝國政府不斷調整，但始終未能使出足夠強大的激勵或威逼手段來讓計畫落實。或許重點在於清政府缺乏必要的財政後援，讓此計畫能培育足夠數量的通才官員，以滿足帝國的需求。此八旗菁英教育與任官計畫的逐步荒廢，反映出同時期身分認同的修辭與意識形態的轉變。

十七世紀末的教育政策，要求八旗子弟需文（中國）武（滿洲）兼修。國家建立之初，對八旗正規教育的要求並不一致。一六八七年綜合教育計畫頒令之前，鼓勵發展漢文的讀寫能力，若能通曉滿文文書，也偶爾能獲得褒獎。此計畫的理想是八旗能讓文武德均衡發展：「八旗以騎射[9]為本，右武左文。」[10]朝廷要求駐防官員確保應試者（無論是滿蒙漢）至少需通曉騎射，才能參加初試。通過初試後就能參加鄉試，要求那些希望按照旗人名額來評分的八旗子弟以滿文或蒙古文撰寫試文。此制度在十八世紀末大致上仍維持不變，只是曾短期中斷。但有個轉變十分重要：一六八七年，亦即三藩之亂六年後，距離華善的請願尚不到一年，禮部擬定了新的方案，要求參加科舉的八旗漢軍不能占用一般的八旗名額，並為他們建立一個額外的類別。[11]除了遭排除在滿洲與蒙古的名額之外，八旗漢軍發現分配給他們的額度日益銳減，這些名額主要挪給了蒙古人：意思就是，大致可以一六七〇年為分水嶺，之前滿漢的名額通常相等，蒙古的額度只有他們的一半；之後的制度則逐漸變成滿蒙的名額相同，八旗漢軍則只有他們的

9 「騎射」是漢文詞彙，用於整個內亞與中亞（滿文為 *niyamniyambi*，可能是蒙文借詞）來描述從移動的馬上射擊的內亞獨特技能。另可參見 Sinor, “The Inner Asian Warriors” 及 Crossley, *Orphan Warriors*, 15, 22-24。大清騎射史的介紹，可參見 Rawski, *The Last Emperors*, 43-46。

10《清史稿》，卷一〇八，頁三一六〇。

11《清史稿》，卷一〇八，頁三一六一。

一半。[12]給準備科舉的考生俸祿也是類似的情形。一六四三年（八旗漢軍創立後不久）與一六一七年，分別制定了八旗漢軍與滿蒙的年增率。從那時起，八旗漢軍的俸祿通常只有滿蒙的一半，這與他們在八旗中的比重完全不成比例。一七二八年八旗官學於北京設立時，規定學生中需有六成為滿人（可能最少能代表所有八旗子弟的四成），二成為蒙古人（可能代表所有八旗子弟的一成），二成是八旗漢軍（可能代表所有八旗子弟的五成或更多）；[13]一七三九年，最終進入算學的學生據記載有三十六名，符合此名額比例：滿漢學生各十二人、蒙古、漢軍學生各六人；[14]一七四四年，最高級的殿試設立了新的比例名額，限制每十名滿蒙考生中，只能有一名獲選，兩邊的總數不超過二十七人，八旗漢軍的中選人數則不得超過十二人。

第二章討論過八旗漢軍逐步遭八旗排擠，以及「漢人」身分認同的意識形態對其的影響，這些發展與征服在最終階段的關係再明顯不過；一如其他研究所顯示，各省征服政府的日益廢除與文官政府的建立，都仰賴各省軍事總督（滿洲籍愈來愈多）與各省民官（漢人文官愈來愈多）的專業化。此處需留意的是，終止鞏固帝國菁英的通才計畫，意味在十八與十九世紀末，針對新菁英群體的文化與專業發展出更專業化的計畫，也包括一般人口的身分認同；長時間來看，將八旗漢軍從名額中剔除所造成的壓力十分有效，是以十九世紀首次知曉八旗的歐美人士，觀察到「漢軍」八旗雖仍健在，卻是一個微小、奇怪、難以定位的群體，現代八旗研究中依舊留有此種形象。在此制度中，身為名義上的「漢人」，他們主要轉型成受過相應政治藝術教育的文吏，「滿洲人」則需接受軍事專門訓練，曾為征服菁英建立的通

12《清代考試制度資料》，頁七。

13《清史稿》，卷一〇六，頁三一一〇。

14《清史稿》，卷一〇六，頁三一一〇。

才機構，開始教授八旗子弟騎射與滿文說寫能力。到了十九世紀初，加入了製作火藥與武器的技術，這些學校遂成為帝國末期化學、工程與軍事技術學院的前身。

隱蔽的過去

為了修正歷史，乾隆帝簡單明瞭地宣布所有的「八旗漢軍」都是「漢人」（見第二章）。此時正值對中國的征服結束，試圖鞏固大清的統治、將漢軍逐出八旗，以及《四庫全書》計畫成型。《四庫全書》為官僚體制外的漢人知識分子所創造出的入仕機會堪稱空前絕後，並以重新釋義來頌揚中國文明的崇高文學成就。但《四庫全書》也間接導致了新文學的制度化，特別是在乾隆初年下令後才完成的歷史作品（大多由國史館負責）在編目時與古代著作一視同仁，從而讓其獲得「經典」的權威。我們等一下會討論到，有些作品試圖呈現出所謂滿蒙起源的定版歷史敘事。對漢人而言，《四庫全書》沒有意義；古代經典已涵蓋所有必讀的中國起源內容，朝廷最多能做到的（確實也如此進行了），就是鼓勵學者使用「考據法」來審視這些文獻，以求在字裡行間中有新的發現。但如今漢軍被納入漢人之中，此單一的中國起源觀念就出現問題：如果漢人在歷史上都是同質的，且大清的統治具備普世的正當性，那為什麼有些漢人在征服之初就投奔大清，有些則不然？康熙帝採用遼東人與「漢人」的融合來創造出對清帝國的特殊忠誠典範，來頌揚在三藩之亂中壯烈犧牲的范承謨與馬雄鎮。那些替康熙帝捉刀的文士認為，區異之處在於有些漢人能體認到何謂正義的統治，並投誠報效之；其他人對腐敗明朝的效忠只能算是愚忠，或僅因心胸狹窄而抵制清朝（《大義覺迷錄》中的判決即如此強調）。這個解釋在乾隆帝看來窒礙難行，與祖父不同，乾隆帝以絕對的皇帝自居：忠就是忠，不管對誰都是忠；對一方忠誠的反面並不是對另一陣營的忠誠，忠的反面就是背叛。身為絕對的皇帝，乾隆帝開始批判那些悖離絕對的人；旗下的史家開始審視棄明投清的忠誠問題。總之就是皇帝認為，早期為大清所用的「漢人」僅僅是出於投機，雖然處於征服階段的國家因此受惠，但征服完成後的國家並不會對此行為的道德淪喪視而不見，更不會對這些早期「叛徒」報以不恰當的感激。

成形並傳遞此一判斷的工具是《貳臣傳》。[15]一七七六年，朝廷命國史館起草的列傳中有貳臣卷，指曾侍奉兩朝的臣工，將忠心從明轉移至清的文武官員。《貳臣傳》與之前為紀念史可法等因抗清而犧牲的明代忠臣而編纂的《欽定勝朝殉節諸臣錄》形成鮮明對比，皇帝的想法也不言而喻。關鍵在於，乾隆帝的判斷並非毫無顧忌。「貳臣」的標籤下，仍反映出早期遼東家族之間的協議；與同期編纂的《逆臣傳》（吳三桂即記錄在冊）[16]比對，可將《貳臣傳》理解成清初歸附者的階層，而乾隆朝如今以不同程度的譴責來評斷他們。

貳臣名單所隱含的思維雖然是乾隆帝意識形態的特徵，但並非其個人。范承謨與馬雄鎮於三藩之亂中殉節的一百年後，一七八一年曾短暫擔任國史館纂修官的劇作家蔣士銓（一七二五至一七八五年）在作品中設計讓馬雄鎮對吳世琮喊話，譴責吳三桂已為「貳臣」，卻又第二次叛主，體現出乾隆帝如何看待范馬二人的犧牲；從歷史中挑出早期漢軍歸附者的典範，斥責所有唯利是圖的騎牆派。[17]遼東人吳三

---

15 魏斐德在其 *The Great Enterprise* 一書中充分討論了《貳臣傳》，並為「貳臣」提供了恰當的英譯，即「twice-serving ministers」。《貳臣傳》出版時沒有序言，大部分內容的意圖，須從其發展過程與同時進行的其他出版計畫背景來判斷，而此些計畫都屬於《四庫全書》的宏大計畫。論《貳臣傳》起源與政治脈絡，可參見 Fisher, "Lü Liu-liang and the Tseng Ching Case" 及神田信夫，〈清朝の國史列傳と貳臣傳〉。

16 此文集與《貳臣傳》一同出版（但具備單獨的標題），共四卷。與《貳臣傳》相同，《逆臣傳》最初也是《清史列傳》的一部分。

17 可參見《清代名人傳略》，頁一四一至一四二及 Wakeman, *The Great Enterprise*, 1118。由於蔣士銓如此精確地反映出乾隆帝對三藩之亂中忠誠漢軍的觀點，因此不

桂叛明又叛清，故他與另外二藩被劃入一個獨立的類別——即使同為貳臣，其罪責大小也有精細的等級之分。要表現出這一點，名單不僅須慎選，更要細分，將每個主角擺在有類似道德缺陷的人群之中。朋黨、投機者、叛徒，以及那些不勞而獲的人都被加以區隔並展示出來。最初是從數百、甚至可能上千名曾侍奉明清二朝的高官中挑選出一百二十名（完稿後名單上有一百二十五人）。這不僅是為了評價被點名的人，而是如所有朝代史的列傳一樣是種啟發性的手段，用來展示不同行為的類型，以及國家對其的評斷。在卷中的諸多事例中，許多人之所以被特別挑出來譴責，是因其生前，或更多是在身後遭指控貪腐、叛國，或者像周亮工，則是因為散播反滿思想。一七七八年將貳臣名單分為甲乙兩編，其中乙比甲更罪大惡極，並進一步分成上中下三等，如此分出六個名聲好壞的相對等級。[18]對於許多遭點名為貳臣的人十分重要的局部考慮因素，大多無法加以重建；例如，把迫害東林黨的魏忠賢一黨分至最低階（如馮銓為乙中、高弟為甲下、李魯生為乙中、錢謙益為乙中）可看出特別在意朋黨之事，但諷刺的是，許多敗於努爾哈赤之手的明代東北軍官（之後成為指控佟卜年者）也是魏黨的受害者。乾隆帝對李侍堯（死於一七八八年）[19]的疑慮可能

清楚為什麼這段戲劇性的演說會被插入馬雄鎮的故事中，彷彿其為事件的主角或甚至真有其言。此段話的效果十足，但其實是將下一個世紀的利益移植至這個故事上。蔣士銓是十八世紀末最著名的劇作家，專門撰寫涉及歷史叛亂與忠烈表現的劇作（包括宋代烈士文天祥的事蹟，此在李漁對范承謨的悼詞中有所提及）。馬雄鎮的戲劇《桂林霜》收錄於《藏園九種曲》（另見《清代名人傳略》中的其他標題），並於一七七四年重新出版。

18 可參見神田信夫，〈清朝の國史列傳と貳臣傳〉。

19 李侍堯曾任兩廣總督達十年之久，經常向皇帝呈獻從廣州外國商人那裡獲得的各種新奇玩意。但在一七七〇年代末期，李侍堯因為與新起的和珅及其黨羽發生衝突，遭指控貪汙。一七八〇年，皇帝下令出版《貳臣傳》的同時，李侍堯由和珅主審，遭判死刑，但之後皇帝予以寬赦。證據顯示（可參見神田信夫，〈清朝の國史列傳と貳臣傳〉），李永芳原本應包含在草稿名單中，但最初排名不明。

導致其祖先李永芳列入甲中；或許基於相同的理由，馬雄鎮的父親馬鳴佩（一六〇〇至一六六六年）雖然身為遼東的「撫西拜唐阿」（征西的工具），協助瓦解南明勢力，與許多貳臣的仕途類似，卻因為可能有損兒子的清譽，而未被列入名單。一七八五年，《貳臣傳》終於完工，並呈獻給不滿其延遲多年的皇帝。

貳臣中多半是非遼東出身的八旗漢軍，但並非全部。他們在《貳臣傳》中的安排及對某些知名漢軍家族的忽略，反映出十八世紀末的帝國意識形態，具備調整早期漢軍歸附者的歷史重要性，以及將八旗漢軍重新定義成征服時期投機者的新需求。乾隆帝堅持個人對養育並給予報酬的朝代需抱持絕對的忠誠，此標準凌駕一切。因此，幾乎所有在明代進士及第的人評價都非常低；他們當中有部分是「北京漢人」及在一六四四、一六四五年間在帝都北京降清的未在冊官僚。他們大多不僅是「貳臣」、而是「三臣」（如在一六五四年因貪腐而遭處決的陳名夏位於乙下，孫承澤也同為乙下），在多爾袞的軍隊入關前，曾入仕李自成的叛軍政權。[20]這與十七世紀末亟欲確立漢人忠於清朝的價值，形成鮮明的對比。用征服前後意識形態的差距，有助於解讀漢軍與貳臣名單的關係。將所有遼東漢軍排除在名單之外，等於忽略了至少自三藩之亂後朝廷對范承謨與馬雄鎮的吹捧，認為漢軍本質上即為漢人；更重要的是，代表漢人對清廷的期望之情。根據此假設，即便是非常古老的漢軍家族，當中某些人也必須被認定為明朝的「逆臣」。換句話說，將佟養真、佟養性、寧完我或范文程等早期尼堪的支柱納入其中，即隱含了對努爾哈赤建國歷史的譴責。有鑑於乾隆帝亟需樹立絕對忠誠標準的意識形態下，合理的解決方案是公布「貳

20　只有四位進士的排名高於甲下：王鰲永（一六二五年進士；甲上）、王正志（一六二八年進士；甲上）、許一范（一六二八年進士；甲上）、洪承疇（一六一六年進士；甲中）。當中只有洪承疇是漢軍。

臣生平」的名單。

時空背景牽涉到貳臣的意識形態，此為十八世紀大清推動專業化帝國道德受眾的特徵：分為「關外」與「關內」；「生平」的六個等級表面上看來只是按時間順序排列，細看後才會發現沒有一個次分類的投降日期、出生地、投降地或官階是相同的；直至《貳臣傳》編纂之時，時空皆已成為道德標準，因此有必要強化次分類中的群聚性與多樣性。一六一八年攻占撫順後所組織的最早臺尼堪家族，即尚處於「無區異原則」的時期，除了納入李永芳（時值乾隆帝十分憎恨其後代李侍堯）之外，其餘皆未列入。繼撫順之後，在一六二二年瀋陽及其以西的戰役中歸附的臺尼堪則列出三名為代表，全都出身廣寧。[21]至於在征服華北過程中立功的「撫西拜唐阿」，則有二十位入選。[22]總而言之，在一六四四年入關並全面入侵中國之前歸附的漢軍，大多集中在甲上、甲中與甲下，顯示出他們在一七七八年的原始名單上屬於「較好」的一群，評價遠遠高於之後在北京與南京降清的明代臣僚。

或許在此貳臣計畫中，明降將馬得功與田雄是絕佳的事例，反映出時空背景的道德比較——兩人在一六四五年將南明福王獻給清軍。兩人皆要求入籍八旗漢軍，在剿滅叛軍與抗清人士的沿海戰役中均表現出色，且都於一六六三年光榮犧牲，但馬得功位列甲上，田雄卻屈居甲下。雖然馬得功的軍旅生涯讓他在大清入侵時身在浙江，但他終究出身遼東；田雄則不然，出身關內的直隸省。此二人體現出貳臣名

---

21 降次排列，祝世昌（甲中）、鮑承先（甲中）、孫得功（乙上）。

22 降次排列，須留意投降地點與貳臣分組：劉良臣（大凌河；甲上）、孫定遼（大凌河；甲上）、孔有德（登州；甲上）、孟喬芳（永平；甲中）、張存仁（大凌河；甲中）、祖可法（大凌河；甲中）、劉武元（大凌河；甲中）、尚可喜（皮島；甲中）、洪承疇（松山；甲中）、王世選（遵化；甲中）、鄧常春（大凌河；甲中）、祖澤潤（大凌河；甲下）、祖澤溥（大凌河；甲下）、祖澤洪（大凌河；甲下）、耿仲明（萊州；甲下）、全節（登州；甲下）、祖大壽（錦州；甲下）、吳汝玠（錦州；甲下）、馬光遠（永平；乙上）、沈志祥（皮島；乙上）。

單中的潛在主題：遼東與直隸省北方的漢軍象徵性地被分隔開來，但在一個半世紀之前八旗漢軍征服華北時，在行政上是合併的。如今他們可以直言不諱，遼東並不忠於明室；並因個人的欺騙或投機行為而遭到少數人語帶輕蔑地譴責。但「關內」當地人理應聽憑明廷差遣；他們侍奉大清的所有功績都是拿背信棄義換來的，而接受其服務的政權則不加以評價。十八世紀末對這批人下的群體歷史判決，是清廷同時堅持所有八旗漢軍皆發源於中國（漢人）的附帶結果；他們在八旗中的現況與未來處境皆仰賴此主張來加以正當化，而他們的過去則徹頭徹尾被叛國的陰影所籠罩。

滿洲性

在皇太極治下，軍事行動的目標是穩定黑龍江流域，以確保商業上的主導地位，並將此地視為帝國東界及新確立大清統治史的「祖先」發源地。而在皇太極之子福臨（順治帝，一六四四至一六六一年在位）一朝，黑龍江流域的軍需逐步但緩慢地增加：征服中國對大清軍力來說是很大的挑戰，清軍在東北的部署仍十分單薄。清朝對三姓（移闌豆漫）與寧古塔的統治，主要是將違法犯紀的文武官員（無論是文官還是旗人）流放到此地。一六五三年，以盛京為中心並向東延伸至黑龍江的民政體系建立，並將寧古塔的小規模駐軍加以正規化。此時，位於北京的清廷也開始防範俄羅斯在黑龍江的軍力成長；西方探險家與商旅不斷增加，據報有些黑龍江居民曾納貢並承認俄羅斯的宗主權。大清在黑龍江西南岸建立駐防與縣衙之時，俄羅斯也在對岸建立呼瑪爾堡（Fort Kumarsky）。

一六六二年康熙帝繼位，大清對黑龍江流域的戰略性關注日益增加。輔佐年幼皇帝的攝政王鰲拜擴充了寧古塔的駐軍，一道新的防線在遼東一帶建立（如今略為向東擴展，涵蓋赫圖阿拉，奠定現代遼寧省的基礎），並在吉林打造了新的軍衛（設有補給黑龍江軍備的軍艦製造廠）。但清廷同時也發現，努爾哈赤與皇太極並未在東北嚴格推行其邊界劃定原則，只假定黑龍江河是擴張中俄羅斯帝國的自然邊界。[23]但在一六五〇年代，黑龍江對俄羅斯來說絲毫不具神聖性，他們只擴展至大清所能接受的最南與最東區域。亟需邊界劃定，但有困難：清廷對長白山與黑龍江一帶的地理概念非常模糊。要想劃定邊界，就一定要有地圖。探險是宣示統治的基礎；畢竟，俄羅斯與教導康熙帝輿圖知識的耶穌會士具備同樣的邏輯，難以反駁此原則。

一六七七年，年方二五的康熙帝（一六六九年開始親政）命武默訥（Umuna，死於一六九〇年）前往長白山探路。年輕的皇帝向武默訥說明，無人知曉愛新覺羅氏的「確切發源地」究竟在哪；而武默訥的使命就是找到發源地，並代表皇室封祭。武默訥先在吉林找了薩布素（Sabsu）當嚮導，然後一同啟程。此任務艱巨異常，不僅因為目的地一片荒蕪（名稱意指永冬之地），還要在這片高達數千平方英里，且清廷從來無人前往過的荒地，找出愛新覺羅崛起的「確切發源地」。但武默訥當然明白此任務的另外一層深意：讓清朝熟悉此區及其地理特徵，有助於劃定與朝鮮（長白山以南）和俄羅斯（其東部）的邊界。歷經一番曲折，武默訥與團隊到達長白山頂，並確切記錄了火口湖及周圍的五峰，之後更一舉找到松花江的源頭，並向清廷呈交詳細的報告。

此報告名為《封長白山記》，之後乾隆帝《盛京賦》（欽定於一七四三年）的地理敘述方式便是以此為範本；對聖湖天池、其流水及當地地理的措辭均是引自武默訥的報告。長篇的引言（本書第五章曾提及某些部分）傳達出皇帝對當地自然環境，以及其血統超凡源頭的

23 論俄羅斯向黑龍江一帶擴張的詳細背景，可參見Bergholz, *The Partition of the Steppe*, 7-144。

浪漫情懷（見第四章）。成品的篇幅與《大義覺迷錄》相較要短上許多，有滿漢兩個版本，且兩個語言都以據稱是從古老典籍蒐羅而來、共三十二種的不同篆文體「神聖文字」（*fukjingge hergen*）來鐫刻。此做法被納入當時風靡考據學派的訓詁學，無論這些據稱的史前文字是否真的有什麼法力。無論是哪個版本，《盛京賦》都在全帝國流通。宮廷中的耶穌會士為之傾倒，一七七〇年錢德明將其改寫成法文。[24]之後的學者，特別是柯恆儒（Jules Klaproth，於一八二八年）對錢德明的譯文嚴加批評，不過主要是針對當中的哲學旁白與明顯的基督教色彩，與乾隆帝所選的篆體無關。[25]但無論是柯恆儒對此作品的大力抨擊，還是它在歐洲所引發的清代奢靡思想，都來得稍嫌晚了一代，甚至是一個世紀。歐洲讀者早已被白晉在一六九〇年所描述的那個勤勉、有度且仁愛的天才康熙帝所折服；他們早已摩拳擦掌，準備拜讀乾隆帝對皇室完美、輝煌發源地的讚頌。據稱，伏爾泰（Voltaire）曾寫下對《盛京賦》的欽佩，之後更加以效仿，打造出自然神論、理性、反貴族的「中國」哲學家君王。[26]

如前一章所指出，《盛京賦》的引言精妙提升了清帝國言論中的某些基礎，其政治詞彙明顯更動之以情，讓皇帝能「與天地參」，並強烈主張生者與祖先及同族血緣關係的直觀連結。此種無法磨滅的家族認同是乾隆朝許多新興歷史作品的特色，但皇帝絕不滿足於僅是對祖先做出空洞的表述；他們必須表現自己的身分認同，這在滿文中早有不定式動詞，例如「成為滿人」（*manjurambi*）、「成為蒙古人」

24 錢德明的研究應該是根據早期從滿漢雙語英譯的版本（可能是斯當東〔George Thomas Staunton〕的作品）。可參見Eto Toshio, *Manshū bunkashi jō no ichi shinwa*, esp.14-16及*Dattan*, 37-48。

25 Jules Klaproth, *Chrestornathie Mandchou, ou recueil de textes Mandchou*, i-xxi.

26 Eto Toshio, *Manshū bunkashi jō no ichi shinwa*, 15；作者指出，在波隆那（Bologna）曾有書面證據顯示伏爾泰曾對此作品寫過評論。

（*monggorombi*），以及「成為尼堪」（*nikarambi*），[27]自十八世紀中開始，這些行為被名詞化成使役形式的*manju-rarengge*——「滿洲性」。努爾哈赤治下與清初，會將行為當成身分認同的來源，乾隆朝則喜歡將行為當成身分認同的表述；若世系認同與行為不一致，乾隆政府會施加干預，以確保兩者相一致。例如，確立滿文為滿人特有的語言，就是歷時一百多年的重要步驟，是建立滿洲起源國家論述的基本原則，而這些宗旨早在皇太極時期就已確立：滿洲是具備非凡文化、世系相連的東北人群後裔；其語言、社會結構及習俗同樣承繼於特殊的東北先人。乾隆朝生產出大量論及滿洲起源的文章，全都符合文化傳承的論點，也全都收入《四庫全書》當中，藉此讓其成為經典。考據學的方法論、《四庫全書》計畫中的官僚結構，以及乾隆帝的喜好，這些都是滿洲人群的歷史與文化集成的要素。

雍正帝胤禛（一七二二至一七三五年在位）一朝為滿洲文獻制度化打下基礎，一七三九年的《八旗通志》與一七四五年的《八旗滿洲氏族通譜》，均是八旗官僚化的一環。繼任乾隆朝的喜好就更微妙、政治化，且更具策展性（curatorial）。此時期的作品包括一七四三年的懷舊之作《盛京賦》，[28]以及一七八一年的《滿洲祭神祭天典禮》，讓清代薩滿教開始服膺官僚審查之下。歷經七年編纂，由（章佳氏）阿桂與于敏中主持編纂的《滿洲源流考》於一七八三年完工。此著作集民間傳統、歷史文獻與大清政治野心於一體；一七七七年九月二十日的詔令開啟其「研究」計畫，並於一七八三年付梓。編輯群包括大學士和珅、王傑與董誥。與其他《四庫全書》計畫相同，參與實際編纂工作的初級官員當中，不乏象徵性派任與政治分歧的現象，大部分

27 所有都具有使役動詞的形式。

28《盛京賦》首次由錢德明於一七七〇年譯成法文，之後重新翻譯並與滿文版本一起出版於 Jules Klaproth（柯恆儒）, *Chrestomathie Mandchou*。另可參見 Eto Toshio, *Manshū bunkashi jō no ichi shinwa*, 114-16 及 *Dattan*, 7-48；及 Crossley, "An Introduction," 22-23。

的編纂工作皆由其完成。這明確遵循了平衡文官與旗人（史家有時解釋成為「漢人」對抗「滿人」）的常規政策。負責修訂與校對的兩名官員隸屬於翰林院；平恕是旗人、戴衢亨則是文官。其下有十二名編輯，文官與旗人（四名滿人與兩名蒙古人）各六名。

此著作或多或少也可以說是學者對「彙編世系」的詮釋；如同主持編纂《八旗通志初集》的鄂爾泰所帶領的編輯群，阿桂旗下的團隊以家族為出發點，尋找並整理官方文獻中提到的參考資料，進而細究東北的歷史地理，最後論述習俗與民間傳說。但與《通譜》的差異在於，除了之前已收錄進官修史書的資料，《源流考》並不把民間或口述歷史當作史料；《源流考》可說是系統性的指南，將官方文獻中視作滿洲祖先的人物（或一般相信是滿洲祖先的人物），回溯至前帝國時期。文獻研究（Archival research）十分有限，僅限於明代永樂年間（一四〇三至一四二四年）的史書，努爾哈赤與皇太極汗國時期的文獻也只各引用了一次。《四庫全書》的編纂與《源流考》、《滿洲祭神祭天典禮》及增篇且未完的《八旗通志》第二版同時進行。這些編纂計畫可以引用相同的史料，成品最終會按照皇家手稿圖書館的傳統分類系統進行分類：《源流考》與《八旗滿洲氏族通譜》列入「地理類」、《滿洲祭神祭天典禮》與《八旗通志》入「政書類」，均隸屬於「史部」。《源流考》的架構有助強化朝廷堅稱的主張，即滿洲起源及滿洲認同得以延續的關鍵位於東北。其主要分成四部，其篇幅長短受制於早期帝國創造或忽視的文獻：部族（共七卷）、疆域（共六卷）、山川（共兩卷）、國俗（共五卷）四門。編輯群最終並未總結出滿洲史的輪廓或意涵；原因在於這樣的評論不僅遠遠超出《源流考》的初衷，在十八世紀亦無甚意義。此項著作史始終不曾背離皇帝的旨意，即「以國朝為綱，而詳述列朝，以溯本始」。[29]

29《滿洲源流考》，卷首，〈提要〉，頁一下。

欽定的《源流考》鐵定代表乾隆帝個人及其史觀，因此值得後世細細審視其朝廷對成品的期待與下令編纂的動機。詔令開宗明義就提及《金史》，皇太極曾下令將其譯成滿文，乾隆朝時曾修訂，並成為《源流考》的史料。根據自身對金史的解讀，乾隆帝指出：「金始祖居完顏部，其地有白山黑水，白山即長白山，黑水即黑龍江。本朝肇興東土，山川鐘毓，與大金正同史，又稱金之先出靺鞨部，古肅慎地。我朝肇興時舊稱滿珠，所屬曰珠申，後改稱滿珠，而漢字相沿訛為滿洲，其實即古肅慎為珠申之轉音，更足徵疆域之相同矣。」意指滿洲與珠申不僅有相同的領土與稱呼，更應該說同一種語言、擁有相同的傳統。接下來，他還舉了一個例子：據《後漢書．三韓傳》記載，肅慎人為讓嬰兒的頭型變扁，會用石頭按壓嬰兒的頭骨，此做法有違常理；但皇帝指出，滿洲的古老習俗會將剛出生沒多久的嬰兒放入搖籃，久而久之，頭型就會變扁。可惜肅慎人沒有留下紀錄，後世便無從了解其傳統，只能毫無根據地臆測，徒留下荒謬的印象。

皇帝也注意到《後漢書》中所用的三韓之名應有誤，三韓指的是辰韓、馬韓、弁韓，此三個古老王國位於朝鮮半島，與漢帝國的樂浪郡同時代。[30]他也承認，如今已不可能完全了解這些早期社會的名稱，但不管怎麼樣，「韓」一定都是指可汗，「史家不知汗為君長之稱，遂以音同誤譯，而庸鄙者甚至訛韓為族姓，尤不足當。」這種粗陋的想法一旦扎根，就難以盡除，皇帝又舉了另一個例子：唐史[31]錯

30 漢文是辰韓、馬韓、弁韓。一般認為，這些早期的國家或聯盟是西元前一〇八年漢朝在樂浪建立駐軍時，就已存在於朝鮮半島南部（樂浪於西元三一三年遭毀）。《滿洲源流考》，卷八，頁十至十一基於《後漢書》、《晉書》與《晉史》中的資料論述了三韓的情況。此主題對朝廷而言至關重要，甚至還專為《滿洲源流考》編纂了一篇文章，以澄清居於三韓之人的起源與身分認同：〈御製三韓訂謬〉，收錄於《滿洲源流考》，卷二，頁二上至二下。

31 劉昫，《舊唐書》；歐陽脩、宋祁，《新唐書》，頁六一八至九〇六。這兩本書都是《滿洲源流考》所徵引的史料。

把曾為朝鮮新羅與百濟國領土的吉林省寫成「雞林」，導致幾百年來的以訛傳訛。皇帝斷然指出古人不諳考據之法，接著強調，滿洲及其在東北的先人，都是如此在漢文史書中遭到詆毀。明代尤其更甚，「明季狂誕之徒尋摘字句肆為詆毀，此如桀犬之吠無庸深較，而舛誤之甚者則不可以不辨。」

同理可證，「東夷」一詞也存在爭議，基於地理位置，孟子稱舜為「東夷」，文王為「西夷」，「此無可諱，亦不必諱至於尊崇本朝者」；皇帝認為這沒什麼好隱瞞的，百年來漢人學者因為聖賢的野蠻出身而爭論不休，他卻根本不屑一顧。[32]而其不滿之處在於，有些人看不起愛新覺羅，只因為他們看似不像東北金女真的皇室血脈，但滿文「愛新」意指「金」，正如「金朝」之稱，憑這點就足以證明愛新覺羅氏與女真金帝國系出同源。[33]而且如今為清廷效力的人遍布全國，出於對大清的崇敬而團結一心，此情況將永遠如此（此呼應《大義覺迷錄》中雍正帝的天命之說）。

皇帝繼續指出，滿洲亦非明帝國的僕從；反而是明廷為與滿洲交好，敕封大清開國者努爾哈赤「龍虎將軍」；基於樂天保世的胸懷，

32 千年以來，學者對於孟子此番言論頗有爭議，皇帝知情卻故意予以忽視。何炳棣指出，此經典段落嚴重破除了傳統，這點十分令人驚訝，這的確讓中國評論家困惑了千百年。（可參見“The Chinese Civilization: A Search for the Roots of Its Longevity”）。上述孟子之言引用自何炳棣（頁五五三），英譯根據Legge, trans., *The Works of Mencius*, 316。一九九八年，何炳棣重新研究此段落，雖然依舊依據理雅各的英譯本，但發現此段落其實無甚驚人，並將此詮釋為「古代華夏世界」（ancient Sinitic world）的開明思想（可參見“In Defense of Sinicization,” 129）。如前所述，此段話似乎牽涉統治權（見本書第五章注釋七十一）。

33 出自《御製滿珠蒙古漢字三合切音清文鑑》（序：卷一七〇）的御製序文，引用自何冠彪，〈乾隆朝重修遼、金、元三史剖析〉。皇帝在此援引《金史》中剛完成的詞彙表，將《金史》中的家族名稱與大清家族名稱加以對比與識別。詳細資訊可參見Crossley, “Historical and Magic Unity”，其中包含本書緒論所提及所謂「舊」（相對於「新」）女真／滿洲家族名稱的所需留意之處。

愛新覺羅十分看重這項榮譽。最終，大清的國力發展讓明朝極為忌憚，便反過來厭惡滿洲並輕言汙衊，戕害愛新覺羅。努爾哈赤因「七大恨」興兵復仇，在遼東戰役大敗明軍，即便之後明廷求和也難以撫平大清的屈辱。皇帝進而解釋明清二朝的歷史關係：「漢高乃秦之亭長，唐祖乃隋之列公，宋為周之近臣，明為元之百姓，或攘或侵不複顧惜名義」，意指每個國家之所以改動與前朝的關係、並繼承前朝的理由各不相同，毋須予以譴責。而以當前的情況來說，明廷已然墮落為匪寇，時局動盪不安、國祚岌岌可危，最後倚靠吳三桂迎接大清王公與將領入關，鎮壓李自成才恢復和平。

如今，大清已經完成所有任務，「得天下之堂堂正正」，就連朝代的口述傳說也達到帝國標準，讓人聯想到上古的商周二朝。軍事勝利代表大清為天命所規，愛新覺羅證明自己與金朝女真皇室同屬一族，且天女沐浴的布勒瑚里池也在黑龍江地區的長白山上。皇帝提出了最後一點來證明滿洲與女真金之間的聯繫：《金史．本紀》在記錄靺鞨族時，提到渤海王傳了十幾世，歷代皆有文字禮樂，這些受過文化薰陶的渤海人即金女真的祖先。如今的滿文文字始於努爾哈赤的命令，為額爾德尼所發明，金初雖已有文字，之後卻因女真部族的離散而失傳。以大清目前的知識尚無法確定能否重建金朝文字，與其他女真遷徙、滿洲形成及各地地名差異的相關問題一樣，都必須經過嚴格的文獻研究與分析，其結果將彙編成一部供天下人查閱的曠世巨作。[34]

《源流考》的中心概念在於東北數千年來的政治與文化發展，在滿洲的國家與社會發展達到鼎盛，其承繼最早的肅慎、扶餘到中古的渤海與金女真官僚制度的餘緒，再加上吉林、黑龍江野人女真的原始遊牧傳統。滿洲起源的具體證據在於從一個民族到另一個民族的血緣傳承，這些民族由各種地區性的「部」與「族」構成。為了對繼承紀

34《滿洲源流考》，卷一，〈上諭〉，頁二上。

錄的模糊保持適當的尊重，《源流考》從未明確指出區分「部」與「族」的標準。[35]畢竟，大量在文獻中摘錄古代與中古的「國」，其實無助於澄清大清的作者群是否有對這些早期的社會—族裔—精神組織達成任何結論。[36]但實際成書時，《源流考》使用「部」來表示在建立正式官僚化國家之前，蓬勃發展的地區性自我統治聯盟；「族」則是指那些在東北逐漸形成並衰落的中央集權國家中運行的家族組織。因此，在十二世紀阿骨打為了女真統一而征戰之時，完顏是「部」；而在一一一五年建立金國後，完顏（與其他女真各部一樣）就成為「族」（或可代換使用的「氏」）。[37]儘管《源流考》的相關詞彙一定不甚精確，但十分符合乾隆帝對滿洲的現在與過去的看法（「以今論古」）。東北各個人群的社會歷史都以滿洲家族的社會歷史來仿造，甚至認為獨立的統治機構最後一定會成為官僚化國家的一部分。

此時亟需修正努爾哈赤與皇太極統治東北時的論點：他們自認天命（urušengge）所歸，因明朝不承認其在東北的統治而義憤填膺，這個理由在十八世紀已不再充分。後征服時期的帝國試圖在文化史與政治遺緒中尋求正當性，即便乾隆帝認可傳統中國政治思想的道德枷鎖，但顯然不打算將制式的儒家思想強行套在大清經驗上；他並未明白指出明清的關係為何，但堅持此繼承完全符合中國歷代朝代更迭的

---

35 東北當地「部」和「族」的精確定義（如果有的話）超出本書的研究範圍。除了《八旗滿洲氏族通譜》之外，大清編者沒有努力讓漢文詞彙與滿洲傳統社會組織相關詞彙（*gurun*、*hala*、*mukūn*、*tatan*、*gargan*）相對應；至於《八旗滿洲氏族通譜》，「氏」和「族」盡可能對應*hala*（「姓氏」）和*mukūn*（「家族」）；「部」用於指稱東北的前朝聯盟與當地未被同化的部族。

36 例如，在《滿洲實錄》的漢文版本中，交替使用「國」一詞，合理的翻譯應為*gurun*（意指「國家」或「政治聯盟」）或*hala*（在此些文獻中，指稱「氏族」、「部落」或「姓氏」）。

37《滿洲源流考》，卷七，頁一上至三下；比較《金史》中*dang*與*shi*的用法（一九七五年），卷一，頁二；卷七十三，頁一六八四；卷八十六，頁一九一六；卷八十八，頁一九五六；卷九十一，頁二〇一一。

模式，他極為審慎地重申祖先的論點，即滿洲從來都不是明朝臣民。大清統治的正當性在於其與東北本土政治文化傳統的關係，皇帝指派的各個學者需闡明東北帝國遺緒具備高度的文明，以及愛新覺羅與當地歷史統治者的難以分割的連結。

《滿洲源流考》的編輯群引用乾隆帝之言，「恐日後子孫忘舊制，廢騎射，以效漢俗。」[38]如今滿洲起源的形態與意義已然明確，滿洲旗人應當讓自己的行為與身分認同相符。如上所述，滿人因為在軍事與學術上的特殊需求，而從其他征服菁英當中提取出來。康熙帝曾宣告：「滿人以騎射為本，文事不妨武備」。[39]這個針對滿人與其他征服菁英的通才計畫，在一個世紀後宣告失敗。雖然佐以激勵措施，但科舉並未如朝廷所希望的能吸引旗人。針對滿人入仕為官，朝廷設立了優待的捷徑，直到一六八七年，文武兼修的政策都仍然持續。但對乾隆帝來說，此嘗試已被證明無效，想讓滿人忘卻天生的職能，迫使其嘗試不適合的事物，結果造成旗人滿漢二語皆不通曉，幾乎不會彎弓射箭，連馬都鮮少見到。他特別規定滿洲旗人的教育需致力於滿文與軍武，此些教育政策成為十八世紀滿洲身分認同的主要象徵。[40]一七四六年，朝廷批評在覺羅學修習漢語與翻譯的學生的滿文寫作拙劣不堪。預見未來的變化，皇帝指出：「我朝崇尚本務，宗室子弟[41]俱

38　劉世哲，〈滿族「騎射」淺述〉，頁五十四，出自《滿洲源流考》，卷十六，頁十三下。

39　劉世哲，〈滿族「騎射」淺述〉，頁五十三，出自《滿洲源流考》，卷十六，頁六下。

40　Crossley, “Manchu Education”；章中如，《清代考試制度資料》；及Lui, “Syllabus of the Provincial Examination”、“The Imperial College”，以及“The Education of the Manchus”。

41　原文是「子弟」。這是從明代軍事術語衍生而來的社會用語，主要用來指稱八旗子弟。最初，此詞彙區分那些實際在軍中服役並領取津貼的人與那些（如兒子和弟弟）依賴津貼生活、渴望自己也能參軍服役的人；這些依賴者的大多數行為都與八旗子弟無異。清初，此詞彙泛指八旗男性，最終涵蓋了所有八旗家族的成員。另可參見Crossley, *Orphan Warriors*, 17。

講究清文，精通騎射。誠恐學習漢文，流於漢人浮靡之習。世祖諭停習漢書，所以敦本實、黜浮華也。嗣後宗室子弟不能習漢文者，其各嫻習武藝，儲為國家有用之器。」

嚴格說起來，旗人教育的集中與改革其實在乾隆朝結束後才推行，但實際上是由太上皇弘曆監督，並明確投射其對滿洲身分認同與文化的態度。明確一點的說法是，滿洲人究竟是誰、能有什麼作為的專業化理念，逐漸取代讓旗人成為接受通才教育的統治階層的想法；新的改革規定須嚴格學習滿文，書寫與口說兼備，還需勤練武藝。此教育計畫極其刻意地囊括了年輕的子弟，以及活躍或前途看好的旗人，由此宣稱有權管轄更廣大的滿洲人口，而當中只有極少數可能會以其新技能為國家效力。與其父祖輩不同，乾隆帝主要的目的並非要提升旗人的能力來改善統治；他著眼於完善滿洲的文化特徵，讓滿洲不僅代表大清的文化起源，更能顯現出其通才中的專門化組成。

最初，乾隆帝如同其父祖，鼓勵更有效率地修習漢文，並延續祖先的做法，獎勵旗人發展漢學；[42]之後，根據其對駐軍條件與滿洲表現的更深入理解，[43]重新規劃繼承與激勵政策。一七六五年後，他提出除非旗人考生騎射精湛，否則就算中舉，也毋須向他稟報。他並重申滿文的重要性，指出「說滿文是滿洲舊道（*fe doro*）」，一七六二年冬天，皇帝在理藩院會議中訓斥四名滿洲官員，因為他們無法全程以滿文商議。[44]雖然康熙帝已樹立自己為旗人的典範，經常展示自己的文學造詣與武藝供其改進，但乾隆帝對自己與旗人的關係有著截然不同的概念：他是全能的典範，是所有文化的審美者與普世的皇帝；而旗人不是。他們應專注於提升自己的語言能力，致力於宗教與武藝；

42《清代考試制度資料》，頁四十。

43 論駐軍的語言習俗，亦可參見Crossley, *Orphan Warriors*, 84, 250-51 nn 15, 16。

44 Crossley, *Orphan Warriors*；約莫在此時，朝廷重新要求駐軍官員只能用滿文報告。（可參見Rawski, *The Last Emperors*, 37）。

「嗣後滿洲人員，益當自知愧勉，讀書敦行砥礪成材，以備國家器使。」[45]除了重視愈發抽象的體能訓練，乾隆帝的實際擔憂在於旗人官僚滿語能力的日益下滑。即便要求準備入仕文武官員的旗人學習滿文拼字系統，但拙於口說仍不利於滿蒙文的交流。一七七九年，皇帝惱怒地下令，需將蒙文諭旨的翻譯呈交給他檢查文法，而滿文早就如此進行；因此，皇帝提出兼任滿蒙二語的督學，以提升其平常檢查法令翻譯文法時的效率。[46]

到了乾隆末年，滿洲舊道逐漸形式化：規範要求滿人須浸淫於武藝、滿文說寫、薩滿教及對家族敬畏，此為國家欽定的滿人正確生活的基本要素。[47]教育政策迅速改革，以促進滿語說寫為首要目標；一七九一年，皇帝概略提出在所有駐防設立標準旗人官員學校的計畫。但直到乾隆帝退位（但仍掌控基本國家事務）之後，朝廷才在駐防實施集中與標準化的教育制度計畫；在接下來的二十年中，對基本計畫的增補強化了全國旗人的教育改革。菁英首當其衝，朝廷要求他們須響應最新教育政策。就算愛新覺羅家族人口穩定成長，覺羅學（宗學）的人數仍在十八世紀末急劇下滑，不過一七九五年一舉提升了俸祿與教席數量。[48]宗學學生參加科舉的條件也有所轉變：取消傳統的詩文科目，改試翻譯。[49]各省駐防的改變最多：首次在禮部主持下設

45 Chu and Saywell, *Career Patterns in the Ch'ing Dynasty*, 52.

46《清代考試制度資料》，章一，頁六十至六十一。此段落的一部分已有英譯，可參見Crossley, *Orphan Warriors*, 27，另一部分的英譯則可參見Man-Kam Leung, "Mongolian Language Education and Examinations in Peking and Other Metropolitan Areas during the Manchu Dynasty in China," 40，來自重印本收錄於席裕福，《皇朝政典類纂》（臺北，一九六九年）。論語言教育政策，亦可參見Crossley, *Orphan Warriors*及Rawski, *The Last Emperors*, 37-38。

47 可參見Crossley, "Manzhou yuanliu kao," 779-81及*Orphan Warriors*, 19-30。

48《清史稿》，卷一〇六，頁三一一一至三一一二。

49《清史稿》，卷一〇八，頁三一七〇。

立官學，所有旗人皆可考試；課程旨不在創新，而是以國子學與北京八旗官學為基礎：分為滿文、漢文、天文、算學，並經常舉行嚴格的騎射考試。這些章程深深植根於乾隆帝持續要求旗人振興滿文書寫的要求，「滿洲原以演習弓馬騎射為要，」皇帝持續其永不放棄、但無人理睬的嘮叨，「而清語尤為本務，斷不可廢！」[50]

但若不相應重視對子弟的培育，駐防高等教育的改革很快就會流於形式；一八〇〇年（乾隆帝駕崩後）的詔令反映出駐防人口的文化與社會狀況，當時規定駐防官員遴選出二至三成的有才子弟，接受來自佐領所進行的滿文、騎射與少量管理技藝的密集訓練。與此同時，國家重申其絕對不會回到清初失焦的綜合教育政策：「我滿洲根本，騎射為先。若八旗子弟專以讀書應試為能，輕視弓馬，怠荒武備，殊失國家設立駐防之意。嗣後各省駐防官弁子弟，不得因有就近考試之例，遂荒本業。」[51]順治與康熙二朝將旗人視為通才，並讓其出仕翰林院指揮菁英騎兵部隊，此想法逐漸遭到揚棄，轉而支持文化淨化、身體復興與精神重整的嚴格制度，此變化已遠遠超出乾嘉二朝的預想。後繼皇帝所倡導的是讓旗人職業化、甚至專業化的課程，根本在於將滿文作為軍事語言，輕視偏向人文主義的文學教育元素。此轉變的意義直到鴉片戰爭後的軍事與教育改革時期才顯現出來：駐防官學增設大清與外國武備的課程，這絕對影響了十九世紀中葉成果有限的技術研究。隨之而來的是旗人身分認同的特殊化，讓官學成為十九世紀末專門軍事、語言及技術學院的源頭。[52]

---

50 雷方聖，〈荊州旗學的始末及其特點〉，頁五十七至五十九。

51《清史稿》，卷一〇六，頁三一一七。

52 論旗學及予以取代的現代機構的關係，可參見Nancy Evans, "The Banner-School Background of the Canton T'ung-wen Kuan," *Papers on China*, 22A (May 1969): 89-103；Lei, "Jingzhou qixue de shimo ji qi tedian"; Tan, "Wan Qing Tongwen guan yu jindai xuexiao jiaoyu"。

清廷及其與滿洲關係的歷史，可看作是藉由將舊文化加以形式化以解決當中矛盾的過程：在政治層面，此代表國家逐步官僚化、規範化，直至去人性化（depersonalization），取代傳統賦予家族與聯盟的個人化分散權威；而在文化與意識形態層面，此意味有系統地記錄血緣、神話、家族史與薩滿教習俗，讓過往多變且神祕的事物變得清晰可見、利於管理、標準化，並因其文學形式而被奉為經典。清代形式化的各種機制相輔相成，各個機制皆推高了皇權的權威與正當性，但無論是政治實踐、抑或是朝代文化，其實都難以完全形式化；政治或儀式內的古老元素與正規制度的矛盾終究在清末浮上檯面。即便如此，這些施政大多仍朝向凍結或消除那些可能阻礙國家中央集權與符碼化的滿洲餘緒；與此過程相互影響的不僅是皇權的集中化，更影響了假定「漢人」與「蒙古」身分認同的鞏固。

追尋成吉思汗

林丹汗自稱繼承了大黑天信仰的絕對統治權，但其他地方領袖並不作如此想，在於其涉及當時存在的少數幾個蒙古歸屬標準：其一是對成吉思汗的崇拜，將其視為仍然統御全蒙古的神靈；其二是對成吉思汗後裔的敬仰，其如今仍擔任成吉思汗信仰的「濟農」（*Jinong*），意指親王兼祭司。除卻這兩點，蒙古與內亞與東北其他居民之間，幾乎沒有什麼相同的特徵。對早期的大清統治者而言，不管是發動戰爭挫敗當地的領袖、抑或是說服他們加入征服的行列，光靠資助佛教與大黑天信仰，就足以讓其主張統御蒙古的權利。但在乾隆朝，歷史化與分類的壓力開始置於「蒙古」、「滿洲」與「漢人」之上，文獻、修習語言的規定，以及旗籍分配的綜合影響之下，皇權的「蒙古」帝國成員應運而生。其語言是蒙文與藏文，是象徵佛教的語言，且能表述薩滿教的基本要素，特別是成吉思汗的崇拜；其帝國成員崇拜成吉思汗、亦即蒙古皇室的後裔，是堅韌的遊牧騎射手、八旗騎兵的突擊隊，以及皇帝、皇室、皇宮與神殿的守衛者，要將這些帝國成員與此「蒙古」身分認同所反映的歷史特徵相對應，稍嫌牽強。大體而言，他們居住於兩大塊差異甚大的區域中：一個可能與內蒙、青海（Kokonor；可可淖爾）與西藏相關，禮敬佛教，並在十七世紀末與清廷有緊密的連結；為求簡明扼要，另一個則是和外蒙與中亞相關，宗教信仰多樣（主要是佛教或伊斯蘭教）、語言多元，與清廷的關係較為脆弱，甚至常常相互敵對。在政治考量上，不難理解清廷為何試圖掩蓋某一方。

八旗蒙古貴族多半出身科爾沁、喀喇沁（Yüngsiyebü）、察哈爾，以及和其他早期歸附努爾哈赤與皇太極的追隨者，他們在十七世紀末與清廷關係密切，不僅頻繁通婚、參與愛新覺羅家族的各種信仰活動，有些甚至成為總督或高官。他們可說是清廷與北元及承繼成吉思汗—忽必烈世系帝國權力的重要聯繫。八旗蒙古領導層也十分積極向清廷展示蒙古的文化遺緒，大清親王不僅在上書房向蒙古老師研習蒙文，清廷在企圖拉攏草原的傳統領導層，並伺機剷除的同時，也沒忘了八旗蒙古的教育。[53]清廷致力於在八旗官學教授蒙文，並詔令將重要著作譯成蒙文，此舉措促成十八世紀後蒙古文法與辭典的編纂，對蒙文的標準化至關重要。[54]

在皇太極與順治年間，理藩院的職能擴張，除了持續總理蒙古生計相關事務，對其他地區的監管也日益增加。征服華北後，理藩院改

53　清代蒙文教育簡述，可參見Leung, “Mongolian Language Education and Examinations in Peking and Other Metropolitan Areas during the Manchu Dynasty in China”。

54　舉例來說，可引用滿蒙入門書《蒙古話本》（一七六一年）、《蒙古文鑑》（從一七〇八年的《清文鑑》延伸而來），以及此種關注的持續性，可參見一九〇九年，由蔣維喬、莊俞和榮德所編，錫良作序的《清滿蒙漢三文合璧教科書》。亦可參見盧明輝，〈清代北方各民族與中原漢族的文化交流及其貢獻〉。

受禮部（總管外交事務的機構）管轄，職掌管理其他被新吸收進來的社會，以及其半自治領導者與清廷之間的關係。十八世紀中葉，這些地方領袖包括四川、雲南、貴州與部分緬甸的土司（*tusi*），以及東突厥斯坦的和卓（*khōjas*）。理藩院將這些區域當作軍事省分統治，此方式是基於清初對「蒙古」、特別是喀爾喀可汗的統治模式。自順治朝開始，理藩院更成為與西藏早期交流溝通的場域，一六四四年征服華北後，清廷開始直接與達賴喇嘛交涉，一六五一年達賴喇嘛前往北京後，理藩院就成為達賴喇嘛的行政機構，成為東蒙古與一六九八年後的青海各人群之間的法官與裁決者。隨著達賴喇嘛獲得調解蒙古日常的權力，他們也逐漸受制於清廷的監視與規範，至一六六一年順治朝結束，理藩院已經能監督達賴喇嘛的遴選。此為蒙古與西藏文化政治錯綜複雜的諸多特色之一，時而符合清廷利益，時而不然。

即便在征服中國之前，許多喀爾喀的百姓與貴族就已入籍早期的八旗蒙古，在十六世紀末掃蕩扈倫的戰役結束之前，喀爾喀部的成員就與努爾哈赤有過接觸。往後幾年，由於後金向林丹汗宣戰，滿洲與喀爾喀的關係日亦複雜。喀爾喀具備在附近牽制林丹汗勢力的作用，對皇太極與林丹汗的戰事十分重要，期間皇太極資助喀爾喀可汗，並順利將其正式納入政權。然而，喀爾喀領袖與清廷的關係依舊十分薄弱；比起其他聯盟，他們更清楚意識到清蒙之戰是對中國戰爭的前哨，隨著林丹汗失勢，清廷可說已實現了統御蒙古的野心。十八世紀之時，喀爾喀就算不是大清統治「蒙古」的歷史中心，也占了很大一部分，且他們也是第一個對大清快速滋長的野心戒慎恐懼，並嘗試藉由其他勢力來抗衡新帝國侵略的主要聯盟。而以大清這一方，則會擔心喀爾喀的各個領袖或衛拉特[55]（特別是強大的衛拉特分支準噶爾）

55　滿文為Urūt（編按：應為ūlet）。此名稱在原始引文與音譯中都不固定。其顯然出自中古蒙文中的一個語詞，意思是「一群聚在一起的人」，並成為「聯盟」的方言語會在勢力角逐時尋求俄羅斯的支持，並讓羅曼諾夫的軍力在蒙古生根。不過在一六六〇年代初期，喀爾喀的各個領袖為避免衛拉特勢力復甦，經蒙古改革教派（黃帽派）大喇嘛哲布尊丹巴（Jebtsundamba）調停，與大清聯手對抗羅曼諾夫俄羅斯。

東邊喀爾喀與西邊衛拉特間的齟齬長達二十年，康熙朝將心力擺在鞏固對中國的統治（並鎮壓三藩之亂），因此消極處理。但一六八三年三藩之亂一結束，大清旋即向喀爾喀可汗與衛拉特領袖噶爾丹喊話，將開始關注蒙古的軍務。康熙帝提議召開噶爾丹、達賴喇嘛與喀爾喀諸位領袖的會議，一六八六年的首次嘗試未果，噶爾丹隨後入侵喀爾喀，造成上千萬的喀爾喀人民湧入大清領土。一六八九年，清俄簽訂《尼布楚條約》，達成邊界與貿易協議，此舉大幅改變了內亞的政治平衡，並讓蒙古諸領袖的戰略選擇遭到壓縮，噶爾丹也受到牽連。康熙帝向噶爾丹開出特赦與獎勵條件，以利誘其投降；同時，大清也開始著手新一輪的軍事遠征，讓先鋒部隊帶著槍砲，準備再次攻擊噶爾丹的基地。

一六九一年，喀爾喀可汗在多倫諾爾正式承認康熙帝為大汗與成吉思汗的繼承人。一六九四年，清廷將喀爾喀的法律事務移交給理藩院的一個特別部門，並允許喀爾喀的貴族、僧侶與商人在北京定居

詞。名稱該如何音譯可能是專家之間特有的問題。在「蒙文」紀錄中，包括衛拉特方言（理藩院認定為獨特的語言），從十七世紀初起用咱雅班第達創造的修訂文字書寫的記錄中，包含衛拉特的內容，至少可找到以下幾種寫法：Oyirad、Oyirod與Oyirid。這些都可作為音譯形式（傅禮初偏好Oyirod），以及常見的「Oirat」。但這並不包括Olot或Ölöt，其似乎是從漢文*elete*的拼音回溯建構出來的假造詞。然而，在十八世紀，這個漢文音譯被借用至滿文，並出現了Olot與Ulet等形式。歷史上經常將衛拉特與Kalmyk或Kalmuk混為一談（蒙文為*khalimakh*），這可能有失準確。「Kalmyk」通常與那群在一七七一年被迫穿越窩瓦河的土爾扈特族有關。他們在阿玉奇（Ayuuki）的帶領下，試圖與羅曼諾夫帝國和談，進而與多數衛拉特人區別開來。因此，雖然所有Kalmyks在十八世紀都使用衛拉特語，且有衛拉特的祖先，但並非所有衛拉特人也都是Kalmyks。

（一年之間約有一萬人選擇定居）。他們甚至被列進清廷的祭品目錄：哲布尊丹巴呼圖克圖（蒙古轉世活佛）每年須親自向皇帝進獻「九白之貢」的牲祭。青海（可可淖爾）可汗隨後於一六九八年投降（畢竟是臣服於成吉思汗）。清廷將喀爾喀領土編成「旗」（*ghōšun*；*khōšighun*），分為「參領」（*jalan*；札蘭，直接挪用八旗的做法）與「佐領」（*sumun*；蘇木），但這其實是領土而非人口單位。此情況下的「旗」是用新的行政劃分來破壞現有的等級制度，這種劃分即是在仿效八旗。喀爾喀蒙古的重組不僅亟需創造新的轄區，還需要靠聯姻與將草原諸領袖納入帝國貴族，來整合草原的貴族階層。如此一來，喀爾喀的三大可汗在臣服於康熙帝之後即得到准允，得以繼續以行政實體運作，並經由聯姻被納入帝系。

一七〇六年，新的汗部賽因諾顏（Sayin Noyon）建立，同時與帝國聯姻。首位賽因諾顏汗策棱（編按：疑有誤，策棱從未被封為汗）成為草原向帝國臣服的象徵，享有於清代太廟中配享的殊榮（另一個享有此殊榮的蒙古人是太平天國的戰爭英雄僧格林沁，其於一八六五年遇刺身亡）。一七二〇年代，清朝與喀爾喀之間的新合法貿易迅速成長，喀爾喀的諸位領袖很快就開始抗議他們在貿易中處於劣勢，到了一七五〇年代，乾隆朝批准可汗對貿易施加限制與規範；[56]不過，他們似乎沒有設置絲毫障礙，一八〇〇年的庫倫已經是個繁榮的商業中心。此後，喀爾喀的領袖紛紛開始大肆抱怨經濟陷入困境，原因是土地所有權與放牧權的法律解釋、貨幣規範，特別是愈來愈多喀爾喀貴族與百姓向清朝銀行借貸。喀爾喀（現稱內蒙，意思是鄰近中國的戈壁）的經濟危機爆發之時，清廷也正面臨一連串的內外夾攻，因此就算北京想解決這些問題，亦是捉襟見肘。歷經一個世紀的更迭，一系

56 Ning, Chia（賈寧）, “The Lifan Yuan in the Early Ch’ing Dynasty,” 30, 41, 177ff., n318, n330。

列的原因將喀爾喀推向大清帝國：因敵視林丹汗而與皇太極結盟、借羅曼諾夫帝國之力對抗大清的希望破滅，以及與噶爾丹戰事的持續失利，此三大推力中，最後一個肯定最為關鍵。但即便喀爾喀與青海俯首稱臣，噶爾丹的問題仍極為難解，幾乎直到清帝國瓦解，與衛拉特（準噶爾、東突厥斯坦及西藏部分區域）的戰爭都未能結束。雖然終究無法完全征服衛拉特諸部，但大清卻徹底將其改造成蒙古人——這個成吉思汗的未竟之業，最後由大清完成。

衛拉特對清廷來說，是戰略考量與意識形態的問題。他們未被納入成吉思汗的帝國，打自中古以來，無論是政治還是文化上，在中亞都顯得相對獨立。在元代的最後幾年，「四衛拉特」（*dörbön oyirad*）由衛拉特本土、土爾扈特（滿文為 Turgūt）、和碩特、準噶爾（即「左翼」）四部組成。雖然十四、十五世紀時，野心勃勃的衛拉特聯盟眾領袖，有時候會希望以聯姻或政治聯盟的形式，與東方（「北元」後來成為察哈爾聯盟的基地）成吉思汗的家族有所接觸，但衛拉特並不崇拜成吉思汗；他們尊重此信仰在蒙古的政治威望，但不認為自己該受制於其神靈。並且受惠於地理位置，除了佛教，甚至是公開的薩滿教，衛拉特與西藏各個宗教派系皆交往甚密。在蒙古東部的政治再度走向集權、促進對達賴喇嘛的承認之前，應該是衛拉特僧侶將盛行的喇嘛教傳往蒙古，並且很可能也是他們率先將喇嘛教傳往遼東北部與吉林。但衛拉特人也日益面臨東突厥斯坦綠洲城鎮穆斯林統治者的競爭。聯姻讓衛拉特與穆斯林統治者有時得以和平共處，無論雙方是否改變信仰。最後，與俄羅斯人的接觸讓衛拉特對東正教有了一定程度的了解。受惠於宗教傳播與通商，各個衛拉特聯盟領袖的活動範圍甚廣，橫跨整個藏蒙與大部分中亞與東北部的西部地區。在皇太極位於盛京的官僚體系中，最早一批官員與監察官當然會有少數的衛拉特人，其帶來的影響最有可能是讓理藩院將衛拉特文（約莫一六〇〇年開始，其文字與古典蒙文略有不同）視為一個獨立的語言來分類。清初的衛拉特人認知中理解的「蒙古人」（*monggholi*）是指察哈爾與其他東方的人群，自己則自稱「四衛拉特」。十八世紀之後，早就沒有人記得衛拉特顧問在皇太極統治初期的勢力，理藩院也根本不在乎他們是不是蒙古人，只是將其稱為「漠西厄魯特蒙古」（*moxi elete menggu*）。

畢竟只要衛拉特還是大清的眼中釘，怎麼稱呼他們又有何妨。在順治朝與康熙初年，衛拉特人在準噶爾君主巴圖爾渾台吉（約死於一六五五年）的治下，對清廷相當敵視。渾台吉經常向羅曼諾夫官員索要火器、金錢與顧問。如同百年前統一蒙古的阿勒坦汗，渾台吉也利用西藏教派來鞏固權威，還將其天資聰穎的兒子噶爾丹送往西藏出家。一六七〇年代末，噶爾丹（一六三二或一六四四至一六九七年）返回蒙古，在隨後的數年之間，對鄰近的幾個群體發動統一戰爭，頗類似努爾哈赤早期為了復仇，對女真的南征北討。噶爾丹所征討的並非蒙古，而是東突厥斯坦的幾個群體，其於一六七八年入侵西部，陸續征服喀什、葉爾羌、哈密、伊犁與吐魯番等幾個主要商隊城市，並將當地的穆斯林納入其控制。[57]一六八〇年代，隨著《尼布楚條約》的締結、康熙帝與喀爾喀可汗結盟，噶爾丹頓失與清朝抗衡的籌碼。一六九〇年，清軍在烏蘭布通（距內蒙的木蘭圍場僅約十幾英里）擊退噶爾丹，但總管砲兵的佟國綱於陣中身亡，如同其祖父當年為努爾哈赤犧牲；為紀念這位國舅爺，當地傳說將戰場中的小湖泊稱為「將軍泡子」（將軍湖），此湖通常（但並非總是）位於岩石露頭之處，據說是因其火砲威力驚天動地，導致地下水湧出成湖泊。

這次失利後，出乎其意料之外，噶爾丹面臨內部的挑戰：一六九〇年，姪子策妄阿拉布坦將其逐出喀爾喀。為了重拾勢力與肥美牧場，噶爾丹整理殘軍、再次入侵喀爾喀，但遭當地駐守的清軍擊退。

---

57 另可參見Millward, *Beyond the Pass*。

一六九四年，準噶爾與東突厥斯坦的乾旱迫使噶爾丹孤注一擲，最後一次進犯喀爾喀。康熙帝親率八萬大軍，將其驅趕至東突厥斯坦，噶爾丹的妻子兒女及眾多支持者盡皆喪命，倖存者向策妄阿拉布坦投降，噶爾丹本人則僥倖逃脫，藏匿於東突厥斯坦的哈密一帶，年僅十四歲的兒子遭到當地的穆斯林領袖扣押。噶爾丹大勢已去，但康熙帝絕不輕饒。一六九七年，噶爾丹接獲消息，清廷正整軍進攻，四面楚歌的他於絕望中服毒自盡。姪子丹濟拉將遺體火化，並將骨灰帶往西藏。策旺阿拉布坦隨即掌控西伯利亞至哈密以西一帶（但不包括哈密），丹濟拉從西藏返回後不久，也隨即擔任清廷授予的衛拉特札薩克（*jasak*）——康熙帝曾想封噶爾丹一樣的職位，但遭到拒絕。

噶爾丹的敗亡不代表衛拉特勢力在西蒙古與東突厥斯坦宣告終結，策妄阿拉布坦同樣野心勃勃。他先擊敗並統治吉爾吉斯，範圍遠達巴爾喀什湖，接著擊敗並兼併土爾扈特（曾為衛拉特分支，在窩瓦河一帶的生計極為困難，返回蒙古後成為策妄阿拉布坦政權擴張的受害者），[58] 更為了奪取東突厥斯坦，重啟與俄羅斯的戰事，在十八世紀初得以控制部分西藏，並推翻該國最後一位世俗國王。他的擴張在西藏遇到阻力，不僅清廷為此在當地建立軍事前哨，於一七一八年展開激戰，策妄阿拉布坦自己也面臨一些西藏派系的反對。直至其於一七

58 康熙末年土爾扈特族的故事背景是根據圖理琛（Tulisen）使節與旅行紀錄而來；一七一二年，其被派往窩瓦河下游與時年八十三歲的土爾扈特汗阿玉奇會面。清廷顯然想確認阿玉奇是否會受到脅迫，積極嘗試對抗策妄阿拉布坦。圖理琛的出使（包括在伊爾庫茨克〔Irkutsk〕等待三個月，直到安加拉河〔Angara River〕融冰）、由於路程過於遙遠，以及目標不明確，導致此任務延宕了兩年之久，磋商最終只得到阿玉奇含糊不清的回覆。圖理琛的旅行記錄《異域錄》（*Lakcaha jecen de takōraha babe ejehe bithe*）是相當著名的滿文文獻，滿文文本已由莊吉發出版，雖然與武默訥的文風明顯不同（也未使用宮廷史詩般的自我表述語言），但仍不失是一篇有趣的遊記，就像其他許多俄羅斯和歐洲同時代人出版的，他們同樣在探索西伯利亞的氣候、礦產、文化、政治，以及其他景觀。

二七年撒手人寰，西藏局勢依舊難解，其子噶爾丹策零與家族其他成員依舊堅持抗清，甫登基的乾隆帝於一七三八年同意停戰，約定清朝與「準噶爾」以阿爾泰山為界。

此界線一直維持到一七四五年噶爾丹策零去世，其身後的繼承紛爭，讓清朝伺機介入，雖依舊無法徹底征服準噶爾，但準噶爾也因新一波的戰事而陷入貧困。策妄阿拉布坦的外孫阿睦爾撒納於一七五五年投奔清朝，乾隆帝依循一貫的以蒙制蒙策略，派其帶兵回準噶爾消滅餘孽。[59]阿睦爾撒納的軍隊輕而易舉就進占東突厥斯坦的伊犁，接著決定叛變；[60]他聽說並散播帝國欲將準噶爾分成四個弱小汗部的消息，然後宣稱不如成立一個強大汗國，並自命為汗。阿睦爾撒納的反叛受到蒙古與東突厥斯坦貴族的響應，就連清朝在喀爾喀的重鎮也予以支持，然而，反對的聲浪略高於其支持者集結與軍隊調度的能力。清軍將其困在東突厥斯坦，當地的突厥、伊斯蘭（以哈薩克為主）社群要麼予以收留、要麼遭其俘虜，最後一同遭受帝國軍隊征討。阿睦爾撒納於一七五七年病逝，但東突厥斯坦的動亂仍然繼續。綠洲城鎮幾位穆斯林領袖的組織鬆散，反抗接連遭到鎮壓，到了十八世紀末之時，幾乎整個東突厥斯坦都在清軍控制之下。

乾隆帝深信，準噶爾自噶爾丹以來歷經一世紀的軍事動亂（無論其勝敗都意味著榮耀），證明僅靠軍事鎮壓遠遠不夠；需要徹底消滅他們的名姓、離散他們的人民，弭平任何欲尋求正當性的新領袖。當前的準噶爾之名（但並非歷史上的）遭禁，只允許使用「衛拉特」或

59 阿睦爾撒納在木蘭圍場的覲見，代表東蒙古已加入大清時代喀喇沁各部領袖所參與的特殊儀式角色，並成為皇帝名義上的東道主，此為郎世寧團隊一系列繪畫的主題（請參見Hou and Pirazzoli, "Les Chasses"）。

60 針對此傳奇故事可參考以下的簡介：相關敘述，可參見Bawden, *The Modern History of Mongolia*, 110-34；更多細節（主要是俄文參考資料，可參見Bergholz, *The Partition of the Steppe*, 387-419。

「衛拉特蒙古」；有些準噶爾人逃往西伯利亞與喀爾喀，另一些人則被趕至黑龍江的礦山；留在東突厥斯坦的人則遭到滿洲占領者兆惠（一七〇八至一七六四年）嚴加管制，其仍持續鎮壓穆斯林的叛亂。清廷也沒有放過曾熱烈響應阿睦爾撒納的其餘蒙古地區；保險起見，禁止從蒙古人之中遴選哲布尊丹巴呼圖克圖；之後的活佛均須出於西藏，西藏雖然曾受策妄阿拉布坦管轄，但現已被清朝在拉薩的設置牢牢控制。朝廷宣稱，所有「蒙古人」樂見清朝所資助改革的黃帽派。在東突厥斯坦之後的歷史中，蒙古遮蓋了準噶爾的身分認同，阿睦爾撒納的最後一擊就是發生在此。大清對東突厥斯坦的平定，與帝國初年鎮壓察哈爾或喀爾喀叛亂如出一轍：班第（死於一七五五年）、長齡（一七五八至一八三八年）等八旗蒙古依循百年前明安達禮（死於一六六九年）的腳步，鎮壓在邊疆抵抗的「蒙古人」。在帝國其餘角落，蒙古貴族（仍忠於成吉思汗，只不過其新的化身為大清皇帝）位處對東突厥斯坦的征戰前線，東突厥斯坦最終在一八八〇年成為清朝的新疆省。[61]

清朝象徵性聯合蒙古治權的意識形態政策（經由察哈爾部）與嚴格且逐步分裂蒙古家族的行政政策雙軌並行。但征服中國之後所納入的蒙古人，與之前歸附的蒙古人在分類與管理方式上截然不同。多數蒙古人是按照其聯盟與家族名稱來稱呼；他們的貴族多半得以保留稱號，且經常受清廷冊封，以示帝國的恩澤與認可。此外，由於清朝日益擔憂俄羅斯入侵北界，遂剝奪此區所有的自治權，並將現有的聯盟進一步分割並重新命名，最終蒙文使用者成為歷史中的聯盟名詞。乾隆帝的計畫是分裂蒙古，並加以弱化；他一方面熱中將蒙古源流加入

61 清朝占領東突厥斯坦的歷史背景，可參見Lattimore, *The Pivot of Asia: Sinkiang and the Inner Asian Frontiers of China and Russia*；Fletcher, "China and Central Asia," 219-24；Waley-Cohen, *Exile in Mid-Qing China*, 12-32；Millward, *Beyond the Pass*。

大清德行；另一方面，身為精明的謀略家，他深知在蒙古深化大清統治的重要性。一七五六年，帝國平定了最後一場衛拉特或喀爾喀諸王之間的大規模叛亂，乾隆帝對軍機處指出，之所以務必將衛拉特分成四部，在於「讓他們的力量維持分散，讓每個人都必須關心自己的福利，服從帝國以獲得保護」。清廷分裂蒙古聯盟政策的必然結果，就是名稱與部族數量不斷增加：在徹底鎮壓衛拉特／準噶爾勢力之前，理藩院列舉喀爾喀四部下的八十六個蒙古「旗」，寧夏、甘肅與青海的併入讓旗數又上升了二十九；平定準噶爾後，哈密、吐魯番及其餘新疆地區分成十個部、共三十四旗；因此，至十八世紀中葉，蒙古、東突厥斯坦與青海的政權分割成十九位汗治下的一百四十九旗。此趨勢一直持續至帝國末年；《清史稿》記載蒙古與部分新疆共有三十八個藩部。[62]

鑑於大清入侵前的蒙古與東突厥斯坦歷史，以及清朝為何會稱某些人為「蒙古人」的曲折緣由，在清代找到對蒙古情感的詳細描述也就不足為奇了。察哈爾貴族向來以反抗清朝意圖將其標準化與集中控制而聞名，即便林丹汗的兒子歸附大清，還迎娶了皇太極的女兒，林丹汗的孫子布爾尼仍趁三藩之亂，在一六七五年武裝抗清。康熙帝處決了布爾尼（為康熙帝表兄，兩人皆為皇太極之孫），察哈爾本土的行政機構遭廢除，察哈爾事務此後改由理藩院的大臣（*amban*）掌理，察哈爾百姓則編入八旗。但除去察哈爾不算，東蒙古的其他人群構成八旗蒙古或喀爾喀汗部的早期菁英，他們可能會按照清廷的希望來看待清廷。自康熙朝起，朝廷確實努力贊助從林丹汗繼承而來、為數眾多的蒙古知識分子，諸如出版薩岡徹辰洪台吉的《蒙古源流》，以及一六六二與一七一六年付梓的格薩爾史詩特別版；同時也將自己

62《清史稿》，卷七，頁一四三一九至一四五二八。

置於成吉思汗信仰的中心，並對信徒誦唸大黑天神咒。[63]因此，十八世紀中葉詩人、身為成吉思汗後裔的喀喇沁貴族羅密，在其家族史中寫道：「身為成吉思汗的後裔，並持續獲得其庇蔭，這難道不是極大的幸運嗎？我們蒙古人能在瀕臨毀滅時復興，在即將瓦解時重生，完全是因為〔清朝〕聖皇帝的慈悲為懷。」[64]然而，同時代的噶爾丹策零不以喀喇沁貴族與帝國朝廷的角度，改以衛拉特為出發點，以成吉思系原則來抗清：「你們〔貴族〕身為成吉思汗的繼承人，不該成為他人臣民，我跟中國皇帝說過要恢復喀爾喀〔即內蒙〕與可可淖爾〔即青海〕的原貌。但如今中國皇帝想將我們像喀爾喀與可可淖爾那樣組織成旗並加以冊封，因此我要起兵抗清。」此聲明確實激勵出反抗活動（有時也會與清廷合作），青衮雜卜於一七五六、一七五七年間起事，並迅速蔓延至苦於清朝重稅的蒙古，當地對大清企業家強徵採礦權、強迫勞役與「上貢」（官方版的劫掠牛羊）深感不滿，更發現此強加在他們頭上的「旗」因移民高利貸的債務壓力而愈發沉重，一些最肥美的牧場也移交給受清朝資助的當地「貴族」。這次起事雖清晰映照出喀爾喀各地人民的不滿；但由於組織無章，宗教當局（哲布尊丹巴呼圖克圖）的支持反覆無常，最後更面臨喀爾喀旗長成衮扎布的殘酷鎮壓。青衮雜卜與其兄弟（編按：應為二子）在北京遭斬首示眾，成年的追隨者盡遭處決，為數眾多的青少年則貶為奴僕。審訊持續一

63《蒙古源流》的出版歷史可參見Fletcher, “Erdeni-yin tob ci”；Ulaghan Ulan討論了《蒙古源流》與其他清廷下令編纂的蒙古起源史之間的關係，特別是《蒙古朝源史》（*Mongghol ughsaghatan-u ugh ijaghur-un bichigh*）和《蒙古起源史》（*Mongghol-un ijaghur-un teuke*）。施密特（J. Schmidt）將《蒙古源流》翻譯成德文：*Geschichte der Ost-Mongolen und ihres Furstenhauses, verfasst von Ssanang Ssetsen Chungtaidschi der Ordus* (St. Petersburg: Imperial Academy of Sciences, 1829)。另可參見本書第五章注釋三十。

64 給拉木札布（Lhamjab）的信，出自《蒙古博爾吉濟忒氏族譜》。英譯並引用，可參見Bawden, *The Modern History of Mongolia*, 114。

年，貴族通常被迫承認曾有反叛思想或需宣誓效忠。[65]

噶爾丹策零對清朝分割蒙古的反抗無足輕重，但極度政治分割加上極度分類統一的雙軌並行則有不錯的效果：到了清末，「蒙古」與「蒙古人」的身分認同毋庸置疑，且在那些曾決心不接受清朝為其規定的名稱、宗教，甚至標準語言的人群當中延續至今。二十世紀針對「蒙古」與「蒙古人」定論的比較，十分有助於理解清朝之前的歷史情勢。元明時期，語言無法準確將誰定為「蒙古人」，而成吉思汗在位時及其身後不久，許多使用突厥語的群體被併入蒙古政治聯盟，且在蒙古帝國治下，俄羅斯的蒙古金帳汗國及後起的白帳汗國為欽察與哈薩克等突厥語使用者所統治。波斯伊利汗國的蒙古統治者則選擇了阿拉伯文與波斯文，印度北部的蒙兀兒帝國則奉波斯文為朝廷用語。到了清代，蒙古的學術語言是藏文，漢文比蒙古文更受青睞，受到廣泛使用。一直到乾隆帝的規範過程結束，蒙文才與身分認同議題扯上關係。

宗教在歷史上同樣爭執不休。南俄羅斯的欽察（金帳汗國）以及讓忽必烈治下的元帝國深感困擾的察合台汗國，皆奉伊斯蘭教為國教，伊利汗國最終也歸信伊斯蘭教。整個十四世紀，伊斯蘭教在中亞成為蒙古後裔的決定性特徵，如同之前的塞爾柱，他們視聖戰為新政治認同的一部分。然而，伊斯蘭教並不總是會分割蒙古群體。哈薩克的各個統治者如同帖木兒，都操突厥語，都信奉伊斯蘭教，也都自稱是成吉思汗後裔，並且直到他們的正當性遭清朝排除之前，都仍從屬於東方的聯盟；清朝雖允准其在帝國內定居，卻將其分類為外夷，與其交流皆經由朝貢體系。[66]而在十六世紀的蒙古，宗教成為蒙古內部

65 詳情可參見Bawden, *The Modern History of Mongolia*, 188-129；Bergholz, *The Partition of the Steppe*, 392-94。

66 因此，不同於十八世紀朝廷所稱的絕大多數「蒙古」群體，他們是《皇清職貢圖》當中所收集的其中一族（見下文：莊吉發，《謝遂「職貢圖」滿文圖說校注》，頁

分裂與蒙古權力鬥爭中的象徵。察哈爾的宗室持續宣稱至少擁有對哈剌和林以東蒙古人的統治權；然而，他們面臨土默特部的挑戰，在阿勒坦汗（死於一五八二年）治下，土默特部將第三世達賴喇嘛引入蒙古，並利用「喇嘛教」作為統一元素，來挑戰察哈爾的統治者。此策略在當時十分奏效；雖然其後代無法維繫阿勒坦汗積攢的權力，但喇嘛教確實有助整合蒙古。百年之後，達賴喇嘛的制度成為大清控制藏蒙政治氛圍的焦點所在。與清代之前的蒙古文化史形成鮮明對比的是，現代作家甚至可以說，就算祖先歸信伊斯蘭教，也不能被視為蒙古人，更遑論其後裔。[67]此額外顯示出清代政策對現代觀念的影響：達賴喇嘛如今成為與西藏息息相關的政治象徵，但綜觀蒙古歷史，達賴喇嘛曾具備關鍵影響力的幾個世紀卻幾乎都遭忽視。

用於滿洲語言標準化的政策同樣推行於蒙古：將遼金元三朝的史書譯成蒙文；[68]編纂並散布文法與考用書籍；在紀念碑文、詔書與儀典畫卷上展示語言；並規定蒙古旗人與貴族須以標準形式修習蒙文（有鑑於十七世紀衛拉特對其語文的保護，此要求極為明確）。乾隆皇帝深信存在有真實的蒙文（如同有真實的滿文），而這將經由蒙古表面上的重新統一反映出來（一如阿育王的南贍部洲將因新轉輪王的征服而浮現）：「我國家自太祖、太宗以來，近邊蒙古部落久為世臣，而至今則喀爾喀、青海及準噶爾之四衛拉特前後歸順，蓋無一蒙古之非我臣矣。諸部語言音韻剛柔雖畧殊，而大段則一。」[69]儘管皇帝熱中於將語言加以標準化、展示，並控管語言對應至指定的身分認同，但綜

一三六）。到了今時今日，他們再次被蒙古的文化官僚機構認定為「蒙古人」，但中華人民共和國並不承認。

67 元朝詩人薩都剌的後裔曾在筆記中慷慨激昂的指出，不能只因為自己是薩都剌的後裔，就宣稱自己代表蒙古民族（薩兆溈，〈一位蒙古族化的色目詩人薩都剌〉）。

68 此過程的最新論述，請參見何冠彪，〈乾隆朝重修遼、金、元三史剖析〉。

69 出自《御製滿珠蒙古漢字三合切音清文鑑》（序：卷一七〇）的御製序文，引用自何冠彪，〈乾隆朝重修遼、金、元三史剖析〉。

觀整個清代，蒙文使用者人數日益下降（滿文亦是如此）。隨著大清領土不斷擴張，愈來愈多蒙古文化從屬被納入，但卻造成極為可觀的人口下降。光是十八世紀平定準噶爾之戰，清代史書記載準噶爾死亡者一百萬人，倖存者僅數萬人；[70]在蒙古與東突厥斯坦幾場激戰中，這比例很可能就是真實的傷亡率，死傷慘烈的結果就是潛在的反抗者銳減，而且還能收穫無主地，從事養馬、放牧、採礦與農耕。一八〇〇年，清朝領土內的蒙文使用者可能連四百萬都不到，而到了帝國亡國之時，此數字只剩一半。[71]此數字中的絕大多數是八旗貴族（多半居於北京），可能相當於準噶爾、東突厥斯坦、青海、西藏與東北的人口總和。[72]這並不奇怪，因為導致滿洲語言變化的同一股力量，顯然也在影響蒙文使用者的主要組成。特別之處在於當帝國傾頹之時，地方認同、地點與職能的日常標記，並沒有比抽象、遙遠且由帝國強加於上的蒙古身分認同標準更具說服力：「統御全蒙古的」[73]成吉思汗信仰、蒙文與喇嘛教。此些因素的結合即在二十世紀標誌出「內蒙古」複合體，並維繫著與西藏的文化聯繫，對清帝國意識形態與戰略的完整性至關重要。至於西蒙古，處於敵對雙方的衛拉特與哈薩克仍然逐漸混合，[74]即便清廷的表述將其嚴格劃分。生活於東突厥斯坦「新疆」的衛拉特後裔，逐漸成為新建構出的穆斯林（「回族」或「維吾爾族」）帝國成員的一部分；乾隆朝有些碑文採用從阿拉伯文衍生

---

70 引用數據與簡要討論，引自 Borei, “Economic Implications of Empire Building,” 28; 36。

71 數據如下：外蒙古七十萬、內蒙古二百六十萬，新疆與青海合計二十萬。可參見 Fletcher, “Ch’ing Inner Asia,” 48。

72 另可參見 Wang Longyi and Shen Binhua , “Menggu zu lishi renkou chucao.” 對清代人口變化的最新統計。

73 Serruys, “Two Complaints from Wang Banner, Ordos, Regarding Banner Administration and Chinese Colonization (1905),” *Monumenta Serica* 34 (1979-80): 471-511.

74 此處不討論哈薩克與衛拉特在當地爭奪統治權的鬥爭史，但可參見 Bergholz, *The Partition of the Steppe*, 355-78。

出的維吾爾文字、讓極少數的回族加入八旗（乾隆末年總共有四名學生進入北京官學），以及奠基於香妃傳說之上的進獻美女事務（從新征服的穆斯林地區送至乾隆宮廷），都模糊反映出這一點。[75] 此帝國成員的歷史化極其薄弱，且其標記是平面的；這沒什麼好訝異的，畢竟維吾爾帝國成員之所以會建立，幾乎就是為了掩蓋十六、十七世紀現實中蒙古從屬的複雜與範圍，並遮蔽粗暴且在戰略上十分冒險的時局，乾隆一期始終難以解決，即便雅致如乾隆帝，在其無限但嚴格定界的世界裡，也找不到伊斯蘭教的容身之處。[76]

虛空的帝國成員

乾隆帝的普世主義多半奠基在，將藏蒙與最後的東突厥斯坦相連繫的複雜宗教與政治理想之上；在乾隆時期，西藏是個特別的意識形態來源，同時也受到帝國勢力的戰略性干預。[77] 早期的清帝通常滿足於接見喇嘛，舉行適當的儀式，並讓自己成為成吉思汗與忽必烈的世俗繼承者，但對乾隆帝來說，這遠遠不夠——他要將首都北京打造成喇嘛教的精神首都。一個規模浩大的計畫就此啟動，不僅要將藏文《大藏經》譯成蒙文與滿文，還委派蒙古與滿洲學者為經文編寫注釋。在與皇室關係緊密的各個寺廟中，皆有藏傳佛教的身影，最知名的當屬乾隆帝的出生地「雍和宮」；在十八世紀末、十九世紀初，有數百名藏、蒙與滿洲僧侶居住於此，傳授黃帽派教義。北京負責任命蒙古地區的最高宗教領袖，先遴選出達賴喇嘛，然後保留其行政職掌，就連熱河的避暑山莊中，也複製了一座拉薩的達賴喇嘛住所布達

75 Millward, “A Uyghur Muslim in Qianlong’s Court.”

76 乾隆朝的穆斯林暴力及其與法律和邊疆政策的交互作用，另可參見Lipman, *Familiar Strangers*, 58-102。

77 清藏關係的背景，可參見最近出版的Rawski, *The Last Emperors*, 249-55。

拉宮。

在清朝治下，西藏作為帝國成員十分微妙，更像是一種觀念、一套信仰習俗，抑或是一種語言，卻幾乎在歷史文獻中付之闕如。近因是沒有藏人的旗人（除非他們入籍蒙古），但更大的可能性在於，準噶爾與東突厥斯坦在乾隆一朝始終動盪不安，而其政治與軍事混亂多半肇因於西藏。乾隆曾下令編纂東突厥斯坦（新疆）的征服史，但朝廷似乎並不樂見當中出現「平定」西藏的計畫。在乾隆朝廷看來，此時期清軍占據西藏的事實只不過是征服東突厥斯坦、青海與西蒙古這段更宏大歷史的注腳。而對乾隆帝來說，重要之處在於努爾哈赤與他的第一批藏人喇嘛相遇後所發生的事情：只要獲得西藏，統治者就等於獲得超自然的援助，同時也獲得統御「蒙古」的正當性。乾隆帝所看重的，是成為「覺者」與提升普世統治者的俗世使命的途徑，這並不代表在戰略考量中，清廷能忽視西藏貴族或僧侶的政治影響力有多大，也不意味清廷會虔誠地將「西藏」的宗教與意識形態利益，與其在蒙古、青海與準噶爾的政治用途看成兩回事。到了十七世紀末，清廷早已體認到這些可能性，並認為西藏意識形態可為軍事干預敞開大門，從而保護大清利益，防範華南獨立勢力的發展、蒙古勢力的復甦，以及俄羅斯對蒙古與中亞的干預。

一六五二年，第五世達賴喇嘛前往北京覲見順治帝，之後兩人的關係得以制度化，[78]從此理藩院成為達賴喇嘛的事務機構，協助其在蒙古與青海東部擔任精神領袖與某些世俗事務裁決者的角色。達賴喇嘛逐漸受制於清廷的監視與規範，在順治朝末年的一六六一年，理藩院已經開始監督達賴喇嘛的遴選。但畢竟拉薩與北京山水迢遙，當時不僅中國的局勢尚不穩定，更別說蒙古與中亞了。吳三桂甫一獨立隨即發起對帝國的戰爭，年輕的康熙帝立刻被點醒：吳三桂立即試圖沿

78 Hevia, “Lamas, Emperors and Rituals.”

著康藏—雲南一線，與拉薩定期通商，以換取西藏的支持，並向達賴喇嘛求援；而當達賴喇嘛的回應貌似不支持清朝鎮壓吳三桂時，清廷在說服察哈爾臣民與喀爾喀盟友時，就立刻遭遇瓶頸。[79]

三藩亂平之後，與西藏僧侶的關係雖然得到修復，但康熙帝依舊時時警惕，擔心西藏與準噶爾或其他衛拉特群體之間的戰略合作。一六六〇年代初期，喀爾喀蒙古在黃帽派領袖大喇嘛哲布尊丹巴的調停之下，決定與清朝結盟共抗羅曼諾夫俄羅斯。然而，清廷在一六八〇年代試圖促成喀爾喀與衛拉特之間和平的努力，遭遇西藏攝政桑結嘉措所阻礙；其私下與噶爾丹結盟，並隱匿達賴喇嘛的死訊（喀爾喀可汗正等待消息）。是故康熙帝擊敗噶爾丹後，立刻將目標轉向拉薩。在大清的授意之下，西藏貴族於一七〇五年罷免桑結嘉措，重振拉藏汗的政治權力，拉藏汗遂成為西藏最後一位世俗國王。策妄阿拉布坦繼噶爾丹之後領導衛拉特，其於一七一七年入侵拉薩，廢黜拉藏汗；清朝隨即介入，於一七一八年占領拉薩，並冊封第七世達賴喇嘛，不過清朝首次嘗試占領西藏未能長久，策妄阿拉布坦摧毀了拉薩的大清駐軍。一七二〇年，青海與四川的清軍收復拉薩，並建立永久性的八旗駐軍，與察哈爾的情況類似，貴族的行政權遭理藩院大臣剝奪，這些大臣基本上負責向皇帝通報政治情報。國王遭廢，西藏從此失去世俗的政治獨立性。一七五七年，準噶爾最終於蒙古敗北，西藏的戰略緊急局勢得以緩解。藉由提升並擴大班禪喇嘛的地位，清朝強化了對西藏象徵性的控制。為與日益強大的清朝保持交好，第五世達賴喇嘛遣使前往盛京與北京，並在一六五一年親自造訪北京，其為第一個承認班禪喇嘛轉世為達賴喇嘛老師的人。一七〇〇年後，西藏陷入長期動盪，只有少數達賴喇嘛的壽命超越師長，在第五與第十二世之間，只有一位超過二十三歲，而第十一世達賴喇嘛的死因亦極為可疑。最

79 Lee, “Frontier Politics,” 34-37.

終，班禪喇嘛成為達賴喇嘛的實際攝政，並受乾隆朝廷承認，為大部分西藏的世俗領袖與佛教世界的精神領袖，地位超過達賴喇嘛。

清廷與西藏僧侶的神祕聯繫的背後，實際上是西藏的社會實體，其於清代文獻中付之闕如，只在《皇清職貢圖》（以下將討論）與理藩院中草草現身。文官、達賴喇嘛轉世（十八世紀清治西藏之前）與地方僧侶（占總人口的兩成）皆由以農為本的西藏貴族所把持，清軍總督亦未阻撓其壟斷土地權與商業特權；清朝唯一一次試圖剝奪重要的貴族特權，是經抽籤選擇達賴喇嘛的「金瓶掣籤」，貴族起先對此毫無興致，直到認為自己能從中謀利。此外，王權遭廢後，達賴喇嘛被承認是大部分西藏（班禪喇嘛在拉達克的根據地除外）的世俗與精神領袖，並獲准在西藏與青海徵稅；達賴喇嘛的稅收未曾間斷，即使十九世紀初拉薩的清駐軍破產，不得不向達賴與班禪喇嘛借款以供軍餉。西藏貴族仍能維持自己的外交政策，直到一八五〇年代的軍事衝突之前，都十分歡迎與尼泊爾的貿易。此後，隨著英國東印度公司把手伸進西藏，讓拉薩的既得經濟與政治勢力坐立難安；一七一七年準噶爾的入侵導致隔年首都遭清軍攻占，一七九〇年代廓爾喀（Gurkha）的入侵，則導致清朝對西藏的最大規模入侵，並強迫貴族接受「金瓶掣籤」，往事歷歷在目，他們憂心英國的闖入會引發清朝另一場大規模的軍事占領。一九〇五年，這件事確實發生了。清朝的反應之快令西藏與英國人同感震驚，但對於即將覆滅的帝國而言，這樣的效率終究只是徒勞。

史家難以從清代文獻中萃取出西藏的妥善紀錄，更遑論要重建清帝國與西藏（Wargi Dzang）的關係（抑或如常見的「中國」與「西藏」），注定只能空手而歸。自努爾哈赤時代，西藏儀式、信仰對象、老師及信仰就在大清統治世系中根深柢固，反映出清廷與西藏土地之間的親近，這並不符合薄弱與零散的軍事干預、虛有其表的政治表現，抑或是西藏貴族得以獨立管理當地事務。乾隆時期有大量的出版品論述藏傳佛教教派、儀式與詩歌，並在寺院機構上傾注可觀資金，但缺乏西藏的傳統征服敘事，也沒有正式的行政文件彙編。或許最妥善的做法，是把清朝對西藏的統治事實，想成清初在甘肅、青海、西南與緬泰部分地區所推行的「土司」制度（均由理藩院協調），而此些區域受土司統治的人群當中，有許多與西藏有著深入的貿易或文化連結。[80]確實，清朝在西藏對地方行政的干預，並未超過「土司」制度下的地區，比起東突厥斯坦（新疆）、甘肅與四川的軍事占領區，這些紀錄與這些制度更為相似。但清廷所指定的「西藏」帝國成員，實際上空無一人——在乾隆帝的信仰理想中，這些人並無差異。

十八世紀末「西藏」文獻的問題接近臨界點，強調應加以區異何謂此處所稱的「帝國成員」及何時會被稱為「人民」，而不論是十八世紀或現代，「人民」通常都是民族志學者的研究對象。藏人雖然並非清皇權的帝國成員，清帝國仍完全意識到生活於西藏的人民，並在將帝國成員歷史化的敘事文學之外加以承認。當中最重要的載體當屬一七九〇年與一八〇五年之間幾次以不同形式製作的《皇清職貢圖》。當中許多人群雖被認定生活於「西藏」，但卻無一人被稱作「西藏人」，即便清廷確立了藏文的標準化書面語言党項語（Tanggūt），並作為其表達媒介之一；然而，被認定生活於「西藏」的六個民族，包括祖先曾創立西夏党項帝國的彌藥人（Minyaks），均未被證實曾使用此種帝國方言。《職貢圖》的此項特徵是其在十八世紀宮廷出版品所代表體裁的重要標誌。帝國成員被賦予其起源的敘事史，凸顯其文化完整性、其統治制度的遠古卡里斯瑪，以及在清皇權發展中的推動角色（帝國的形成雖然重要，但仍從屬於皇權）。《職貢圖》中的人

80 此地方統治制度通常牽涉中國西南與彝族的歷史，但從元代到清代的漫長（雖不連續）的歷史中，曾在清朝西部的廣大範圍內採用了幾種變體。此方面的最新研究，請參見楊明洪的《論清代涼山彝區的土司制度與改土歸流》，頁九十二至九十五，以及喬荷曼（John Herman）與蘇堂棟（Donald Sutton）即將出版的作品。

群基本上出自與清帝國通商的人群目錄中的元素，經由朝貢儀式傳達出此種從屬的貿易關係——不論是從明初延續下來的鴻臚寺和太常寺的儀式，抑或是清代理藩院所職掌的交流體系。《職貢圖》的形式顯然借鑑了四夷館不時編寫的目錄與歷史地理書籍。[81]《職貢圖》所遵奉的原則是朝貢的歷史優越性與地緣性（因此荷蘭人被分在臺灣的各種本土人群中）。一般由理藩院管理的人群與傳統朝貢的人群混雜在一起，這顯示在貿易與封貢層面，理藩院的許多職能十分類似鴻臚寺與太常寺，不過這種類比並未促成兩方的合併。以朝鮮為首，緊接著是琉球王[82]與其他經南部沿海前往清帝國的人群（包括英國、法國、瑞典、葡萄牙、匈牙利及其他歐洲人）。此充其量只能算是對明代朝貢體系的更新，而非徹底的改變，顯示大清認為應將明代朝貢體系加以吸收並予以保留，成為清帝國的職能。大清的更新還包含另一個顯著的面向，即用精確的詞彙範本來識別各個群體；不同於四夷館文獻單純將民族命名成某某「國」，滿文條目一致將群體標識成某個地區、區域或傳統上領土「之」人。此類似於雍正帝在《大義覺迷錄》中使用的詞彙，會在漢文中反映滿文的屬格或所有格（例如，中國之人），且前後一致地限定以漢文文件的常用詞彙來書寫。類似的做法，群體識別幾乎全都以「人」（*niyalma*）為主詞，如此便將區域性或世系的簡化成子句。總歸而言，此做法可中肯描述成一種清朝中葉的命名風格，文法及概念皆與明代及更早期帝國所建立的標準有所不同，而清朝從這些帝國承繼了數百年的歷史、語言、經濟，甚至是文化評論。[83]

《職貢圖》的條目雖然引誘現代讀者想將其充作民族志文獻，但

---

81 Crossley, "Structure and Symbol."

82 論琉球王參加朝貢儀式時使用滿文，可參見 Crossley and Rawski, "A Profile"。

83 另可參見本書緒論注釋九十四。

確切來說，其製作是為了滿足貿易官員的利益。除了有些日期與少數十八世紀的文獻片段提及各個人群開始與以中國為重心的帝國通商，或遣使的時間外，基本上不涉及歷史。除非涉及貿易與交流官員的關注點，不然這些條目也絲毫不會假意理解這些人群的習俗或信仰；在許多案例中，世襲首領的主要資訊是其在行政體系中的具體階層，且在少數「官員」與百姓在行政（與服飾）層面有明顯差異的案例中，兩者皆會有單獨的條目（讓人聯想到努爾哈赤初期對尼堪中「官員」與「百姓」的區異）。當中記錄了服裝的材質、對有些歐洲人吸鼻菸的評述、牲畜與畜牧的作用，以及邊疆群體的識字率等。針對此處所談論的普世主義、帝國成員與皇權，《職貢圖》最鮮明的意義在於其仔細剔除了任何涉及帝國成員群體的史料。「漢滿蒙回藏」均明顯不在其中。此點尤須注意，因為有些明顯具文化關係、但不允許與征服菁英有政治連結的群體雖然被列出，但卻缺乏任何相關的說明。例如，土爾扈特是衛拉特中較不幸的群體，他們嘗試與羅曼諾夫帝國結盟來避免遭清朝兼併，卻慘遭窩瓦河畔的俄羅斯總督背叛，迫使其逃往大清領土，才得以躲避哥薩克人的殺戮。土爾扈特遭排除在此時期清廷稱為「蒙古」的眾多吸納而來的群體之外，《職貢圖》完全未提到任何與之的關聯；「蒙古」這個詞其實根本就不曾出現在《職貢圖》中。[84]哈薩克的缺席同樣十分明顯，他們既未與蒙古，亦未與伊斯蘭教有任何牽扯。[85]最古怪的地方在於對東北殘餘人群的處理，他們未被強行納入八旗，但在康熙時期在文化上與滿洲關係緊密。鄂倫春、奇楞、庫頁、費雅卡、恰喀拉、七姓野人與赫哲族被簡單描述成吉林與黑龍江的不識字採獵者，有些騎馬、有些不騎，有些靠水、有些僅在森林活動。如同所有乾隆朝的文獻，歷史充滿了遺漏。最重大的遺

84 衛拉特的祖先非常遙遠（莊吉發，《謝遂「職貢圖」滿文圖說校注》，頁一六五）。
85 莊吉發，《謝遂「職貢圖」滿文圖說校注》，頁一三七。

漏當屬鄂溫克，其為東北人數最多、在語言上最靠近，且最適合納入八旗的人群。鄂溫克與滿洲在朝廷觀念中如此緊密（朝廷甚至鼓勵以鄂溫克語來修正某些斷代史的詞彙），但鄂溫克也有可能會洩露真相。《職貢圖》這份文獻兼具客體化與異化；雖然確實記錄了清帝國的各省，但並未識別出對帝國象徵、表述或正當性而言不可或缺的帝國成員。

乾隆帝對帝國成員的表述顯然影響了將語言，尤其是身分認同，相連結的趨勢。這或多或少可說是自我應驗預言（self-fulfilling prophecy），因為朝廷贊助的學術研究主要集中於考據學（包括以「考證」發現並重建遼、金、元歷史中的「原初」語詞）[86]，且到了十八世紀，大多數國家印刷品都以滿文、蒙文，以及十八世紀末的藏文與維吾爾文製作語文教材與辭書（「鏡子」；*jian*/*buleku*）。此些語言的紀念性價值極高，不僅可雕於石碑或大門上，或繡進紀念畫卷或皇室棺槨經被上，亦能同時以多種語言來顯現文學紀念作品，例如《御製五體清文鑑》。其展現的是皇帝的合璧性能力，並不要求乾隆帝能力所涵蓋的世界須為數眾多或具備歷史一致性；那些在旗學或書院中苦讀的有志官員，被正式告知他們具備聽取皇帝合璧性聲音的能力，代表其為帝國成員。他們完全理解正式、抽象語言的使用與日常交流之間的區異。同樣的區異存在於帝國成員與真實人群之間：帝國意識形態並不關心民間方言的身分認同。中國南方與西南的人群從未被納入版圖，他們的語言（若能書寫）對於擴展皇帝的道德境界沒有絲毫幫助，亦即並非帝國聲音（或多種聲音）所針對的帝國成員。他們的表述局限於十八世紀娛樂知識分子的獵奇產業，向大清納貢人群的目

86 另可參見Crossley, "The Formalization of the Manchu Heritage"，以及吳哲夫，《四庫全書纂修之研究》，頁一七二至一七三。

錄或《苗蠻圖》[87]在其中流傳。在普世的圖像學（iconography）中，沒有空間留給模稜兩可：漢軍被改為「漢人」，衛拉特人則被改為「蒙古人」。

理想化帝國成員與現實之間的差距，並未影響十八世紀身分證明文件的最終說服力；將十八世紀意識形態框架內的文獻作為社會與政治史的史料，在十九與二十世紀已經受到認可，並成為我們進行中的「族群」與「文化」研究的依據。若以正確的角度觀之，謊言也能變成真理。但清朝帝國身分認同的意識形態令人愈發驚訝的是，其有能力定義，並確實讓他們公開宣稱的敵人——那些在二十世紀初給帝國致命一擊的民族主義者，使其語言與概念變得僵化。

87 可參見何羅娜（Laura Hostetler）即將發表的作品。

後記

帝國末年的種族與革命

一八九五至一九一二年間，中國的民族主義者改變了中國人在歷史上受皇帝所統治的地位。並改造了某些語詞的意涵：「國語」在清代意指滿文，如今則是標準中文；「漢奸」在清代指的是假裝為帝國效力、實際上背叛帝國的漢人；如今的「漢奸」是那些真正為大清效力的漢人，主要是漢軍旗人與其後代。本書緒論曾指出，端方案是這些改變的象徵：他遭到憤怒群眾攻擊自己是旗人時，辯稱自己是「純正的」漢人，但未被接受。十八世紀的遺緒雖然能合理化此說法，但端方依舊難逃被殺害的命運：不論是純正漢人還是旗人，皆被認定是純正的叛徒，二十世紀的民族主義者從不吝於在八旗漢軍的後代身上貼上「種族叛徒」（race traitor）的標籤。這並非民族主義者從清朝中葉繼承而來的唯一概念。一九二三至一九二四年，革命黨意圖推動皇室財產國有化；更重要的是，連皇帝本身也需國有化。前朝的所有人如今淪為國家的財產，代表定義尚未明確的「中國」，以其征服與占領的歷史，向日俄提出領土要求（之後有一個更好、但依舊定義不明確的「中國」在面對蘇聯與印度的邊界爭議時，採用相同的說法，以正當化武力占領西藏與對臺灣持續發表激進言論）。作為此種更大範圍挪用的一環，皇權用以產生並維持其帝國成員的概念與詞彙，在許多情況下被挪用來定義後繼國家中作為主體的「漢人」，並與「少數民族」的身分認同分開。結果導致源頭與分支之間產生新的緊張關係，至少如同本書之前爬梳過的乾隆轉型期一樣錯綜複雜。

乾隆朝對系譜思維的正當化與文化知識的理想化，在十九世紀成為立即性的需求；政府在與西方打交道時，屢屢遭受阻礙，此種僵化的資訊處理方式源自乾隆帝對權威的偏好，也就是皇權將普世帝國加以分類的能力凌駕科學的直接後果。中國民族主義者爭相呼告推翻皇朝、並將滿洲在中國加以根除（對多數人來說，此為一體兩面），而那些自恃為帝國成員的人群，在大清末年徘徊於到底該效忠這個垂死的皇朝，還是該脫離這個以漢人主導的國家。其反映出帝國意識形態如何影響「民族主義」與「族群」運動在帝國末年的興盛程度：在帝國治下不屬於帝國成員的人群，不管是分離主義（secessionist）、民族主義或族群運動都很薄弱；那些自稱是中亞與內亞的大清帝國成員的人群，能推升不同程度的一致且有效的民族運動。至於漢人，帝國屬於次要的大多數，藉由與他者的相互區異來定義自己，特別是滿洲（十七世紀的角色對調）。確實，激進中國民族主義的修辭（諸如陸皓東、鄒容、章炳麟和曾經的孫逸仙），在漢人特徵的內部一致性層面上，深深依賴滿洲的歷史刻板印象。[1]十九世紀末至二十世紀初，民族主義學者與論戰者在發展其修辭時，不僅吸收了十七世紀的異議傳統，更汲取了乾隆朝的世系與原型認同的意識形態。

在研究十九世紀末中國民族主義者的論述起源時，經常強調進口語詞、概念、文本的作用，有時更用「現代性」框架來解釋中國民族主義的刺激和形式。[2]外來影響當然無可辯駁，但特別在提及梁啟超

---

1 針對這一點，可參見Crossley, *Orphan Warriors*, 187-228；以及與路康樂即將發表的作品。

2 例如，可參見Tang Xiaobing（唐小兵）, *Global Space and the Nationalist Discourse of Modernity*；論民族主義思想背景的最全面研究，可參見Gasster, *Chinese Intellectuals and the Revolution of 1911*；亦可參見Laitinen, *Chinese Nationalism in the Late Qing*

（一八七三至一九二九年）與章炳麟（一八六九至一九三六年）時，許多學者會將此些影響置於傳統觀念的脈絡中討論。[3]選擇「外來」或「傳統」來源來解釋中國民族主義絕非必要；[4]正如馮客等人所論證的，「種族分類早在歐人入侵中國之前就已形成」。[5]梁啟超致力於強調識字在外來概念中的重要性，導致之後假設外來概念能左右一個人的思想。《清代學術概論》中對章炳麟的研究就是絕佳的例子：梁啟超並未提及章炳麟在一九二〇年的書寫代表民族主義運動的一個疏離的派系（如同自己位於光譜的另一個極端），而是讚揚章炳麟曾提倡「正統」（王念孫）學派，[6]並留意到其年輕時醉心於「早期政治文

Dynasty, esp. 38-54，以及 Pusey, *China and Charles Darwin*。

3　論梁啟超的大概背景，可參見Levenson, *Liang Ch'i-ch'ao and the Mind of Modern China*; Chang hao（張灝）, *Liang Ch'i-ch'ao and Intellectual Transition in China*; Huang, *Liang Ch'i-ch'ao and Modern Chinese Liberalism*；以下研究對梁啟超思想的特殊層面更為關注Judge, *Print and Politics*; Tang, *Global Space and Nationalist Discourse*; Pusey, *China and Charles Darwin*; Kwong, *A Mosaic of the Hundred Days*; Nathan, *Chinese Democracy*, 45-66；黃珅，〈梁啟超多變論〉。論章炳麟的大概背景，近來最為全面的研究，可參見Weber, *Revolution und Tradition*；亦可參見Shimada Kenji（島田虔次）, *Pioneer of the Chinese Revolution*; Laitinen, *Chinese Nationalism in the Late Qing Dynasty*; Wong, *Search for Modern Nationalism*; Gasster, *Chinese Intellectuals and the Revolution of 1911*, 190-227; Fogel, "Race and Class in Chinese Historiography"; Furth, "The Sage as Rebel"；章開沅，〈俱分進化論的憂患意識〉；Warren Sun, "Chang Ping-lin and His Political Thought"。對兩人在「種族」思想上的比較，非常有成效，可參見Dikötter, *The Discourse of Race in Modern China*, 97-136。

4　安德森與葛爾納（Ernest Gellner）誇大了民族主義與前民族主義（prenationalist）「意識」之間的斷裂，遭到杜贊奇（Prasenjit Duara）質疑（見*Rescuing History from the Nation*）。但針對全球交流及其對中國政治意識形態影響的特殊面向，所進行的必要探索，可參見Lydia Liu（劉禾）, *Translingual Practice*。

5　Dikötter, *The Discourse of Race in Modern China*, 34.

6　考證學家王念孫（一七四四至一八三二年），與其子王引之（一七六六至一八三四年）被視為江南重要遺緒的先驅。如同我在別處所指出的，章炳麟與其滿洲競爭對手金梁皆聲稱繼承王氏思想的衣缽（可參見*Orphan Warriors*, 162-63; 181-86）。論

宜限於單一『種族革命理論』」，接著繼續檢視更成熟（或許更為敏銳的）章炳麟，其喜歡以佛教的概念化媒介來詮釋道教。梁啟超更讚揚章炳麟在閱讀西方作品後變得「更博學」，[7]這是對世界主義（cosmopolitanism）優於狹隘文化主義（Culturalism）的強烈暗示，無疑真正投射出其對中國知識菁英的期望；但這嚴重扭曲了章炳麟與梁啟超本身的思想來源。此後記的議題是檢視十八世紀意識形態在從帝國過渡至共和國中國期間，更突出修辭辯論的特定反映。

無論光譜是偏向梁啟超的一端，還是章炳麟的一端，王夫之、黃宗羲與顧炎武[8]特別被論證為民族主義運動的思想「鼻祖」。將十九世紀末與十七、十八世紀串聯起來的經學鏈早已存在。王夫之[9]與黃宗羲的某些文章被選入《四庫全書》或受到朝廷認可；即使是禁書，如王夫之，也可能因吸引足夠多的批評論述與乾隆帝的評論而廣為流傳。在太平天國之後數年，地方圖書館的重建由文官總督負責，在委製新雕版的過程中，經常將遭《四庫全書》壓抑或忽視的作品重新公開。梁啟超和同時代人不遺餘力地將支持者的注意力引向這些作品，包括在雍正帝《大義覺迷錄》中保存的呂留良的作品，並重新出版那些在十八世紀遭到忽視或禁絕的作品。梁啟超最得意的，就是重新出版黃宗羲抨擊帝國專制的《明夷待訪錄》，雖然這並不符合梁啟超的

王夫之，亦可參見黃愛平，〈乾嘉學者王念孫王引之父子學術研究〉；Elman, *From Philosophy to Philology*, 112-29。梁啟超稱章炳麟為「正統」時，當然是想將其置於更宏大的世系中：經由王夫之、再到顧炎武，即梁啟超所稱的清代思想三大祖師（與閻若璩、胡渭並列）。

7 Liang（梁啟超）, *Intellectual Trends in the Ch'ing Period*, 111。

8 針對皇權辯論，章炳麟的回應更引人注目，特別是想到其年少時對顧炎武的癡迷；其因顧炎武而自號「太炎」，立志完成顧炎武的《形勢論》，即以宏大世系為基礎，編纂漢人組織的概要。

9 一八四〇年與一八四二年間，王夫之部分未完的作品由鄒漢勛付梓，一八七一年，曾國藩在南京的印刷廠將王夫之毀於太平天國戰爭中的《船山遺書》重新出版，一八九七至一九一七年間，劉人熙將王夫之傳世但未付梓的著作加以出版。

說法——《四庫全書》不僅未曾壓抑《明夷待訪錄》，還收錄所有黃宗羲的著作。[10]但更引人遐想的，並非是此時期通常被設想成對「遺民」、「民族主義者」、「種族主義者」或「反滿」等清代禁書的改造，而是精心挑選出王夫之、黃宗羲、顧炎武與呂留良等十七世紀的宇宙論者，而未選擇同一時期更具說明性與政治批判性的民族志學者，像是蕭大亨、茅瑞徵、葉向高等。

民族主義者的史料難以跳脫出十七、十八世紀帝國製造的文獻，但他們最大膽之處在於立即從帝國中挪用了「中國」邊界的概念。至一九一一年，民族主義者最終要求未來的共和國應繼承整個清帝國的地理輪廓；諷刺的是，大清帝國意識形態仔仔細細地將中國物化為帝國的一個省。民族主義者對中國地理範圍的晚期共識，深受意識形態與戰略所左右，若說從十九世紀末、二十世紀初清廷治下的民族主義社會學下手，就能找出讓「大清」體系轉移至「中國」的抽象原因，則可以說他們的相互作用對於排他性哲學在世紀之交獲得政治立足點的能力上，施加了一道難以抗拒的管制，導致章炳麟、劉師培等人遭民族政治修辭發展排除在外。用最宏觀的角度來看，一八五〇至一九一一年的民族主義社會學，概略反映出一個民族化的中心與許多族群化的邊陲。運用各種方式，都能讓這兩者追溯至太平天國時期（一八五〇至一八六五年），時值國家名聲掃地，難以延續十八世紀的官方文化政策，當皇權意識形態的地位重新致力於以二維的「儒家」表述方式呈現時，內戰的社會動力推升了對於不同種族的惡言相向，以及共同體之間發生衝突的機會與程度。

目前缺乏有力證據顯示，中國在太平天國之前，存在根深柢固或棘手的種族仇恨。並不是說個別漢人或滿人不會互相憎恨，抑或是漢人普遍對於滿洲群體所享有的優勢不會感到反感；而是要指出，族群

10 孫會文，《梁啟超的民權與君憲思想》，頁十五。

衝突並非政治或社會動盪不安的主因，對不同種族的惡言相向通常附著在有明確近因的爭議性修辭上。即便是太平天國，也並未明確假設滿漢之間有基於種族特質而難以弭平的敵意。但難以否認的是，隨著太平天國秩序的建立與太平天國宣傳的擴散，發生了一連串的重大變化：由於其創造獨立的修辭，加以宣傳，並能持續一段時間，太平天國達成帝國先前未曾浮現的明確性與種族劃分理論。其宗教信仰也為其提供了理論：滿洲代表撒旦，太平天國則代表上帝。利用旗人身為朝廷戰爭奴僕的地位，太平天國將中國描繪成遭受奴僕所奴役的狀態，並加以宣傳，此概念在世紀之交的民族主義修辭中成為相當普遍的特徵。[11]戰爭中，駐軍時常發動大屠殺，受害者多半是無戰力的老弱婦孺，因此滿蒙及仍保留漢軍地位的人意識到，他們將因為自己的族群特質，在自家門口遭到追捕、殺害或活活餓死。太平天國的人口登記機制所需要的族群認同詞彙與帝國迥異，故加以引介漢人、蒙古人與滿人的詞彙，這些詞彙在清朝的最後十年被自發性地當成自我認同。[12]

太平天國最大的意義可能在於其遺緒：戰爭期間，江南許多駐防遭到摧毀或嚴重損壞，大多數據點的經濟狀況動盪不安且急劇惡化；清政府難以、也永遠無法獲得重建這些實質設施或維持駐防人口的資源。鄒容與陳天華等民族主義宣傳者，在之後宣稱滿人靠著著名的每月「三兩」津貼生活富裕，即便他們非常清楚，太平天國之後，旗人很少能定期領到薪餉，不但經常拖欠數月，或因軍官貪汙而遭減薪，甚至拿到偽鈔。官方的貧困政策（伴隨其他異化政策），駐防的命運取決於能否將自己定義成共同體。有些共同體未能成功，沒多久便無法運作或無法識別；有些共同體則十分成功，不僅組織良好，滿足經

11 Crossley, *Orphan Warriors*, 127.

12 另可參見Crossley, "Thinking about Ethnicity"。

濟與教育需求，且似乎在作為「民族」的意識上得到強化——如今不再是被清廷扁平化的旗人包衣，而是擁有歷史與未來的「滿人」、「蒙古人」、「錫伯人」（清廷在十八世紀的證據豐碩）。[13]有充分的證據顯示，一直到帝國的最後數十年，這些後駐軍旗人都還認為自己與清廷有著密切且不容磨滅的聯繫。但在義和團拳亂後，這些「族群」群體當中有一些人出現明顯的轉向，變得更接近民族主義。隨著帝國覆滅已無可轉圜，滿洲與蒙古的分離運動開始形成；他們增加了一套已在進行中的地方分離運動，特別是在新疆、甘肅與西藏的部分地區。[14]現代人民共和國的學術研究往往將這些運動解釋成資產階級的革命運動，因其貌似「反清」；但這些運動通常是反中國的，基於這樣的預期：帝國滅亡後，中國將試圖直接統御這些前帝國的領土。至二十世紀初，大約是百日維新之時，溫和、漸進的滿洲派系的失敗，讓其他的民族主義運動從中國民族主義獲取了憤慨與靈感。滿人、蒙古與錫伯人往往繼續將自己定義為「遺民」，特別是滿人的東北分離主義，亦即大清可以撤出北京並返回原鄉。然而，這些運動與帝國及大清皇室的聯繫十分複雜，且以最嚴格的定義來說，至少部分蒙古與滿洲領袖很明顯是民族主義者，希望能在自認的歷史領土上為自己的民族建立獨立的國家。[15]

在「中國」的範疇內，非漢人的自我認同的演進，引發中國民族主義者的概念危機，無論其自身信奉的意識形態為何。在世紀之交將自己定位成立憲派的人，主要是康有為與梁啟超二人，其無法苟同章

13 與Gladney, *Muslim Chinese*, 79-93及Lipman, *Familiar Strangers*, 190-223所描述的穆斯林過程進行比較。

14 Grunfeld, *The Making of Modern Tibet*, 53-69.

15 一個極為特殊的複雜案例是旗人張榕，應該是因為其主張分離主義，於一九一二年遭趙爾巽派人謀殺；可參見Crossley, *Orphan Warriors*, 200-201；亦可參見McCormack, *Chang Tso-lin in Northeast China*, 26。

炳麟對未來中國國家中非漢人的排他立場；而雖然孫逸仙早期身為民族主義領袖之時，一度同情排他主義的觀點，但地緣政治因素最終促使其接受章炳麟所厭惡的那種妥協。清帝國滅亡迫在眉睫之時，西藏遭到不列顛顛覆，俄羅斯則成為中亞強權，而蒙古與滿洲的分離運動也在日本的支持下開始發展。

純化的中國與鄰國邊界之間和平共處的想法，雖然已在中國民族主義者當中存在已久，但隨著實際政治責任時代開啟序幕，卻顯得難以實現。[16]一九〇五年之後，孫逸仙的修辭出現大幅轉變：提出「五族共和」的中國，些許反映在一九一二年的《滿蒙藏回條約》；[17]其政治考量是避免一個雖「純化」但獨立的弱小中國，在國界的三邊，遭到同樣弱小且易傾覆的鄰國所包夾。共和國早期的混亂部分可歸咎於此，因滿洲與蒙古的分離主義者不斷尋求復國，以實現其民族主義願景，且受到日本計畫性的煽動。一九一六年巴布札布與肅親王善耆發起的滿蒙獨立運動，以及一九一七年張勳復辟，都反映出時局動盪，有時也會激起公眾覺察（public awareness）。所造成的意識形態結果是虛空，在最後一刻轉成虛空的多元論（pluralism），讓共和國在文化多樣性與政治開放性上缺乏概念性的傳播。

皇權與中國政體在文化認同上的關係是民族主義者所意識到的問題，亟需做出決定。重點在於，光緒帝於一九〇九年駕崩之前是否支持君主立憲制，而此通常被認為是在仿傚日本明治維新。但就算是反對君主立憲的人，也無法逃避如何在一個極其分散且各地經濟文化迥

16 高慕軻（Michael Gasster）是少數處理過此問題的作家之一，其認為此問題是身為排他主義者的汪精衛所面臨的兩難局面：一邊是由新中國吸收其憎恨的異族，另一邊是任由其分裂並形成可能與中國敵對的新國家（可參見*Chinese Intellectuals and the Revolution of 1911*, 82）。

17 此為一九一二年的新政府所頒布的兩條「優待條件」之一；其一確保皇室的私有財產與部分公共特權，另一項則承諾保護所提及的少數民族（僅限於此）的財產與公民權利。另可參見Crossley, *Orphan Warriors*, 198。

異的共和國中，建立中央集權統治的問題。梁啟超與章炳麟所持立場的細節將在下文討論，但首先須確立的是與「傳統」相關的皇權地位構建，其具備一些對帝國機構特徵的假設，而熟悉明代與清初哲學著作的人，一般來說皆十分了解此些假設。晚清的中國民族主義者亦十分清楚，此種讓單一個人具備無挑戰且無斷裂的控制，對許多邊疆首領極具誘惑力，其囿於自己本土的集體統治傳統（其中一些收錄於唐代《貞觀政要》，乾隆帝從青年時期就對此十分感興趣），並在中華皇權持續的復興與完善中發揮了關鍵作用。根據《尚書》（被某些學者奉為權威），梁啟超將「法」與皇權掠奪相連結，認為其並非源於中國本土，而是苗族所發明，其與漢人不同，無法以道德動搖。梁啟超之後細細指出，古代中國的首任刑事官員也是首位招撫蠻夷的官員，用刑罰來迫使蠻夷與土著屈服於國家意志；漢人則需以道德勸說。這些由早期君主制建立來處理蠻夷問題的權力，之後趨於腐敗，並應用於一般人民，開啟專制主義的漫長道路。在此種典範中，大清政權將滿洲、蒙古與其他人群納入中國，歸於皇權治下，此為反常的威權組織，迫使漢人受異族統治，並遭其掠奪。事實上，中華皇權史本就是異族入侵的產物，反對大清建立的秩序與反對異族入主中國趨向一致，此為十七世紀「異議」論述的邏輯延伸；意識形態中的大清皇權在其初生之時就已終結，而中華皇帝的歷史也隨之終結。與世界其他地區的民族主義者一樣，十九世紀末至二十世紀初的中國民族主義者，如今能將整個國家描繪成一個共同體，並以一個整體為單位遭受異族掠奪及其工具，也就是在皇權之下受苦。部分受惠於本書詳述的十八世紀清廷意識形態的發展，他們得以使用「族」的詞彙來傳達此概念。共和國代表帝國歷史中國家與共同體之間敵對關係的終結；在其早期階段，革命黨藉由將滿洲與國家一致化，得以將皇權描繪成一個受到憎恨的敵人（而非近來試圖掩飾自己的「儒家」正義形象），並在民族團結與憤慨的推動下將之摧毀。梁啟超認為民主將是統治者能表達並實現（甚至可能憑直覺知道）大多數民心的長期結果；事實上，至少到毛澤東時代，共同體參與政治的可能性似乎因國家與共同體的一致化（或至少是兩者之間創造出的虛假一致）而深受阻礙。與俄羅斯不同，羅曼諾夫家族被期望成為典型的俄羅斯人，民族主義論述不得不有意識地區異（或過度區異）國家與人民，而在中國的民族主義論述，先驗地建立於滿漢的過度區異之上，從而理想化了任何「漢人」國家與「漢人」人民之間的有機關係。[18]

此種修辭取徑之所以有效，在於太平天國之後的中國皇權雖然並無集權，但鼓勵一種明顯以中國為中心的「正統」儒家國家修辭（如前所述），這很容易就受到上述十七世紀的宇宙論者、清廷，以及十九世紀末與康有為，以及其學生梁啟超相關的新經學運動衍生出的思想所反對。在大多數情況下，太平天國之後的朝廷修辭強調等級、從屬、和諧與文化統一性（cultural uniformity），對立於基於經學的改革、均等（equality）及對帝國大業最具破壞性的個別身分認同的哲學，透過這些身分認同，「正義」（「對漢人來說」）得到闡明。為強調國家（短促，起源不一定正當）與社會（永恆且「自然的」）之間的區異，許多作家為「法家」吸引，而歷來皇帝皆堅持其發言應反對法家。章炳麟堅稱，法家的問題並非其讓社會對立於國家，而是其治術被選擇性地應用於專制目的。如同章炳麟，梁啟超也為墨子辯護——墨子沒少受到孟子與孟子學的儒家詮釋者口誅筆伐。梁啟超批評其所謂的儒家「家父長制」（patriarchism），此為孟子學的產物（雖然他強調民主化、而非法家才是根本的解決之道）；[19]並批評孟子

18 Cherniavsky, *Tsar and People*, 229-30 指出德國與義大利等國家的民族主義之所以能更快達成，在於其在十九世紀率先統一，就能在沒有帝國神話「阻礙」的情況下發展民族神話；但我認為其評論意味在帝國時期終結時，俄羅斯的民族主義用語傳達出民族認同與君主特徵之間高度不確定的關係。

19 Liang, *History of Chinese Political Thought*, 48.

未體認到家庭關係中的「權利」議題，進而譴責傳統的父子與君臣關係；[20]其更不滿顧炎武拿孟子學說來建構漢人與非漢人之間的道德敵意，梁啟超顯然不贊同呂留良的思想（這點應會受到雍正帝的青睞），是故其以唯物主義學者（與日本的中間人）朱舜水取代呂留良作為十七世紀的「祖先」。

梁啟超贊同其他民族主義學者的觀點，即荀子是東周最有活力的思想家，亦是最能預見現代政治環境的人；但他並未放棄對孟子道德理想的重視，亦未免除荀子在儒家思想注入過多威權主義的古老指控。梁啟超認為荀子以人類有能力構築並參與政治過程來定義人類，從這一點，而非從固有的道德本性，產生道德的概念。荀子用「群」來指稱獨特的人類主動建立並維繫自發共同體的行為，梁啟超認為這就是政治生活背後的基本思想。不過，梁啟超不贊同荀子認為共同體的正當性與治權的正當性應等而視之，並藉機指責荀子與準法家傳統在為千古以來中國多年的專制辯護。[21]雖然荀子對梁啟超十分重要，但王夫之更重要；畢竟，荀子只解釋了為什麼人類會形成共同體，但王夫之解釋的事情對民族主義者而言更重要，即為什麼人們必須與特定的人群形成共同體。如同荀子，王夫之將「群」應用於他對宇宙論如何在人類社會歷史中「表述」的解釋——以布萊克（Alison Black）的用詞就是「物以類聚」（how like attracts like），共同體會將自身聯繫至歷史中。延伸荀子與王夫之的觀點，梁啟超指出，既然人類天生喜歡群聚，自然個人能在多大程度上定義自身利益與群體利益有多相對或不同；因此，一個受過教育且受到良好撫育的社會，總會有希望獲得井然有序且公正的政治生活。梁啟超於《立憲法議》中指出，「憲法者何物也？立萬世不易之憲典，而一國之人，無論為君主、為

20 Liang, *History of Chinese Political Thought*, 57.

21 Chang Hao, *Liang Ch'i-ch'ao and Intellectual Transition*, 100-102.

官吏、為人民，皆共守之者也，為國家一切法度之根源。此後無論出何令，更何法，百變而不許離其宗者也。」因此，一八九八年之後，梁啟超的政治發展模型對君主立憲制抱持開放的態度，此需要與滿洲和解，並讓他與康有為、章炳麟、劉師培、汪精衛等人分道揚鑣。身為近來康有為大張旗鼓地倡導的新經學的成員，梁啟超虔信進步的（就算不是新紀元的）政治啟示。未來，中國將走向民主，抑或在其政治制度的美麗中超越民主；但在近期內，一個具備皇權威望的中央權威將是帶領人民邁向啟蒙之路所必需的。

最後一點是梁啟超在清代皇權建構中深厚根基的關鍵，其認為，東周與秦朝展現出最具啟發性的皇權與文化生存關係，部分受惠於管仲等人的智慧，強大的中央集權就此出現，西元前二二一年皇權於秦國建立，幫助秦國在其他國家消亡時得以生存。其他周代邦國並非為秦所滅，而是因貴族式微而積弱不振，導致蠻夷崛起；唯有不具備貴族的秦國不受此時代變遷的影響，中華文化才得以永垂不朽。秦代秩序當然並非完美，但其對文字與文明的普遍尊重，並隨著漢朝建立，孔孟學說中的民本思想得以確立。[22]

但梁啟超不僅發表煽動漢人對滿人潛在怨恨的言論，更與譚嗣同一起祕密重印並發送數萬份的王秀楚《揚州十日記》，內容講述十七世紀中葉大清征服中國期間最著名的大屠殺。之後，梁啟超讚同並引用黃宗羲的《明夷待訪錄》，指出「天下之人，怨惡其君，視之為寇讎」，皇帝與逢迎拍馬的學者試圖利用哲學來宣傳（「後世之君，欲以如『父』如『天』之空名，禁人窺伺」），利用「法」來維繫專制，並利用孟子的理想主義，讓法律不公且為君主私利所用；更引用黃宗羲的《原法》，「論者謂有治人無治法，吾謂有治法而後有治人」；之後更評論道，欲復興黃宗羲的著述，「於晚清思想之驟變，極

22 Liang, *History of Chinese Political Thought*, 28-31.

有力焉」。[23]梁啟超對黃宗羲的說法感同身受，即法律、皇權與威權主義為必要之惡：一個優越的社會，如孟子所堅持的，將由道德情感、菁英典範與無私來統治；若以法律代替，將導致社會匱乏，甚至從內部開始崩潰。基於此原因，皇權（或專政〔dictatorship〕）以「開明」為要務，尊重法律與理性，同時亦要積極教化並提升其公民，直到其存在已不再必要（且民族帝國主義〔national imperialism〕已然萌芽）。在尋找政治解方並論證其正當性的雙重壓力之下，梁啟超所做的，僅是讓「帝國儒學」的邏輯更加明確。

在其他許多議題上，章炳麟對中華帝國的道德詮釋，處於光譜對立的另一端。梁啟超尊崇荀子，認為其自十八世紀起，躍升為正統批評的中心人物，同時也致力於重啟對其他先秦思想家的研究。但章炳麟才是真正堅定的「諸子學」研究的倡導者，即先秦與秦帝初期的諸子百家。他強烈反對孟子的主導地位，對孟子道德主義的抽象價值的批判，沒有梁啟超的諸般顧忌。章炳麟接受某些新經學的觀點，即在「真正」的儒學經典中存在某些相關的政治智慧精髓，但作為舊經學的信徒，他不認為孔孟有什麼真知灼見——其對熱情讀者的貢獻並不高於其他歷史作品；他同時也強力抵制新經學的某些觀點，即古代文獻可能存在啟示，或孔子可能因其預言而被奉為宗教人物。

章炳麟從未堅決倡導民主，但他也未曾全然否認中國傳統可能具備潛在的民主論述。其認為中華皇權並未受法家腐化，反而是儒家扭曲了中華國家的集權且有序的統治歷史：孟子的君主、貴族與官僚的道德觀念被用來為體制辯護，讓君主幾乎擁有整個國家，並將人民打壓成奴僕，以獲得尊敬。最具體且最嚴重之處在於，孟子的君主制不僅容忍、更促進自利、傲慢的貴族成長，導致清朝如今（在二十世紀初）對中國的統御，並幾乎全由貴族所把持。將皇權簡化成區區幾個

23 Liang, *Intellectual Trends in the Ch'ing Period*, 37-38.

儒家口號，就讓中國反覆遭受異族統治；效率低下、缺乏調理與不公不義正是持續不斷的後果。幾個世紀以來，秦始皇都遭帝國儒學汙名化成政治罪惡的象徵，但章炳麟對其讚譽有加：秦始皇反對貴族制度、區域主義（regionalism）與自私自利；其統一車軌、貨幣與時間的政策成為現代化的基礎，其不偏頗的嚴刑峻法防止中國大多數人遭到少數異族剝削。孟子學派應受到雙重譴責，因其不僅將秦始皇從中國正統政治史中抹除，更詆毀墨子、荀子、楊朱、商鞅、董仲舒等人的貢獻，這群學者點出了從定義上將政府與社會分開，並以最合理的方式治理國家的必要性。章炳麟認為，儒家與皇帝歷來的結盟阻礙了中國百年來的發展，讓國家容易遭受狡詐的蠻夷篡奪——這些蠻夷也學會贊助孟子學，並對儒家箴言信手拈來。章炳麟不提倡中國發展皇權、君主立憲制、開明專制，抑或是任何形式的中央集權：他敦促讀者從顧炎武汲取靈感，將中國劃分成若干小「王國」，每個小王國獨立統治，並進一步劃分為「道」；如此一來便能消弭蒙古強加的省級行政制度，讓中國恢復至先秦的模式。梁啟超認為中國正邁向一種新形式的帝國主義，並以此設想出一個能延續現有帝國的地理實體，章炳麟則不然，他希望看到中國完全將帝國遺緒清除，丟失大量的領土也在所不惜。藉此，章炳麟得以逃脫孫逸仙與汪精衛皆難以優雅退出的戰略困境，他不阻止異族分離出去，更支持他們建立自己的國家，他預言這些國家將成為緩衝國，保護中國免受白人（北方或西方的俄羅斯人及西方或西南方的不列顛人）的侵略。他認為滿人已經愚笨地丟失滿洲，因此不能要求他們回歸「原鄉」，他反倒願意割讓黃河以北的土地，讓滿人去阻擋俄羅斯進一步向南擴張。

對於清帝國中皇權與文字之間的特殊關係，章炳麟比梁啟超更加敏銳且更為怨恨。普天下所有的皇權理所當然仰賴文字來予以溝通、指令與詔令，多數的皇權也會下令撰寫前朝的歷史；但明朝以《永樂大典》延續了元朝的多語紀念碑與精密的審查制度，此典範為清朝繼承，並在此基礎上進一步發展。雍乾二朝的文字獄、《四庫全書》計畫、金石考據的熱潮，以及對科舉的頻繁干預，都讓文學成為皇權的管轄範疇。梁啟超在之後堅稱，一個民族必須具備文字歷史，這是對帝國意識形態的直接繼承；而章炳麟始終認為，在所有帝國中，大清最為可憎，因為乾隆帝的授意，讓大清對歷史的控制空前絕後。

一八九八年之前，少有證據顯示梁啟超追求列文森所謂的「世界主義式的」政治或「世界主義式的」民族主義。[24]梁啟超服膺「新經學」，這讓其能以更廣泛的視角，討論儒學在現代脈絡中的可能應用，但依舊沒有阻止其之後抨擊章炳麟的狹隘種族思想。年少時的梁章二人其實都是「種族革命學說」的信徒。一八九七年，梁啟超在湖南組織時務學堂，在其短短一年的壽命中，以鮮明的種族論戰著稱，都相當具備顛覆性（幸好受到地方菁英的保護）。梁啟超在演講中的一段話，體現出時務學堂的日常（與夜間）的氛圍：「〔滿人〕屠城屠邑，皆後世民賊之所為，讀《揚州十日記》尤令人髮指眥裂。故知此殺戮世界非急以公法維之，人類或幾乎息矣。」[25]不同於章炳麟（或陸皓東、鄒容），梁啟超從未倡導對抗滿人，反而一再警告種族戰爭所導致的戰略劣勢。他之後將一八九七與一八九八年的盲目煽動，描繪成試圖挑起普通百姓的種族激情來煽動革命運動，他認為民族主義依舊相當微妙，超出大眾的理解範圍；相較之下，豐沛的種族仇恨則更容易操縱。他在之後的著作中，將此策略概括稱為「排滿以行共和」；這在〈破壞主義〉一文中也有類似言論，當時的口號是「破壞以建民國」。[26]梁啟超當時相信，行之數年的蠻夷帝國主義不僅剝奪漢

24　另可參見Levenson, *Liang Qichao and the Mind of Modern China*。

25　引自孫會文，《梁啟超的民權與君憲思想》，頁十四，出自梁啟超在時務學堂的演講；《翼教叢編》的作者也引用了相同的段落，可參見《翼教叢編》，卷五，頁八。

26　孫會文，《梁啟超的民權與君憲思想》，頁十八，引用梁啟超著作《自由書》中的〈破壞主義〉一章。Gasster, *Chinese Intellectuals and the Revolution of 1911*, 69-71展

人的物質，更剝奪其政治進步的權利。他不僅接受大清官方對滿洲政治起源的建構，更依循其反帝國主義的批判，哀悼「黃帝子孫」的政治意識在南方遭滿人統治三百年，在北方受遼金元三代統治七百年。[27]這毋須明言，雖然梁啟超的同儕唐才常等人確實說過，南方人在政治領導上比北方人更容易適應。

一八九八年，百日維新失敗之後，梁啟超放棄其「種族革命」計畫，轉而提出「保皇」運動，並提議君主立憲制。此一轉變的背後動機肯定十分複雜。梁啟超與光緒帝載湉不乏私人情誼，可能自覺對皇帝的命運負有某種責任。但在流亡日本之時，歷經部分的維新派遭到清洗與處決，讓其體認到共和主義（republicanism）並非結果；自民權中將產生國權，從國權中將產生民族帝國主義，比起西方歷史，梁啟超認為中國將以更快的速度實現此標。梁啟超對中國的地理構想有其內在邏輯，這解釋了其與清帝國的相似性：其最終目標並非建立一個中華共和國，而是一個中華民族帝國——不以皇帝、而是以漢人為階級，來統治他者的帝國秩序。[28]但在此種典範中，從未明確解釋要如何確立公民權利，更多是提出類比：英法德美日五國皆有公民民主，人民的權力直接體現在他們從邊界以外的其他民族中獲取資源的能力（或將其邊界延伸至資源所在之處）。帝國建設不僅是為了確保公民的財富與自由，更成為民族認同標準的決定性元素；梁啟超謹慎區別兩種啟發性群體：「有」歷史的民族與「沒有」歷史的民族。那些僅在文獻中有記載的人群並未囊括在內，畢竟，帝國記錄了許多沒有世系家族、沒有文明、沒有國家的人群。「有」歷史意味其在帝國

示出此問題的複雜性，特別是因為清朝提出君主立憲制。另可參見章開沅，〈辛亥革命史研究中的一個問題〉。

27 孫會文，《梁啟超的民權與君憲思想》，頁十五，引自〈尚武論〉，《新民叢報》，頁二十八，以及《新民說》（一九五九年中華書局版），頁一一一。

28 孫會文，《梁啟超的民權與君憲思想》，頁二十至二十六、七十七至八十五。

建設中，也就是在創造他者歷史的過程中舉足輕重，而清廷正是在精確區異後，才體認到滿蒙漢藏回五族的特殊地位。梁啟超以清代的體系來將民族的分群，這並不奇怪：中國「有」歷史的民族中，包括漢人、蒙古人、滿人、藏人、突厥人與穆斯林。

梁啟超自己有個歷史模型，更適切的說法，是個詮釋結構，以支持其對民族帝國主義的觀念；中國的「封建」時期，特別在東周一代，文化帝國主義的現代表現（modern manifestation）大幅提升了世界。在〈封建及其所生結果〉短文中，梁啟超解釋，東周的兩大現象是「文明影響的傳播與異族的同化」。我們不應認為此一過程到現在已成為中國的過去，它正在進行中，梁啟超即身處其中。「周家高掌遠蹠，投其親賢於半開的蠻族叢中，使之從事於開拓吸化之大業。經數百年艱難締造，及其末葉，而太行以南大江以北盡為諸夏矣。此種同化作用，在國史中為一最艱鉅之業，直至今日猶未完成。而第一期奏效最顯者，則周之封建也。」[29]下一次最顯著的進展將歸功於民族帝國主義。此處回溯王夫之的思想，畢竟其在蠻夷議題上，還不是十七世紀「異議者」中最激進的。漢人代表周遭民族的未來，部落文化的毀滅基本上仍符合人道。在擴張的過程中，系譜與系譜隱喻將穩定漢人的身分認同——為文明的擴張觸角定錨。清廷對本土、周遭或其他非帝國文化的官方政策的無情也暗示了這一點。此一理念明顯受到日本帝國主義、「泛亞洲主義」，以及梁啟超所接觸到的社會達爾文主義（social Darwinism）特定解釋的強化。生物種族主義（biological racism）可作為強力的補充，讓梁啟超在壯年之時深信，唯有白人與亞洲人有能力產生文化演進。[30]但最初的靈感仍直接源自清代的身分認同論述。梁啟超在道德轉型上的立場，其實遵循了雍正帝《大義覺

---

29 Liang, *History of Chinese Political Thought*, 157.

30 Dikötter, *The Discourse of Race in Modern China*.

迷錄》中的邏輯。

梁啟超認為，民族差異並非像過去與當今許多人所宣稱的那般亙古不變；《春秋》即明確指出，蠻夷是可以轉化的，改變蠻夷是文明化的核心過程。在一篇對西方廣泛發表的文章中，他將其所認為的孔子的真正教義，即「己所不欲，勿施於人」，與其點出的「西方所謂民族主義」（what the West calls nationalism）的狹隘爭鬥、資本家對工人的冷漠無情，以及馬克思主義者的報復性相比較。「在孔子教義研究者的眼中，人類的非異化（nonalienation）將是社會倫理的最低標準。」梁啟超的發言從未假裝自己能超越其強烈且持久的新經學假設，因此一論述，雖然極度輕蔑自稱「儒家」思想的整個時代，卻是雍正帝儒家鼓勵的異族統治意識形態與「民族主義」運動邏輯的延伸，其將君主立憲制、對非漢領土的帝國統治，以及道德認同的轉變作為其核心概念（同時將呂留良排除在梁啟超的意識形態來源之外）。

在此議題上，章炳麟再次處於梁啟超的對立面：漢人與蠻夷不能、也不應合併，帝國應分裂以適應其人民的不同命運；漢人不僅異於蠻夷，兩者間互為敵對，且蠻夷更加劣等。其遠遠超越譚嗣同發自內心視滿蒙二族為「卑劣」種族的想法，發展出一套依賴於一連串與異族身分認同相關的思想前提的漢人身分認同學術研究。他顯然意識到達爾文式，以歷史過程推動轉型的觀念，[31]但章炳麟是環境論者（environmentalist），其思想類似於同時代的喬治．肯楠（George Kennan the elder，一九〇四至二〇〇五年）、老羅斯福（Theodore Roosevelt）、賴德（George T. Ladd）、新渡戶稻造等人——認為一個民族的自然史、食物、氣候與地貌決定其民族特徵。最深刻的參考來

31 另可參見章開沅，〈俱分進化論的憂患意識〉，頁一一四。拉庫裴利（Terrien de Lacouperie）的影響特別強烈，其傳播主義（diffusionist）思想之後為國粹學者採納，可參見Bernal, "Liu Shih-p' ei and National Essence," 96-99。

源是十七世紀的本質主義者，其身分認同的理想觀念受到乾隆朝廷的正當化。雖然章炳麟反對將孔子神格化，但其對一些文獻確實抱持類似虔敬的態度：他與呂留良一樣相信，哲學與歷史文獻存在一種潛在的反蠻夷訊息，即支持中國君主驅逐蠻夷的「祕訣」；此一訊息反映在《左傳》、《春秋》、宋代與清初及更現代的文獻中，例如戴震的《孟子字義疏證》就是針對滿人的隱晦攻擊。章炳麟認為此訊息的本質是永恆的：對自己同胞忠誠、忠貞並自我犧牲，由此將產生正義與文明的進步。但章炳麟如同呂留良與顧炎武，不屑那些只知遵守「尊王」、而忽視其目標「攘夷」的人；他甚至引用顧炎武對中古早期學者的譴責來駁斥自己的老師俞樾。[32]以此面向來看，章炳麟的某些言論與其尊崇的十七世紀英雄相似，但基本推理與他們截然不同。章炳麟對滿人的仇視根深柢固，堅定到阻礙其邏輯，且對其種族主義政治來說是如此不必要，以至於令人費解。不同於梁啟超等人，章炳麟從未聲稱其反滿主張僅僅是「策略」；確實，比起一九一一年之前，其晚年更關注歐美與最終的日本帝國主義問題，但章炳麟自年少就是反滿的偏執者，就連那些理解並尊敬他的滿人也知道這一點。[33]對章炳麟來說，即便是華夷之辨也比不上滿漢之間的矛盾。在大多層面上，其都是強烈的泛亞洲主義者，認為中日應出於戰略原因合作，但這些原因又不僅止於戰略考量：不同於滿蒙二族，日韓並非「異族」，而與漢人「同族」，可見對章炳麟來說，根本的矛盾在於歷史。滿人的祖先可從《左傳》一路追溯下來，且得益於乾隆帝的文學大計，讓滿人貫穿所有的帝國時期，最終在明末化名為「滿洲」。其嗜血、貪圖漢人的權勢、黃金、婦女與財物的本性亙古難移，永遠不會停止顛覆

32　顧炎武將前趙的劉殷與北魏的知名大臣崔浩列為罪人。另可參見Man-Kam Leung, "The Political Thought of Chang Ping-lin," 36。俞樾曾因章炳麟參與祕密革命運動、居住於日本，以及其對種族的咒罵而責備他；可參見Crossley, *Orphan Warriors*, 182-83。

33　另可參見Crossley, *Orphan Warriors*, 162-86。

並控制漢人社會的陰謀。一八九八年，梁啟超與康有為否認有受過教育、公正且人道的滿人，章炳麟倒是願意承認這一點，並在著作中加以提及（特別是〔愛新覺羅〕壽富與〔瓜爾佳〕金梁），但同時也嚴厲警告：他們也許是好人，但他們仍然是剷除邪惡清帝國的有害障礙。章炳麟提醒讀者莫要忘記《左傳》之言：「非我族類，其心必異。」[34]清朝在一九〇四年後承諾立憲，章炳麟也對此憤慨不已：無論是否立憲，章炳麟大聲疾呼，他們終將被消滅；無論是否善待人民，他們終將被消滅；無論是否公正，無論是否救人民於水火，他們終將被消滅。

比立憲承諾更令章炳麟反感的，是頻繁宣稱滿人已在某種程度上轉型、受到同化與文明化的說法；針對此問題，章炳麟堅定與十七世紀論爭中的顧炎武與呂留良位於同一陣線——其實也是乾隆朝廷所擁護的一方。章炳麟主張本性難移，此為荀子洞悉社會與政府區異的精闢之處：孟子相信人性本善，國家最終會在充分展現人性中發掘至善，荀子則更敏銳地體認到人性有所缺陷，永遠無法改過向善，國家的存在就是為了防止人們充分展現本性。同理可證，各族的特性也不會改變。其語言、服儀舉止、宗教信仰，抑或是社會形式，對於其本性來說都只是次要，其本質形成於遙遠的過去，曠日費時。基於其宇宙論式的唯物主義，章炳麟倒也願意承認，以抽象的意義來說，變化是可以察覺的。但這並不代表蠻夷會逐漸改善，並趨同於中國文明；一切只是「善」與「惡」朝不同方向等量前進，善將益善，惡則益惡。滿漢之間的矛盾根深柢固，就算將滿蒙二族吸收至民族主義運動或新國家也無法解決。[35]章炳麟對差異的實質理解與十七世紀的前人

34 可參見駱寶善，〈關於章炳麟政治立場轉變的幾篇佚文〉。

35 亦可參見章開沅的評論，其認為此論點可能源自十八世紀的中江兆民，〈俱分進化論的憂患意識〉，特別是頁一一七至一一八。

不同：即便如顧炎武與呂留良，認為華夷之辨不容改變，也只將差異限於道德之上；章炳麟則堅稱滿漢之間是敵對的，且歷史上的滿人本性貪婪殘忍。除此之外，章炳麟認為漢人並非由道德本性來定義，漢人對自己的忠誠源於他們自身為何，其為一個父系實體，均為黃帝的後裔，且都從其環境中吸收了特徵。而這些特徵是什麼，只能透過「國學」（即對考據學、歷史地理學與考古學的系統性研究，受德川時代 *kokugaku* 的啟發）來定義，此些研究將揭示何謂「國粹」（*kokusui*），進而闡明適合漢人的「國體」。[36]在為中國找尋「種族」的過程中，章炳麟認為同時也找到了未來。

章梁二人身為大清文學環境的繼承人，都能清楚地辨別何謂「民族」：須由可識別且持續的世系來區異，且需擁有歷史。兩人均採用日文的「*minzoku*」一詞來確立「民族」的概念，特別是創立新國家的漢人民族。其他地方已經探討過日文從德文改編此一詞彙的確切意圖，重點在於兩人都將這個詞解讀成「民」加上「族」；「族」當然是遺傳認同的主要標誌，十八世紀朝廷積極加以制度化，「民」在清代官方用語中也有特定涵義，特指平民。[37]這一點對梁啟超與章炳麟用來表示公民參與狀態的「國民」一詞來說尤為重要，但「國」（「民族」、「人民」、「領土」、「政體」）這個字對梁啟超而言仍十分有爭議，在其政治傾向與詞彙中歷經多次轉折。[38]清帝國若不再有皇帝該怎麼辦，章炳麟找到了令人滿意的解方；最好的解決之道就是讓清朝的帝國成員（他似乎從未懷疑過這些帝國建構的現實考量）按照乾隆時期超然、普世的強迫整合主義之前的方式各行其是：讓其成為純粹

36 論「國粹」，可參見Bernal, “Li Shih-p’ ei and National Essence”及Schneider, “National Essence and the New Intelligentsia”。

37 即不屬於宗室、王公、旗人的人。在各種情況下，此些群體都有可能轉變為「民」，即「成為公民」。

38 黃珅，〈梁啟超多變論〉，頁一六五至一六七。

且獨立的社會。梁啟超則對於諸多方面皆抱持懷疑態度：首先，身處此種環境下，「中國」生存下來的戰略機率很低。梁啟超對社會達爾文主義、歷史與報章雜誌的接觸，讓他深信歐美與日本的無情與掠奪成性；一個小而幸福、自給自足的中國難以繁榮昌盛。其次，身為轉型論者（transformationalist），其並不相信有永恆不變的民族天性，無論其是否符合清朝的帝國成員。轉型過程在所有帝國領土及其邊境領土中皆持續進行；章炳麟所論證的那種獨特且固定的民族缺乏客觀依據，更別提它們應在政治上獨立，各自封閉在其家族情感中。

然而，若沒有皇帝，文化的合璧性、歷史化構成的帝國成員，便難以保持一致性。梁啟超希望從長遠來看，共和國能意味「全民」的政治參與，為了讓「全民」參與，須存在讓一定數量的人普遍接受的政治信仰與行為標準。在共和國中，所有人至少皆須相信共和國是良善的存在，梁啟超更希望其相信孟子的價值觀（按照他的詮釋）是良善的，且人民在自己的努力下，會在政治與個人行為中依循這些價值觀。對於邊疆的多樣性，總是不乏置喙空間，但在基礎議題上，須有足夠的統一性來構成一種政治文化。乾隆皇帝或許能創造出一種「合為一體」（all-in-one）的感受，但共和國亟需「以一統眾」（one-in-all）的精神。梁啟超希望這個「一」是一種文化，而在此文化中，漢人的身分認同與忠誠、孟子價值觀、民主、人道競爭，以及對人民的義務教育等理念不僅要占據主導地位，還要能完全統一。否則，中國難以成為一個龐大、有力量、富裕且富影響力的國家。

梁啟超思想的精確或智慧尚待討論，[39]但從其反映出來的清帝國意識形態的矛盾元素來看，其主張的共和國困境，深切凸顯了梁啟超

39　可對照梁啟超的不同說法：章炳麟批評其反覆無常時，梁啟超也承認自己的本性確實「流質易變」（引自黃玶，〈梁啟超多變論〉），而其在《清代學術概論》的序言則稱：「余今日之根本觀念，與十八年前無大異同。」

所在時代的廣泛戲劇性：從帝國遺緒中興起的民族共和國要如何、何時，以及在何種程度上挪用帝國元素，羅曼諾夫家族與大清繼承者做出了一種選擇：在缺乏皇權整合機制的情況下，持續帝國的地緣政治實體（皇權的傾頹已無可轉圜）；土耳其則做出了另一種選擇：從帝國殘骸中雕刻出一個獨立的民族實體，並讓其各行其是。不管是哪一種情境，皆須找到新的正當性、忠誠、統一、特權與褫奪公權（disenfranchisement）的修辭來源。列文森在《儒家中國及其現代命運》中指出，丟失普世主義對首個中華共和國來說是不可容忍的；將其複雜論點簡單來說，即一旦丟失儒家所提供的統一性政治文化，單靠民族主義難以彌補，最終須在共產主義（communism）的新普世主義中探問。但列文森所見在二十世紀初哀悼的儒家（及其新經學）的「普世主義」，其實並非中國長期存在的「正統」；列文森所認為在太平天國之後的崩潰時期，正是清朝普世帝國主義瓦解之後，建構這種普世主義的時期。民族主義（漢人抑或其他民族）確實不足以取代支撐帝國的意識形態，此種意識形態直到十九世紀，都還不是儒家的普世主義，而是近世皇權的敘事、道德與意識形態的自我完滿；其為民族主義政治文化所取代，中國並非特例，單憑缺乏民族主義，抑或經由與歷史上更強大且普遍存在的「普世」政治文化相比較，亦難以探尋。在單一治權之下，不論是公民抑或專制，在廣泛的地緣政治上連續、但文化上不連續的空間中，隱含巨大的歷史矛盾；對於所有已消滅合璧性皇權的超然整合可能性之後，仍持續維持已逝帝國的政治體系來說，這些矛盾所造成的張力將成為永恆的難題。

參考書目

A Guanhu. "Qianlong chao chongxin Liao, Jin, Yuan san guo peixi." *Nei Menggu daxue xuebao* 2 (1977): 26–34.
Abe Takeo. "Shinchō to ka i shishō." *Jimbun kagaku* 1, no. 3 (December 1946): 150–54.
———. *Shindai shi no kenkyū*. Tokyo: Sobunsha, 1971.
Agui et al. *Qinding manzhou yuanliu kao*. Taipei: Wenhai, 1966 (photo reprint of 1783 original).
———. *Qing kaiguo fanglue*. Taipei: Wenhai, 1966 (photo reprint of QL bingwu original).
Ahmad, Zairuddin. *Sino-Tibetan Relations in the Seventeenth Century*. Rome: Instituto italiano peril Medio ed Estremo Oriente, 1970.
Allsen, Thomas T. *Mongol Imperialism*. Berkeley: University of California Press, 1987.
Ames, Roger. *The Art of Rulership*. Honolulu: University of Hawaii Press, 1985.
Amiot [Amyôt], Jean-Joseph-Marie. *Éloge de la ville de Moukden, poème composé par Kien-Long, empereur de la Chine et de la Tartarie, actuellement regnant*. Paris, 1770.
An Shuangcheng. "Shun Kang Yong sanchao baqi ding'e qianxi." *Lishi dang'an* 2 (1983): 100–103.
Anderson, Benedict. *Imagined Communities: Reflections on the Origins and Spread of Nationalism*. London: Verso, 1983.
Anderson, Perry. *Lineages of the Absolutist State*. London: Verso, 1974.
Arlington, L. C., and William Lewisohn. *In Search of Old Peking*. Oxford: Oxford University Press, 1987 (originally published Peking: Henri Vetch, 1935).
Atwell, William. "From Education to Politics: The Fu-she." In William Theodore de Bary, ed., *The Unfolding of Neo-Confucianism*. New York: Columbia University Press, 1975.
Bai Shouyi, ed. *Qingshi guoji xueshu taolun hui*. Shenyang: Liaoning renmin, 1990.

Banton, Michael. *The Idea of Race*. London: Tavistock, 1977.

———. "The Idiom of Race: A Critique of Presentism." In Cora Bagley Marrett and Cheryl Leggon, eds., *Research in Race and Ethnic Relations*, vol. 2. Greenwich, Conn.: Jai Press, 1980, pp. 21–42.

Barlow, Tani E. "Colonialism's Career in Postwar China Studies." In Tani E. Barlow, ed., *Formations of Colonial Modernity in East Asia*. Durham, N.C.: Duke University Press, 1997 (originally published in *positions* 1, no. 1 [Spring 1993]).

Bartlett, Beatrice S. *Monarchs and Ministers: The Grand Council in Mid-Ch'ing China, 1723–1820*. Berkeley: University of California Press, 1991.

Bastide, Marianne. "Official Conceptions of Imperial Authority at the End of the Qing Dynasty." In Stuart R. Schram, ed., *Foundations and Limits of State Power in China*. London/Hong Kong: School of Oriental and African Studies/Chinese University Press, 1987.

Bawden, Charles R. *The Modern History of Mongolia*. New York: Praeger, 1968.

Bayly, Susan. "Saints' Cults and Warrior Kingdoms in South India." In Nicholas Thomas and Caroline Humphrey, eds., *Shamanism, History and the State*. Ann Arbor: University of Michigan Press, 1996, pp. 117–32.

———. *Saints, Goddesses, and Kings: Muslims and Christians in South Indian Society, 1700–1900*. Cambridge: Cambridge University Press, 1989.

Bendix, Reinhard. *Kings or People: Power and the Mandate to Rule*. Berkeley: University of California Press, 1978.

Bergholz, Fred W. *The Partition of the Steppe: The Struggle of the Russians, Manchus, and the Zunghar Mongols for Empire in Central Asia, 1619–1758: A Study in Power Politics*. New York: Peter Lang, 1993.

Bermingham, Ann. *Landscape and Ideology*. Berkeley: University of California Press, 1986.

Bernal, Martin. "Liu Shih-p'ei and National Essence." In Charlotte Furth, ed., *The Limits of Change: Essays on Conservative Alternatives in Republican China*. Cambridge, Mass.: Harvard University Press, 1976.

Beurdeley, Ceciley, and Michel Beurdeley. *Castiglione: A Jesuit Painter at the Chinese Court*. Trans. Michael Bullock. Rutland, Vt.: Tuttle, 1972 (originally published Paris, 1971).

Beyer, Stephan. *The Cult of Tārā*. Berkeley: University of California Press, 1973.

Black, Alison Harley. *Man and Nature in the Thought of Wang Fu-chih*. Seattle: University of Washington Press, 1989.

Bol, Peter K. *"This Culture of Ours": Intellectual Transitions in T'ang and Sung China*. Stanford: Stanford University Press, 1992.

Borei, Dorothy. "Economic Implications of Empire Building: The Case of Xinjiang." *Center and Inner Asian Studies* 5 (1991): 22–37.

Borokh, L. N. "Anti-Manzhou Ideas of the First Chinese Bourgeois Revolutionaries (Lu Huadong Confession)." In S. L. Tikhvinsky, ed., *Manzhou Rule in China* (Manchzhurskoe vladichestvo v Kitae), trans. D. Skvirsky. Moscow: Progress, 1983, pp. 297–311.

Bouvet, Joachim. *L'Histoire de l'empereur de la Chine*. The Hague: Mendert Uytwerf, 1699.

Bredon, Juliet. *Peking: A Historical and Intimate Description of Its Chief Places of Interest*. Shanghai: Kelly and Walsh, 1922.

Brown, Melissa J. "On Becoming Chinese." In Melissa J. Brown, ed., *Negotiating Ethnicities in China and Taiwan*. Berkeley: Institute of East Asian Studies, 1996.

Brunnert, H. S., and V. V. Hagelstrom. *Present-Day Political Organization of China*. Trans. Beltchenko and Moran. Shanghai, 1911.

Burke, Peter. *The Fabrication of Louis XIV*. New Haven: Yale University Press, 1992.

Burov, V. G. *Mirovozzrenie kitaiskogo mysliteliya XVII veka Van Chuanshaniya*. Moscow: Nauka, 1976.

Cai Yurong. *Nanping jilue*. Reprinted in Zhongguo shehui kexueyuan lishi yanjiu suo Zhingshi yanjiushi, ed., *Qingshi ciliao*, vol. 3. Peking: Zhonghua shuju, 1982.

Ch'en Chieh-hsien [Chen Jiexian]. "Introduction to the Manchu Text Version of the Ch'ing Emperors' Ch'i-chu-chü." *Central Asiatic Journal* 17, nos. 2–4 (1973): 111–27.

———. "Lun Baqi tongzhi." In Tielang et al. [*Qinding*] *Baqi tongzhi*. Taipei, 1966.

———. *Manzhou congkan*. Taipei: Guoli Taiwan daxue, 1963.

———. "The Value of *The Early Manchu Archives*." In Ch'en Chieh-hsien [Chen Jiexian] and Sechin Jagchid, eds., *Proceedings of the Third East Asian Altaistic Conference*. Taipei, 1969, pp. 58–77.

Ch'en Chieh-hsien [Chen Jiexian] and Sechin Jagchid, eds. *Proceedings of the Third East Asian Altaistic Conference*. Taipei, 1969.

Ch'en Ching-fang [Chen Jingfang]. *Qingmo Man Han zhengzhi quanli xiaozhang zhi yanjiu*. Taipei: Wenhua, 1961.

Ch'en Wen-shih [Chen Wenshi]. "The Creation of the Manchu Niru," trans. P. K. Crossley. *Chinese Studies in History* 14, no. 4 (1981). Originally published as "Manzhou baqi niulu de goucheng," *Dalu zazhi* 31, nos. 9–10 (1965).

———. "Qingdai Manren zhengzhi canyu." *Zhongyang yanjiuyuan lishi yuyan yenjiusuo jikan* 48, no. 4 (1977): 529–94.

Ch'oe Ha-kyun. *Kugyok Mongmun Manju sillok*. 2 vols. Seoul: Pogyong Munhwasa, 1992.

Chai Yü-shu [Zhai Yushu]. *Qingdai Xinjiang zhufang bingzhi de yanjiu*. Taipei, 1969.

Chan Hok-lam. *Legitimation in Imperial China: Discussions under the Jurchen Chin Dynasty (1115–1234)*. Seattle: University of Washington Press, 1984.

Chan, Wing-tsit. *A Source Book in Chinese Philosophy*. Princeton: Princeton University Press, 1969.

Chang, Chun-shu. "Emperorship in Eighteenth-Century China." *Journal of the Institute of Chinese Studies of the Chinese University of Hong Kong* 7 (December 1974): 551–72.

Chang Chung-ju [Zhang Zhongru] et al. *Qingdai kaoshi zhidu ciliao.* Photo reprint, Taipei: Wenhai, 1968.

Chang Hao. *Liang Ch'i-ch'ao and Intellectual Transition in China, 1890–1907.* Cambridge, Mass.: Harvard University Press, 1971.

Chang Te-ch'ang. "The Economic Role of the Imperial Household (Nei-wu-fu) in the Ch'ing Dynasty." *Journal of Asian Studies* 31, no. 2 (February 1972): 243–73.

Chao Ch'i-na [Zhao Qina], "Qingchu baqi hanjun yanjiu." *Gugong wenxian;* 4: 2:55–56.

Chen Chi-yun. "Orthodoxy as a Mode of Statecraft: The Ancient Concent of Cheng." In Kwang-ching Liu, ed., *Orthodoxy in Late Imperial China.* Berkeley: University of California Press, 1990.

Chen Jiahua. "Qingchu baishen ren xi." *Minzu yanjiu* 5 (1985): 63–71.

———. "Qingdai yibu guanliao shizu de jiapu." *Minzu yanjiu* 5 (1983): 39–45.

Chen Wan. "Shi Tingzhu shiyi yu jiapu jikao." *Qingshi yanjiu tongxun* 2 (1986): 33–36.

Cherniavsky, Michael. "Khan or Basileus: An Aspect of Medieval Political Theory." *Journal of the History of Ideas* 20 (1959): 459–76.

———. *Tsar and People: Studies in Russian Myths.* New York: Random House, 1969.

Chia Ning. "The Li-fan Yüan in the Early Ch'ing Dynasty." Ph.D. diss., Johns Hopkins University, 1991.

Choirolzab. "Guanyu 'Gesir' zhong chuxian de 'Menggu' yici." *Nei Menggu daxue xuebao* 2 (1997): 50–52.

Chow, Kai-wing. *The Rise of Confucian Ritualism in Late Imperial China: Ethics, Classics, and Lineage Discourse.* Stanford: Stanford University Press, 1994.

Chow, Rey. *Woman and Chinese Modernity: The Politics of Reading between West and East.* Minneapolis: University of Minnesota Press, 1991.

Chu, Raymond, and William G. Saywell. *Career Patterns in the Ch'ing Dynasty.* Ann Arbor: University of Michigan Center for Chinese Studies, 1984.

Chu Wen-djang. *The Moslem Rebellion in North China: A Study of Government Minority Policy.* The Hague: Mouton, 1966.

Chuang Chi-fa [Zhuang Jifa], annotator. *Xiesui Zhigongtu Manwen tushuo jiaozhu.* Taipei: Guoli gugong bowu yuan, 1989.

Cleaves, Francis Woodman. "A Mongolian Rescript of the Fifth Year of Degedü Erdem-tü (1640)." *Harvard Journal of Asiatic Studies* 46, no. 1 (June 1986): 181–200.

———. "The Sino-Mongolian Edict of 1453." *Harvard Journal of Asiatic Studies* 13 (1950): 431–46.

Crossley, Pamela Kyle. "Chaos and Civilization: Imperial Sources of Postimperial Models of the Polity." *Ssu yü yen* 36, no. 1 (March 1998): 119–90.

———. "*Manzhou yuanliu kao* and the Formalization of the Manchu Heritage." *Journal of Asian Studies* 46, no. 4 (November 1987): 761–90.
———." 'Historical and Magic Unity': The Real and Ideal Clan in Manchu Identity." Ph.D. diss., Yale University, 1983.
———. "An Introduction to the Qing Foundation Myth." *Late Imperial China* 6, no. 1 (December 1985): 3–24.
———. "Making Mongols." In Pamela Kyle Crossley, Helen Siu, and Donald Sutton, eds., *Empire and Ethnicity in Early Modern China,* forthcoming.
———. "Manchu Education." In Benjamin A. Elman and Alexander Woodside, eds., *Education and Society in Late Imperial China, 1600–1900.* Berkeley: University of California Press, 1994.
———. *The Manchus.* Oxford: Basil Blackwell, 1997.
———. *Orphan Warriors: Three Manchu Generations and the End of the Qing World.* Princeton: Princeton University Press, 1990.
———. "The Qianlong Retrospect on the Chinese-martial (*hanjun*) Banners." *Late Imperial China* 10, no. 1 (June 1989): 63–107.
———. "The Rulerships of China: A Review Article." *American Historical Review* 97, no. 5 (December 1992): 1468–83.
———. "The Sian Garrison." Unpublished, 1979.
———. "Structure and Symbol in the Role of the Ming-Qing Foreign Translation Bureaus." *Central and Inner Asian Studies* 5 (1991): 38–67.
———. "Thinking about Ethnicity in Early Modern China." *Late Imperial China* 11, no. 1 (June 1990): 1–35.
———. "The Tong in Two Worlds: Cultural Identity in Liaodong and Nurgan during the Thirteenth through the Seventeenth Centuries." *Ch'ing-shih wen-t'i,* 4, no. 9 (June 1983): 21–46.
Crossley, Pamela, and Evelyn S. Rawski. "A Profile of the Manchu Language in Ch'ing History." *Harvard Journal of Asiatic Studies* 53, no. 1 (June 1993): 63–102.
Curwen, Charles A. *Taiping Rebel: The Deposition of Li Xiucheng.* Cambridge: Cambridge University Press, 1977.
de Bary, William Theodore. "Chinese Despotism and the Confucian Ideal: A Seventeenth-Century View." In John King Fairbank, ed., *Chinese Thought and Institutions.* Chicago: University of Chicago Press, 1957.
———, ed. *The Unfolding of Neo-Confucianism.* New York: Columbia University Press, 1975.
de Bary, William Theodore, Wing-tsit Chan, and Barton Watson, comp. *Sources of Chinese Tradition.* New York: Columbia University Press, 1960.
Deng Shaohan. *Nurhachi ping zhuan.* Shenyang: Liaoning renmin, 1985.
———. *Qingdai baqi zidi.* Tianjin: Zhongguo huaqiao, 1989.
———. "Shilun Ming yu Hou Jin zhanzheng de yuanyin ji qi xingzhi." *Minzu yanjiu* 5 (1980).
Dennerline, Jerry. *The Chia-ting Loyalists: Confucian Leadership and Change in Seventeenth-Century China.* New Haven: Yale University Press, 1981.

Dent, Anthony A., and Daphne Machin Goodall. *A History of British Native Ponies*. London: J. S. Allen, 1988.
di Cosmo, Nicola. "Nuove fonti sulla formazione dello stato mancese, I Parte: Il rapporto di Yi Minhwan." *Catai* 2–3 (1982–83): 139–65.
Dikötter, Frank. *The Discourse of Race in Modern China*. Stanford: Stanford University Press, 1992.
———. "Group Definition and the Idea of 'Race' in Modern China (1793–1949)." *Ethnic and Racial Studies* 13 (1990): 420–32.
———. *Sex, Culture, and Modernity in China: Medical Science and the Construction of Sexual Identities in the Early Republican Period*. London: Hurst, 1995.
Diyi lishi dang'an guan, Guan Xiaolian, and Guo Meilan, trans. and eds. "Manwen guoshi dang xuanyi." *Lishi dang'an* 4 (1982): 15–25.
Du Jiaji. "Qingdai baqi lingshu wenti kaocha." *Minzu yanjiu* 5 (1987): 91.
Duara, Prasenjit. "Knowledge and Power in the Discourse of Modernity: The Campaigns against Popular Religion in Early Twentieth-Century China." *Journal of Asian Studies* 50, no. 1 (February 1990): 67–83.
———. *Rescuing History from the Nation: Questioning Narratives of Modern China*. Chicago: University of Chicago Press, 1995.
———. "Superscribing Symbols: The Myth of Guandi, Chinese God of War." *Journal of Asian Studies* 47, no. 4 (1988): 778–95.
Dumont, Louis. *Essays on Individualism: Modern Ideology in Anthopological Perspective*. Chicago: University of Chicago Press, 1986.
Dunnell, Ruth W. *The Great State of White and High: Buddhism and State Formation in Eleventh-Century Xia*. Honolulu: University of Hawaii Press, 1996.
Durrant, Stephen. "Manchu Translations of Chou Dynasty Texts." *Early China* 3 (1977): 51–55.
———. "Sino-Manchu Translations at the Mukden Court." *Journal of the American Oriental Society* 99 (1979): 653–61.
Eberhard, Wolfram. *Conquerors and Rulers*. Leiden: E. J. Brill, 1965.
Elliott, Mark. "Bannerman and Townsman: Ethnic Tension in Nineteenth-Century Jiangnan." *Late Imperial China* 11, no. 1 (June 1990): 36–74.
———. "Resident Aliens: The Manchu Experience in China, 1644–1760." Ph.D. diss., University of California, Berkeley, 1993.
Elman, Benjamin A. *Classicism, Politics, and Kinship: The Ch'ang-chou School of New Text Confucianism in Late Imperial China*. Berkeley: University of California Press, 1990.
———. *A Cultural History of Civil Examinations in Late Imperial China*. Berkeley: University of California Press, 2000.
———. *From Philosophy to Philology: The Evidential Scholarship Movement in Eighteenth-Century China*. Cambridge, Mass.: Harvard University Press, 1984.
Elman, Benjamin A., and Alexander Woodside, eds. *Education and Society in*

Late Imperial China, 1600–1900. Berkeley: University of California Press, 1994.
Elunchun zu minjian gushi xun. Shanghai: Wenyi, 1989.
Etō Toshio. *Dattan* (Tatars). Tokyo, 1956.
———. *Manshū bunka shi jo no ichi shinwa*. Tokyo, 1934.
Fairbank, John K., ed. *The Cambridge History of China*. Vol. 11, *Late Ch'ing, 1800–1911, Part I*. Cambridge: Cambridge University Press, 1978.
———. *The Cambridge History of China*. Vol. 11, *Late Ch'ing, 1800–1911, Part II*. Cambridge: Cambridge University Press, 1980.
———. *The Chinese World Order: Traditional China's Foreign Relations*. Cambridge, Mass.: Harvard University Press, 1968.
Fang Chao-ying. "A Technique for Estimating the Numerical Strength of the Early Manchu Military Forces." *Harvard Journal of Asiatic Studies* 13, no. 1 (1950).
Fang Hao. *Zhongguo tianzhujiao shi renwu zhuan*. 3 vols. Hong Kong: Zhonghua shuju, 1970.
Farquhar, David. "Emperor as Boddhisattva in the Governance of the Ch'ing Empire." *Harvard Journal of Asiatic Studies* 38, no. 1 (1978): 5–34.
———. "Mongolian versus Chinese Elements in the Early Manchu State." *Ch'ing-shih wen-t'i* 2, no. 6 (June 1971): 11–23.
———. "The Origins of the Manchus' Mongolian Policy." In J. K. Fairbank, ed., *The Chinese World Order: Traditional China's Foreign Relations*. Cambridge, Mass.: Harvard University Press, 1968.
Feng Erkang. *Yongzheng zhuan*. Peking: Renmin, 1985.
Feng Guozhe and Yang Naiji. "You guan Heshen chushen, qiji wenti de kaocha." *Qingshi luncong* 4 (1982): 141–51.
Feng Junshi. "Oulunchun zu caiyuan." *Jilin shifen daxue bao* 2 (1979): 77–86.
Feng Qiyong. *Cao Xueqin jia shi, Honglou meng wenwu tulu*. Hong Kong: Joint Publishing, 1983.
Fincher, J. "China as a Race, Culture, and Nation: Notes on Fang Hsiao-ju." In D. Buxbaum and Frederick W. Mote, eds., *Transition and Permanence: Chinese History and Culture (Festschrift in Honor of Dr. Hsiao Kung-ch'üan)*. Hong Kong: Cathay Press, 1972, pp. 59–69.
Fisher, Thomas Stephen. "Lü Liu-liang (1629–1683) and the Tseng Ching Case (1728–1733)." Ph.D. diss., Princeton University, 1974.
Fletcher, Joseph Francis, Jr. "Ch'ing Inner Asia, c. 1800." In John K. Fairbank, ed., *The Cambridge History of China*, vol. 10, part 1. Cambridge: Cambridge University Press, 1978.
———. "China and Central Asia, 1368–1884." In John K. Fairbank, ed., *The Chinese World Order: Traditional China's Foreign Relations*. Cambridge, Mass.: Harvard University Press, 1968, pp. 206–24.
———. "Manchu Sources." In Donald D. Leslie et al., *Essays on the Sources for Chinese History*. Canberra: Australian National University Press, 1973, pp. 141–46.

———. "The Mongols: Ecological and Social Perspectives." *Harvard Journal of Asiatic Studies* 46 (1986): 11–50.

———. "Turco-Mongolian Tradition in the Ottoman Empire." In Ihor Sevcenko and Frank E. Sysyn, eds., *Eurcharisterion* I. Cambridge, Mass.: Ukrainian Research Institute, 1978, pp. 240–41.

Fogel, Joshua A. "Race and Class in Chinese Historiography: Divergent Interpretations of Zhang Bing-lin and Anti-Manchuism in the 1911 Revolution." *Modern China* 3, no. 3 (July 1977): 346–75.

Forêt, Philippe C. "Making an Imperial Landscape in Chengde, Jehol: The Manchu Landscape Enterprise." Ph.D. diss., University of Chicago, 1992.

Foucault, Michel. *The Archeology of Knowledge*. New York: Pantheon, 1972.

Franke, Herbert. "Chinese Texts on the Jurchen: A Translation of the Jurchen Monograph in the San-ch'ao hui-pien." *Zentralasiatische Studien* 9 (1975): 119–86.

———. "Etymologische Bemerkungen zu den Vokabularen der Jürcen-Sprache." In Michael Weiers and Giovanni Stary, eds., *Florilegia Manjurica in Memoriam Walter Fuchs*. Wiesbaden: Otto Harrassowitz, 1982.

———. "Some Folkloristic Data in the Dynastic History of the Chin (1115–1234)." Sarah Allan and Alvin Cohen, eds., *Legend, Lore, and Religion in China*. San Francisco: Chinese Materials Center, 1979.

Fu Guijiu. "Donghua lu zuozhe xinzheng." *Lishi yanjiu* 5 (1984): 168–70.

Fu Kedong. "Baqi huji zhidu chucao." *Minzu yanjiu* 6 (1983): 34–43.

Fu Tsung-mou [Fu Zongmou]. "Qingchu yizheng tizhi zhi yanjiu." *Guoli Zhengzhi Daxue xuebao* 11 (May 1965): 245–95.

Fu Yuguang and Meng Huiying. *Manzu samanjiao yanjiu*. Peking: Beijing Daxue, 1990.

Furth, Charlotte. "The Sage as Rebel: The Inner World of Chang Ping-lin." In Charlotte Furth, ed., *The Limits of Change: Essays on Conservative Alternatives in Republican China*. Cambridge, Mass.: Harvard University Press, 1976.

———, ed. *The Limits of Change: Essays on Conservative Alternatives in Republican China*. Cambridge, Mass.: Harvard University Press, 1976.

Garthwaite, Gene R. *Khans and Shahs: A Documentary Analysis of the Bakhtiyari in Iran*. Cambridge: Cambridge University Press, 1983.

———. *The Persians*. Oxford: Basil Blackwell, forthcoming.

Gasster, Michael. *Chinese Intellectuals and the Revolution of 1911: The Birth of Chinese Radicalism*. Seattle: University of Washington Press, 1969.

Gellner, Ernest. *Nations and Nationalism*. Ithaca, N.Y.: Cornell University Press, 1983.

Gibb, Hamilton, and Howard Bowen. *Islamic Society and the West*. Vol. 1, *Islamic Society in the Eighteenth Century*, part 1. Oxford: Oxford University Press, 1950.

Gladney, Dru. *Muslim Chinese: Ethnic Nationalism in the People's Republic*. Cambridge, Mass.: Council on East Asian Studies, Harvard University Press, 1991.

———. "Relational Alterity: Constructing Dungan (Hui), Uygur, and Kazakh Identities across China, Central Asia, and Turkey." *History and Anthropology* 9, no. 4 (1996): 445–77.

Gluck, Carol. *Japan's Modern Myths: Ideology in the Late Meiji Period*. Princeton: Princeton University Press, 1985.

Goldberg, David Theo. *Racist Culture: Philosophy and the Politics of Meaning*. Oxford: Basil Blackwell, 1993.

Goodrich, Luther Carrington. *The Literary Inquisition of Ch'ien-lung*. Baltimore: Waverly Press, 1935.

Goodrich, Luther Carrington, and Chao-ying Fang. *Dictionary of Ming Biography*. 2 vols. New York: Columbia University Press, 1976.

Grousset, René. *The Empire of the Steppes: A History of Central Asia*. Trans. Naomi Walford. New Bruswick, N.J.: Rutgers University Press, 1970.

Grube, Wilhelm. *Die Sprache und Schriften der Jucen*. Leipzig: Otto Harrassowitz, 1896.

Grunfeld, A. Tom. *The Making of Modern Tibet*. Armonk: M. E. Sharpe, 1996.

Grupper, Samuel Martin. "A Handlist of Manchu Epigraphical Monuments: I. The Reigns of T'ai-tsu, T'ai-tsung and the Shun-chih Emperor." *Manchu Studies Newsletter* 1 (1977–78): 75–90.

———. "The Manchu Imperial Cult of the Early Ch'ing Dynasty: Texts and Studies on the Tantric Sanctuary of Mahakala at Mukden." Ph.D. diss., Indiana University, 1980.

———. "Manchu Patronate and Tibetan Buddhism during the First Half of the Ch'ing Dynasty: A Review Article." *Journal of the Tibet Society* 4 (1984): 47–75.

———. "Review of Klaus Sagaster, *Die Weisse Geschichte*." *Mongolian Studies* 7 (1981–82): 127–33.

Guan Tianting. "Qingdai huangshi shizu ji xuexi." In *Caizheng ji*. Peking: Zhonghua shuju, 1980.

Guan Xiaolian. "Manwen laodang de xiufu yu chongchao." *Lishi dang'an* 3 (1987): 125–29.

Guang Dong. "Jiufuquan de chansheng, fuzhan he xiaowang chu cao." *Minzu yanjiu* 2 (1985): 19–28.

Guo Chengkang. "Qianlong chao fenghan wenzi yu caixi." *Qingshi yanjiu tongxun* 2 (1988): 18–23.

———. "Qingchu niulu de shumu." *Qingshi yanjiu tongshun* 1 (1987): 31–35.

———. "Shixi Qing wangchao ruguan qian dui hanzu de zhengce." *Minzu yanjiu* 3: 15–22.

Guo Songyi. "Qingdai de renkou zengzhang he renkou liuqian." *Qingshi luncong* 5: 103–39.

Guy, R. Kent. *The Emperor's Four Treasuries: Scholars and the State in the Late Ch'ien-lung Era*. Cambridge, Mass.: Harvard University Council on East Asian Studies, 1987.

Halkovic, Stephen A., Jr. *The Mongols of the West*. Indiana University Uralic and Altaic Series, no. 148. Bloomington: Research Institute for Inner Asian Studies, 1985.

Han Jinchun and Li Yifu. "Hanwen 'minzu' yici de chuxian chuqi shiyong qingkuang." *Minzu yanjiu* 2 (1984): 36–43.

Harrell, Stevan, Susan Naquin, and Ju Deyuan. "Lineage Genealogy: The Genealogical Records of the Qing Imperial Lineage." *Late Imperial China*, 6, no. 2 (December 1985): 37–47.

Harvey, L. P. *Islamic Spain, 1250–1500*. Chicago: University of Chicago Press, 1990.

Hay, Jonathan. "The Suspension of Dynastic Time." In Jonathan Hay, ed., *Boundaries in China*. London: Reaktion, 1994.

———, ed. *Boundaries in China*. London: Reaktion, 1994.

Heissig, Walther. *The Religions of Mongolia*. Trans. G. Samuel. London: Routledge and Kegan Paul, 1980.

Henderson, John. *The Development and Decline of Chinese Cosmology*. New York: Columbia University Press, 1984.

Herman, John E. "Empire in the Southwest: Early Qing Reforms to the Native Chieftain System." *Journal of Asian Studies* 56, no. 1 (February 1997): 47–74.

Hess, Laura. "The Manchu Exegesis of the *Lünyü*." *Journal of the American Oriental Society* 111, no. 3 (1993): 402–17.

Hevia, James. *Cherishing Men from Afar: Qing Guest Ritual and the Macartney Embassy of 1793*. Durham, N.C.: Duke University Press, 1995.

———. "Lamas, Emperors and Rituals: Political Implications in Qing Imperial Ceremonies." *Journal of the International Association of Buddhist Studies* 16, no. 2 (Winter 1993): 243–78.

Heywood, Colin. "'Turco-Mongolian Kingship'?: The Fletcher Thesis Reconsidered." Paper delivered to Royal Asiatic Society/Wellcome Institute symposium, London, 1997.

Hiu Lie. *Die Manschu-Sprachkunde in Korea*. Bloomington: Indiana University Uralic and Altaic Studies Program, 1972.

Ho Ping-ti. "The Chinese Civilization: A Search for the Roots of Its Longevity." *Journal of Asian Studies* 35, no. 4 (1976): 547–54.

———. "In Defense of Sinicization: A Rebuttal of Evelyn Rawski's 'Reenvisioning the Qing.'" *Journal of Asian Studies* 37, no. 1 (February 1998): 123–55.

Hongli [Qing Gaozong Shun Huangdi]. *Han i araha Mukden i fujurun bithe*. Wuying dian edition, 1748.

———. *Yuzhi Shengjing fu*. Wuying dian edition, 1748.

Hou Ching-lang and Michèle Pirazzoli. "Les Chasses d'automne de l'empereur Qianlong à Mulan." *T'oung Pao* 45, no. 1–3 (1979): 13–50.

Hou Shouchang. "Kangxi muxi kao." *Lishi dang'an* 4 (1982): 100–106.

———. "Qianlun Tong Yangxing." *Lishi dang'an* 2 (1986): 105–10.

Howland, D. R. *Borders of Chinese Civilization: Geography and History at Empire's End*. Durham, N.C.: Duke University Press, 1996.

Hsiung Ping-chen [Xiong Bingzhen]. "Shiqi shiji Zhongguo zhengzhi sixiang zhong fei chuantong chengfen de fenxi." *Jindai shi yanjiu suo jikan* 15, no. 1 (June 1986): 1–31.

Hsü Dau-lin. "The Myth of the 'Five Human Relations' of Confucius." *Monumenta Serica* 39 (1970–1971): 27–37.

Hua Li. "Qingdai de Man Meng lianyin." *Minzu yanjiu* 2 (1983): 45–54.

Huang Kun. "Liang Qichao duo bian lun." *Lishi yanjiu* 4 (1987): 164–77.

Huang, Pei. *Autocracy at Work: A Study of the Yung-cheng Period, 1723–1735*. Bloomington: Indiana University Press, 1974.

Huang, Philip C. *Liang Ch'i-ch'ao and Modern Chinese Liberalism*. Seattle: University of Washington Press, 1972.

Huang Tianji. *Nalan Xingde he ta de ci*. Canton: Guangdong sheng xinhua shudian, 1983.

Huang Weihan. *Heishui xianmin zhuan*. Shenyang, 1924.

Hume, David. *An Inquiry Concerning Human Understanding*. Ed. Charles W. Hendl. Upper Saddle River, N.J.: Prentice Hall, 1995.

———. *A Treatise of Human Nature*. Ed. L. A. Selby-Bigge. Oxford: Clarendon Press, 1888.

Hummel, Arthur W., et al. *Eminent Chinese of the Ch'ing Period*. Washington, D.C.: U.S. Government Printing Office, 1943.

Humphrey, Caroline. "Shamanic Practices and the State in Northern Asia: Views from the Center and Periphery." In Nicholas Thomas and Caroline Humphrey, eds., *Shamanism, History, and the State*. Ann Arbor: University of Michigan Press, 1996, pp. 191–229.

Hyer, Paul, and Sechin Jagchid, trans. and annotators. *Menggu youmu ji*, by Zhang Mu [Chang Mu]. Unpublished.

Ikeuchi Hiroshi, *Man Son shi kenkyū*. Tokyo, 1949.

Im, Kaye Soon. *The Rise and Decline of the Eight-Banner Garrisons in the Ch'ing Period (1644–1911): A Study of the Kuang-chou, Hang-chou, and Ching-chou Garrisons*. Ann Arbor, Mich.: University Microfilms, 1981.

Ishibashi Takao. "The Formation of the Power of Early Ch'ing Emperors." *Memoirs of the Research Department of the Toyō Bunkō* 48 (1990): 1–15.

Ishida Mikinosuke. "Joshin-go kenkyū no shin shiryū." In *Tō a bunkashi sō kō*. Tokyo, 1973 (originally published in 1940).

Jagchid, Sechin, and Paul Hyer. *Mongolia's Culture and Society*. Boulder, Colo.: Westview Press, 1979.

Ji Dachun. "Lun Songyun." *Minzu yanjiu* 3 (1988): 71–79.

Ji Wenfu. *Wang Chuanshan xueshu luncong*. Peking: Zhonghua shuju, 1962.

Jiang Xiusong. "Qingchu de Hurha bu." *Shehui kexue zhanxian* 1 (1981).

Jin Guangping and Jin Qizong. *Nuzhen yuyan wenzi yanjiu*. Peking: Wenwu, 1980.

Jin Qizong. *Nuzhen wen cidian*. Peking: Wenwu, 1984.

Jinliang. *Manzhou bidang*. Peiping, 1934. Reprinted in Shen Yunlong [Shen Yün-lung], ed., *Jindai Zhongguo shiliao congkan*. Taipei: Wenhai, 1966.

———. *Manzhou laodong bilu*. Peiping, 1929. Reprinted in Shen Yunlong

[Shen Yün-lung], ed., *Jindai Zhongguo shiliao congkan.* Taipei: Wenhai, 1966.

Judge, Joan. *Print and Politics: "Shibao" and the Culture of Reform in Qing China.* Stanford: Stanford University Press, 1996.

Kahn, Harold L. "A Matter of Taste: The Monumental and Exotic in the Qianlong Reign." In Chen Ru-hsi and Claudia Brown, eds., *The Elegant Brush: Chinese Painting and the Qianlong Emperor 1735–1795.* Phoenix: Phoenix Art Museum, 1985, pp. 288–300.

———. *Monarchy in the Emperor's Eyes: Image and Reality in the Ch'ien-lung Reign.* Cambridge, Mass.: Harvard University Press, 1971.

Kanda Nobuo. "Remarks on *Emu tanggū orin sakda-i gisun sarkiyan.*" In Sungyun, *Emu tanggū orin sakda-i gisun sarkiyan.* Taipei: Chinese Material Center, 1982, pp. iii–ix.

———. "Shinshō no *beile* ni tsuite." *Tō yō gakuhō* 40, no. 4 (March 1958): 349–71.

———. "Shinshō no *yizheng daren* ni tsuite." In *Wada Hakushi kenreki kinen tō yō shi ronsō.* Tokyo: Dai Nihon Yū benkai Kō dansha, 1951.

Kanda Nobuo and Matsumura Jun. *Hakki tsushi retsuden sakuin.* Tokyo: Toyo Bunko, 1964.

Kanda Nobuo et al., trans. and annotators. *Tongki fuka sindaha hergen i dangse.* Vols. 1–7. Tokyo: Toyo Bunko, 1956.

Kanda Shinobu. "Qingchao de *Guoshi liezhuan* he *Erchen zhuan*" (trans. Wang Ling). *Qingshi yanjiu tongshun* 3 (1986): 57–60.

Kang Le. "Zhuanlun wang guannian yu Zhongguo gudai de fojiao zhengzhi." *Bulletin of the Institute of History and Philology, Academia Sinica* 67, no. 1 (1996): 109–43.

Kessler, Lawrence. "Ethnic Composition of Provincial Leadership during the Ch'ing Dynasty." *Journal of Asian Studies* 28, no. 2–3 (May 1969): 179–200, 489–511.

———. *K'ang-hsi and the Consolidation of Ch'ing Rule, 1661–1684.* Chicago: University of Chicago Press, 1976.

King, J. R. P. "The Korean Elements in the Manchu Script Reform of 1632." *Central Asiatic Journal* 31, no. 3–4 (1987): 252–86.

Kiyose, Gisaburo N. *A Study of the Jurchen Language and Script: Reconstruction and Decipherment.* Kyoto: Horitsubunka, 1977.

Klaproth, Jules. *Chrestomathie Mandchou, ou recueil de textes Mandchou.* Paris, 1828.

Krader, Lawrence. "Qan-Qaγan and the Beginnings of Mongol Kingship." *Central Asiatic Journal* 1 (1955): 17–35.

Kuhn, Philip. *Soulstealers: The Chinese Sorcery Scare of 1748.* Cambridge, Mass.: Harvard University Press, 1990.

Kwong, Luke S. K. *A Mosaic of the Hundred Days: Personalities, Politics, and Ideas of 1898.* Cambridge, Mass.: Harvard University Council on East Asian Studies, 1984.

———. "On 'The 1898 Reforms Revisited': A Rejoinder." *Late Imperial China* 8, no. 1 (June 1987): 214–19.

Lai Hui-min [Lai Huimin]. *Tiang huang gui zhou, Zhongyang yanjiu yuan, jindai shi yanjiu suo* [Chung-yang yen-chiu yuan, chin-tai shih yen-chiu so]. Nankang, 1997.

Laitinen, Kauko. *Chinese Nationalism in the Late Qing Dynasty: Zhang Binglin as an Anti-Manchu Propagandist*. London: Curzon Press, 1990.

Langlois, John. "Chinese Culturalism and the Yuan Analogy: Seventeenth-Century Perspectives." *Harvard Journal of Asiatic Studies* 40, no. 2: 355–98.

Lattimore, Owen. *The Pivot of Asia: Siankiang and the Inner Asian Frontiers of China and Russia*. Boston: Little, Brown, 1950.

Lee, James Z., and Cameron Campbell. *Fate and Fortune in Rural China: Social organization and Population Behavior in Liaoning, 1774–1873*. Cambridge: Cambridge University Press, 1997.

Lee, Ki-Baik. *A New History of Korea*. Trans. E. Wagner. Cambridge, Mass.: Harvard University Press, 1984.

Lee, Peter H. *Songs of Flying Dragons: A Critical Reading*. Cambridge, Mass.: Harvard University Press, 1975.

Lee, Robert H. G. "Frontier Politics in the Southwestern Sino-Tibetan Borderlands during the Ch'ing Dynasty." In Joshua A. Fogel, ed., *Perspectives on a Changing China*. Boulder, Colo.: Westview Press, 1979.

———. *The Manchurian Frontier in Ch'ing History*. Cambridge, Mass.: Harvard University Press, 1970.

Legge, James, trans. *The Works of Mencius*. Oxford: Clarendon Press, 1895.

Le Glay, Marcel, Jean-Louis Voisin, and Yann Le Bohec. *A History of Rome*. Trans. Antonia Nevill. Oxford: Basil Blackwell, 1996. Originally published as *Histoire romaines*. Paris: Presses universitaires de France, 1991.

Lei Fangsheng. "Jingzhou qixue de shimo ji qi tedian." *Minzu yanjiu* 3 (1984): 57–59.

Leung, Irene. "Conflicts of Loyalty in Twelfth-Century China: The Multiple Narratives of Cai Wenji." Paper presented at the annual meeting of the Association for Asian Studies, 1997.

Leung, Man-Kam. "Mongolian Language Education and Examinations in Peking and Other Metropolitan Areas during the Manchu Dynasty in China (1644–1911)." *Revue Canada-Mongolie* 1, no. 1 (1975): 29–44.

———. "The Political Thought of Chang Ping-lin (1876–1936)." M.A. thesis, University of Hawaii, 1967.

Levenson, Joseph R. *Confucian China and Its Modern Fate: A Trilogy*. Berkeley: University of California Press, 1968.

———. *Liang Ch'i-ch'ao and the Mind of Modern China*. Cambridge, Mass.: Harvard University Press, 1953, 1959; reissued New York: Harper and Row, 1966.

———. *Modern China and Its Confucian Past: The Problem of Intellectual Continuity*. New York: Anchor Books, 1964.

———. *Revolution and Cosmopolitanism: The Western Stage and the Chinese Stages.* Berkeley: University of California Press, 1971.

Li Chien-nung. *The Political History of China, 1840–1923.* Trans. S. Y. Teng and J. Ingalls, Stanford: Stanford University Press, 1956.

Li Hsüeh-chih [Li Xuezhi]. "An Analysis of the Problem in the Selection of an Heir during the Reign of Nurhaci of Emperor Taitzu of the Ch'ing Dynasty." In Ch'en Chieh-hsien [Chen Jiexian] and Sechin Jagchid, eds., *Proceedings of the Third East Asian Altaistic Conference.* Taipei, 1969.

———. *Cong jige manwen mingci tantao manzhou (nuzhen) minzu de shehui zuzhi.* Taipei: Academia Sinica, 1981.

Li Qiao. "Baqi shengji wenti shulue." *Lishi dang'an* 1 (1981): 91–97.

Li Xinda. "Ru Guan qian de baqi bingshu wenti." *Qingshi luncong* 3 (1982):155–63.

Li Yaohua. "Guanyu 'minzu' yici de shiyong he yiming wenti" (Problems on the Usage and Meaning of the Word *minzu*). *Lishi yanjiu* 2 (1963): 175.

Li Zhiting. "Ming Qing zhanzheng yu Qingchu lishi fazhan shi." *Qingshi yanjiu tongshun* 1 (1988): 7–12.

Liang Ch'i-ch'ao. *History of Chinese Political Thought during the Early Tsin Period.* Trans. L. T. Chen. New York: Harcourt, Brace, 1930.

———. *Intellectual Trends in the Ch'ing Period.* Trans. Immanuel C. Y. Hsü. Cambridge, Mass.: Harvard University Press, 1959.

———. *Zhongguo jin sanbainian xueshu shi.* Peking: Beijing shi shudian, 1985.

Ling Chunsheng. *Songhuajiang xiayou de hezhe zu.* 2 vols. Nanking: Zhongyuanyan, 1934.

Lipman, Jonathan N. *Familiar Strangers: A History of Muslims in Northwest China.* Seattle: University of Washington Press, 1997.

Liu Chia-chü [Liu Jiaju]. "The Creation of the Chinese Banners in the Early Ch'ing," trans. P. K. Crossley. *Chinese Studies in History* 14, no. 4 (1981). Originally published as "Qingchu hanjun baqi de zhaojian," in *Dalu zazhi* 34, nos. 11–12 (1967).

Liu Danian. "Lun Kangxi." *Zhongguo jindaishi zhu wenti.* Peking: Renmin Chubanshe, 1965.

Liu Guang'an. "A Short Treatise on the Ethnic Legislation of the Qing Dynasty." *Social Sciences in China* 4 (Winter 1990): 97–117 (from *Zhongguo shehui kesue* 6 [1989]).

Liu Housheng. *Jianming Man Han cidian.* Kaifeng: Henan daxue, 1988.

Liu, Kwang-ching. "Socioethics as Orthodoxy: A Perspective." In Kwang-ching Liu, ed., *Orthodoxy in Late Imperial China.* Berkeley: University of California Press, 1990.

Liu, Kwang-ching, ed. *Orthodoxy in Late Imperial China.* Berkeley: University of California Press, 1990.

Liu Lu. "Qingdai huanghou cili yu baqi da xing shi zu." *Gugong bowuyuan yuankan* 1 (1977): 52–65.

Liu, Lydia. *Translingual Practice: Literature, National Culture, and Modernity — China, 1900–1937.* Stanford: Stanford University Press, 1995.

Liu Qinghua. "Manzu xingshi shulue." *Minzu yanjiu* 1 (1983): 64–71.
Liu Xiamin. "Qing kaiguo chu zhengfu zhụ bu jiangyu kao." *Yanjing xuebao* 23, no. 6 (1936). Reprinted in *Qingshi luncong* 1 (1977): 107–46.
Liu Zhongpo. *Hezhe ren*. Peking: Minzu, 1981.
Loh Wai-fong. Review of Preston M. Torbert, *The Ch'ing Imperial Household Department*. *Harvard Journal of Asiatic Studies* 38, no. 2 (1978): 492–501.
Lü Guangtian. *Ewenke zu*. Peking: Minzu, 1983.
———. "Qingdai buteha daxing Ewenke ren de Baqi jiegou." *Minzu yanjiu* 3 (1983): 23–31.
Lu Minghui. "Qingdai beifang ge minzu yu Zhongyuan hanzu de wenhua jiaoliu ji qi gongxian." *Qingshi yanjiu ji* 6 (1988): 125.
Lui, Adam Yuen-chung. "Censor, Regent, and Emperor in the Early Manchu Period (1644–1660)." *Papers on Far Eastern History* 17 (1978): 81–102.
———. "The Ch'ing Civil Service: Promotions, Demotions, Transfers, Leaves, Dismissals, and Retirements." *Journal of Oriental Studies* 8, no. 2 (1970): 333–56.
———. "The Education of the Manchus: China's Ruling Race (1644–1911)." *Journal of Asian and African Studies* 6, no. 2 (1971): 125–33.
———. "The Imperial College (*Kuo-tzu-chien*) in the Early Ch'ing (1644–1795)." *Papers on Far Eastern History* 10 (1974): 147–66.
———. "Manchu-Chinese Relations and the Imperial 'Equal Treatment' Policy, 1651–1660." *Journal of Asian History* 19, no. 2 (1985): 143–65.
———. "Syllabus of the Provincial Examination (*hsiang-shih*) under the Early Ch'ing (1644–1795)." *Modern Asian Studies* 8, no. 3 (1974): 391–96.
Lundbaek, Knud. "Imaginary Chinese Characters." *China Mission Studies* 5 (1983): 5–23.
Lundbaek, Knud, trans. *A Traditional History of the Chinese Script—from a Seventeenth Century Jesuit Manuscript*. Aarhus: Aarhus University Press, 1988.
Luo Baoshan. "Guanyu Zhang Binglin zhengzhi lichang zhuanbian de jipian tiaowen." *Lishi yanjiu* 5 (1982): 56–62.
Luo Ergang. *Luying bingzhi*. Peking: Zhonghua Shuju, 1984.
Ma Wensheng. "Fu'an Dong Yi kao." From Wanli period. Reprinted in Shen Xu et al., *Qing ru guan qian shiliao xunji* 1. Peking: Zhongguo renmin daxue, 1984.
Mair, Victor H. "Perso-Turkic *Bakshi*-Mandarin *Po-shih:* Learned Doctor." *Journal of Turkish Studies* 16 (1992): 117–27.
Mancall, Mark. *Russia and China: Their Diplomatic Relations to 1728*. Cambridge, Mass.: Harvard University Press, 1971.
Mango, Cyril. *Byzantium: The Empire of the New Rome*. London: Weidenfield and Nicholson, 1980; London: Phoenix, 1994.
Manzu jianshi. Peking: Zhonghua, 1979.
Mao Ruizheng. *Huang Ming xiangxu lu*, ed. Wang Yu-li [Wang Youli]. Taipei: Wenhua, n.d. (photo reprint of Chongzhen period original; published with Ye Xianggao, *Siyi Kao;* Wang Yu-li [Wang Youli], ed.).

Maruyama, Masao. *Studies in the Intellectual History of Tokugawa Japan.* Princeton: Princeton University Press, 1974, 1989.
McCormack, Gavan. *Chang Tso-lin in Northeast China, 1911–1928.* Stanford: Stanford University Press, 1977.
McMorran, Ian. *The Passionate Realist: An Introduction to the Life and Political Thought of Wang Fuzhi.* Hong Kong: Sunshine, 1992.
———. "The Patriot and the Partisan." In Jonathan D. Spence and John E. Wills, Jr., eds., *From Ming to Ch'ing.* New Haven: Yale University Press, 1979.
McNeill, William H., and Marilyn Robinson Waldman, eds. *The Islamic World.* London: Oxford University Press, 1973.
Meadows, Thomas T. *Translations from the Manchu with the Original Texts.* Canton: S. Wells Williams, 1849.
Melikhov Georgii Vasil'evich. *Man'chzhury na Severo-Vostoke, XVII v.* Moscow: Nauka, 1974.
Menegon, Eugenio. "A Different Country, the Same Heaven: A Preliminary Biography of Giulio Aleni S.J. (1582–1649)." *Sino-Western Cultural Relations Journal* 15 (1993): 27–51.
———. "Jesuits, Franciscans, and Dominicans in Fujian: The Anti-Christian Incidents of 1636–37." In T. Lipiello and R. Malek, eds., *Proceedings of the International Symposium "Giulio Aleni S.J. (1582–1649), Missionary in China."* Monumenta Serica Monograph Series, forthcoming.
Meng Huiying. "Man—Tunggusi yuzu minzu shenhua." *Manzu yanjiu* 3 (1996): 56–61.
Meng Sen. "Baqi zhidu kao." *Guoli zhongyang yanjiu yuan, Lishi yuyan yanjiusuo jikan* (Academia Sinica, Bulletin of the Institute for History and Philology) 6, no. 3 (1936): 343–412.
———. *Ming Qing shilun zhu jikan.* Taipei: Shijie, 1961.
———. *Qing chu san da yi'an kaoshi,* ed. Shen Yün-lung [Shen Yunlong] Taipei: Wenhai, 1966.
———. *Qingshi qianji.* Taipei: Tailian guofeng, n.d.
Millward, James A. *Beyond the Pass: Economy, Ethnicity, and Empire in Qing Central Asia, 1759–1864.* Stanford: Stanford University Press, 1998.
———. "A Uyghur Muslim in Qianlong's Court: The Meanings of the Fragrant Concubine." *Journal of Asian Studies* 53, no. 2 (May 1994): 427–58.
Mitamura Taisuke. "Manshu shizoku seiritsu no kenkyū." *Shinchō zenshi no kenkyū.* Kyoto: Toyoshi kenkyūkai, 1965.
Miyake Shunjo. *Tohoku Ajia kokugaku no kenkyū.* Tokyo: 1949.
Mo Dongyin, *Manzu shi luncong.* Peking: Sanlian, 1979 (reprint of 1958 original).
Morgan, David. *The Mongols.* Oxford: Blackwell, 1988.
Mori, Masao. "The T'u-chüeh Concept of Sovereign." *Central Asiatic Journal* 41 (1981): 47–75.
Moses, Larry W. *The Political Role of Mongol Buddhism.* Indiana University

Uralic Altaic Series, no. 133. Bloomington: Research Institute for Inner Asian Studies, 1977.

Moses, Larry W., and Stephen A. Halkovic Jr. *Introduction to Mongolian History and Culture*. Indiana University Uralic and Altaic Series, no. 149. Bloomington: Research Institute for Inner Asian Studies, 1985.

Mou Ranxun. "Mingmo xiyang dapao you Ming ru Hou Jin kaolue, II." *Mingbao yuekan* (October 1982).

Najita, Tetsuo, and Irwin Scheiner, eds. *Japanese Thought in the Tokugawa Period, 1600–1800: Methods and Metaphors*. Chicago: University of Chicago Press, 1978.

Naquin, Susan. "The Peking Pilgrimage to Miao-feng Shan: Religious Organizations and Sacred Site." In Susan Naquin and Chün-fang Yü, eds., *Pilgrims and Sacred Sites in China*. Berkeley: University of California Press, 1992, pp. 333–77.

Naquin, Susan, and Chün-fang Yü, eds. *Pilgrims and Sacred Sites in China*. Berkeley: University of California Press, 1992.

Naquin, Susan, and Evelyn S. Rawski. *Chinese Society in the Eighteenth Century*. New Haven: Yale University Press, 1987.

Nathan, Andrew J. *Chinese Democracy*. New York: Knopf, 1985.

Necipoglu, Gulru. *Architecture, Ceremonial, and Power: The Topkapi Palace in the Fifteenth and Sixteenth Centuries*. Cambridge, Mass.: MIT Press, 1991.

Netanyahu, Benzion. *The Origins of the Inquisition in Fifteenth-Century Spain*. New York: Random House, 1995.

Ng, Vivien W. "Ideology and Sexuality: Rape Laws in Qing China." *Journal of Asian Studies* 46, no. 1 (February 1987): 57–70.

Niida Noboru. *Chū goku hō seishi kenkyū*. In *Keihō*. Tokyo, 1959.

Nivison, David S. "Ho-shen and His Accusers: Ideology and Political Behavior in the Eighteenth Century." In David S. Nivison and Arthur R. Wright, eds., *Confucianism in Action*. Stanford: Stanford University Press, 1959.

Norman, Jerry. *A Concise Manchu–English Lexicon*. Seattle: University of Washington Press, 1978.

Nosco, Peter, ed. *Confucianism and Tokugawa Culture*. Princeton: Princeton University Press, 1984.

Nowak, Margaret, and Stephen Current. *The Tale of the Nisan Shamaness*. Seattle: University of Washington Press, 1977.

Okada Hidehiro. "How Hong Taiji Came to the Throne." *Central Asiatic Journal* 23, no. 3–4 (1979): 250–59.

———. "Mandarin, a Language of the Manchus: How Altaic?" In Martin Gimm, Giovanni Stary, and Michael Weiers, eds., *Historische und bibliographische Studien zur Mandschuforschung*. Aetas Manjurica, vol. 3. Wiesbaden: Otto Harrassowitz, 1992.

———. "Yōsei tei to Taigi kakumeiroku." *Tō yō shi kenkyū* 18, no. 3 (1959): 99–123.

Onogawa Hidemi. *Shimmatsu seiji shisō kenkyū.* Kyoto: Toashi kenkyūkai, 1960.
Ooms, Herman. *Tokugawa Ideology: Early Constructs, 1570–1680.* Princeton: Princeton University Press, 1985.
Ortai et al. *Baqi tongzhi* [chuji]. Original edition, 1739.
Ostrogorsky, G. "The Byzantine Emperor and the Hierarch World Order." *Slavonic and East European Review* 35 (1956–57): 1–14.
Oxnam, Robert B. *Ruling from Horseback: Manchu Politics in the Oboi Regency, 1661–1669.* Chicago: University of Chicago Press, 1970.
Pao Tso-p'eng (Bao Zuopeng) et al. *Zhongguo jindai shi luncong,* vol. 1. Taipei: Zhengzhong, 1966.
Pelliot, Paul. "Le Sseu-yi-kouan et le Houei-t'ong-kouan." In "Le Hôja et le Sayyid Husain de l'Histoire des Ming." *T'oung Pao* 38 (1948): 2–5, Appendix 3: 207–90.
Peng Bo. *Manzu* (The Manchu Nationality). Peking: Minzu, 1985.
Peng Guodong. *Qing shi kaiguo qian ji.* Taipei, 1969.
Petech, Luciano. *China and Tibet in the Early Eighteenth Century: History of the Establishment of Chinese Protectorate in Tibet.* Leiden: E. J. Brill, 1972.
Peterson, Willard J. "The Life of Ku-Yen-wu (1613–1682)." *Harvard Journal of Asiatic Studies* 28 (1968): 114–56; 29 (1969): 201–47.
Pirazzoli-t'Serstevens. "The Emperor Qianlong's European Palaces." *Orientations* 3 (November 1988): 61–71.
Polachek, James. *The Inner Opium War.* Cambridge, Mass.: Harvard University Press, 1992.
Pulleyblank, E. G. "The Chinese and Their Neighbors in Prehistoric and Early Historic Times." In David N. Keightley, ed., *The Origins of Chinese Civilization.* Berkeley: University of California Press, 1983.
Pusey, James Reeve. *China and Charles Darwin.* Cambridge, Mass.: Council on East Asian Studies, Harvard University, 1983.
Qian Qinsheng and Qian Shaoyun. *Shengjing huang gong.* Peking: Zijincheng, 1987.
Qian Shipu, ed. *Qing ji xin she zhi guan nianbiao.* Peking: Zhonghua, 1961.
———. *Qing ji zhongyao zhi guan nianbiao.* Peking: Zhonghua, 1959.
Qiang Xiangshun and Tong Tuo. *Shengjing huanggong.* Peking: Zijincheng, 1987.
Qingchao yeshi daguan. 1936. Reprint, Shanghai: Shanghai shuju, 1986.
Qingdai dang'an shiliao congbian. Vol. 11. Peking: Zhonghua, 1982.
Rawski, Evelyn S. *The Last Emperors: A Social History of Qing Imperial Institutions.* Berkeley: University of California Press, 1998.
Rockhill, W. W. "The Dalai Lamas of Lhasa and Their Relations with the Manchu Emperors of China." *T'oung Pao* 11 (1910): 1–104.
Rosen, Sydney. "In Search of the Historical Kuan Chung." *Journal of Asian Studies* 35, no. 3 (May 1976): 431–40.
Rossabi, Morris. *The Jurchens in the Yüan and Ming.* Ithaca: Cornell University, China-Japan Program, 1982.

———. "Muslim and Central Asian Revolts." In J. D. Spence and J. E. Wills Jr., eds., *From Ming to Ch'ing: Conquest, Region, and Continuity in Seventeenth-Century China.* New Haven: Yale University Press, 1979.

Roth [Li], Gertraude. "The Manchu-Chinese Relationship." In J. D. Spence and J. E. Wills Jr., eds., *From Ming to Ch'ing: Conquest, Region, and Continuity in Seventeenth-Century China.* New Haven: Yale University Press, 1979.

———. "The Rise of the Early Manchu State: A Portrait Drawn from Manchu Sources to 1636." Ph.D. diss., Harvard University, 1975.

Rozycki, William. *Mongol Elements in Manchu.* Bloomington: Indiana University Research Institute for Inner Asian Studies, 1994.

Rule, Paul. "Traditional Kingship in China." In Ian Mabbett, ed., *Patterns of Kingship and Authority in Traditional Asia,* London: Croom Helm, 1985.

Sa Zhaowei. "Wei Menggu zu hua de semu shiren Sadouri." *Beijing shehui kexue* 1 (1997): 86–91.

Sagaster, Klaus. *Die Weisse Geschichte: Eine mongolische Quelle zur Lehre von den beiden Ordnungen Religion und Staat in Tibet und der Mongolei.* Wiesbaden: Otto Harrassowitz, 1976.

Samuel, Geoffrey. *Civilized Shamans: Buddhism in Tibetan Societies.* Washington, D.C.: Smithsonian Institution Press, 1993.

Santangelo, Paolo. "'Chinese and Barbarians' in Gu Yanwu's Thought." In *Collected Papers of the Thirty-ninth Congress of Chinese Studies.* Tübingen, 1988, pp. 183–99.

Sayingge. "Jilin waiji." In Li Shutian, ed., *Changbai congshu,* Vol. 1. Jilin: Jilin shifan xueyuan, guji yanjiu suo, 1986.

Schneider, Laurence A. "National Essence and the New Intelligentsia." In Charlotte Furth, ed., *The Limits of Change: Essays on Conservative Alternatives in Republican China.* Cambridge, Mass.: Harvard University Press, 1976.

Serruys, Henry. *The Mongols and Ming China: Customs and History.* Ed. Françoise Aubin. London: Variorum Reprints, 1987.

———. "A Note on Arrows and Oaths among the Mongols." *Journal of the American Oriental Society* 78 (1958): 279–94. Also in Serruys, *The Mongols and Ming China.*

———. "Remains of Mongol Customs in China during the Early Ming." *Monumenta Serica* 16 (1957): 137–90. Also in Serruys, *The Mongols and Ming China.*

———. "Pei-lou Fong-sou: Les Coutumes des Esclaves Septentrionaux de Siao Ta-heng." *Monumenta serica* 19 (1945): 117–64. Also in Serruys, *The Mongols and Ming China.*

———. *Sino-Jürched Relations in the Yung-lo Period (1403–1424).* Wiesbaden, 1955.

———. "Yellow Hairs and Red Hats in Mongolia." *Central Asiatic Journal* 15, no. 2 (1971): 131–55.

Shavkunov, Ernst Vladimirovich. *Gosudarstvo Bokhai i pamyatniki ego kulturi v primor'e.* Moscow: Nauka, 1968.

Shen Xu et al. *Qing ru guan qian shiliao xunji* 1. Peking: Zhongguo renmin daxue, 1984.
Shepherd, John R. *Statecraft and Political Economy on the Taiwan Frontier, 1600–1800*. Stanford: Stanford University Press, 1993.
Shimada Kenji. *Daigaku • Chū yō*. 2 vols. Tokyo: Asahi shimbun, 1978.
———. *Pioneer of the Chinese Revolution: Zhang Binglin and Confucianism*. Trans. Joshua A. Fogel. Stanford: Stanford University Press, 1990.
Shin Chung-il [Shen Zhongyi]. *Kōnju jichōng dorok*. Taipei: Tailian guofeng, 1971 (photo reprint of 1597 original).
———. *Kōnju jichōng dorok xiaozhu*. Ed. Xu Huanpu. Shenyang: Liaoning daxue lishi xi, 1979.
Shin, Tim Sung Wook. "The Concepts of State (*kuo-chia*) and People (*min*) in the Late Ch'ing, 1890–1907: The Case of Liang Ch'i-ch'ao, T'an Ssu-tu'ung, and Huang Tsun-hsien." Ph.D. diss., University of California, Berkeley, 1980.
Shirokogoroff, Sergei Mikhailovitch. *Social Organization of the Manchus: A Study of the Manchu Clan Organization*. Shanghai: Royal Asiatic Society, North China Branch, 1924.
Siikala, Anna-Leena, and Hoppál, Mihály. Studies on Shamanism. Helskinki: Finnish Anthropological Society; Budapest: Akadémiai Kiadō, 1992.
Sinor, Denis. "The Inner Asian Warriors." *Journal of the American Oriental Society*, 101, no. 2 (April–June 1981): 133–44.
Smith, Anthony D. *The Ethnic Revival*. Cambridge: Cambridge University Press, 1981.
Snellgrove, D. A. "The Notion of Divine Kingship in Tantric Buddhism." In *The Sacral Kingship*. Leiden, 1959.
Snellgrove, D. A., and Hugh Richardson. *A Cultural History of Tibet*. 2d Ed. Boston: Shambala, 1995 (originally published London: Weidenfeld and Nicholson, 1968).
Sollors, Werner. *Beyond Ethnicity: Consent and Descent in American Culture*. New York: Oxford University Press, 1986.
Spence, Jonathan D. *Emperor of China: Self-Portrait of K'ang-hsi*. New York: Knopf, 1974.
———. *Ts'ao Yin and the K'ang-hsi Emperor: Bondservant and Master*. New Haven: Yale University Press, 1966.
Spence, Jonathan D., and John E. Wills, Jr., eds. *From Ming to Ch'ing*. New Haven: Yale University Press, 1979.
Stanford's Geographical Establishment. *Stanford's Map of China and Japan*. London: Edward Stanford, 1911.
Stary, Giovanni. *China's ërste Gesandte in Rußland*. Wiesbaden, 1976.
———. "The Manchu Emperor 'Abahai': Analysis of an Historiographic Mistake." *Central Asiatic Journal* 28, no. 3–4 (1984): 296–99 (originally published in *Cina* [China] 18 [1982]: 157–62).
———. "Mandschurische Miszellen." In Michael Weiers and Giovanni Stary,

eds., *Asiatische Forschungen, Band 80, Florilegia Manjurica*. Wiesbaden: Otto Harrassowitz, 1982.

———. "A New Subdivision of Manchu Literature: Some Proposals." *Central Asiatic Journal* 31, no. 3–4 (1987): 287–96.

———. "'L'Ode di Mukden' dell'imperator Ch'ien-lung: Nuovi spunti per un analisi della tecnica versificatoria mancese." *Cina* 17 (1981): 235–51.

———. "Die Struktur der Ersten Residenz des Mandschukans Nurgaci." *Central Asiatic Journal* 25 (1985): 103–9.

Struve, Lynn. "Huang Zongxi in Context: A Reappraisal of His Major Writings." *Journal of Asian Studies* 47, no. 3 (1988): 474–502.

———. *The Southern Ming, 1644–1662*. New Haven: Yale University Press, 1984.

Sudō Yoshiyuki. "Shinchō ni okeru Manshū chūbō no toku shusei ni kansuru ichi kō satsu." *Tōhoku gakuhō* 11, no. 1 (1959): 176–203.

Sun Hui-wen [Sun Huiwen]. *Liang Qichao de minquan yu junxing sixiang*. Taiwan: National Taiwan University (Guoli Taiwan Daxue, Wenxue yuan), 1966.

Sun, Warren. "Chang Ping-lin and His Political Thought." *Papers on Far Eastern History* 32 (1985): 57–69.

Sun Wenliang. *Nurhachi pingzhuan*. Shenyang: Liaoning daxue, 1985.

Sun Wenliang and Li Zhiting. *Qing Taizong quanzhuan*. Changchun: Jilin wenshi Chubanshe, 1983.

Sun Zhentao et al. *Erchen zhuan* [undated colophon]. Guoshi guan shanben, 1785.

Sungyun. *Emu tanggū orin sakda-i gisun sarkiyan, Bai er lao ren yulu*. Taipei: Chinese Materials Center, 1982 (reprint of 1791? original).

Tambiah, Stanley J. *Culture, Thought, and Social Action*. Cambridge Mass.: Harvard University Press, 1985.

Tamura Jitsuzo et al. *Kotai Shimbun kan yakukai*. Kyoto: Kyoto University, 1966.

Tan Yi. "Wan Qing Tongwen guan yu jindai xuexiao jiaoyu." *Qingshi yanjiu ji* 5 (1984): 344–61.

Tang Xiaobing. *Global Space and the Nationalist Discourse of Modernity*. Stanford: Stanford University Press, 1996.

Tang Zhiyun, ed. *Zhang Taiyan nianpu changbian*. 2 vols. Peking: Zhonghua, 1979.

Tang Zhiyun and Benjamin Elman. "The 1898 Reforms Revisited." *Late Imperial China* 8, no. 1 (June 1987): 205–13.

Tao Jingshen. *The Jurchens in Twelfth-Century China*. Seattle: University of Washington Press, 1976.

Taylor, Romeyn. "Rulership in Late Imperial Chinese Orthodoxy." Paper presented at Absolutism and Despotism Conference, University of Minnesota, Minneapolis, October 27, 1989.

Teng, Ssu-yü. *Historiography of the Taiping Rebellion*. Cambridge, Mass.: Harvard University East Asian Research Center, 1972.

Thapar, Romila. *A History of India*. Vol. 1. London: Pelican, 1966.
Thomas, Nicholas, and Caroline Humphrey, eds. *Shamanism, History, and the State*. Ann Arbor: University of Michigan Press, 1996.
Tieliang et al. *[Qinding] Baqi tongzhi*. 1799 (reprinted Taipei, 1966).
Tikhvinsky, S. L., ed. *Chapters from the History of Russo-Chinese Relations, Seventeenth–Nineteenth Centuries*. Trans. V. Schneierson. Moscow: Progress, 1985.
———. *Manzhou Rule in China*. Trans. V. Schneierson. Moscow: Progress, 1983.
Tillman, Hoyt. "One Significant Rise in Chu-ko Liang's Popularity: An Impact of the 1127 Jurchen Conquest." *Hanxue yanjiu* 14, no. 2 (December 1996): 1–38.
Togan, Isenbike. *Flexibility and Limitations in Steppe Formations: The Kerait Khanate and Chinggis Khan*. Leiden: E. J. Brill, 1998.
Torbert, Preston M. *The Ch'ing Imperial Household Department: A Study of Its Organization and Principal Functions, 1662–1796*. Cambridge, Mass.: Harvard University East Asian Monographs, 1977.
Tu, Wei-ming. *Centrality and Commonality: An Essay on Confucian Religiousness*. Albany: State University of New York Press, 1989.
Tucci, Giuseppe. *The Religions of Tibet*. Trans. Geoffrey Samuel. Berkeley: University of California Press, 1988. Originally published as *Die Religionen Tibets und der Mongolei* by Giuseppe Tucci and Walther Heisseg. Stuttgart: W. Kohlhammer, 1970.
Tulišen. *Lakcaha jecen de takōraha babe ejehe bithei, Man Han Yi yü lu jiaozhu*. Trans. Chuang Chi-fa. Taipei: Wen Shi Zhe, 1983.
Turan, Osman. "The Ideal of World Domination among the Ancient Turks." *Studia Islamica* 4 (1955): 77–90.
Turner, Jane, ed. *The Dictionary of Art*. London: Macmillan/Grove, 1996.
Ubingga, Li Wengang, Yu Zhixian, and Jin Tianyi. *Manzu minjian gushi xuan*. Shanghai: Wenyi chubanshe, 1982–83.
Ulaghan Ulan. "'Menggu yuanliu' de liu chuan ji qi yanjiu." *Menggu xue xinxi* 1 (1997): 20–25.
van der Sprenkel, Sybille. *Legal Institutions in Manchu China*. London: Athlone Press, 1962.
Vorob'ev, M. V. *Chzhurchzheni i gosudarstvo Czin' (X v.–1234 g.). Istoricheskii Ocherk*. Moscow, 1975.
Wagner, Edward Willett. *The Literati Purges: Political Conflict in Early Yi Korea*. Cambridge, Mass.: East Asian Research Center, 1974.
Wakeman, Frederic, Jr. *The Great Enterprise: The Manchu Reconstruction of Imperial Order in Seventeenth-Century China*. Berkeley: University of California Press, 1985.
———. "Localism and Loyalism during the Ch'ing Conquest of Kiangnan: The Tragedy of Chiang-yin." In Frederic Wakeman, Jr., and Carolyn Grant, eds., *Conflict and Control in Late Imperial China*. Berkeley: University of California Press, 1975.

Waley-Cohen, Joanna. "Commemorating War in Eighteenth-Century China." *Modern Asian Studies* 30, no. 4 (1996): 869–99.
———. *Exile in Mid-Qing China: Banishment to Xinjiang, 1758–1820.* New Haven: Yale University Press, 1991.
Wang, Chen-main. "Historical Revisionism in Ch'ing Times: The Case of Hung Ch'eng-ch'ou (1593–1665)." *Bulletin of the Chinese Historical Association* 17 (1985): 1–27.
Wang Dezhao. "Qingdai keju rushi yu zhengfu." *Xianggang Zhongwen daxue Zhongguo wenhua yanjiusuo xuebao* 12 (1981): 1–21.
Wang Longyi and Shen Binhua. "Menggu zu lishi renkou chucao (shiqi shiji zhongye—ershi shiji zhong ye)" *Nei Menggu daxue xuebao* 2 (1997): 30–41.
Wang Tiangen and Li Guoliang. *Sishu baihua jujie.* Taipei: Wenhua shuju, 1944.
Wang Xiuchou [Wang Hsiu-ch'u]. "A Memoir of a Ten Day's Massacre in Yangzhow." Trans. L. Mao. *T'ien-hsia Monthly* 4, no. 5 (1936): 515–37.
Wang, Y. C. "The Su-pao Case: A Study of Foreign Pressure, Intellectual Fermentation, and Dynastic Decline." *Monumenta Serica* 24 (1965): 84–129.
Wang Zhonghan, ed. *Chaoxian Lichao shilu zhong de nüzhen shiliao xuanpian.* Shenyang: Liaoning Renmin daxue, 1979.
———. *Manzu shi yanjiu ji.* Peking: Zhongguo shehui kexue, 1988.
Wang Zongyan. *Du Qingshi gao za ji.* Hong Kong: Zhonghua, 1977.
Weber, Jürgen. *Revolution und Tradition: Politik in Leben des Gelehrten Chang Ping-lin (1865–1936) bis zum Jahre 1906.* Hamburg, 1986.
Wechsler, Howard J. *Mirror to the Son of Heaven: Wei Cheng at the Court of T'ang T'ai-ts'ung.* New Haven: Yale University Press, 1974.
Wei Qingyuan, Wu Qiheng, and Lu Su. *Qingdai nupei zhidu.* Peking: Zhongguo renmin daxue, 1982.
Weiers, Michael, ed. *Die Mongolen Beiträge zu ihrer Geschichte und Kultur.* Darmstadt: Wissenschaftliche Buchgesellschaft, 1986.
Weiers, Michael, and Giovanni Stary, eds. *Florilegia Manjurica in memoriam Walter Fuchs.* Weisbaden: Otto Harrassowitz, 1982.
Wiens, Mi-chu. "Anti-Manchu Thought during the Ch'ing." *Papers on China* 22A (1969): 1–24.
Wilhelm, Hellmut. "A Note on the Migration of the Uriangkhai." *Studia Altaica* 1957: 172–76.
———. "On Ming Orthodoxy." *Monumenta Serica* 29 (1970–71): 1–26.
Wills, John E., Jr. "Maritime China from Wang Chih to Shih Lang: Themes in Peripheral History." In Jonathan D. Spence and J. E. Wills Jr., eds., *From Ming to Ch'ing.* New Haven: Yale University Press, 1979.
———. *Pepper, Guns, and Parleys: The Dutch East India Company and China, 1662–1690.* Cambridge, Mass.: Harvard University Press, 1974.
Wilson, Thomas A. *Genealogy of the Way: The Construction and Uses of the Confucian Tradition in Late Imperial China.* Stanford: Stanford University Press, 1995.

Wittfogel, Karl A., and Feng Chia-shêng. *History of Chinese Society: Liao.* Philadelphia: American Philosophical Society, 1949.

Wong, Young-tsu. "Chang Ping-lin and the Rising Chinese Revolutionary Movement, 1900–1905." *Bulletin of the Institute of Modern History, Academia Sinica* 12 (1983): 219–47.

———. *Search for Modern Nationalism: Zhang Binglin and Revolutionary China, 1869–1936.* Hong Kong: Oxford University Press, 1989.

Woodruff, Phillip H. "Foreign Policy and Frontier Affairs along the Northeastern Frontier of the Ming Dynasty, 1350–1618: Tripartite Relations of the Ming Chinese, Korean Koryo, and Jurchen-Manchu Tribesmen." Ph.D. diss., University of Chicago, 1996.

Woodside, Alexander. "Emperors and the Chinese Political System." Paper presented at the Four Anniversaries China Conference, Annapolis, Md., September 1989.

———. "Some Mid-Qing Theorists of Popular Schools: Their Innovations, Inhibitions, and Attitudes toward the Poor." *Modern China* 9, no. 1 (1983): 3–35.

Wright, Mary Clabaugh. *The Last Stand of Chinese Conservatism: The T'ung-chih Restoration, 1862–1874.* Stanford: Stanford University Press, 1957.

Wright, Mary Clabaugh., ed. *China in Revolution: The First Phase, 1900–1913.* New Haven: Yale University Press, 1968.

Wu Che-fu [Wu Zhefu]. *Siku quanshu xuanxiu zhi yanjiu.* Taipei: Wensheng ciye, 1990.

Wu Han. "Guanyu Dongbei shi shang yiwei guaijie xin shiliao." *Yanjing xuebao* 10, no. 7 (June 1935): 59–87.

Wu Hung. "Emperor's Masquerade—'Costume Portraits' of Yongzheng and Qianlong." *Orientations* 26, no. 7 (1993): 24–41.

———. *Monumentality in Early Chinese Art and Architecture.* Stanford: Stanford University Press, 1995.

Wu, Silas. *Passage to Power: K'ang-hsi and His Heir Apparent, 1661–1722.* Harvard University East Asian Series, no. 91. Cambridge, Mass.: Harvard University Press, 1979.

Wu ti Qingwen jian. Peking: Minzu, 1957 (photo reprint of Qianlong-period original).

Wu Yuanfeng and Zhao Zhiqiang. "Xibo zu you Kharqin Menggu qi bianru Manzhou baqi shimo." *Minzu yanjiu* 5 (1984): 60–55.

Wylie, Alexander. *Translation of the Ts'ing Wan K'e Mung.* Shanghai: London Mission Press, 1855.

Xu Duanmen. "Dongyuan jilin Xiyuan yin." *Lishi dang'an* 2 (1987): 80–85.

Xu Zengzhong. "Zeng Jing fan Qing an yu Qing Shizong Yizheng tongzhe quanguo de da zheng fangzhen." *Qingshi luncong* 5 (1984): 158–78.

Xu Zhongshu [Hsü Chung-shu]. "Mingchu Jianzhou nuzhen ju di qian tu kao." *Academia Sinica, Bulletin of the Institute of History and Philology* 6, no. 2 (1936): 163–92.

Yan Chongnian. *Nurhachi zhuan.* Peking: Beijing chubanshi, 1983.

Yanai Watari. *Wulianghai ji dadan kao.* Translation of 1914 original, *Orankai sanei meisho kō.*
Yang Boda. "Castiglione and the Qing Court—An Important Artistic Contribution." *Orientations* 3 (November 1988): 44–60.
Yang Buxi et al. *Yilanxian zhi.* Yilan, 1920.
Yang Li-ch'eng [Yang Licheng]. *Siku mulue.* Taipei: Zhonghua shuju, 1969.
Yang Lien-sheng. "The Organization of Chinese Offical Historiography." In W. G. Beasley and E. G. Pulleyblank, eds., *Historians of China and Japan.* London: Oxford University Press, 1961.
Yang Minghong. "Lun Qingdai Lengshan Yi qu de tusi zhidu yu gaitu guiliu." *Minzu yanjiu* 1 (1997): 88–95.
Yang Qijiao. *Yongzheng di ji qi mizhe zhidu yanjiu.* Hong Kong: Sanlian, 1981.
Yang Xuechen and Zhou Yuanlian. *Qingdai baqi wanggong guizu xingxhuai shi.* Shenyang: Liaoning renmin, 1986.
Yang Yang, Sun Yuchang, and Zhang Ke. "Mingdai liuren zai Dongbei." *Lishi yanjiu* 4 (1985): 54–88.
Yang Yang, Yuan Lukun, Fu Langyun. *Mingdai Nurgan dusi ji qi weisuo yanjiu.* Zhumazhen (Henan): Zhongzhou shuhuashe, 1981.
Yang Yulian. "Mingdai houqi de Liaodong mashi yu Nuzhen zu de xingqi." *Minzu yanjiu* 5 (1980): 27–32.
Yang Zhen. *Kangxi huangdi yijia.* Peking: Xueyuan, 1994.
Ye Xianggao. *Siyi kao.* Taipei: Wenhua, n.d. (photo reprint of Chongzhen-period original; published with Mao Ruizheng, *Huang Ming xiangxu lu;* ed. Wang Yu-li [Wang Youli]).
Yinzhen [Qing Shizong]. *Dayi juemi lu.* Photo reprint in Jindai Zhongguo shiao congkan series, ed. Shen Yün-lung [Shen Yunlong]. Taipei: Wenhai, 1966.
Young, Robert C. *Colonial Desire: Hybridity in Theory, Culture, and Race.* London: Routledge, 1995.
———. *White Mythologies: Writing History and the West.* London: Routledge, 1990.
Yu Yue. "Du Wang shi pai shu." In *Yu lou ji juan.* Box 6, *ce* 46, *juan* 28.
Zelin, Madeleine. *The Magistrate's Tael: Rationalizing Fiscal Reform in Eighteenth-Century China.* Berkeley: University of California Press, 1984.
Zhang Binglin. "Qin zheng ji." In Liu Zongyuan et al., *Lun Qin shihuang.* Shanghai: Renmin, 1974.
Zhang Binglin and Tang Zhiyun, eds. *Zhang Taiyan nianpu changbian (1868–1918); (1919–1936).* 2 vols. Peking: Zhonghua shuju, 1979.
Zhang Bofeng. *Qingdai gedi jiangjun dutong dachen deng nianbiao, 1796–1911.* Peking: Zhonghua shuju, 1977.
Zhang Jinfan and Guo Chengkang. *Qing ru guan qian guojia falu zhidu shi.* Shenyang: Liaoning renmin, 1988.
Zhang Kaiyuan. "'Jufen jinhua lun' de youhuan yizhi." *Lishi yanjiu* (Historical Studies) 5 (1989): 113–22.
———. "Xinhai geming shi yanjiu zhong de jige wenti." *Lishi yanjiu* 4 (1981): 53–58.

Zhang Shucai. "Zai tan Cao Fu zui zhi yuanyin ji Cao jia zhi qi jie." *Lishi dang'an* 2-80–88.

Zhang Yuxing. "Fan Wencheng gui Qing kaobian." In *Qingshi luncong* 6. Peking: Zhonghua.

Zhang Zhongru et al. *Qingdai kaoshi zhidu ciliao.* N.d. (photo reprint, Taipei: Wenhai, 1968).

Zhao Erxun. *Manzhou mingchen zhuan.* 1928 (reprint, Taipei: Tailian Guofang, n.d.).

Zhao Erxun et al. *Qingshi gao.* 1928 (punctuated reprint, Peking: Zhonghua shuju, 1977).

Zhao Yuntian. *Qingdai Menggu zhengzhi zhidu.* Peking: Zhonghua shuju, 1989.

Zhou Yuanlian. "Guanyu baqi zhidu de jige wenti." *Qingshi luncong* 3 (1982): 140–54.

———. *Qingchao kaiguo shi yanjiu.* Shenyang: Liaoning renmin, 1981.

Zhu Chengru. "Qing ru guan qian hou Liao Shen diqu de Man (Nuzhen) Han renkou jiaoliu." In Bai Shouyi, ed., *Qingshi guoji xueshu taolun hui.* Shenyang: Liaoning renmin, 1990, pp. 74–86.

Zhu Jiajin. "Castiglione's *Tieluo* Paintings." *Orientations* 3 (November 1988): 80–83.

Zhu Xizu. *Hou Jin guohan xingshi kao.* 1932.

Zito, Angela Rose. *Of Body and Brush: Grand Sacrifice as Text/Performance.* Chicago: University of Chicago Press, 1997.

Zürcher, E. *The Buddhist Conquest of China: The Spread and Adaptation of Buddhism in Medieval China.* Leiden: E. J. Brill, 1959.

另眼看歷史 Another History 45

半透明鏡：清帝國意識形態下的歷史與身分認同

A Translucent Mirror: History and Identity in Qing Imperial Ideology

作　　者　柯嬌燕（Pamela Kyle Crossley）
譯　　者　賴芊曄
審　　定　蔡偉傑
責任編輯　邱建智
協力編輯　陳建安
校　　對　魏秋綢
排　　版　張彩梅
封面設計　許晉維

副總編輯　邱建智
行銷總監　蔡慧華
出　　版　八旗文化／遠足文化事業股份有限公司
發　　行　遠足文化事業股份有限公司（讀書共和國出版集團）
地　　址　新北市新店區民權路108-2號9樓
電　　話　02-22181417
傳　　真　02-22188057
客服專線　0800-221029
信　　箱　gusa0601@gmail.com
Facebook　facebook.com/gusapublishing
Blog　gusapublishing.blogspot.com
法律顧問　華洋法律事務所／蘇文生律師

印　　刷　前進彩藝有限公司
定　　價　650元
初版一刷　2024年10月
ISBN　978-626-7509-11-1（紙本）、978-626-7509-09-8（PDF）、978-626-7509-10-4（EPUB）

國家圖書館出版品預行編目（CIP）資料

半透明鏡：清帝國意識形態下的歷史與身分認同／柯嬌燕（Pamela Kyle Crossley）著；賴芊曄譯. -- 初版. -- 新北市：八旗文化, 遠足文化事業股份有限公司, 2024.10
面；　公分. --（另眼看歷史 Another History；45）
譯自：A translucent mirror: history and identity in Qing imperial ideology.
ISBN 978-626-7509-11-1（平裝）

1. CST: 帝國主義　2. CST: 民族認同　3. CST: 意識形態　4. CST: 清史

627　　113013243